파이썬을 활용한 데이터 분석과 응용

Data Analysis and Application Using Python

이성건 · 강현철 지음

자유아카데미

머리말

디지털 시대라고 불리는 새로운 시대를 살아가는 우리들의 생활 속에서 통계라고 하는 용어는 이제는 더 이상 낯선 용어가 아니다. 신문지상에서 늘 접할 수 있는 각종 통계 결과 및 그래프들, TV 뉴스에서 자주 접하는 각종 통계 관련 보도들, 각 기업에서 생산되는 제품들에 대한 소비자 만족도 조사 결과와 품질측정 결과 등 이루 말할 수 없이 많은 통계정보 속에서 우리는 살아가고 있다.

또한 디지털 경제의 확산으로 우리 주변에는 규모를 가늠할 수 없을 정도로 많은 정보와 데이터가 생산되는 빅데이터(big data) 환경이 도래하고 있다. PC와 인터넷, 모바일 기기의 이용이 생활화되면서 사람들이 도처에 남긴 발자국(데이터)은 기하급수적으로 증가하고 있다. 따라서 지금은 통계학 전공자뿐만 아니라 비전공자들도 통계학에 대한 기본 소양을 쌓는 것이 매우 중요하게 되었다.

최근 여러 분야에서 큰 관심을 받고 있는 파이썬(Python)은 C와 JAVA 같은 시스템 프로그래밍뿐만 아니라 기계학습 및 인공지능 분야의 데이터 또한 쉽게 처리할 수 있는 컴퓨팅 언어이다. 또한 pandas, SciPy, statsmodels 등의 패키지를 이용하면 통계적 데이터 분석에도 쉽게 사용할 수 있다. SAS, SPSS, Statistica, Minitab, S-plus 등 수많은 소프트웨어들이 개발되어 있지만, 파이썬은 무료로 다운로드 받아 사용할 수 있고 단순한 기술통계의 계산으로부터 복잡한 통계분석에 이르기까지 편리하게 처리할 수 있다는 장점 때문에, 최근 통계학뿐만 아니라 자연과학, 전산학, 공학, 사회학 분야의 많은 연구자들이 널리 사용하고 있다.

이 책은 파이썬을 이용하여 통계적 데이터 분석을 수행하고자 하는 다양한 분야의 독자들을 위한 입문서이다. 특히 통계분석의 기본 이론을 빠트리지 않고 서술하려고 노력하였으며, 실제적인 예제들에 대한 파이썬의 처리 과정을 쉽고 간단하게 설명하고 있다. 또한 다양한 형태의 문제를 해결하기 위해서 필요한 몇 가지 고급기법들도 다루고 있기 때문에, 파이썬을 이용해 본 경험이 있는 독자들에게도 잘 몰랐던 부분을 새롭게 배우거나 쉽게 참조할 수 있는 참고서로써 유용하게 사용될 수 있을 것이다.

실제 데이터 분석은 일반적으로 특정 데이터 처리 및 분석기법의 일부만을 이용하여 수행되는 경우가 많으므로, 먼저 이 책의 범위 내에서 필요한 기본개념 및 구조를 이해한 후 실제 작업의 필요에 따라 점차 기법 이용의 범위를 확충시켜 나가는 것이 바람직하다. 따라서 통계적 이론이나 파이썬의 사용법에 초보적인 독자들은 먼저 각 장의 예제들을 중심으로 해당 분석기법의 상황 및 처리과정을 개괄적으로 이해한 후, 이에 필요한 통계적 이론을 충분히 숙지하는 것이 좋을 것으로 생각된다.

이 책은 총 12개의 장으로 구성되어 있다. 1장에서는 파이썬의 기본적인 사용법을 간단히 설명하였고, 2장에서는 데이터셋을 생성하고 관리하는 작업에 대하여 간단히 설명하였다. 3장에서는 데이터의 탐색적 단계로서 실제 데이터에 대한 정리 · 요약 및 그래프적 표현 등에 관한 내용을 자세히 서술하였다. 4장과 5장에서는 통계적 추론에 기본이 되는 확률의 기본개념, 중요한 확률분포 및 표본분포, 통계적 추론의 핵심인 추정과 검정의 문제를 소개하고, 이와 관련된 내용을 실습을 통해 직접 확인해 볼 수 있도록 구성하였다. 6장부터 11장까지는 실제 데이터 분석에서 활용도가 높은 t-검정, 상관분석, 범주형 자료분석, 회귀분석, 분산분석, 비모수적 분석 등의 기본적 내용을 실제 사례를 이용하여 현실감 있게 다루고 있다. 12장에서는 통계적 데이터 분석의 시각에서 데이터사이언스와 기계학습의 개념에 대해서 간단히 소개하였으며, 실제 데이터를 이용하여 데이터사이언스의 과정을 개략적으로 설명하였다.

이 책을 보다 재미 있게 학습하기 위해서는 각 장에 나와 있는 실제 사례의 분석과정을 반드시 따라해 보면서 자신감을 갖는 것이 중요하다. 그러면 각 분야에서 자주 접할 수 있는 데이터들에 대해서는 제법 우수한 통계분석 실무능력을 가지게 될 것이다. 독자들의 학습을 위해 본문과 연습문제에서 사용된 데이터들을 출판사의 홈페이지를 통해서 제공하고 있으며(http://www.freeaca.com), 이 책을 가지고 강의하시는 분들을 위해 별도로 강의자료를 제공하고 있다(출판사에 문의 바람).

이 책이 파이썬을 이용하여 실제 데이터를 분석하고자 하는 다양한 분야의 연구자들에게 유용하게 사용되기를 바란다.

2021년 5월, 저자들

차 례

제 1 장
파이썬의 기본 사용법

대용량의 통계 자료분석을 위해서는 통계분석 소프트웨어가 필수적이다. 전통적으로 SAS 또는 SPSS와 같은 상용 소프트웨어를 많이 활용해왔으나, 최근 R 또는 파이썬(Python)과 같이 무료로 배포되는 소프트웨어가 각광을 받고 있다. 이들은 비용적인 측면뿐만 아니라 단순한 통계계산에서 복잡한 통계분석에 이르기까지 간단한 프로그램을 통하여 수행할 수 있다는 장점 때문에 학계와 산업계 전반에 걸쳐 널리 사용되고 있다. 특히 파이썬은 빅데이터(big data)의 처리와 분석에 가장 많이 활용되고 있기도 하다. 이 장에서는 파이썬의 기본적인 설치와 사용법에 대해서 설명하고자 한다.

1.1 파이썬(Python)의 소개

파이썬(Python)은 1991년에 네델란드인 귀도우 반 로섬(Guido van Rossum)의 Python Software Foundation에 의해 개발된 범용 프로그래밍 언어이다. 기존의 언어인 C, C++, JAVA 등에 비해 파이썬은 프로그램 개발자나 통계 분석가가 이해하기 쉽고 더 간단하게 프로그래밍할 수 있는 장점 때문에 전 세계적으로 널리 활용되고 있다. 참고로 파이썬이란 이름은 개발자가 좋아했던 영국의 코미디 프로그램 “Monty Python’s Flying Circus”에서 차용했다고 한다.

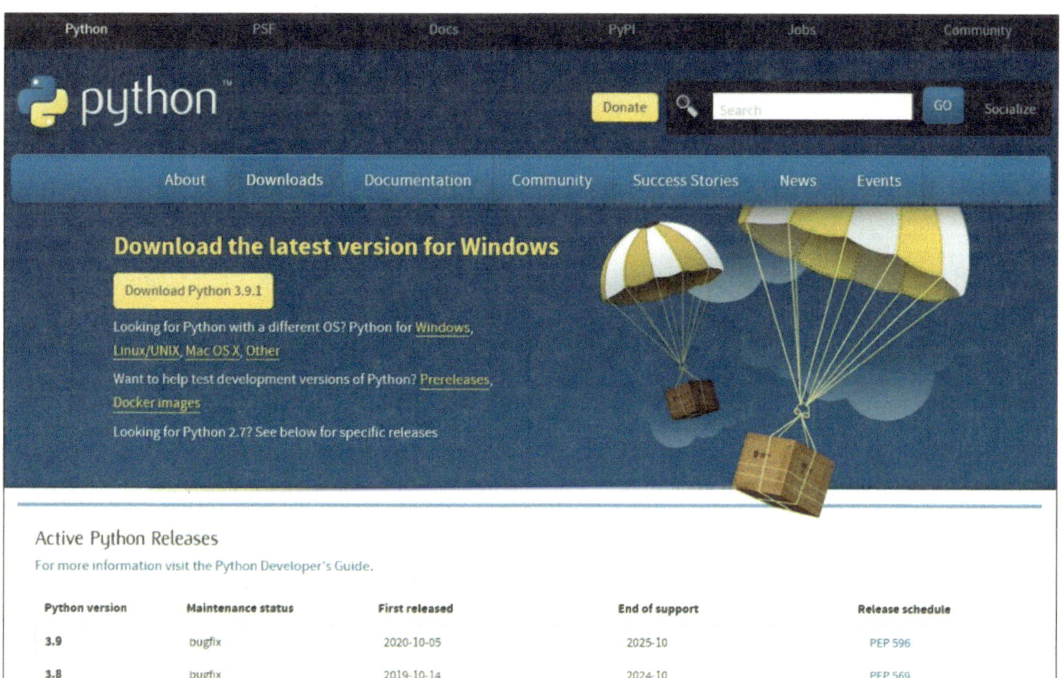

〈그림 1.1〉 파이썬 홈페이지(www.python.org)

파이썬은 Windows 및 Linux 등의 다양한 운영체제에 대해 “무료”로 배포되고 사용될 수 있으며 기본 시스템은 ⟨그림 1.1⟩의 홈페이지에서 다운로드 받을 수 있다. 한 가지 주의할 것은 파이썬의 버전이다. 현재 파이썬은 Python2 버전과 Python3 버전이 있는데, 문법에 약간의 차이가 존재하므로 완벽하게 호환되지는 않는다. 초기 단계에서는 사용자들이 Python2 버전을 많이 사용하던 중 Python3 버전으로 업데이트가 되었으므로, 기존의 사용자들을 위하여 Python2 버전도 계속 유지하는 것으로 보인다. 그러나 향후 다양한 모듈의 업데이트 등이 Python3 버전에만 적용되므로, 파이썬을 처음 접하는 경우에는 Python3 버전을 사용하기를 권장한다.

1.2 파이썬의 설치와 실행

파이썬을 본인의 컴퓨터에 설치하는 방법은 크게 두 가지로 나눌 수 있다. 먼저 ⟨그림 1.1⟩의 파이썬 공식 홈페이지에서 제공하는 설치 파일을 다운로드하여 설치하는 방법이다. 그런데 이 설치 파일은 파이썬에서 제공하는 기본적인 컴파일 기능과 모듈만을 포함하고 있어서, 통계분석에 필요한 여러 가지 고급 함수를 포함하는 모듈(module)들을 일일이 찾아서 따로 설치해야 하는 번거로움이 있다. 예를 들어, 여러분의 스마트폰에 있는 다양한 어플리케이션을 생각해보라. 스마트폰으로 특정 작업을 하기 위해서는 해당 애플리케이션을 다운로드 받아 설치해야 하는 것과 유사하다. 100개의 작업을 위해 100개의 애플케이션을 찾아서 설치해야 한다면, 가능은 하겠지만 귀찮은 일이기도 하다.

이러한 번거로움을 해결하는 한 가지 방법은 아나콘다(Anaconda)와 같이 분석에 자주 사용되는 모듈들을 모두 한군데 모아 놓은 무료배포판을 이용하는 것이다. 이는 사용자가 매번 필요한 모듈을 찾아 다니는 번거로움을 없애주며, 자신의 운영체제와 Python의 버전만 선택하면 필요한 요소들을 쉽게 설치할 수 있다. 이 책에서는 Windows10 64비트 환경에서 Phython3 버전의 Anaconda를 예로 들어 설명하고자 한다.

먼저 아나콘다 홈페이지(https://www.anaconda.com/products/individual)에서 자신의 시스템 환경에 맞는 아나콘다 설치파일을 다운로드하여라(그림 1.2 참조). 설치파일을 실행하면 설치가 시작되며 ⟨그림 1.3⟩과 같은 설치(setup) 화면이 나타나게 되며, 여러 가지 설치 옵션들을 지정하면서 진행하면 된다. 여기에서는 다른 설치 옵션들은 디폴트(default) 설정으로 하였고, 다만 설치 위치는 “C:\Anaconda3”로 지정하였다. 이를 위해서는 설치파일을 실행하기 전에 Anaconda3라는 이름의 폴더를 새롭게 생성해 두면 된다. 이제 아나콘다가 모두 설치되었다. 파이썬 프로그래밍과 통계분석을 위한 환경이 여러분의 컴퓨터에 만들어진 것이다.

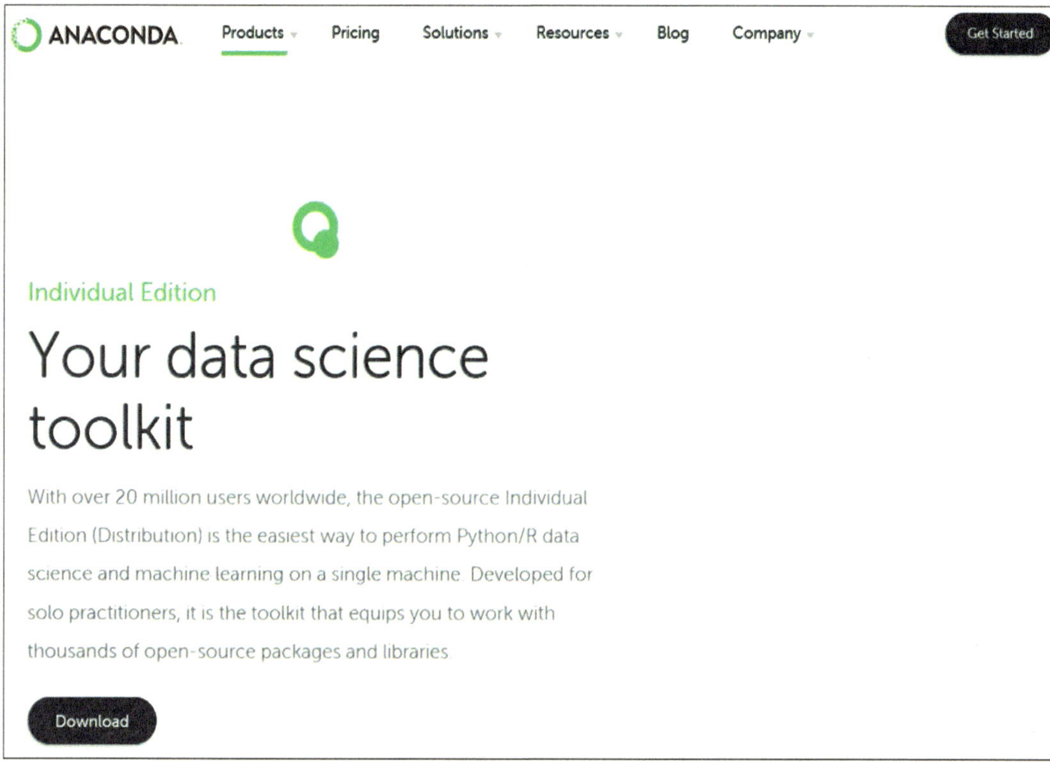

〈그림 1.2〉 아나콘다 설치파일 다운로드 웹페이지

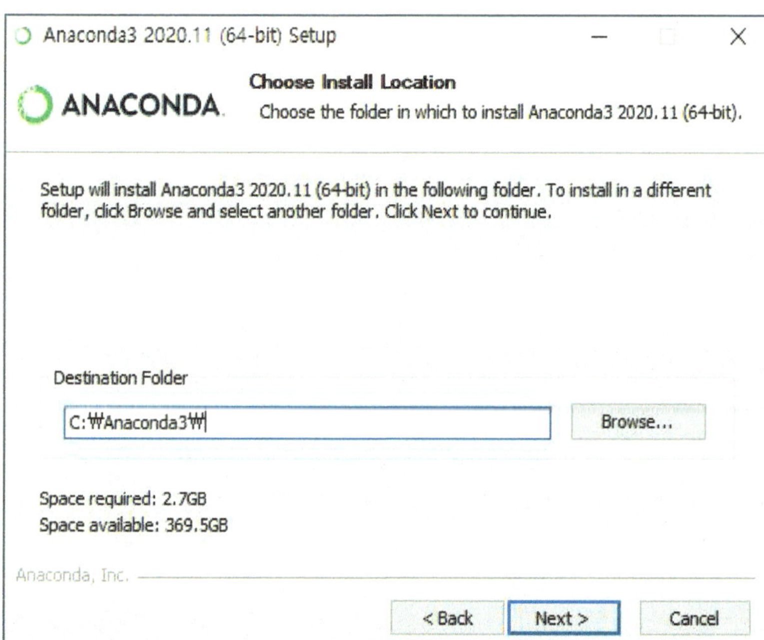

〈그림 1.3〉 아나콘다의 설치

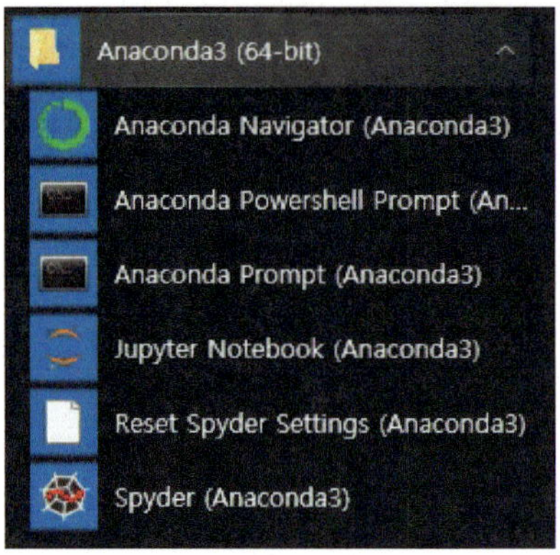

〈그림 1.4〉 시작 메뉴

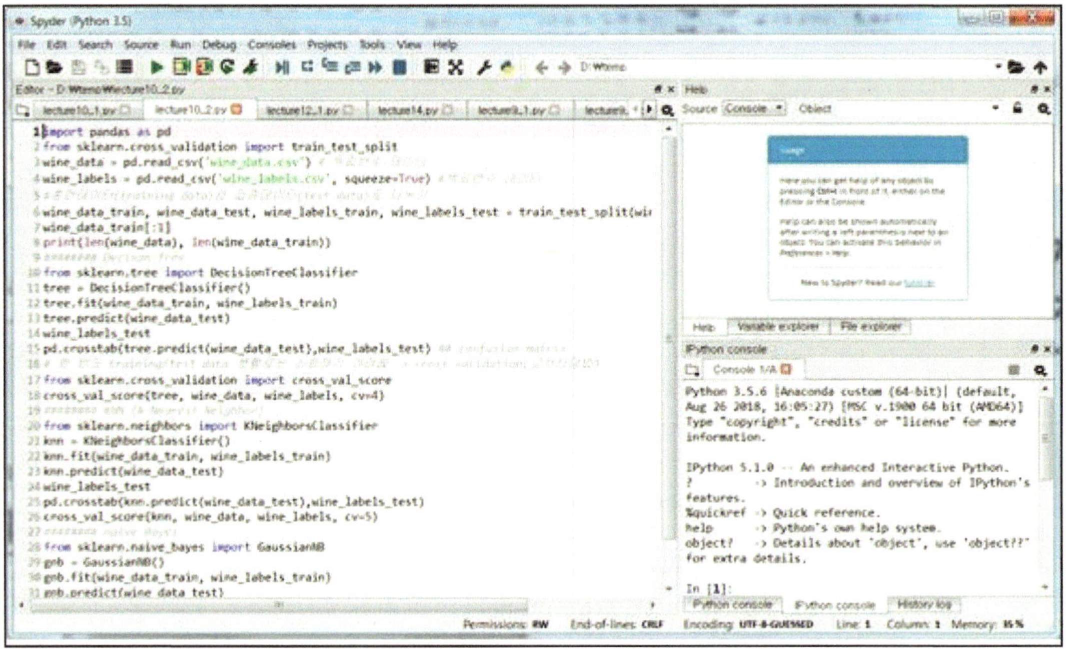

〈그림 1.5〉 Spyder 편집기

1.3 파이썬 프로그래밍 – Spyder

파이썬 프로그래밍을 위해서는 파이썬 코드를 작성하는 편집기(editor)가 필요하다. 편집기는 명령문을 작성하고 컴퓨터가 명령문을 실행할 수 있게 연결해주는 것이다. 아나콘다가 설치된 후 시작 메뉴에서 Anaconda의 하위 메뉴에 있는 Spyder를 확인할 수 있다(그림 1.4 참조). R 프로그램에서 사용되는 Rstudio를 사용해본 독자들은 Spyder를 Rstudio의 IPython 버전으로 생각할 수 있을 것이다. 자세한 사용 방법은 Spyder의 홈페이지를 참조하여라(https://www.spyder-ide.org).

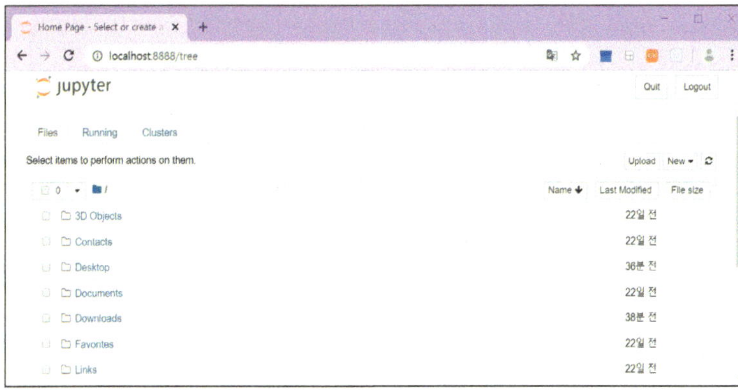

〈그림 1.6〉 주피터 노트북의 시작 화면 – 파일관리 창

1.4 파이썬 프로그래밍 – 주피터 노트북

파이썬 프로그래밍을 위한 편집기(editor) 중 가장 널리 사용되는 것이 바로 주피터 노트북(Jupyter notebook)이다. Anaconda를 설치하면 웹브라우저(web browser)에서 파이썬 코드를 실행할 수 있는 주피터 노트북이 함께 설치된다(그림 1.4 참조). 즉, 인터넷 익스플로러(internet explorer)나 크롬(chrome)과 같은 웹브라우저만 있으면 주피터 노트북을 이용하여 파이썬 프로그램을 작성하고 실행할 수 있어 매우 편리하다. 다른 프로그래밍 환경과의 가장 큰 차이점은 코드와 함께 실행결과를 하나의 작업환경에서 확인할 수 있다는 것이다. 사용자가 친숙한 웹브라우져 환경에서 사용할 수 있으므로, 프로그램에 대한 설명, 결과에 대한 해석 등을 쉽게 추가할 수 있으며 이미지, 동영상, TeX 수식 등도 주피터 노트북 파일(*.ipynb)에 작성할 수 있다.

1.4.1 주피터 노트북의 시작

주피터 노트북을 시작하기 위해서는 윈도의 시작 메뉴에서 Anaconda3의 하위 메뉴에 있는 'Jupyter Notebook' 메뉴를 클릭하면 된다(그림 1.4 참조). 그러면 웹브라우저가 구동되면서 〈그림 1.6〉과 같은 시작 화면이 나타난다. 시작 화면은 노트북 파일을 관리할 수 있는 창으로서, 여기에서 관리가 가능한 물리적인 폴더와 파일들을 확인할 수 있다.

1.4.2 새로운 작업 폴더 생성

새로운 작업을 위한 폴더와 파일을 작성하여 보자. 시작 화면의 오른쪽 상단에 있는 메뉴에서 'New > Folder'를 선택하면 아래쪽 목록에 'Untitled Folder'가 생성되는 것을 확인할 수 있다(그림 1.7 참조).

다음과 같은 과정을 수행하여 ‘Untitled Folder’의 이름을 변경하여 보자(그림 1.7 참조). 먼저 ‘Untitled Folder’ 앞의 체크박스를 선택하고, 왼쪽 상단의 Rename 버튼을 클릭하여라. 그다음 ‘Rename directory’ 대화상자에서 새로운 이름으로 ‘Python4Stat’을 입력하고 Rename 버튼을 클릭하여라. 그러면 폴더(디렉터리)의 이름이 바뀐 것을 확인할 수 있을 것이다.

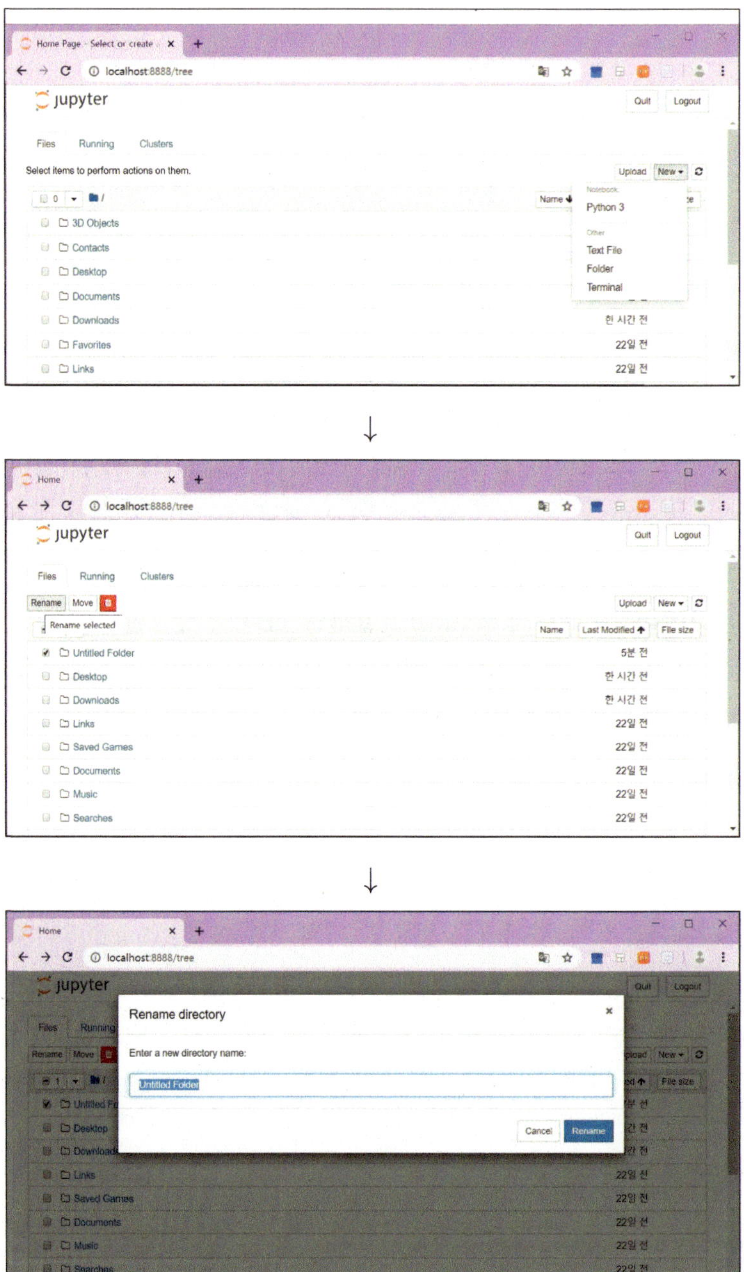

〈그림 1.7〉 새로운 폴더 생성 및 이름 변경

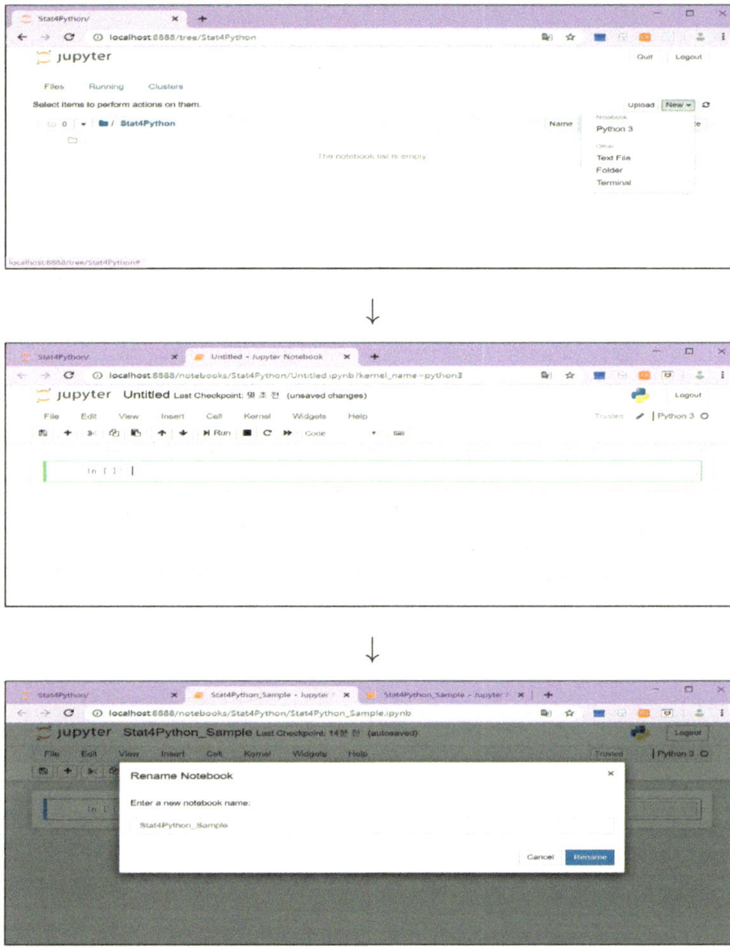

〈그림 1.8〉 새로운 노트북 생성

1.4.3 새로운 노트북 생성

새로 생성된 폴더에 새로운 노트북을 생성하여 보자. 먼저 폴더 이름(Python4Stat)을 클릭하여 해당 폴더에 들어간 후, 오른쪽 상단에 있는 메뉴에서 'New > Python3' 메뉴를 클릭하여라(그림 1.8 참조). 그러면, 새로운 탭이 하나 더 생기면서 프로그램을 작성할 수 있는 셀(cell)이 보일 것이다(In[ ]으로 시작하는 부분). 이제 이 셀에 피이썬 코드를 작성하면 된다.

코드를 작성하기 전에 왼쪽 상단에 있는 'Untitled'를 클릭하여 노트북의 이름을 바꾸어 보자. 여기에서는 새로운 이름을 'Stat4Python_Sample'로 하였다(그림 1.8 참조). 주피터 노트북 파일의 확장자는 '.jpynb'이며, 윈도 탐색기를 이용해서도 물리적인 파일을 확인할 수 있다(그림 1.9 참조). 또한 노트북 파일을 다른 곳에 복사하거나 전달할 수 있다. 단, 물리적인 파일의 위치는 사용자에 따라 다를 수 있다.

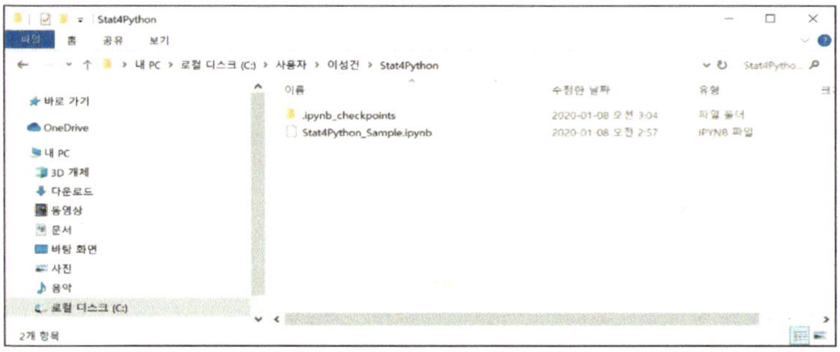

〈그림 1.9〉 윈도 탐색기에서 노트북 파일 확인하기

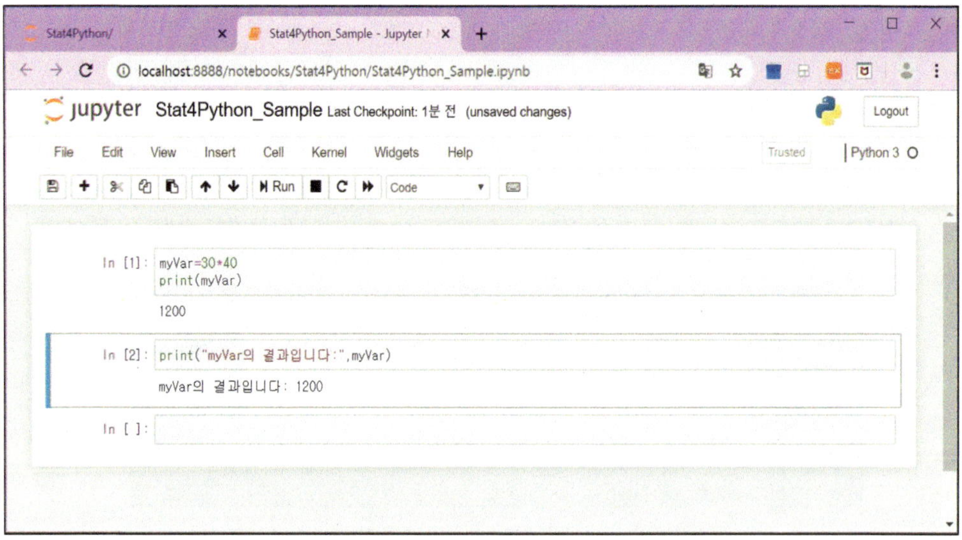

〈그림 1.10〉 파이썬 코드의 작성과 실행

1.4.4 파이썬 코드의 작성과 실행

이제 생성된 노트북에 파이썬 코드(프로그램)를 작성하고 실행하여 보자. 〈그림 1.10〉에서와 같이 노트북의 셀(cell) 안에 코드를 작성하고 그 결과를 확인할 수 있다.[1]

먼저 다음과 같은 간단한 코드를 코드셀에 입력하고, 위쪽의 메뉴바에서 Run 버튼을 클릭하여라.

```
myVar = 30*40
print(myVar)
```

[1]기존의 노트북 파일을 수정할 경우에는 주피터 노트북을 실행한 후 파일관리창에서 폴더와 노트북을 찾아서 클릭하면 된다.

⟨그림 1.10⟩의 결과에서 30*40은 1200이라는 기대한 결과가 나온 것을 확인할 수 있다. 또한 코드 셀 앞의 'In[1]'은 이 프로그램이 첫 번째로 실행된 것임을 나타낸다.

커서를 두 번째 셀로 옮긴 다음 아래 코드를 입력하고, 위쪽의 메뉴바에서 Run 버튼을 클릭하여라.

```
print("myVar의 결과입니다:", myVar)
```

그러면 현재 커서가 있는 셀의 코드가 앞의 셀과는 독립적으로 실행됨을 확인할 수 있다. 여기에서 myVar라는 변수는 노트북 파일 안에서 전역변수(global variable)이므로 앞 셀에서 실행된 결과를 받아올 수 있다. 셀 앞의 번호가 'In[2]'로 변한 것을 확인할 수 있고, 이는 이 프로그램이 두 번째로 실행된 것임을 나타낸다.

1.4.5 마크다운 셀의 작성

쥬피터 노트북의 셀에는 다양한 유형이 있다. 앞의 예에서와 같이 실행될 프로그램이 담겨 있는 셀을 코드(code) 셀이라고 한다. 다른 유형의 셀로는 마크다운(markdown) 셀이 있는데, 이 셀에는 프로그램의 제목 등과 같은 텍스트가 저장된다(마크다운 셀은 문서 셀이라고도 한다).

다음과 같은 과정을 수행하여 마크다운 셀을 작성하여 보자. 앞에서 다룬 첫 번째 코드 셀을 클릭하여라. 그다음 메뉴바에서 'Insert > Insert Cell Above' 메뉴를 선택하여라(그림 1.11 참조). 이는 첫 번째 셀 위에 새로운 셀을 추가하는 것이다.

⟨그림 1.11⟩과 같이 맨 위에 새로운 셀이 생긴 것을 확인한 후, 오른쪽 상단의 드롭다운(drop down) 리스트에서 Markdown을 선택하여라. 이는 해당 셀의 유형을 코드 셀이 아닌 마크다운 셀로 지정하는 것이다.

새로운 마크다운 셀에 "# 예제 프로그램 작성"을 입력하고, Run 버튼을 클릭하여 셀의 내용을 실행하여라. 텍스트를 실행한다는 것이 이상하게 보일지 몰라도 우선 해보자. 여기에서 "#"은 머리말 글씨의 크기 수준을 의미하는 것으로 그 개수에 따라 텍스트의 크기가 작아지게 된다. 즉, "#"은 큰 글씨, "##"은 중간 글씨, "###"은 작은 글씨를 의미한다. 단, # 표시와 텍스트 사이에는 반드시 한 칸 이상을 띄어야 한다. 이 예에서 마크다운 셀을 실행하면 큰 글씨로 "예제 프로그램 작성"이라는 검은 텍스트가 화면에 나타날 것이다.

위의 마크다운 셀의 아래에 새로운 마크다운 셀을 추가하여 보자. 생성되어 있는 마크다운 셀을 클릭한 후, 메뉴바에서 'Cell > Run Cells and Insert Below' 메뉴를 선택하여라. 새로운 셀이 하나 더 생긴 것을 확인한 후, 오른쪽 상단의 드롭다운(drop down) 리스트에서 Markdown을 선택하여라.

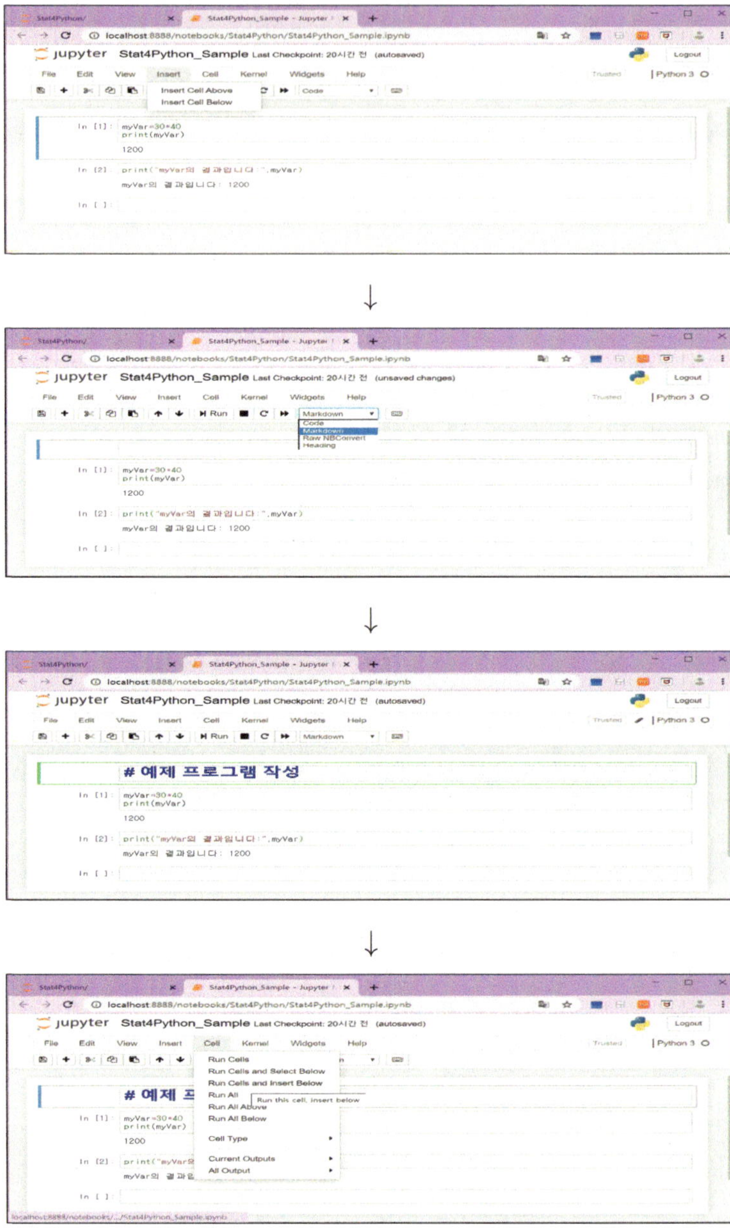

〈그림 1.11〉 마크다운 셀의 작성

해당 셀에 "## Cell의 이해"라고 입력한 후, Run 버튼을 클릭하여 셀의 내용을 실행하여라. 그러면 〈그림 1.12〉와 같은 결과를 확인할 수 있다.

이와 같이 마크다운(markdown) 셀을 이용하면 프로그램의 일부를 마치 문서처럼 작성할 수 있다. 마크다운 셀을 이용하여 프로그램을 보기 좋게 만들 수 있으며, 이는 프로그램의 효율적인 관리에 유용하다.

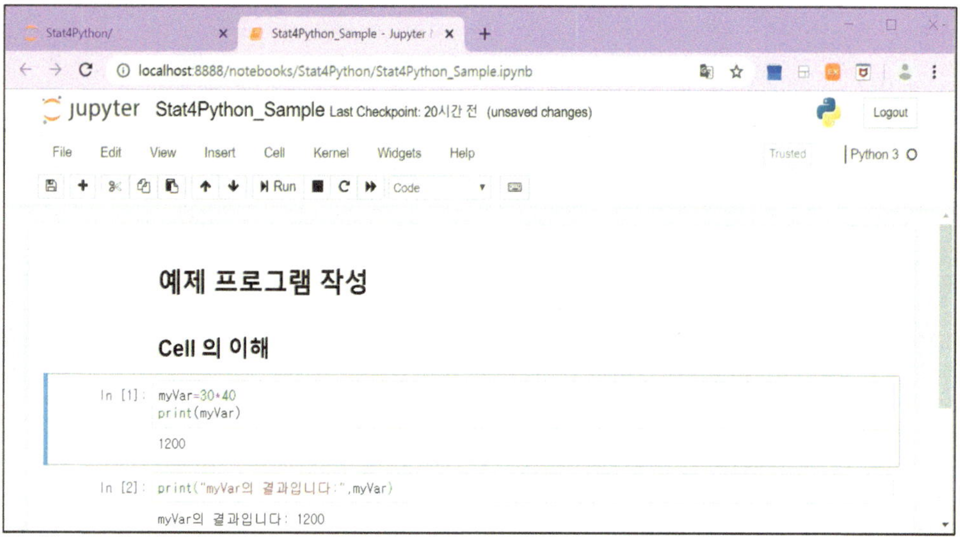

〈그림 1.12〉 마크다운(Markdown)의 예

1.4.6 파이썬의 들여쓰기

여러분들이 책을 읽거나 자신의 문서를 작성할 때 대부분 들여쓰기를 경험하게 된다. 들여쓰기를 통해 개념적으로 분리되어 었는 문단의 단락이나 상위/하위 개념들을 쉽게 구분하고 이해하게 되는 것이다.

파이썬 프로그램 작성시에도 이러한 들여쓰기 개념이 적용되며, 이는 프로그램에 대한 시각적인 이해와 코드 사이의 관계를 쉽게 파악하는 데 도움이 된다. 파이썬은 코드 사이의 관계를 들여쓰기로 표현하는 언어이며, 띄어쓰기에 민감하므로 주의가 필요하다. 특히 하나의 작업에 여러 라인이 상위/하위 개념으로 연결되어 있을 때 조심해야 한다.

〈예〉 들여쓰기를 하지 않음으로 인해 오류가 발생하는 경우

```
for i in [0,1, 2, 3, 4, 5, 6, 7, 8, 9, 10]:
print(i)
```

위의 예에서와 같이 0에서 10까지의 숫자를 출력하기 위한 간단한 프로그램을 생각해보자. 여기에서 사용된 for 명령문은 파이썬 프로그래밍에서 가장 자주 사용되는 것중 하나로서, 반복적인 작업을 수행할 때 유용하다. 그리고 print 함수는 괄호 안의 내용을 출력하는 것이다. 위의 예에서와 같이 print를 for와 동일한 위치에 두면, 즉 들여쓰기 없이 코드를 작성을 하면 오류가 생긴다(그림 1.13 참조). 왜 그럴까? 이 예에서 print 함수는 for

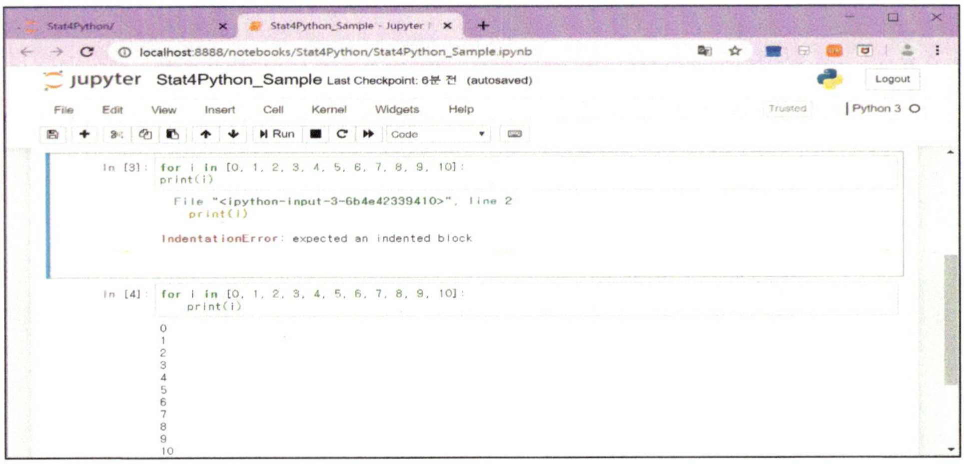

〈그림 1.13〉 들여쓰기의 예

명령문에 종속된 하위 개념이다. 따라서 들여쓰기를 하지 않으면 print 함수가 for 명령문과 별개의 것으로 인식되어 오류가 발생하는 것이다.

〈예〉 들여쓰기를 제대로 한 경우

```
for i in [0,1, 2, 3, 4, 5, 6, 7, 8, 9, 10]:
    print(i)
```

위의 예에서와 같이 들여쓰기를 하면 print 함수가 for 명령문에 종속되어 있는 것으로 인식되어, 괄호 안의 내용이 제대로 출력되게 된다(그림 1.13 참조).

1.4.7 주석 달기

우리는 실제 생활을 살아가면서 많은 메모와 기록을 남긴다. 시장을 보러 가기 전에 냉장고를 살펴서 필요한 것들을 메모하고, 이를 시장에서 펼쳐봄으로써 필요한 것이 무엇인지를 기억해낸다. 사업 파트너를 만나기 전에 필요한 것을 메모하고, 이를 이용하여 효과적인 대화를 이어나갈 수 있다. 인간은 모든 것을 기억할 수 없으므로 메모를 하게 된다.

파이썬 프로그램에서의 주석(comments)도 메모와 동일한 역할을 한다. 지금 작성한 코드를 나중에 수행할 때에도 쉽게 이해할 수 있도록 설명을 달아두는 것이다. 여기에서의 주석은 앞에서 설명한 머리말과는 다른 것이다. 머리말은 별개의 셀에 마크다운(markdown)으로 작성된 것이고, 주석은 코드(code) 셀에서 프로그램과 함께 작성되는 것이다.

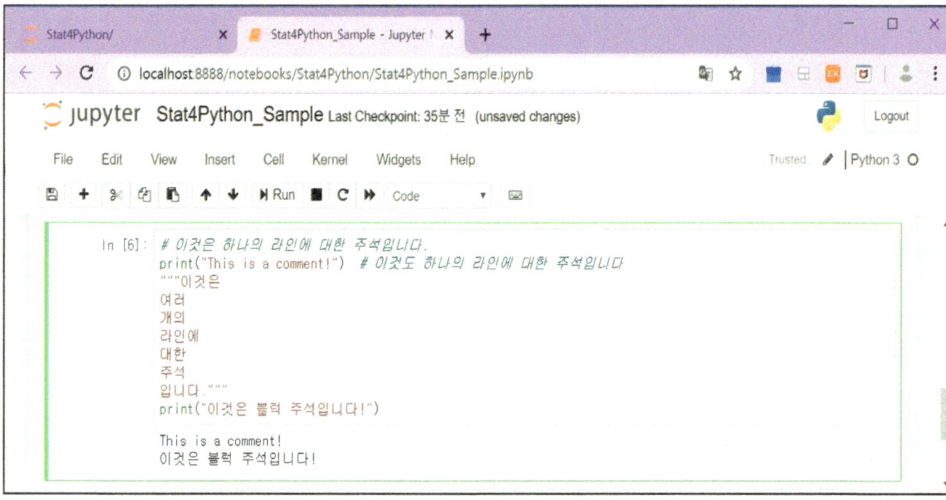

〈그림 1.14〉 주석 달기의 예

주석은 하나의 라인에 작성될 수도 있고, 여러 라인에 걸쳐서 작성될 수도 있다. 하나의 라인에 작성할 때는 주석 앞에 # 표시를 붙이면 되고, 여러 라인에 걸쳐서 작성할 때는 주석의 양 끝에 " " "(쌍따옴표 3개) 또는 ' ' '(홑따옴표 3개)를 붙이면 된다. 주석문은 코드 셀 안에 작성하여도 실행되지는 않는다. 〈그림 1.14〉의 예에서는 print 함수를 이용한 문장만 출력된 것을 확인할 수 있다.

1.4.8 주피터 노트북의 주요 메뉴

이 절에서는 주피터 노트북을 잘 다루기 위해서 필요한 대표적 기능과 메뉴를 간단히 소개할 것이다.

- 노트북 저장하기: 현재 작성한 코드를 저장하여 이후에도 사용할 수 있도록 한다. 노트북은 일정시간이 지나면 자동으로 저장되지만, 수동으로 저장하려면 'File > Save and Checkpoint' 메뉴를 선택하면 된다(그림 1.15 참조).
- 노트북을 외부 파일로 출력하기: 작성한 코드를 다양한 포맷으로 출력하여 저장할 수 있다. 'File > Download as' 메뉴를 클릭한 후 원하는 포맷을 선택하면 된다.
- 노트북 닫기: 작업이 끝났을 때 브라우저를 그냥 닫는 것은 추천되지 않는다. 데이터의 손실이 생길 수 있으므로 정상적으로 종료하는 것이 좋다. 왜냐하면 백그라운드에서 분석을 위한 커널(kernel)이 계속 수행 중일 수도 있기 때문이다. 먼저 노트북을 저장한 후 'File > Close and Halt' 메뉴를 선택하여 종료하는 것이 추천된다.

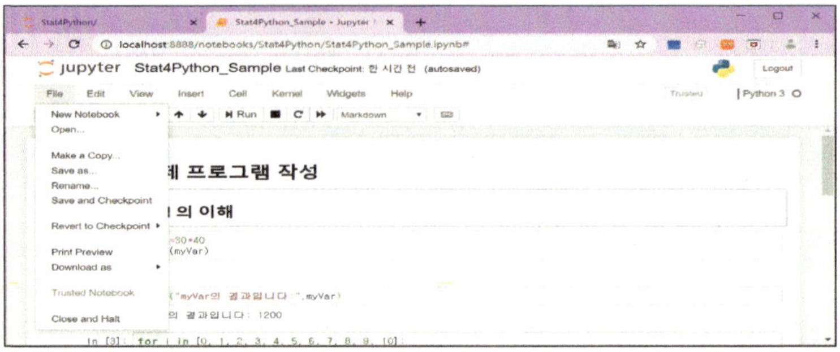

〈그림 1.15〉 주피터 노트북 – File 메뉴

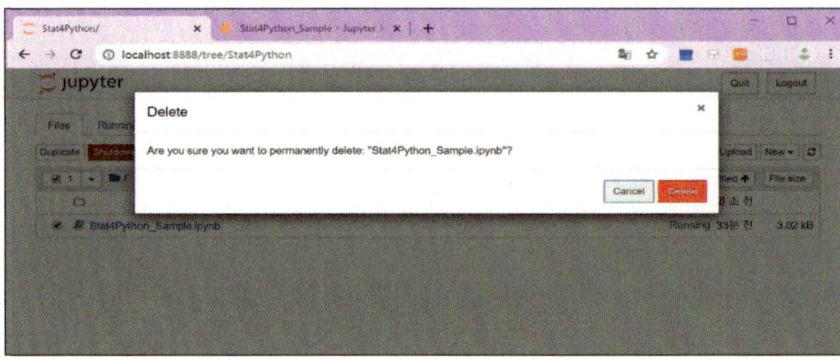

〈그림 1.16〉 주피터 노트북 – 삭제(delete)

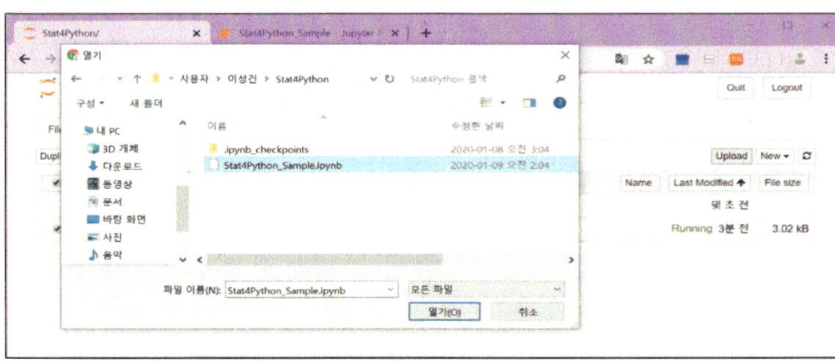

〈그림 1.17〉 주피터 노트북 – 불러오기(upload)

- 노트북 삭제하기: 프로젝트 폴더에서 해당 파일 이름의 앞에 있는 체크박스(check box)를 선택한 다음, 빨간색의 휴지통 아이콘을 클릭한다. 그러면 삭제에 대한 경고 메시지가 나타나고 Delete 버튼을 누르면 삭제된다(그림 1.16 참조).
- 노트북 불러오기: 다른 곳에 저장되어 있는 노트북 파일을 사용하기 위해서는 여러분의 저장소로 노트북을 불러와야 한다. 프로젝트 폴더의 오른쪽 상단에 있는 Upload 버튼을 클릭한 다음, 불러올 노트북 파일(*.ipynb)을 찾아서 선택하면 된다(그림 1.17 참조).

1.5 파이썬 프로그래밍 – Google COLAB

COLAB은 구글에서 운영하는 무료 클라우드 GPU 서비스 중 하나이다. COLAB은 Colaboratory의 줄임말로써 2014년 구글에서 주피터 개발팀과 함께 초기 버전을 제공하였다. 이후 COLAB은 구글 내부에서 사용되면서 꾸준히 진화를 거듭해왔으며 이제 일반인도 편리하게 사용할 수 있다. COLAB은 텍스트(text) 설명, 코드(code), 출력(output)을 하나의 공동 작업 문서로 통합해 주어 다양한 프로그래밍에 적합하며, 통계분석뿐만 아니라 머신러닝 및 인공지능 등의 교육과 연구를 위한 툴로써 널리 활용된다. 특히 주피터 노트북 환경을 이용하기 때문에 개별 컴퓨터에 인터넷 브라우저 이외에는 다른 프로그램을 설치, 실행할 필요가 없다. 브라우저로는 구글에서 개발된 크롬(Chrome)이 추천된다.

COLAB을 이용하기 위해서는 구글 계정에 가입해야 하는 번거로움이 있지만, 구글 드라이브를 코드 및 데이터 저장공간으로 무료로 활용할 수 있다. 또한 데이터 분석을 위한 기본적인 모듈이 미리 탑재되어 있어 따로 설치할 필요가 없고, GPU 또한 무료로 지원하므로 대용량 데이터의 분석도 편리하게 진행할 수 있다.

여기에서는 구글 COLAB의 사용법을 간단히 살펴보도록 하자. 먼저 크롬을 이용하여 구글 계정에 로그인한 후 COLAB의 웹사이트(https://colab.research.google.com)에 접속하여라. 그러면 〈그림 1.18〉과 같은 화면이 나타날 것이다. COLAB 서버에 접속을 하게 된 것이다. 시작 화면 하단의 "새노트"를 클릭하면 〈그림 1.19〉와 같이 프로그래밍을 할 수 있는 주피터 노트북 화면이 보이게 된다. 노트의 사용법은 앞 절에서 설명한 주피터 노트북에서와 동일하지만, 로컬 컴퓨터가 아니라 COLAB 서버에서 구동되므로 메뉴에는 약간의 차이가 있다.

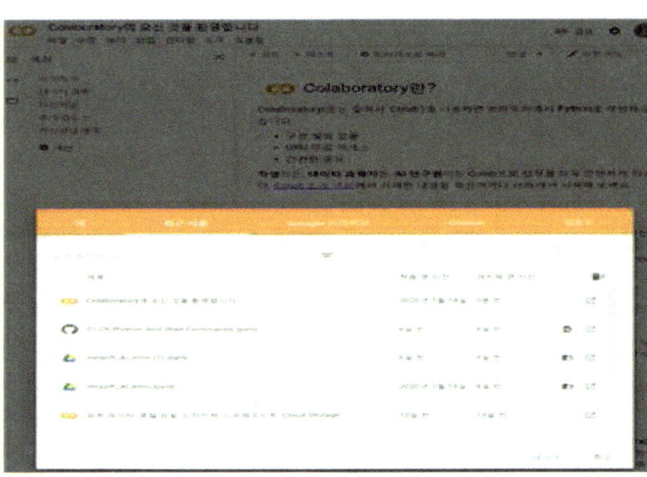

〈그림 1.18〉 Google COLAB – 시작 화면

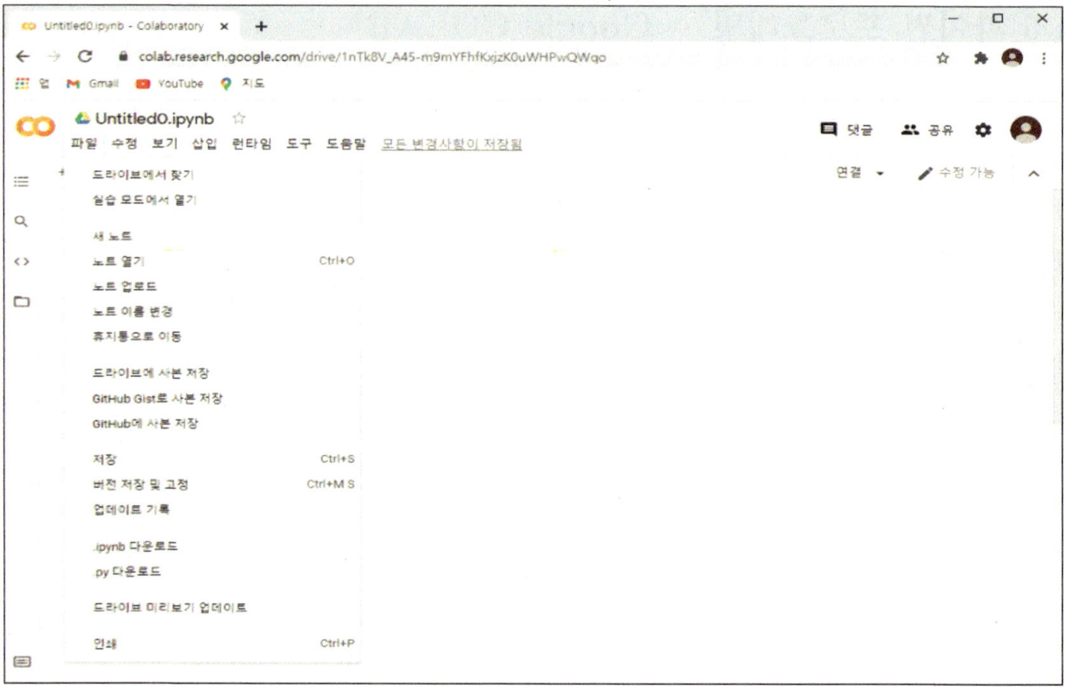

〈그림 1.19〉 COLAB – 새노트: 파일 메뉴

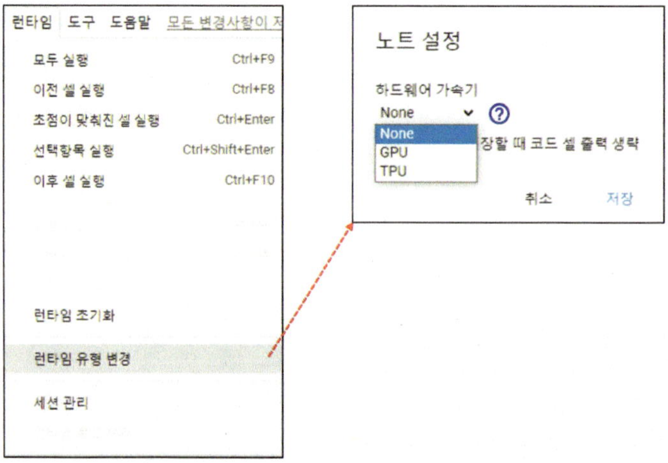

〈그림 1.20〉 COLAB – 런타임 메뉴

〈그림 1.19〉의 ‘파일’ 메뉴를 이용하여 새노트를 작성한 후, 이를 저장하고, 업로드 등을 수행할 수 있다. 또한 〈그림 1.20〉의 ‘런타임’ 메뉴에서 ‘런타임 유형 변경’에 들어가면 GPU를 이용할 수 있는 창이 나타난다. GPU를 사용하게 되면 기존 CPU보다 빠르게 작업을 수행할 수 있다. 참고로 메뉴에서 None은 CPU를 나타내며, TPU(Tensor Processing Unit)는 구글에서 머신러닝 분야에 맞춤형으로 설계된 데이터 처리 장치이다.

1.6 모듈, 라이브러리, 패키지

파이썬 프로그램은 보통 하나 이상의 **모듈**(module)로 구성되며, 각 모듈은 파이썬 문장들이 나열된 파일(file)로 구현된다. 일반적으로 파이썬 프로그램을 작성할 때는 하나 이상의 다른 모듈을 불러들여 사용하게 된다. 다른 프로그래머가 만들어 공개한 모듈을 자신의 프로그램으로 불러오기 위해서는 import 명령문이 사용된다. 만약 분석자가 모듈 A 프로그램을 작성하면서 모듈 B를 불러들였다면, 모듈 B 속에 들어 있는 변수, 함수, 클래스 등을 자신이 만든 것처럼 사용할 수 있어 매우 편리하다. 즉, 데이터 분석에 필요한 모든 함수들을 직접 프로그램하지 않고도 기존에 알려져 있는 모듈들을 잘 이용만 하면 되는 것이다. 앞에서 언급했듯이 아나콘다는 데이터 과학에 필요한 대부분의 모듈들을 포함하고 있으므로, 이를 설치한 사용자는 필요한 것만 따로 불러와서 사용하면 된다.

모듈들에 대해 기능별로 유용한 함수나 클래스들끼리 분류된 것을 **라이브러리**(library)라고 하고, 이러한 라이브러리들을 계층구조로 저장, 관리, 활용하게 할 수 있게 조직화된 모듈들의 집합을 **패키지**(package)라고 한다. 다만, 이 책에서는 이들 용어에 대하여 특별한 구분없이 사용할 것이다.

모듈들을 자신의 프로그램에 불러들이는 방법은 다음과 같은 네 가지가 대표적으로 사용된다.

- import 모듈: 모듈 안에 들어 있는 모든 함수를 호출한다. 프로그램 안에서 해당 함수를 사용하기 위해서는 '모듈.함수'와 같은 형식으로 모듈 이름을 함수 앞에 반드시 써주어야 한다.
- from 모듈 import 함수1, 함수2, ... : 모듈 안에 들어있는 것들 중 필요한 함수들만을 골라서 호출한다. 프로그램 안에서 해당 함수를 사용할 때 모듈 이름 없이 함수 이름만으로도 사용이 가능하다. 다만 기존의 변수나 함수 이름과 충돌될 가능성이 있으므로 주의해야 한다.
- import 모듈 as 별명: 모듈 이름을 새로운 이름으로 변경시키면서 불러온다. 긴 이름의 모듈들에 대해 쉽게 대처할 수 있고, 네임 스페이스(name space)의 충돌도 피할 수 있어서 흔히 사용된다.
- from 모듈 import 함수 as 별명: 모듈 안에 있는 함수 이름을 변경시키면서 불러온다. 긴 이름의 함수들에 대해 쉽게 대처할 수 있고, 네임 스페이스의 충돌도 피할 수 있어 흔히 사용된다.

파이썬 모듈들 중에서 데이터 분석을 위한 대표적인 패키지들로는 NumPy, pandas, matplotlib, SciPy, statsmodels, scikit-learn 등이 있다. 각 패키지에 대한 내용은 이후에 필요시 자세히 설명할 것이다. 대부분의 파이썬 사용자들이 사용하는 이러한 모듈들의 호출 방식은 다음과 같다.

〈예〉 모듈 호출하기

```
import numpy as np
import pandas as pd
import matplotlib.pyplot as plt
import statsmodels as sm
```

1.7 판다스 라이브러리

판다스(pandas)는 데이터의 입출력과 전처리 및 기초적 통계분석을 위해 만들어진 파이썬 라이브러리이다(http://pandas.pydata.org). 현재 파이썬이 시스템 프로그래밍을 넘어 데이터 분석 프로그램으로 사용되는 데 가장 중요한 역할을 하고 있는 모듈(module)이라 할 수 있다. 명칭은 'panel data'에서 유래되었으며, 이름이 암시하듯이 시계열 및 패널(panel) 데이터로 이루어진 금융 데이터 분석을 위해 2008년에 AQR Capital Management 사에서 개발이 시작되어, 2009년부터 오픈소스 프로젝트로 진행되고 있다. 판다스 모듈을 이용한 데이터 분석의 특징은 다음과 같다.

- 데이터 프레임(Data Frame): 행과 열로 구성된 데이터의 구조를 제공한다. 엑셀 워크시트나 R의 데이터 프레임과 같은 친숙한 데이터 구조로 만들 수 있다.
- 쉬운 파일 입출력: text, CSV, Excel, SQL, HDF5 등 다양한 포맷의 데이터 입출력이 가능하다. 파이썬의 기본 포맷인 리스트, 튜플, 딕셔너리 등을 이용하는 것보다 매우 편리하다.
- 결측값 처리: 데이터에 결측값이 있는 경우 이를 잘 처리할 수 있어야 양질의 분석결과를 도출할 수 있다. 판다스는 결측값의 처리가 매우 쉽다.
- 데이터 형태 조작: 데이터의 전처리를 위해서는 데이터의 형태를 다양하게 조작할 수 있어야 한다. 판다스에서는 데이터의 피봇(pivot)이 매우 쉽게 구현된다.
- 데이터 결합: 흩어져 있는 다양한 데이터 테이블을 결합하여 하나의 분석 데이터로 만드는 작업은 매우 중요한다. 판다스는 데이터의 조인(join) 및 머지(merge) 등이 용이하다.
- 하부 데이터(subset data) 추출: 대용량의 데이터에서 일부 데이터를 추출하고자 할 때, 인덱싱(indxing), 슬라이싱(slicing) 등을 통해 변수뿐만 아니라 개체의 추출이 쉽다.
- 기초통계량 계산: 데이터 프레임에 대해 다양한 요약 함수를 제공함으로써 데이터를 이해하는 데 도움을 준다.

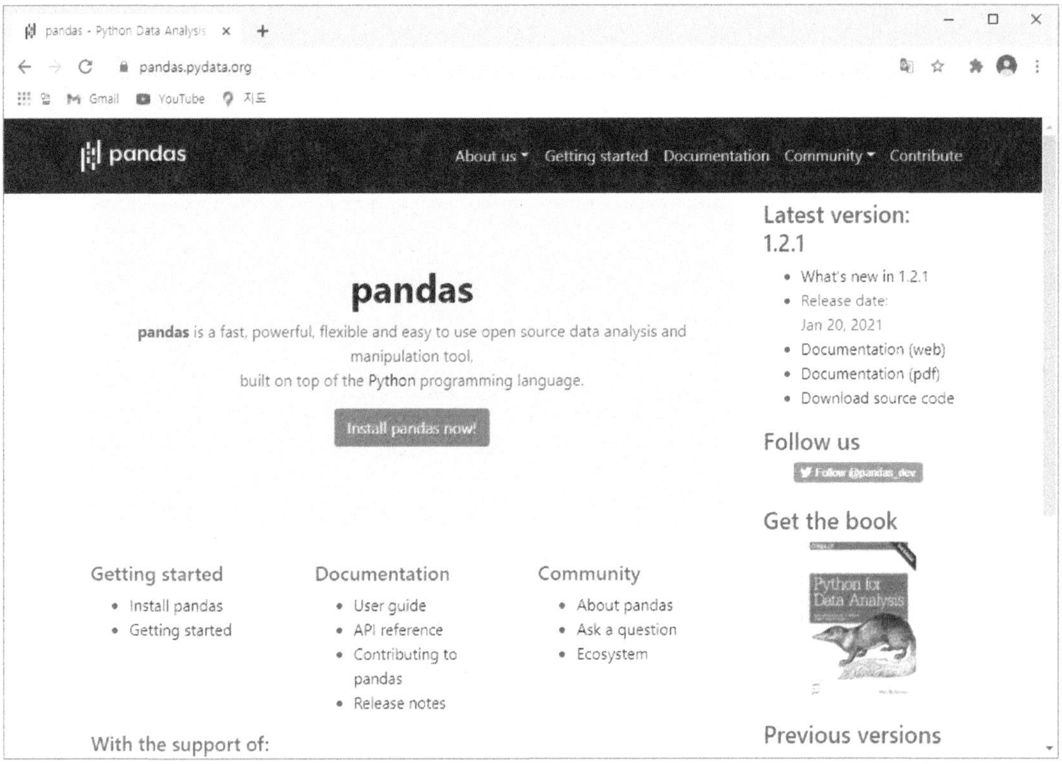

〈그림 1.21〉 판다스 홈페이지(http://pandas.pydata.org)

- 데이터 시각화: 데이터의 기초 탐색을 위한 분포 시각화뿐만 아니라, 분석결과를 그래프로 볼 수 있는 기능을 제공한다.
- 호환성: 판다스의 가장 큰 장점 중의 하나가 바로 다른 모듈과의 호환싱이다. 판다스에서 만들어진 데이터와 분석의 결과 등을 다른 대부분의 분석 모듈에서 쉽게 사용할 수 있어 매우 편리한다.

판다스 패키지는 Anaconda 배포판에 포함되어 있으며, 파이썬에서 'import pandas' 명령문을 통해 편리하게 사용할 수 있다. 이때 import는 이미 만들어진 패키지를 파이썬 프로그램 안으로 불러오기 위한 명령어이다. 패키지를 불러올 때 별칭(alias)으로도 불러올 수 있는데 'import pandas as pd' 형식으로 흔히 사용된다. 이는 판다스 패키지를 불러와서 프로그램 안에서는 'pd'로 줄여서 사용하겠다는 의미다.

이 책에서는 판다스 패키지를 활용하여 데이터의 입출력 및 기초통계분석을 수행할 것이다. 특히 판다스에서 제공하는 데이터 프레임은 행과 열과 구성된 2차원 형식의 데이터를 다루는 데 강력한 기능을 제공하고 있다.

1.8 연습문제

1. Python과 관련된 여러 웹사이트들로부터 자신에게 유용한 패키지를 찾을 수 있으며, 다양한 문제의 해결을 위한 도움을 얻을 수 있다. 다음 웹사이트들을 방문하여 그 내용을 살펴보아라.

- Python(https://www.python.org): 공식적인 파이썬의 웹사이트이며 파이썬에 대한 다양한 매뉴얼 및 웹사이트를 소개하고 있다.
- ANACONDA(https://www.anaconda.com): 데이터 사이언스 분야에 필요한 파이썬의 패키지들 모아 무료로 배포해 준다. 계속 업데이트되므로 최신 버전을 확인해 두자.
- Jupyter(https://jupyter.org): 파이썬 프로그래밍을 위한 에디터인 쥬피터 노트북의 공식 웹사이트이다. 매뉴얼과 사용법에 대한 설명을 얻을 수 있다.
- Google COLAB(https://colab.research.google.com): 구글의 Colaboratory로써 인터넷 웹브라우저만을 이용하여 파이썬 프로그래밍을 구현할 수 있다. 다양한 도움말과 예시들을 제공해 준다.

제 2 장
데이터 프레임

2.1 데이터 프레임의 생성

대부분의 데이터 통계분석 소프트웨어에서와 마찬가지로 파이썬을 이용하여 분석을 수행하기 위해서 가장 먼저 수행해야 할 일은 가지고 있는 자료를 데이터 프레임(데이터셋)으로 만드는 것이다. 이 절에서는 몇 가지 방식으로 데이터 프레임을 생성하고 관리하는 것에 대하여 간단히 설명한다.

〈그림 2.1〉에서 볼 수 있는 바와 같이 데이터 프레임(data frame)은 변수와 개체(또는 관측치)라는 두 개의 차원에 의해서 직사각형으로 배열된 자료값들의 집합이다.

- 변수(variable): 데이터 프레임의 한 열(column)로서 구체적인 속성을 나타내는 자료값들의 집합을 나타낸다. 예를 들어, 〈그림 2.1〉에서 Height라는 변수는 각 개체들의 키를 나타내는 자료값들로 이루어져 있다. 이와 같은 변수들은 문자, 숫자, 특수문자 및 기호 등으로 이루어진 문자형(character type) 변수와 숫자만으로 이루어진 숫자형(numeric type) 변수로 분류된다. 예를 들어, 〈그림 2.1〉에서 변수 Name은 문자형이고 변수 Weight는 숫자형이다.
- 개체(observation): 데이터 프레임의 한 행(row)으로서 동일한 관찰단위에 대한 모든 변수들의 자료값들의 집합을 나타낸다. 예를 들어, 〈그림 2.1〉의 데이터 프레임은 6개의 개체를 포함하고 있는데, 각 개체는 한 사람에 대한 ID, Name, Gender, Weight, Height 등에 대한 자료값을 가지고 있다.

〈참조〉 변수 이름에 대한 규칙

- 변수 이름은 숫자로 시작할 수 없고 문자로 시작해야 한다. 나머지 부분은 문자, 숫자, 밑줄(_) 등을 사용할 수 있다. 또한 공백과 특수문자(예: !, ?, * 등)를 사용하지 않아야

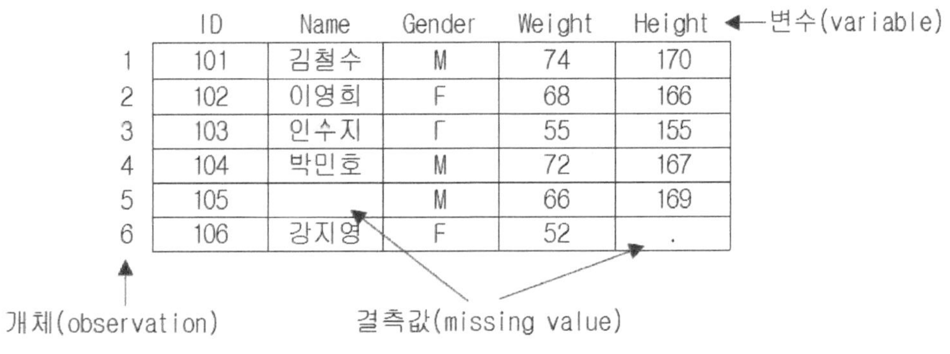

	ID	Name	Gender	Weight	Height
1	101	김철수	M	74	170
2	102	이영희	F	68	166
3	103	인수지	F	55	155
4	104	박민호	M	72	167
5	105		M	66	169
6	106	강지영	F	52	.

〈그림 2.1〉 데이터 프레임의 구조

한다. 특히 R에서와는 달리 마침표(.)는 변수 이름에 넣으면 안 된다는 것을 주의하기 바란다.

- 데이터 프레임 내에서 각 변수의 이름은 중복되지 않고 유일해야 한다.
- 변수 이름은 대소문자를 구분한다. 즉, NEWVAR, NewVar, newvar 등은 서로 다른 변수로 간주된다.

2.1.1 딕셔너리로부터 데이터 프레임 생성하기

데이터 프레임을 생성하는 가장 기본적인 방법은 파이썬의 딕셔너리(dictionary)를 사용하는 것이다. 딕셔너리를 통해 각 칼럼에 대한 데이터를 저장한 후, 딕셔너리에 판다스의 DataFrame 함수를 적용하면 데이터 프레임 객체가 생성된다. 다음 ⟨예 2.1⟩은 판다스의 DataFrame 함수를 이용하여 데이터 프레임을 생성하는 예이다. 판다스의 DataFrame 모듈을 불러온 후(1.6절 참조), 파이썬 딕셔너리 형태로 입력된 rawdata 객체에 DataFrame 함수를 적용하고 이를 출력하였다.

⟨예 2.1⟩ 딕셔너리로부터 데이터 프레임 생성하기

```
from pandas import DataFrame
rawdata = {'ID': [101,102,103,104,105,106,107,108,109,110],
           'AgeGroup': [1,2,4,4,4,5,3,5,5,2],
           'Gender': ["M","M","F","M","M",None,"M","F","M","F"],
           'Item1' : [1,3,3,3,1,2,1,1,1,2],
           'Item2' : [1,3,3,3,1,None,1,1,1,3],
           'Item3' : [1,3,1,2,1,None,1,1,3,2]
          }
Company = DataFrame(rawdata)
print(Company)
#----------------------------------------------------------------------
#      ID AgeGroup Gender Item1 Item2 Item3
# 0   101        1      M     1   1.0   1.0
# 1   102        2      M     3   3.0   3.0
# 2   103        4      F     3   3.0   1.0
# 3   104        4      M     3   3.0   2.0
# 4   105        4      M     1   1.0   1.0
# 5   106        5   None     2   NaN   NaN
# 6   107        3      M     1   1.0   1.0
# 7   108        5      F     1   1.0   1.0
# 8   109        5      M     1   1.0   3.0
# 9   110        2      F     2   3.0   2.0
```

파이썬에서 사용되는 기본적인 자료구조는 리스트, 튜플, 딕셔너리 등이다. **리스트**(list)와 **튜플**(tuple)은 1차원 벡터 데이터를 저장하며, 리스트는 내부의 데이터를 삭제 또는 변경할 수 있는 반면, 튜플은 변경할 수 없다. 그리고 리스트는 [,] 기호를 사용하는 반면 튜플은 (,) 기호를 사용한다.

파이썬의 **딕셔너리**(dictionary)는 영어사전과 유사하게 키(key)와 값(value)이라는 것을 쌍으로 저장함으로써 더 쉽게 저장된 값을 찾을 수 있는 구조이다. 변수들에 대해 대응되는 관측치 값들을 저장하여 관리할 수 있다. 이때 문자형 변수의 자료값에는 "string"과 같이 앞뒤에 인용부호를 입력해 주어야 하며, 결측값은 숫자형과 문자형 모두 인용부호 없이 None 기호로 입력해야 한다. 판다스의 데이터 프레임으로 만들기 위해서는 자료의 구조를 딕셔너리 형태로 구성하는 것이 좋다.

2.1.2 구글 COLAB의 이용

1.5절에서 소개한 구글 COLAB을 구동한 후 코드 셀에 ⟨예 2.1⟩의 코드를 입력한 후 왼쪽의 '실행' 버튼을 클릭하거나, 셀을 클릭한 후 단축키로 'Shift+Enter' 또는 'Ctrl+Enter'를 누르면 코드가 실행된다(그림 2.2 참조).

또한 다음 ⟨예 2.2⟩에서와 같이 head 함수 또는 tail 함수를 사용하여 처음 n개 또는 마지막 n개의 개체만을 살펴볼 수도 있다. 이들 함수는 데이터 프레임의 크기가 매우 클 때 유용하다.

⟨예 2.2⟩ 데이터 프레임의 일부만 출력하기

```
Company.head(n=3)
#-----------------------------------------------------------------------
#     ID AgeGroup Gender Item1 Item2 Item3
# 0  101        1      M     1     1     1
# 1  102        2      M     3     3     3
# 2  103        4      F     3     3     1
#-----------------------------------------------------------------------
Company.tail(n=5)
#-----------------------------------------------------------------------
#     ID AgeGroup Gender Item1 Item2 Item3
# 5  106        5   None     2   NaN   NaN
# 6  107        3      M     1     1     1
# 7  108        5      F     1     1     1
# 8  109        5      M     1     1     3
# 9  110        2      F     2     3     2
```

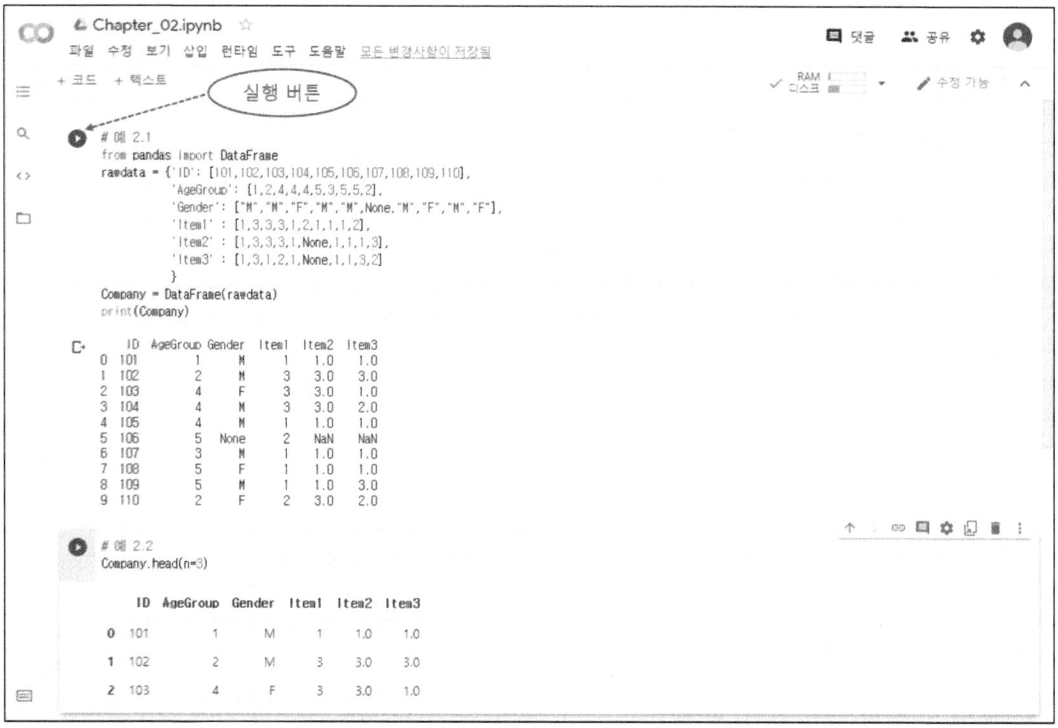

〈그림 2.2〉 구글 COLAB의 이용

다음 〈예 2.3〉은 데이터 프레임에 대한 정보를 얻기 위해서 유용하게 사용될 수 있는 함수들의 사용 예이다. 데이터 프레임 객체에 함수를 사용하는 일반적인 형식은 '데이터 프레임.함수'의 형태이다. 예를 들어, Company.head(n=3)은 Company 데이터 프레임에 대해 3개의 데이터를 출력하는 head(n=3) 함수를 적용한 것이다.

〈예 2.3〉 데이터 프레임에 대한 정보

```
Company.shape   # 객체의 차원
#----------------------------------------------------------------------
# (10, 6)
#----------------------------------------------------------------------
Company.columns   # 변수들의 목록
#----------------------------------------------------------------------
# Index(['ID','AgeGroup','Gender','Item1','Item2',...],dtype='object')
#----------------------------------------------------------------------
Company.dtypes   # 변수들의 유형; int, float: 숫자형; object: 문자형
#----------------------------------------------------------------------
# ID           int64
# AgeGroup     int64
# Gender      object
```

```
# Item1          int64
# Item2        float64
# Item3        float64
# dtype: object
#--------------------------------------------------------------------
dir()   # 작업공간에 대기하고 있는 객체들의 목록
#--------------------------------------------------------------------
# ['Company',
#  'DataFrame',
#  'In'
#  ...
#--------------------------------------------------------------------
del(Company)   # 작업공간에서 객체 제거하기
dir()
#--------------------------------------------------------------------
# ['DataFrame',
#  'In',
#  'Out'
#  ...
```

2.1.3 외부 텍스트 파일로부터 데이터 프레임 생성하기

파이썬에서 딕셔너리에 데이터를 직접 입력하여 데이터 프레임을 구성하는 것은 흔한 상황이 아니다. 일반적으로는 외부에 있는 데이터를 가져와서 데이터 프레임을 생성하게 되는데, 여기에서는 외부 데이터의 형태에 따라 몇 가지 방법을 사용하여 그 과정을 설명한다.

〈표 2.1〉 Company.csv(xlsx) 파일의 내용

ID	AgeGroup	Gender	Item1	Item2	Item3
101	1	M	1	1	1
102	2	M	3	3	3
103	4	F	3	3	1
104	4	M	3	3	2
105	4	M	1	1	1
106	5		2		
107	3	M	1	1	1
108	5	F	1	1	1
109	5	M	1	1	3
110	2	F	2	3	2

가장 일반적인 외부 데이터의 형태는 텍스트(text) 파일인데, 통상 공백 또는 콤마(,)와 같은 것으로 자료값들이 구분되어 있다. 예를 들어 ⟨표 2.1⟩과 같은 데이터의 자료값들이 콤마로 구분되어 있다고 하자. 이와 같은 자료를 csv(comma-separated values) 형식의 파일이라고 하는데, 대부분의 소프트웨어에서 특별한 조작 없이 호환이 가능하다.

주피터 노트북을 PC 환경에서 이용하는 경우, 다음과 같이 저장되어 있는 데이터의 위치를 프로그램에서 지정하면 된다. 이 프로그램에 대하여는 잠시 후에 설명할 것이다.

⟨예 2.4⟩ 주피터 노트북 – 외부 텍스트 파일로부터 데이터 프레임 생성하기

```
import pandas as pd
Company = pd.read_csv('F:\My_Work\Data\Company.csv')
```

그러나 COLAB을 이용하는 경우에는 ⟨그림 2.3⟩과 같이 COLAB 서버에 데이터를 업로드한 후 프로그램에서 불러와야 한다. 구글 드라이브 또는 Github 등의 공간에 업로드한 후 COLAB으로 불러와도 된다.

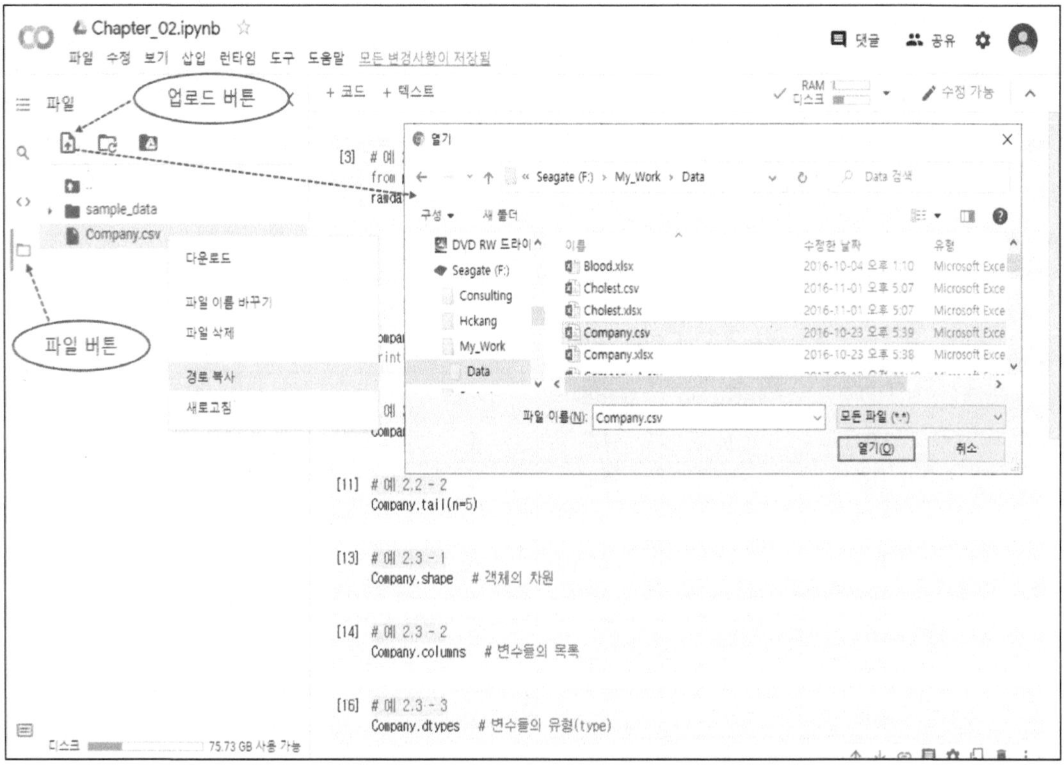

⟨그림 2.3⟩ COLAB 서버에 데이터 업로드하기

데이터를 COLAB 서버에 업로드하는 방법은 다음과 같다. 먼저 COLAB 화면의 왼쪽에 '파일' 버튼을 클릭하면 'sample_data' 폴더가 나타난다(그림 2.3 참조). 그리고 화면 상단의 '업로드' 버튼을 클릭하면 파일을 선택할 수 있는 '열기' 대화상자가 나타나게 된다. 이 예에서는 'Company.csv' 파일을 선택하여 업로드하였다.

업로드한 파일은 COLAB 서버의 저장공간에 물리적으로 저장되어 있을 뿐이다. 이를 COLAB 노트북에서 사용하기 위해서는 코드에서 파일을 불러와야 하므로, 업로드한 파일의 물리적인 위치를 파악할 필요가 있다. ⟨그림 2.3⟩과 같이 Company.csv 파일을 마우스 오른쪽 버튼으로 클릭하면 '경로복사' 메뉴가 나타난다. 경로복사를 수행한 후 이를 ⟨예 2.5⟩와 같이 프로그램에 붙여넣기를 하면 된다. 새롭게 업로드하거나 저장한 파일이 보이지 않을 때는 상단의 '새로고침' 버튼을 클릭하면 된다. 이 예에서는 파일의 경로가 '/content/Company.csv'이다.

⟨예 2.5⟩ 구글 COLAB – 외부 텍스트 파일로부터 데이터 프레임 생성하기

```
import pandas as pd
Company = pd.read_csv('/content/Company.csv')
Company = pd.read_csv('/content/Company.csv',header=0, sep=',')
Company.head(n=3)
#----------------------------------------------------------------------
#      ID AgeGroup Gender Item1 Item2 Item3
# 0  101        1      M     1     1     1
# 1  102        2      M     3     3     3
# 2  103        4      F     3     3     1
#----------------------------------------------------------------------
Company.to_csv('/content/Company_A.csv',index=False,header=True)
```

COLAB 서버에 있는 텍스트 파일로부터 데이터 프레임을 생성하기 위해서는 판다스 패키지의 read_csv 함수를 사용하면 된다. read_csv 함수는 구분자가 콤마(,)로 되어 있는 텍스트 파일을 읽어들이는 함수이다. 이때 header 인수는 텍스트 파일의 첫 줄에 변수 이름이 입력되어 있는지의 여부를 지정하는 것이다(기본값: header=0). 파이썬은 첫 번째의 위치를 '0'으로 시작한다는 것에 주의하여라.

이와는 반대로, 데이터 프레임을 COLAB 서버에 업로드 하기 위해서는 판다스 패키지의 to_csv 함수를 사용하면 된다. 이때 index 인수로 데이터의 순서를 나타내는 값을 저장할 것인지를 지정할 수 있고(여기에서는 False이므로 저장하지 않음), header 인수로 변수 이름을 저장할 것인지를 지정할 수 있다(여기에서는 True이므로 저장함). COLAB 서버에 업로드되어 있는 파일은 '다운로드' 메뉴를 사용하여 자신의 PC에 다운로드할 수 있다.

2.1.4 Excel 파일로부터 데이터 프레임 생성하기

Excel 파일로부터 데이터 프레임을 생성하기 위해서는 위에서와 유사하게 판다스 패키지의 read_excel 함수를 사용하면 된다(예 2.6 참조). 단, 이 경우에도 먼저 Excel 파일을 COLAB 서버에 업로드 해두어야 한다.

〈예 2.6〉 Excel 파일로부터 데이터 프레임 생성하기

```
Company=pd.read_excel('/content/Company.xlsx')
Company=pd.read_excel('/content/Company.xlsx',sheet_name='Company')
#-----------------------------------------------------------------------
Company.to_excel('/content/Company_A.xlsx',index=False,header=True)
```

데이터 프레임을 COLAB 서버에 Excel 파일로 업로드하기 위해서는 to_ecxel 함수를 사용하면 된다.

2.2 데이터 프레임에 함수 적용하기

여기에서는 데이터 프레임에 함수를 적용하는 과정을 간단히 설명한다. 먼저 데이터 프레임 객체에 함수를 사용하는 일반적인 형식은 '데이터 프레임.함수'의 형태이다.

〈예 2.7〉은 데이터 프레임의 변수들에 대한 간단한 요약 결과를 얻기 위해서 describe 함수를 사용한 것이다. 기본적으로 describe 함수는 숫자형 변수들에 대하여 빈도(count), 평균(mean), 표준편차(std), 최솟값(min), 1사분위수(25%), 중위수(50%), 3사분위수(75%), 최댓값(max)을 출력한다. 그리고 include='object' 인수값을 지정하면 문자형 변수에 대하여 빈도(count), 범주의 수(unique), 최빈값(top), 최빈값의 빈도(freq)를 출력한다. 참고로 판다스의 데이터 프레임에서 문자형 변수는 object로 표현된다. 한편 숫자형 변수와 문자형 변수에 대한 요약값을 동시에 출력하려면 include='all' 인수값을 지정하면 된다.

〈예 2.7〉 데이터 프레임에 함수 적용하기

```
Company.describe()
#-----------------------------------------------------------------------
#               ID  AgeGroup     Item1    Item2    Item3
# count   10.00000 10.000000 10.000000 9.000000 9.000000
# mean   105.50000  3.500000  1.800000 1.888889 1.666667
# std      3.02765  1.433721  0.918937 1.054093 0.866025
# min    101.00000  1.000000  1.000000 1.000000 1.000000
# 25%    103.25000  2.250000  1.000000 1.000000 1.000000
# 50%    105.50000  4.000000  1.500000 1.000000 1.000000
```

```
# 75%    107.75000  4.750000  2.750000 3.000000 2.000000
# max    110.00000  5.000000  3.000000 3.000000 3.000000
#------------------------------------------------------------------
Company.describe(include='object')
#------------------------------------------------------------------
#         Gender
#  count      9
# unique      2
#    top      M
#   freq      6
#------------------------------------------------------------------
Company.describe(include='all')
```

앞의 예에서 사용된 describe 함수는 데이터 프레임에 포함되어 있는 숫자형 변수 또는 문자형 변수들의 내용을 한꺼번에 살펴보기 위해서는 편리하지만, ID와 같이 분석이 필요 없는 변수들에 대해서도 결과가 출력되는 단점이 있다. 이러한 문제를 해결하는 한 가지 방법은 개별 변수를 벡터 객체로 호출하여 사용하는 것이다. 이때 ⟨예 2.8⟩에서와 같이 데이터 프레임의 이름과 변수의 이름을 마침표 기호로 연결하면 된다. 예를 들어, Company.Gender는 데이터 프레임 Company에 있는 변수 Gender를 의미한다.

⟨예 2.8⟩ 변수를 벡터 객체로 호출하기

```
Company.Item1.describe()
#------------------------------------------------------------------
# count    10.000000
# mean      1.800000
# std       0.918937
# min       1.000000
# 25%       1.000000
# 50%       1.500000
# 75%       2.750000
# max       3.000000
# Name: Item1, dtype: float64
#------------------------------------------------------------------
Company.Gender.value_counts()
#------------------------------------------------------------------
# M    6
# F    3
# Name: Gender, dtype: int64
```

또 다른 방법은 호출할 일부 변수들의 리스트(list)를 만들어 적용하는 것이다. 대괄호 기호를 이용하여 필요한 변수들을 그 안에 나열하면 된다. 예를 들어, ⟨예 2.9⟩에서는 이러한 방법을 이용하여 4개의 변수를 지정하였다. 물론 1개의 변수만을 지정할 수도 있다. 변수를 나열할 때 각 변수의 이름에는 이중인용부호를 앞뒤에 붙여야 한다는 것에 주의하여라.

⟨예 2.9⟩ 데이터 프레임의 일부 변수만 호출하기

```
Company[["AgeGroup","Item1","Item2","Item3"]].describe()
#------------------------------------------------------------------------
#         AgeGroup      Item1    Item2    Item3
# count 10.000000 10.000000 9.000000 9.000000
# mean   3.500000  1.800000 1.888889 1.666667
# std    1.433721  0.918937 1.054093 0.866025
# min    1.000000  1.000000 1.000000 1.000000
# 25%    2.250000  1.000000 1.000000 1.000000
# 50%    4.000000  1.500000 1.000000 1.000000
# 75%    4.750000  2.750000 3.000000 2.000000
# max    5.000000  3.000000 3.000000 3.000000
```

2.3 데이터 프레임의 가공

데이터 프레임을 함수에 적용하여 통계분석을 수행하다 보면 데이터 프레임의 내용을 약간 수정해야 하는 경우가 종종 있게 된다. 이 절에서는 데이터 프레임을 가공하는 몇 가지 경우를 설명할 것이다.

2.3.1 숫자형 변수를 문자형 변수로 변환하기

⟨예 2.9⟩에서 변수 AgeGroup의 값이 1='10대', 2='20대', 3='30대', 4='40대', 5='50대 이상'을 나타낸다고 하자. 그런데 이 예에서는 변수 AgeGroup이 숫자형으로 취급되었음을 볼 수 있다.

숫자로 입력된 변수를 문자처럼 취급하기 위해서는 다음 ⟨예 2.10⟩과 같이 astype("str") 함수를 사용하여 문자형으로 지정하면 된다.

⟨예 2.10⟩ 숫자형 변수를 문자형 변수로 변경하기

```
Company.dtypes   # 변수들의 유형; int, float: 숫자형; object: 문자형
#------------------------------------------------------------------------
# ID           int64
# AgeGroup     int64
# Gender      object
```

```
# Item1          int64
# Item2        float64
# Item3        float64
# dtype: object
#--------------------------------------------------------------------
Company["AgeGroup"] = Company["AgeGroup"].astype("str")
Company.dtypes
#--------------------------------------------------------------------
# ID             int64
# AgeGroup      object
# Gender        object
# Item1          int64
# Item2        float64
# Item3        float64
# dtype: object
#--------------------------------------------------------------------
Company.describe(include='object')
#--------------------------------------------------------------------
#        AgeGroup Gender
#  count       10      9
# unique        5      2
#    top        5      M
#   freq        3      6
#--------------------------------------------------------------------
Company["AgeGroup"] = Company["AgeGroup"].astype("int64")
Company["AgeGroup"].dtypes
#--------------------------------------------------------------------
# dtype('int64')
```

먼저 dtypes 함수는 데이터 프레임에 있는 변수들 유형(type)을 출력한다. 참고로 int는 정수형, float는 실수형(부동소수형), object는 문자형을 나타낸다. 그리고 유형 옆에 붙어있는 숫자(8, 16, 31, 64, 128 등)는 하나의 자료값을 메모리에 저장하는 데 필요한 비트(bits) 수를 의미한다.

⟨예 2.10⟩에서는 astype("str") 함수를 사용하여 데이터 프레임 Company의 변수 AgeGroup을 문자형 변수로 변경하였다. dtypes 함수를 이용하여 변수 AgeGroup이 문자형인 object로 변환되었음을 볼 수 있다.

문자형 변수를 다시 정수형으로 변환할 때는 위의 예에서와 같이 astype("int64") 함수를 사용하면 된다. 실수형으로 변환할 때는 "int64" 대신 "float64"를 지정하면 된다. 변수 유형을 다시 확인해보면 object에서 int64로 변환된 것을 볼 수 있다.

2.3.2 분석 결과를 객체로 저장하기

데이터 프레임에 함수를 적용하여 얻은 결과를 객체로 저장해 두었다가 다음 분석을 위해 유용하게 사용할 수 있다.

⟨예 2.11⟩ 분석 결과를 객체로 저장하기

```
Company_Summary = Company[["Item1","Item2","Item3"]].describe()
Company_Summary
#------------------------------------------------------------------
#           Item1    Item2    Item3
# count 10.000000 9.000000 9.000000
# mean   1.800000 1.888889 1.666667
# std    0.918937 1.054093 0.866025
# min    1.000000 1.000000 1.000000
# 25%    1.000000 1.000000 1.000000
# 50%    1.500000 1.000000 1.000000
# 75%    2.750000 3.000000 2.000000
# max    3.000000 3.000000 3.000000
```

⟨예 2.11⟩에서는 describe 함수의 결과를 Company_Summary라는 객체에 저장하였다. 이와 같이 대부분의 함수들은 그 결과를 벡터, 데이터 프레임, 테이블 등 일정한 형식의 객체로 내보낸다. 이 예에서 첫 번째 명령문을 실행하면 노트북 윈도에는 어떤 결과도 출력되지 않는데, 이는 결과를 단지 객체에 저장만 하기 때문이다. 두 번째 명령문에서와 같이 객체 이름 Company_Summary를 실행함으로써 객체의 내용을 출력할 수 있다.

2.3.3 일부 개체 또는 변수의 선택

데이터 프레임을 사용하다 보면 일부 개체(행) 또는 변수(열)만을 선택하여 함수에 적용해야 하는 경우가 종종 발생한다. 판다스의 데이터 프레임은 loc 함수와 iloc 함수를 이용하여 쉽게 개체와 변수들을 선택할 수 있다. 물론 앞의 예에서와 같이 일부 변수를 선택할 때 대괄호를 이용할 수도 있지만, 변수와 개체의 동시 선택에는 적합하지 않아 추천되지 않는다.

⟨예 2.12⟩ loc 함수를 이용한 개체 선택하기

```
Com_A1 = Company.loc[(Company.AgeGroup==4),]                                 #①
Com_A2 = Company.loc[(Company.AgeGroup==4) | (Company.AgeGroup==5),] #②
Com_A3 = Company.loc[(Company.AgeGroup>=2) & (Company.AgeGroup<=4),] #③
Com_B1 = Company.loc[Company.Gender=="M",]                                   #④
```

〈표 2.2〉 논리 연산자(Logical Operator)

연산자	설명	연산자	설명
<	작은	<=	작거나 같은
>	큰	>=	크거나 같은
==	같은	!=	같지 않은
|	또는	&	그리고

```
Com_B2 = Company.loc[Company.Gender!="M",]                                   #⑤
Com_C1 = Company.loc[(Company.AgeGroup>=3) & (Company.Gender<="F"),] #⑥
Company.loc[(Company.AgeGroup>=2)&(Company.AgeGroup<=4),].describe() #⑦
#---------------------------------------------------------------------
```

① 숫자형 변수 AgeGroup의 값이 4인 개체들만 추출하여 새로운 데이터 프레임 Com_A1을 생성한다.

② 숫자형 변수 AgeGroup의 값이 4 또는 5인 개체들을 추출하여 새로운 데이터 프레임 Comp_A2를 생성한다.

③ 숫자형 변수 AgeGroup의 값이 2 이상이고 4 이하인 개체들을 추출하여 새로운 데이터 프레임 Com_A3를 생성한다.

④ 문자형 변수 Gender의 값이 M인 개체들만 추출하여 새로운 데이터 프레임 Com_B1을 생성한다.

⑤ 문자형 변수 Gender의 값이 M이 아닌 개체들을 추출하여 새로운 데이터 프레임 Com_B2를 생성한다.

⑥ 변수 AgeGroup의 값이 3 이상이고 변수 Gender의 값이 F인 개체들을 추출하여 새로운 데이터 프레임 Com_C1을 생성한다.

⑦ 데이터 프레임을 생성하지 않고 조건식을 함수에 바로 적용한다.

〈예 2.12〉는 loc 함수를 이용하여 데이터 프레임에서 일부 개체 또는 변수들 선택하는 몇 가지 예이다. 데이터 프레임의 이름이 df일 경우, 'df.loc[행 선택값, 열 선택값]'과 같은 2차원 형식으로 사용하면 된다. 2차원이 아닌 1차원 형태로 쓰게 되면 '행 선택값'으로 처리된다. 또는 'df.loc[행 선택값,]'과 같이 2차원 입력에서 '열 선택값'을 빈칸으로 남겨두면 전체 열(변수)을 선택하게 된다. 행에 대하여 전체를 선택하고자 할때는 'df.loc[:, 열 선택값]'과 같이 ':' 기호를 입력하면 된다. 데이터 프레임에서 일부 데이터를 선택할 때 사용할 수 있는 논리 연산자(logical operator)들은 〈표 2.2〉와 같다.

〈예 2.13〉 변수 선택하기

```
Company_D = Company.loc[:,["Item1","Item2","Item3"]]
Company_D = Company.iloc[:,[3,4,5]]
Company_D = Company[["Item1","Item2","Item3"]]
Company_D.describe()
#---------------------------------------------------------------------------
#           Item1     Item2     Item3
# count 10.000000 9.000000 9.000000
# mean   1.800000 1.888889 1.666667
# std    0.918937 1.054093 0.866025
# min    1.000000 1.000000 1.000000
# ...
# max    3.000000 3.000000 3.000000
```

loc 함수를 이용하여 데이터 프레임에서 일부 개체들만을 선택할 경우, 〈예 2.12〉 또는 〈예 2.13〉에서와 같이 대괄호와 함께 추출할 행(개체)이나 열(변수)의 이름을 사용하면 된다.

이와는 달리 iloc 함수에서는 변수 이름 대신 위치를 나타내는 정수값(integer)을 이용할 수 있다. 이때 파이썬의 값이 저장되는 위치는 0부터 시작한다는 것에 주의해야 한다. 예를 들어, 첫 번째 변수의 첫 번째 값을 선택하기 위해서는 'df.iloc[0,0]'와 같이 지정해주어야 한다. 또한 위의 예에서 'Item1, Item2, Item3'의 위치가 [4, 5, 6]이 아닌 [3, 4, 5]임에 유의하여라. 정수값을 입력하는 것 이외에 다른 사항은 loc 함수에서와 동일하다.

데이터 프레임에서 일부 변수만을 선택할 때는 〈예 2.13〉에서와 같이 대괄호와 함께 변수의 리스트(list)를 나열해도 된다. 그리고 리스트에 이름을 지정할 때는 이중인용부호를 함께 입력해야 한다.

〈예 2.14〉 개체와 변수를 함께 선택하기

```
Company_E = Company.loc[Company.Gender=="M",["Gender","Item1","Item2"]]
MyCase = Company[Company.Gender=="M"].index
MyVar = ["Gender","Item1","Item2"]
Company_E = Company.loc[MyCase,MyVar]
Company.loc[MyCase,MyVar].describe()
```

〈예 2.14〉에서와 같이 loc 함수를 이용하여 개체를 추출하는 조건식과 선택할 변수의 목록을 함께 지정할 수 있다. 또한 데이터 선택을 위한 조건이 길 경우에는, 이 예에서와 같이 각 조건식의 내용을 별도의 객제로 저장한 후 데이터 프레임에 적용할 수도 있다.

2.3.4 새로운 변수의 생성

데이터 프레임에 있는 변수들을 이용하여 새로운 변수를 생성할 수 있다. 다음 〈예 2.15〉는 데이터 프레임 Company에 있는 세 개의 변수 Item1, Item2, Item3의 합계와 평균을 계산하여 새로운 변수를 생성하는 예이다.

〈예 2.15〉 새로운 변수의 생성

```
Item_sum = Company["Item1"]+Company["Item2"]+Company["Item3"]
Item_mean = (Company["Item1"]+Company["Item2"]+Company["Item3"])/3
Company["Item_sum"] = Item_sum
Company["Item_mean"] = Item_mean
```

새로운 변수를 생성할 때 주의해야 할 사항 중 하나는, 생성되는 변수를 기존의 데이터 프레임에 추가하기 위해서는 Company["Item_sum"]과 같이 변수 이름에 데이터 프레임을 함께 지정해 주어야 한다는 것이다. 즉, 〈예 2.15〉에서 첫 두 개의 명령문은 별개의 벡터 객체 Item_sum과 Item_mean을 생성하게 된다.

〈예 2.16〉 새로운 문자형 변수의 생성

```
Company.loc[Company["AgeGroup"]<=3,"Type"] = 1
Company.loc[Company["AgeGroup"]>=4,"Type"] = 2
MyLabel = {1:'30대이하',2:'40대이상'}
Company["Type"] = Company['Type'].map(MyLabel)
Company
#-----------------------------------------------------------------
#    ID AgeGroup Gender Item1 Item2 Item3 Item_sum Item_mean      Type
# 0 101        1      M     1   1.0   1.0      3.0  1.000000 30대 이하
# 1 102        2      M     3   3.0   3.0      9.0  3.000000 30대 이하
# 2 103        4      F     3   3.0   1.0      7.0  2.333333 40대 이상
# 3 104        4      M     3   3.0   2.0      8.0  2.666667 40대 이상
# 4 105        4      M     1   1.0   1.0      3.0  1.000000 40대 이상
# 5 106        5    NaN     2   NaN   NaN      NaN       NaN 40대 이상
# ...
```

〈예 2.16〉은 기존의 숫자형 변수를 이용하여 새로운 문자형(범주형) 변수를 만드는 예이다. 이 예에서는 먼저 loc 함수와 조건식을 이용하여 개체들을 1(30대 이하), 2(40대 이상)로 구분하는 숫자형 변수 Type을 생성하였다. 그리고 한글 레이블 값과 대응되는 딕셔너리를 만들고, map 함수를 사용하여 이를 변수 Type에 매핑하였다.

〈예 2.17〉 범주별 요약통계량 출력

```
Company.groupby("Type").agg({"Item1":"sum","Item2":"mean", \
                             "Item3":["min","max"]})
#---------------------------------------------------------------------
#             Item1    Item2    Item3
#             sum      mean     min max
#       Type
# 30대 이하       7      2.0     1.0 3.0
# 40대 이상      11      1.8     1.0 3.0
```

〈예 2.17〉은 groupby 함수와 agg(aggregation) 함수를 사용하여 그룹별 일부 변수들에 대한 요약통계량을 계산하였다. 즉, Company 데이터에 대해 Type별로 요약통계량을 계산하되, Item1에 대하여는 합계(sum), Item2에 대하여는 평균(mean), Item3에 대하여는 최솟값(min)과 최댓값(max)을 출력하였다.

한편 하나로 연결된 코드가 너무 길어서 여러 줄에 입력하고자 할 경우, 위의 예에서와 같이 줄넘김을 나타내는 ‘ \’ 기호를 사용하면 된다.

2.4 도움말(help) 기능

파이썬에서는 대부분의 데이터 분석 소프트웨어에서와 마찬가지로 도움말 기능을 이용할 수 있다. 파이썬은 매우 다양한 패키지와 함수를 보유하고 있고, 새로운 패키지 또한 빠르게 추가되고 갱신되고 있어 분석자가 이러한 함수들의 사용법을 모두 기억한다는 것은 쉬운 일이 아니다. 따라서 분석자가 파이썬의 함수를 정확하게 사용하기 위해서는 파이썬의 도움말 기능을 잘 활용할 필요가 있다.

2.4.1 도움말 출력

도움말이 출력되는 형식은 프로그램 편집기에 따라서 다소 차이가 있다. 여기에서는 COLAB 화면을 기준으로 설명하고자 한다. 먼저 기본적인 도움말 함수는 〈예 2.18〉에서와 같이 help 함수이다. 예를 들어, pandas 패키지를 pd라는 별칭으로 불러온 후 ‘help(pd.DataFrame)’을 입력하면 pandas의 DataFrame에 대한 도움말이 〈그림 2.4〉에서와 같이 결과 셀에 출력된다. 이때 도움말을 얻기 위해서는 함수가 포함되어 있는 패키지 및 객체 또는 함수의 이름을 함께 써주어야 한다는 것에 주의하기 바란다.

또한 COLAB에서는 특정 함수의 도움말을 보기 위해, 〈그림 2.5〉와 같이 작성되어 있는 코드의 함수 이름 위에 마우스를 위치시키면 된다. 그러면 새로운 팝업(pop-up) 윈도우가 나타나며 help 함수에서와 동일한 내용을 확인할 수 있다.

〈예 2.18〉 도움말 출력 – help 함수, 물음표(?)

```
import pandas as pd
# 결과 셀에 도움말 출력
help(pd.DataFrame)
# 새로운 창에 도움말 출력
pd.DataFrame?
pd.DataFrame.corr?
```

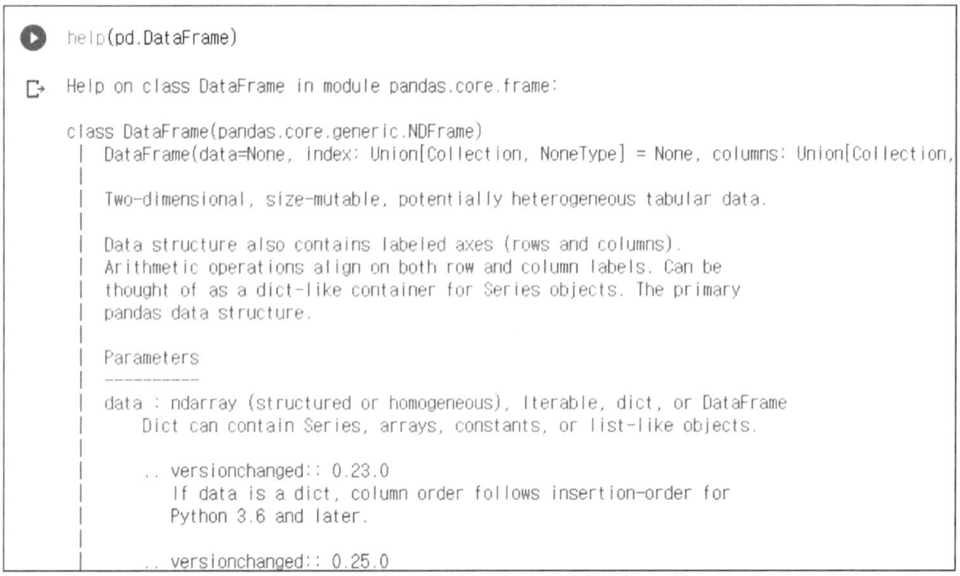

〈그림 2.4〉 파이썬 도움말

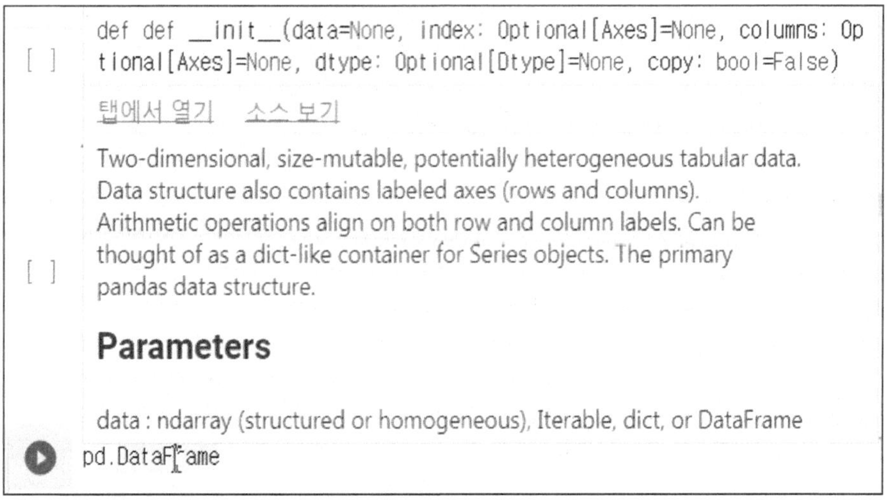

〈그림 2.5〉 파이썬 도움말 – COLAB 팝업 창

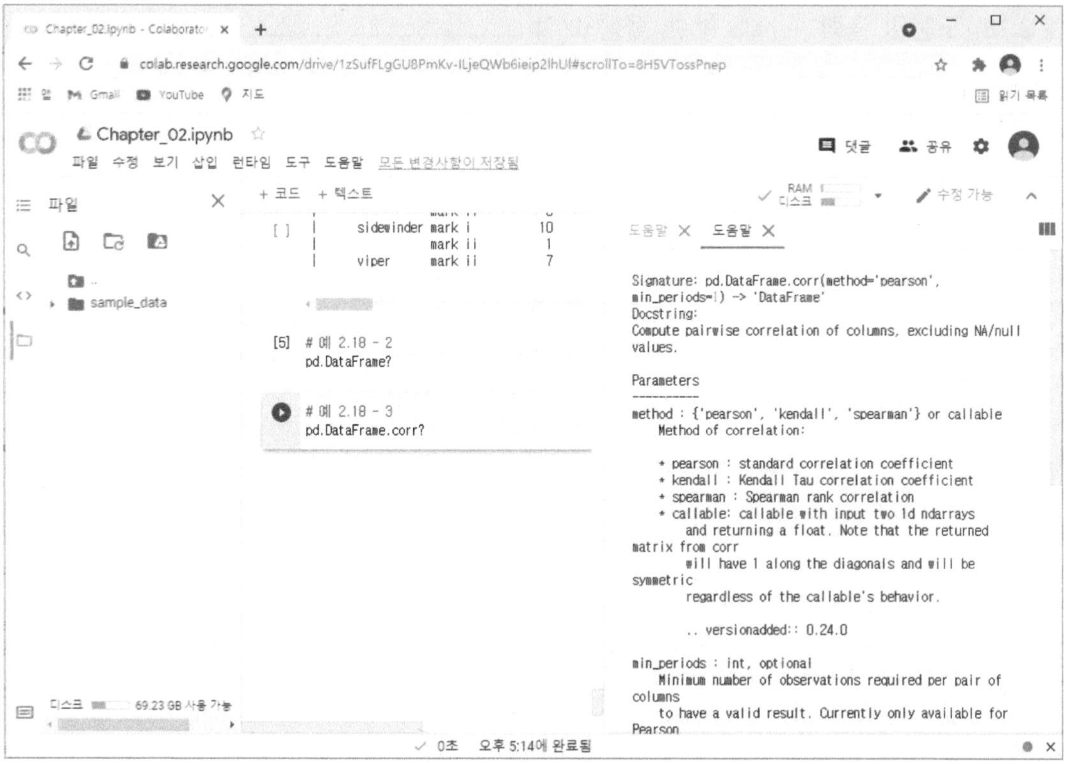

〈그림 2.6〉 파이썬 도움말 – 새로운 창

도움말을 출력하는 다른 방법은 ?(물음표) 기호를 이용하는 것이다. 파이썬에서는 도움말을 자주 사용하게 되므로 help 함수를 사용하는 것 대신에, 물음표 기호를 함수 또는 객체의 이름 뒤에 붙여서 사용하면 편리하다(예 2.18 및 그림 2.6 참조). 예를 들어 'pd.DataFrame?'은 앞에서와 동일한 내용의 도움말을 출력하며, COLAB 화면 오른쪽의 새로운 창에서 그 내용을 보여준다. 또한 〈그림 2.6〉은 pandas 패키지의 DataFrame 객체에 적용되는 corr 함수의 도움말을 새로운 창에 출력한 것이다.

파이썬에서 도움말을 얻는 또 다른 방법으로 ??(이중 물음표)를 사용할 수 있다. 이중 물음표는 함수의 소스 코드(source code)를 읽고자 할 때 사용하는 것으로 출력의 결과가 앞서 설명한 help 함수의 경우와는 다르다. 〈예 2.19〉는 square라는 제곱함수를 사용자 정의 함수(user defined function)로 작성하고, 이 함수의 소스코드를 보기 위하여 이중 물음표를 사용하였다. help 함수를 통해서는 소스 코드를 볼 수 없었지만, 이중 물음표에서는 내용을 확인할 수 있다. 다만 한 가지 주의할 것은 파이썬이 아닌 C와 같은 언어로 프로그래밍된 빌트인 함수(builtin function)는 코드를 확인할 수 없다. 예를 들어, abs 함수는 빌트인 함수이므로 소스 코드를 보여주지 않는다.

⟨예 2.19⟩ 도움말 출력 – ??(이중 물음표) 사용

```
def square(a):
    "a의 제곱값 출력"
    return a ** 2
square(3)
# ---------------------------------------------------------------------
# 9
# ---------------------------------------------------------------------
help(square)
# ---------------------------------------------------------------------
# Help on function square in module __main__:
#
# square(a)
#   "a의 제곱값 출력"
# ---------------------------------------------------------------------
square??    # 함수의 소스 코드 확인(새로운 창에 출력)
# ---------------------------------------------------------------------
# Signature: square(a)
# Source:
# def square(a):
#    "a의 제곱값 출력"
#     return a ** 2
# File:      /content/<ipython-input-13-67e2715957b7>
# Type:      function
# ---------------------------------------------------------------------
abs??
# ---------------------------------------------------------------------
# Signature: abs(x)
# Docstring: Return the absolute value of the argument.
# Type:      builtin_function_or_method
```

2.4.2 웹페이지 도움말

자주 사용되는 패키지의 함수에 대한 도움말은 인터넷 웹사이트를 참고해도 좋다. ⟨그림 2.7⟩은 pandas와 NumPy 패키지의 배포 사이트이며, 여기에서는 함수의 사용법 및 예제 프로그램도 함께 제공하므로 매우 유용하다. 또한 이 시대의 검색 도우미 Google을 활용하는 것도 좋은 대안이다. 아래 목록은 pandas, NumPy, SciPy, statsmodels, matplotlib, seaborn 패키지의 배포 사이트 주소이다.

- pandas user guide – https://pandas.pydata.org/docs/user_guide/index.html
- NumPy user guide – https://numpy.org/doc/stable/user/index.html

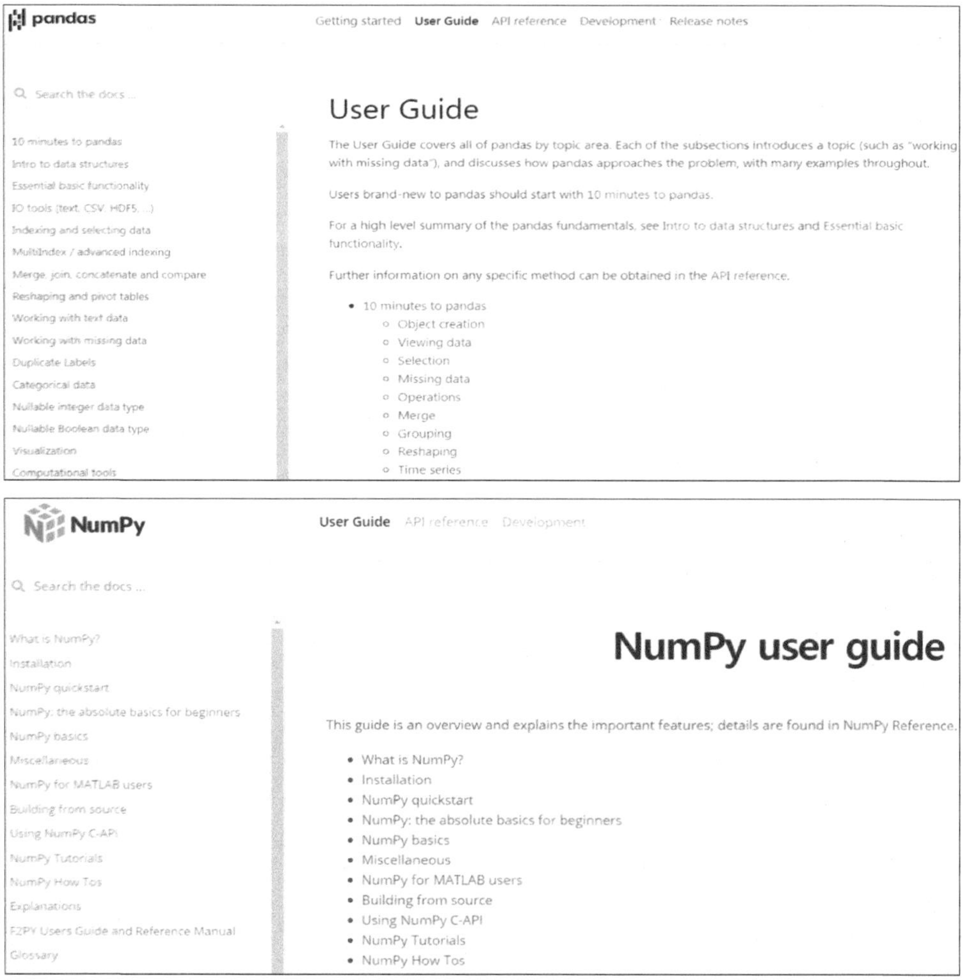

⟨그림 2.7⟩ pandas와 NumPy 패키지의 배포 사이트

- SciPy getting started – https://www.scipy.org/getting-started.html
- statsmodels user guide – https://www.statsmodels.org/stable/user-guide.html
- matplotlib tutorials – https://matplotlib.org/stable/tutorials/index.html
- seaborn tutorials – https://matplotlib.org/stable/tutorials/index.html

2.5 연습문제

1. 이 장에서 사용된 함수들에 대하여 도움말을 조회하고 그 내용을 살펴보아라.

2. 이 장의 예제에서 작성된 명령문들을 구글 COLAB 또는 주피터 노트북에서 실행하고 그 결과들을 살펴보아라.

제 3 장
데이터의 요약 및 표현

실험이나 조사를 통해 얻어진 자료에서 개별 측정값들은 그 자체가 중요한 정보이지만, 이들은 양적으로 방대하고 다루기도 힘들며 질적으로 혼돈과 소음을 포함하고 있어 자료의 전반적인 내용을 파악하는 것이 쉽지 않다. 따라서 자료의 특성 내지는 중요한 측면을 쉽게 파악할 수 있도록 빈도나 퍼센트, 대푯값, 변이성, 분포의 형태 등을 간결한 형태로 정리, 요약하여 기술(記述, description)해야 할 필요가 있게 된다. 이 장에서는 주어진 자료의 전반적인 내용을 쉽고 빠르게 파악할 수 있도록 표나 그래프 또는 몇 개의 숫자로 요약하여 표현하는 방법들에 대해서 설명할 것이다.

3.1 자료의 형태

"방대한 자료를 그래프나 표 또는 몇 개의 수치로 요약하여 주어진 자료의 전반적인 내용을 쉽고 빠르게 파악할 수 있도록 하는 기법을 다루는 분야"를 흔히 **기술통계학**(記述統計學, descriptive statistics)이라 한다. 즉 기술통계학의 목적은 자료가 가지고 있는 특성과 모습을 잘 정리하고 요약하는 것으로, 이를 위해서는 어떠한 기준에 따라 자료가 수집되었는지를 구분할 필요가 있다. 일반적으로 자료의 형태는 다음과 같이 크게 질적자료(정성적 자료)와 양적자료(정량적 자료)로 구분되어진다.[1]

3.1.1 질적자료

질적자료(qualitative data)는 성별(남, 여), 혈액형(A, B, AB, O), 순위(1등, 2등, 3등)와 같이 어떤 속성을 나타낸 자료를 말하며, 이와 같은 질적자료에는 일반적으로 사칙연산을 적용할 수 없다. 질적자료는 다시 명목형 자료와 순서형 자료로 구분된다.

명목형(名目形, nominal) 자료는 성, 지역, 직업 등과 같이 자료값의 크기나 순서에 대한 의미가 없고 단지 자료값 자체의 이름만 의미를 부여할 수 있는 변수이다. 때로는 명목형 자료의 각 속성에 대하여 편의상 숫자를 대응시켜 사용하기도 하는데, 이 경우 숫자는 기호로서의 역할을 할 뿐이다. 예를 들면, 성별에 있어 남성을 '1'로 여성을 '2'로 표현했다면, 이때 숫자는 집단의 속성을 나타낸 것뿐이다. 이러한 명목형 자료의 예로는 혈액형, 종교, 운동선수의 번호, 인종 등이 있다.

이에 반해, **순서형**(順序形, ordinal) 자료는 어떤 기준에 따라 자료값들의 순서에 의미를 부여할 수 있는 자료이다. 예를 들어, 마라톤 경주에서 결승점에 도착하는 순서에 따라 1위, 2위, 3위 등으로 순서를 매긴 경우가 여기에 해당한다. 이러한 순서형 자료에서

[1] 사회과학에서는 일반적으로 측정의 수준(level of measurement)을 '명목측정', '순서측정', '구간측정'(등간측정), '비율측정'으로 구분한다.

각 숫자는 순서를 나타낼 뿐 차이나 비율에는 의미가 없다. 즉, 마라톤 경주에서 1위는 2위보다 결승점에 먼저 도착했다는 뜻이며, 2의 숫자는 1의 숫자의 두 배이므로 2위가 1위보다 2배 늦게 도착했다는 뜻은 아닌 것이다. 순서형 자료의 예로는 연비에 대한 등급, 성적에서의 수, 우, 미, 양, 가 등이 있다.

명목형 자료(때로는 순서형 자료를 포함하여)를 **범주형**(範疇形, categorical) 자료라고 부르기도 하는데, 이러한 범주형(질적) 자료의 특성을 파악하기 위해서는 각 범주별 빈도를 계산하는 등 양적자료와는 다르게 처리해야 한다.

3.1.2 양적자료

양적자료(quantitative data)는 길이, 무게, 개수 등과 같이 많고 적음을 나타내는 수치로 된 자료를 말하며, 따라서 양적자료에 대해서는 사칙연산이 가능하다. 양적자료는 다시 계수형 자료와 연속형 자료로 나누기도 하고, 비율형 자료와 구간형 자료로 나누기도 한다.

먼저, 양적자료를 계수형 자료와 연속형 자료로 구분할 때의 의미를 살펴보자. **계수형**(計數形, count) 자료는 자료가 셀 수 있는 정수 형태인 경우를 말한다. 예를 들어, 형제의 수, 자동차 보유대수, 입사 지원자수, 보험 해약건수 등이 여기에 속한다. 이러한 계수형 자료는 범주형 자료의 경우처럼 이산적인 값을 갖기 때문에 이들을 한데 묶어 **이산형**(離散形, discrete) 자료라고도 한다.

이에 반해, **연속형**(連續形, continuous) 자료는 자료의 측정이 셀 수 없는 소수점을 포함하는 경우를 말한다. 예를 들어, 사람의 키, 물체의 무게, 길이, 온도 등과 같은 자료들이 여기에 속한다.

이제, 양적자료를 구간형 자료와 비율형 자료로 구분할 때의 의미를 살펴보자. **비율형**(比率形, ratio) 자료는 수치값들 사이의 차이뿐만 아니라 비율에도 의미를 부여할 수 있는 경우이다. 예를 들어, 어떤 냉장고 A의 무게가 200kg이고 B의 무게가 100kg이라고 할 때, 냉장고 A와 B의 무게 차이는 100kg이고 A의 무게는 B의 두 배라고 말할 수 있다. 또한 이 경우 0은 무게가 없다는 것을 의미한다(즉, 절대영점을 가진다). 비율형 자료에 대해서는 사칙연산 모두가 가능하다.

이에 반해, **구간형**(區間形, interval) 자료는 수치값들 사이의 차이(구간)에는 의미를 부여할 수 있지만 비율에는 의미를 부여할 수 없는 경우이다. 예를 들어, 섭씨 20도는 -10도에 비해서 온도가 30도 높다고 할 수 있지만, 온도의 비율이 $20/(-10) = -2$배라고 할 수는 없다. 또한 온도가 0도라고 하는 것은 온도가 없다라는 의미는 아니다(즉, 상대영점을 가진다). 따라서 구간형 자료에 대해서 덧셈과 뺄셈은 의미가 있지만 곱셈이나 나눗셈에 의한 결과는 의미가 없게 된다.

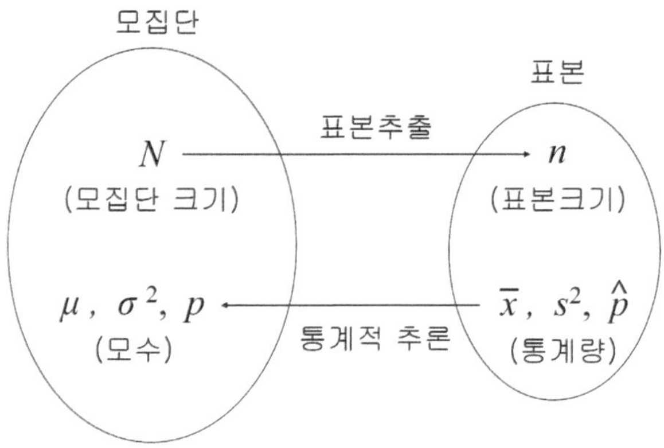

⟨그림 3.1⟩ 모집단과 표본의 관계

3.2 모수와 통계량

실험이나 조사에서 관심의 대상이 되는 모든 자료를 수집한다는 것은 실제적 혹은 물리적으로 불합리한 경우가 대부분이다. 예를 들어, 어느 의약품의 효과를 알기 위해 모든 환자에게 임상실험을 하거나, 한 회사에서 생산되는 타이어의 평균수명을 알기 위해 그 회사에서 생산되는 모든 타이어를 검사한다는 것은 불가능하거나 비경제적이다. 따라서 관심이 되는 전체 수집대상 중에서 일부만을 추출하여 자료를 얻고 이를 분석하는 것이 일반적이라고 할 수 있다.

이때 관심대상이 되는 모든 가능한 자료값들의 집합을 **모집단**(母集團, population)이라고 하며, 통계적 분석을 위해 모집단에서 추출된 실제 관측값들의 집합을 **표본**(標本, sample)이라고 한다.

또한 모집단의 특성을 나타내는 미지의 상수값을 **모수**(母數, parameter)라고 하고, 표본에 있는 정보를 양적으로 축약하여 얻은 표본의 함수값을 **통계량**(統計量, statistic)이라고 한다. 따라서 통계처리를 수행하는 중요한 목적 중의 하나는 표본의 특성인 통계량을 근간으로 모집단의 특성인 모수를 파악하려는 것이다. 즉, 표본평균($\bar{x}$), 표본분산(s^2), 표본비율($\hat{p}$) 등과 같은 통계량을 통해 이에 대응되는 모평균(μ), 모분산(σ^2), 모비율(p) 등과 같은 모수들에 대한 통계적 추론을 하는 것이다.

예를 들어, 우리나라 성인 전체에 대한 흡연률을 알아 보고자 한다고 해 보자. 이 경우 우리나라 성인 전체에 대해 조사를 실시하지는 않는다. 왜냐하면 조사비용이 너무 많이 들 뿐만 아니라 현실적으로 불가능한 경우가 많기 때문이다. 따라서 이에 대한 대안으로 우리나라 성인 중 약 1,000명 정도를 뽑아서 이들에 대해 흡연률을 조사하고, 이를 근거로 하여 우리나라 성인 전체에 대한 흡연률을 짐작(추측)하는 것이다.

이와 같이 "관심의 대상이 되는 전체집단(모집단)으로부터 모집단의 일부(표본)를 추출하고, 표본으로부터 관측된 내용(통계량)을 근거로 하여 모집단의 특성(모수)을 추측하고 검정하는 방법을 다루는 분야"를 **추측통계학**(推測統計學, inferential statistics)이라고 한다. 앞의 흡연률의 예에서는 우리나라 성인 전체가 모집단이고, 조사를 위해 추출된 성인 1,000명이 표본이며, 1,000명 중의 흡연률이 통계량이고, 우리나라 성인 전체의 흡연률이 모수이다.

3.3 기술통계량

양적자료의 경우 관찰값들(표본)을 대표할 수 있는 몇 개의 의미 있는 수치로 자료를 요약하는 것이 일반적이다. 이러한 의미 있는 수치들을 **기술통계량**(記述統計量, descriptive statistics)이라고 하는데, 주어진 자료들이 어떤 값을 중심으로 분포되어 있는지(대략 어느 정도의 값을 취한다고 할 수 있는지)를 나타내는 **대푯값**과 자료들의 흩어져 있는 정도(퍼져 있는 정도)를 나타내는 **산포도**가 주로 이용된다. 이 절에서는 파이썬의 패키지와 함수를 이용하여 기술통계량을 얻는 과정과 각 통계량들이 가지고 있는 의미를 살펴보자.

여기에서 사용된 데이터는 남자 31명과 여자 29명에 대해서 성, 나이, 담즙에 함유된 콜레스테롤 과포화율(supersaturation, %)을 조사하여 얻은 것이다(표 3.1 참조).

⟨예 3.1⟩은 describe 함수와 crosstab 함수를 이용하여 데이터를 간단히 요약한 것이다. 먼저 describe 함수는 데이터프레임의 문자형 변수에 대하여는 빈도를 계산하며, 수치형 변수에 대하여는 최솟값(min), 중앙값(median), 평균(mean), 최댓값(max) 등을 계산한다.

⟨표 3.1⟩ Cholest 데이터

Obs.	Gender	Age	Super	Obs.	Gender	Age	Super
1	Male	23	40	32	Female	30	66
2	Male	64	88	33	Female	25	69
3	Male	66	110	34	Female	40	65
4	Male	31	86	35	Female	38	52
5	Male	55	137	36	Female	57	84
6	Male	48	78	37	Female	33	86
7	Male	58	111	38	Female	23	35
8	Male	31	88	39	Female	42	116
...	...	...	...	...	...	...	...
31	Male	60	57	60	Female	57	123

한편, 문자형 변수에 대해서는 범주별 빈도와 분할표 작성을 위한 crosstab 함수가 더 유용하게 사용될 수도 있다. 이때 분할표의 행에 나타날 부분(변수)을 index= 인수로 지정하고, 열에 나타날 부분을 columns= 인수로 지정하면 된다(아래 예에서 "count"는 빈도를 의미한다).

⟨예 3.1⟩ describe 함수 (pandas 패키지)

```
import pandas as pd   # pandas 패키지 불러오기
Cholest = pd.read_csv("/content/Cholest.csv")   # 2.1.3절 참조
Cholest.describe(include="all")
#----------------------------------------------------------------------
#        Gender       Age      Super
# count      60 60.000000  60.000000
# unique      2       NaN        NaN
# top      Male       NaN        NaN
# freq       31       NaN        NaN
# mean      NaN 43.000000  86.416667
# std       NaN 14.793494  25.635180
# min       NaN 19.000000  35.000000
# 25%       NaN 29.750000  68.500000
# 50%       NaN 42.500000  84.000000
# 75%       NaN 56.250000 106.250000
# max       NaN 74.000000 146.000000
#----------------------------------------------------------------------
pd.crosstab(index=Cholest["Gender"],columns="count")
#----------------------------------------------------------------------
#  col_0 count
# Gender
# Female    29
#   Male    31
#----------------------------------------------------------------------
CholestMale = Cholest.loc[Cholest["Gender"]=="Male"] # 2.3.3절 참조
CholestMale.describe()
#----------------------------------------------------------------------
#             Age      Super
# count 31.000000  31.000000
#  mean 43.064516  84.451613
#   std 16.528633  23.958073
#   min 19.000000  40.000000
#   25% 27.000000  66.500000
#   50% 43.000000  86.000000
#   75% 59.500000 106.000000
#   max 67.000000 137.000000
#----------------------------------------------------------------------
```

```
CholestFemale = Cholest.loc[Cholest["Gender"]=="Female"] # 2.3.3절 참조
CholestFemale.describe()
#----------------------------------------------------------------------
#              Age       Super
# count 29.000000   29.000000
#  mean 42.931034   88.517241
#   std 12.977814   27.584443
#   min 23.000000   35.000000
#   25% 35.000000   73.000000
#   50% 42.000000   84.000000
#   75% 50.000000  107.000000
#   max 74.000000  146.000000
```

또한 이 예에서는 전체 데이터에 대한 요약과 남자 31명, 여자 29명에 대한 요약을 각각 수행하였다. 예를 들어, 콜레스테롤 과포화율(Super)에 대한 요약에서 전체 데이터(60명)의 평균은 86.42이고, 남자 데이터(31명)의 평균은 84.45이며, 여자 데이터(29명)의 평균은 88.52이다. 문자형 변수인 성별(Gender)에 대하여는 crosstab 함수를 사용하여 성별 빈도를 계산하였다.

이 절에서는 여자 집단의 결과들을 중심으로 데이터의 수치 정보를 요약하기 위해 주로 사용되는 기술통계량들에 대하여 살펴보도록 하자(독자들은 남자 집단에 대한 결과도 계산하여 살펴보기 바란다).

3.3.1 대푯값(중심경향, Measure of Centrality)

모집단으로부터 n개의 표본 x_1, $x_2, \cdots$, x_n을 얻었다고 하자. 이때 모집단을 뭉뚱그리는 대푯값은 많은 경우 그 값을 중심으로 n개의 자료가 위치하게 되므로 **위치측도**(measure of location)라고도 한다. 주로 사용되는 대푯값으로는 다음과 같은 것들이 있다.

(1) 평균(Mean)

일상생활에서 평균 수입, 평균 주행거리, 평균 점수 등과 같이 평균을 사용하는 경우가 많다. 이는 일반적으로 대부분의 자료들이 평균을 향하고 있으므로 평균을 집단의 대푯값으로 사용하는 것이 타당한 경우가 많기 때문이다. **평균**(平均)은 자룟값들의 합계(sum)를 표본크기(관측치의 개수) n으로 나눈 것을 말한다. 즉,

$$\bar{x} = \frac{x_1 + x_2 + \cdots + x_n}{n} = \frac{1}{n}\sum_{i=1}^{n} x_i. \tag{3.1}$$

⟨예 3.2⟩ sum, mean 함수(pandas 패키지), trim_mean 함수(scipy 패키지)

```
CholestFemale.Super.sum()
#---------------------------------------------------------------------
# 2567
#---------------------------------------------------------------------
CholestFemale.Super.mean()
#---------------------------------------------------------------------
# 88.51724137931035
#---------------------------------------------------------------------
from scipy import stats
stats.trim_mean(CholestFemale.Super,0.1)
#---------------------------------------------------------------------
# 87.68
```

⟨예 3.2⟩에서는 판다스 데이터프레임의 sum 함수와 mean 함수를 이용하여 자룟값들의 합계와 평균을 계산하였다. 이 예에서 합계가 2,567으로 계산되었고, 평균을 계산하면 다음과 같다.

$$\begin{aligned}\bar{x} &= (66+69+65+\cdots+80+82+123)/29\\ &= 2567/29 = 88.52\end{aligned}$$

이와 같은 평균은 사회적 관행 및 통계적 추론에서의 편리성 등으로 인해 가장 널리 사용되는 대푯값 중의 하나이다. 그러나 평균은 무게의 중심을 나타내는 것과 같아서 전체 자료 중 몇 개가 나머지와 동떨어져 있을 때, 이들 중 아주 크거나 작은 특이값(outlier)에 크게 영향을 받게 되는 단점이 있다. 따라서 비대칭적인 자료에 대해서는 자료의 대푯값으로 평균을 사용하는 것이 바람직하지 않은 경우도 있다.

특이값의 영향력을 없애기 위해 **절사평균**(trimmed mean)을 이용할 수도 있다. 위의 예에서는 scipy 패키지의 trim_mean 함수를 사용하여 절사평균을 계산하였다. 이때 0.1이라는 인수값은 자료의 양 극단에서 5 %씩 모두 10 %의 자료를 잘라낸 후 평균을 계산하라는 의미이다.

(2) 중앙값(Median)

자룟값들을 크기 순으로 정렬하였을 때 중앙에 위치하는 값을 **중앙값**(중간값, 중위수)이라고 한다. 즉, 자룟값을 크기 순서대로 나열했을 때 중앙에 있는 값을 전체 자료의 중심성향을 나타내는 대푯값으로 보는 것이다.

$$\text{중앙값} = \begin{cases} (n+1)/2 \text{ 번째의 값}, & n\text{이 홀수일 때},\\ \dfrac{[n/2 \text{ 번째의 값}] + [(n/2)+1 \text{ 번째의 값}]}{2}, & n\text{이 짝수일 때}. \end{cases} \quad (3.2)$$

〈표 3.2〉 여자의 콜레스테롤 과포화율을 오름차순으로 정렬한 결과

순위	1	2	3	4	5	6	7	8	9	10
과포화율	35	52	55	58	65	66	69	73	75	76
순위	10	12	13	14	15	15	17	18	19	20
과포화율	76	77	80	82	84	84	86	87	89	91
순위	21	22	23	24	25	26	27	28	29	
과포화율	98	107	116	120	123	127	128	142	146	

〈예 3.3〉 sort_values 함수 (pandas 패키지)

```
CholestFemale=CholestFemale.sort_values(by=["Super"])
CholestFemale
```

예를 들어, 〈예 3.3〉에서는 sort_values 함수를 이용하여 여자 집단의 콜레스테롤 과포화율을 오름차순으로 정렬하였다. 이때 by= 인수로 정렬 변수를 지정할 수 있으며, 그 결과는 〈표 3.2〉에 제시되어 있다. 여기에서는 자료의 개수가 $n = 29$이므로 $(29 + 1)/2 = 15$번째 값인 84가 중앙값이 된다(예 3.4 참조).

〈예 3.4〉 min, max, median 함수 (pandas 패키지)

```
CholestFemale.Super.min()
#--------------------------------------------------------------------
# 35
#--------------------------------------------------------------------
CholestFemale.Super.max()
#--------------------------------------------------------------------
# 146
#--------------------------------------------------------------------
CholestFemale.Super.median()
#--------------------------------------------------------------------
# 84.0
```

이러한 중앙값은 아주 작거나 큰 특이값(outlier) 또는 극단값(extreme value)에 덜 민감하다는 장점을 가지고 있으므로, 비대칭적인 분포를 가지는 자료에 있어서 평균에 대한 대안으로 자주 사용된다.

(3) 최빈값(Mode)

자료값들 중 가장 빈도가 많은 자료 값을 최빈값이라고 한다. 예를 들어, 여자의 콜레스테롤 과포화율에서는 76과 84가 두 번 나타나고 나머지 수치들은 한 번씩만 나타나므로 최빈값은 76과 84 두 개가 존재한다.

최빈값도 중앙값와 같이 극단값에 둔감한 성질이 있으며, 자료의 범위가 비교적 작고 서로 겹치는 자료값들이 많은 경우에 유용하다. 그러나 최빈값은 자료의 중심을 대표하지 못할 경우가 많고, 최빈값이 여러 개 존재하는 경우와 존재하지 않는 경우 등이 있어 질적자료의 표현(예를 들면, 공대학생들의 주된 성은 남성이다) 이외에는 그다지 자주 사용되지 않는다.

3.3.2 산포도(Measure of Dispersion)

산포도(散布度)는 **변이측도**(measure of variability)라고도 불리며 자룟값들이 얼마나 흩어져 있는가를 나타내는 측도로서, 대푯값과 더불어 데이터의 특성을 기술할 때 일반적으로 사용되는 중요한 수치 중 하나이다. 산포도를 나타내기 위해 주로 사용되는 통계량은 다음과 같은 것들이 있다.

(1) 표준편차(Standard Deviation)

자룟값들이 그의 평균으로부터 얼마만큼 떨어져 있는지를 측정하는 분산(分散, variance)은 다음과 같이 계산된다.

$$s^2 = \frac{1}{n-1}\sum_{i=1}^{n}(x_i - \bar{x})^2 = \frac{1}{n-1}\left(\sum_{i=1}^{n} x_i^2 - n\bar{x}^2\right). \qquad (3.3)$$

여기에서 $\sum_{i=1}^{n}(x_i - \bar{x})^2$을 **수정된 제곱합**(corrected SS)이라고 하고, $\sum_{i=1}^{n} x_i^2$을 **수정되지 않은 제곱합**(uncorrected SS)이라고 한다.

⟨예 3.5⟩ var 함수 (pandas 패키지)

```
(CholestFemale.Super**2).sum()
#-------------------------------------------------------------------
# 248529
#-------------------------------------------------------------------
((CholestFemale.Super - CholestFemale.Super.mean())**2).sum()
#-------------------------------------------------------------------
# 21305.241379310348
#-------------------------------------------------------------------
```

```
CholestFemale.Super.var()
#-----------------------------------------------------------------
# 760.9014778325125
```

이 예에서는 수정되지 않은 제곱합이 248,529이고 수정된 제곱합이 21,305.24이므로, 분산은 $s^2 = 21305.24/(29-1) = 760.9$이다(예 3.5 참조).

한편 분산의 단위는 자료가 가지고 있는 단위의 제곱이 되므로 자료와 동일한 단위를 가지는 산포도의 측도가 필요한데, 이를 위해 분산에 제곱근을 취한 것을 **표준편차**(標準偏差, $s = \sqrt{s^2}$)라고 하며 산포도의 측도로 주로 사용한다. 이 예에서는 표준편차가 $s = \sqrt{760.90} = 27.58$이다(예 3.6 참조).

〈예 3.6〉 std 함수 (pandas 패키지)

```
CholestFemale.Super.std()
#-----------------------------------------------------------------
# 27.584442677576657
```

(2) 변동계수(Coefficient of Variation)

분산이나 표준편차는 측정단위를 가지고 있기 때문에 측정단위가 다른 자료들의 산포도를 비교하기가 곤란하다. **변동계수**(變動係數, 변이계수)는 다음과 같이 평균에 대한 표준편차의 백분율로 정의되는데,

$$CV = \frac{s}{\bar{x}} \times 100(\%), \tag{3.4}$$

이는 측정단위에 의존하지 않으므로 측정단위나 상대크기가 서로 다른 자료들의 산포도를 비교할 때 유용하며, 산포도를 대푯값에 대한 상대비율로 표현한다는 특징이 있다. 이 예에서는 변동계수가 $CV = 27.58/88.52 = 31.16\%$이다(예 3.7 참조).

〈예 3.7〉 변동계수의 계산

```
100*CholestFemale.Super.std()/CholestFemale.Super.mean()
#-----------------------------------------------------------------
# 31.162790714831438
```

3.3.3 분위수(Quantile)

자룟값들을 크기순으로 정렬하였을 때 자료를 q등분하는 값들을 q-분위수(分位數)라고 한다.

예를 들어, 자료를 4등분하는 값들을 **사분위수**(quartiles)라고 하고 100등분하는 값들을 백분위수(percentile)라고 한다. 특히 자료를 4등분하는 세 개의 사분위수를 크기 순서대로 제1사분위수(Q_1), 제2사분위수(Q_2), 제3사분위수(Q_3)라고 하며, 사분위수와 백분위수 그리고 중간값의 관계를 나타내면 다음과 같다.

- 제1사분위수(Q_1) = 제25백분위수
- 제2사분위수(Q_2) = 제50백분위수 = 중간값(Median)
- 제3사분위수(Q_3) = 제75백분위수

⟨예 3.8⟩ quantile, describe 함수 (pandas 패키지)

```
CholestFemale.Super.quantile([0.25,0.5,0.75])
#----------------------------------------------------------------------
# 0.25      73.0
# 0.50      84.0
# 0.75     107.0
# Name: Super, dtype: float64
#----------------------------------------------------------------------
CholestFemale.Super.describe()
#----------------------------------------------------------------------
# count     29.000000
# mean      88.517241
# std       27.584443
# min       35.000000
# 25%       73.000000
# 50%       84.000000
# 75%      107.000000
# max      146.000000
# Name: Super, dtype: float64
```

예를 들어, 여자 29명의 콜레스테롤 과포화율에 대해서 사분위수를 구해보면 각각 $Q_1 = 73$, $Q_2 = 84$, $Q_3 = 107$이다(예 3.1 및 3.8 참조).

⟨예 3.8⟩에서 quantile 함수는 대괄호 리스트(list)에 주어진 값에 대한 백분위수를 계산한다. 그리고 describe 함수는 최솟값, 제1사분위수, 중앙값(제2사분위수), 제3사분위수, 최댓값을 출력해 준다. 이와 같은 것을 다섯-수치 요약이라고 한다.

(1) 범위(Range)

최댓값(maximum value)과 최솟값(minimum value)의 차이를 범위(範圍)라고 하며, 산포도의 측도로 종종 사용된다. 이 예에서는 최댓값이 146이고 최솟값은 359이므로 범위는 $146 - 35 = 111$이다(예 3.9 참조).

⟨예 3.9⟩ ptp 함수 (numpy 패키지)

```
import numpy as np
np.ptp(CholestFemale.Super)
#-----------------------------------------------------------------------
# 111
#-----------------------------------------------------------------------
CholestFemale.Super.max() - CholestFemale.Super.min()
#-----------------------------------------------------------------------
# 111
#-----------------------------------------------------------------------
CholestFemale.Super.quantile([0,1])
#-----------------------------------------------------------------------
# 0.0      35.0
# 1.0     146.0
# Name: Super, dtype: float64
#-----------------------------------------------------------------------
CholestFemale.Super.quantile([0,1]).diff()
#-----------------------------------------------------------------------
# 0.0       NaN
# 1.0     111.0
# Name: Super, dtype: float64
```

⟨예 3.9⟩에서와 같이 numpy 패키지의 ptp 함수를 사용하여 범위를 쉽게 계산할 수 있다. 또는 판다스 데이터프레임의 quantile 함수와 diff 함수를 사용하여 계산할 수도 있다. 예를 들어, 위의 예에서는 quantile 함수를 사용하여 최솟값(0 % 백분위수)과 최댓값(100 % 백분위수)를 계산하였다. 그리고 diff 함수를 사용하여 객체 내의 수치들에 대한 차이를 계산하였다.

(2) 사분위범위(Interquartile Range)

한편, 이와 같은 범위는 자료의 극단값에 큰 영향을 받기 때문에 극단값에 둔감한 사분위범위(四分位範圍, $Q_3 - Q_1$)를 범위 대신에 사용하기도 한다. 이 예에서 사분위범위는 $107 - 73 = 34$이다(예 3.10 참조).

⟨예 3.10⟩ iqr 함수 (scipy 패키지)

```
CholestFemale.Super.quantile(0.75) - CholestFemale.Super.quantile(0.25)
#------------------------------------------------------------------------
# 34.0
#------------------------------------------------------------------------
from scipy.stats import iqr
iqr(CholestFemale.Super)
#------------------------------------------------------------------------
# 34.0
```

3.3.4 왜도(Skewness)와 첨도(Kurtosis)

자룟값의 분포에 대한 비대칭의 정도를 나타내는 왜도(歪度)는 다음과 같이 계산된다.

$$Skewness = \frac{1}{n-1}\sum_{i=1}^{n}\left(\frac{x_i - \bar{x}}{s}\right)^3. \tag{3.5}$$

왜도가 0이면 자료분포의 형태가 좌우 대칭이라는 것을 의미하고, 0보다 크면 자료분포가 왼쪽으로 치우쳐진(오른쪽으로 긴 꼬리를 가지는) 형태라는 것을 의미하며, 0보다 작으면 자료분포가 오른쪽으로 치우쳐진(왼쪽으로 긴 꼬리를 가지는) 형태라는 것을 의미한다.

한편, 첨도(尖度)는 자료분포의 뾰족한 정도를 나타내는 것으로 다음과 같이 계산된다.

$$Kurtosis = \frac{1}{n-1}\sum_{i=1}^{n}\left(\frac{x_i - \bar{x}}{s}\right)^4 - 3. \tag{3.6}$$

표준정규분포의 첨도는 0이 되는데, 따라서 첨도가 0보다 크면 자료분포의 형태가 표준정규분포보다 더 뾰족하다는 것을 의미하고, 첨도가 0보다 작으면 자료분포의 형태가 표준정규분포보다 더 납작하다는 것을 의미한다.

⟨예 3.11⟩ skew, kurt 함수 (pandas 패키지)

```
CholestFemale.Super.skew()
#------------------------------------------------------------------------
# 0.4549746453237919
#------------------------------------------------------------------------
CholestFemale.Super.kurt()
#------------------------------------------------------------------------
# -0.3078159583033524
```

3.3.5 기술통계량 계산을 위한 다른 함수들

파이썬에는 많은 연구자들에 의해서 작성된 여러 가지 종류의 패키지들이 존재한다. 여기에서는 기술통계량 출력을 위한 다른 함수들 중 numpy 패키지와 scipy 패키지의 것들을 간단히 소개한다.

⟨예 3.12⟩ describe 함수 (scipy 패키지)

```
import scipy.stats as ss
ss.describe(CholestFemale.Super)
#------------------------------------------------------------------------
# DescribeResult(nobs=29, minmax=(35, 146),
#          mean=88.51724137931035, variance=760.9014778325125,
#          skewness=0.4310949591795791, kurtosis=-0.4572461937249441)
```

scipy 패키지의 describe 함수는 변수들에 대하여 기술통계량들을 간단히 출력할 수 있는 함수이다. ⟨예 3.12⟩의 결과를 살펴보면 특히 첨도와 왜도의 계산결과가 pandas 패키지의 것과 약간 차이가 있음을 발견할 수 있다(예 3.11 참조). 이는 scipy 패키지의 계산과정에서 소위 편향보정(bias correction)을 하지 않아서이다. pandas 패키지에서와 동일한 결과를 얻기 위해서는 다음 ⟨예 3.13⟩에서와 같이 skew 함수와 kurtosis 함수에서 bias=False 인수값을 지정해주면 된다.

scipy 패키지에서는 ⟨예 3.13⟩에서 볼 수 있듯이 skew(왜도), kurtosis(첨도), iqr(사분위범위), tmean(절사평균), tvar(절사분산), moment(적률), variation(변동계수), sem(평균에 대한 표준오차) 등 다양한 함수들도 제공하고 있다.

⟨예 3.13⟩ scipy 패키지의 함수들

```
ss.skew(CholestFemale.Super, bias=False)   # 왜도
#------------------------------------------------------------------------
# 0.4549746453237918
#------------------------------------------------------------------------
ss.kurtosis(CholestFemale.Super, bias=False)   # 첨도
#------------------------------------------------------------------------
# -0.3078159583033524
#------------------------------------------------------------------------
ss.iqr(CholestFemale.Super)   # 사분위범위
#------------------------------------------------------------------------
# 34.0
#------------------------------------------------------------------------
ss.tmean(CholestFemale.Super)   # 절사평균
```

```
#----------------------------------------------------------------------
# 88.51724137931035
#----------------------------------------------------------------------
ss.tvar(CholestFemale.Super)   # 절사분산
#----------------------------------------------------------------------
# 760.9014778325125
#----------------------------------------------------------------------
ss.moment(CholestFemale.Super,2)   # 2차적률
#----------------------------------------------------------------------
# 734.6634958382879
#----------------------------------------------------------------------
ss.variation(CholestFemale.Super)   # 변동계수
#----------------------------------------------------------------------
# 0.30620787791290865
#----------------------------------------------------------------------
ss.sem(CholestFemale.Super)   # 평균에 대한 표준오차
#----------------------------------------------------------------------
# 5.1223024114381
```

다음 ⟨예 3.14⟩에서 사용된 numpy 패키지도 기술통계량들을 간단히 출력할 수 있는 여러 가지 함수들을 제공한다.

이와 같이 파이썬에는 매우 다양한 패키지와 함수들이 존재하므로, 상황에 따라 자신에게 필요한 함수를 적절하게 선택할 필요가 있다.

⟨예 3.14⟩ numpy 패키지의 함수들

```
import numpy as np
np.mean(CholestFemale.Super)   # 평균
#----------------------------------------------------------------------
# 88.51724137931035
#----------------------------------------------------------------------
np.median(CholestFemale.Super)    # 중앙값
#----------------------------------------------------------------------
# 84.0
#----------------------------------------------------------------------
np.var(CholestFemale.Super)   # 분산
#----------------------------------------------------------------------
# 734.6634958382879
#----------------------------------------------------------------------
np.std(CholestFemale.Super)   # 표준편차
#----------------------------------------------------------------------
# 27.104676641463332
```

```
#------------------------------------------------------------------------
np.percentile(CholestFemale.Super,50)    # p-백분위수
#------------------------------------------------------------------------
# 84.0
#------------------------------------------------------------------------
np.quantile(CholestFemale.Super,0.5)    # q-분위수
#------------------------------------------------------------------------
# 84.0
#------------------------------------------------------------------------
np.ptp(CholestFemale.Super)    # 범위
#------------------------------------------------------------------------
# 111
```

3.4 그래프를 이용한 양적 데이터의 요약

이 절에서는 히스토그램, 줄기-잎 그림, 상자그림 등 그래프를 이용하여 양적 데이터를 요약하는 방법들을 살펴보도록 하자. 파이썬에서 그래프를 그릴 때 유용한 패키지는 pandas, matplotlib, seaborn 등이 있다.

3.4.1 히스토그램(Histogram)

히스토그램은 양적(수치형) 데이터에 대해서 적절한 구간으로 나누어 빈도와 퍼센트를 계산하고 이를 막대그래프의 형태로 표현한 것이다. 다음 ⟨예 3.15⟩는 판다스 데이터프레임에 hist 함수를 적용하여 남자와 여자 집단 각각에서 변수 Age(나이)에 대한 히스토그램을 작성한 예이다(그림 3.2 참조).

⟨예 3.15⟩ hist 함수 (pandas 패키지)

```
CholestFemale.Age.hist(range=(10,80),bins=6,color="gray")
CholestMale.Age.hist(range=(10,80),bins=6,color="green")
```

3.4.2 줄기-잎 그림(Stem-and-Leaf Plot)

줄기-잎 그림은 전체 자료를 전시(display)하는 한 가지 방법으로, 줄기(stem) 부분에 자료의 일부정보를 제시하고 잎(leaf) 부분에 나머지의 정보를 제공하는 것이다. ⟨예 3.16⟩에서는 stemgraphic 패키지의 stem_graphic 함수를 사용하였다. 단, 자신의 컴퓨터 또는 Colab 서버에 해당 패키지가 없을 경우에서는 새롭게 설치해줄 필요가 있다.

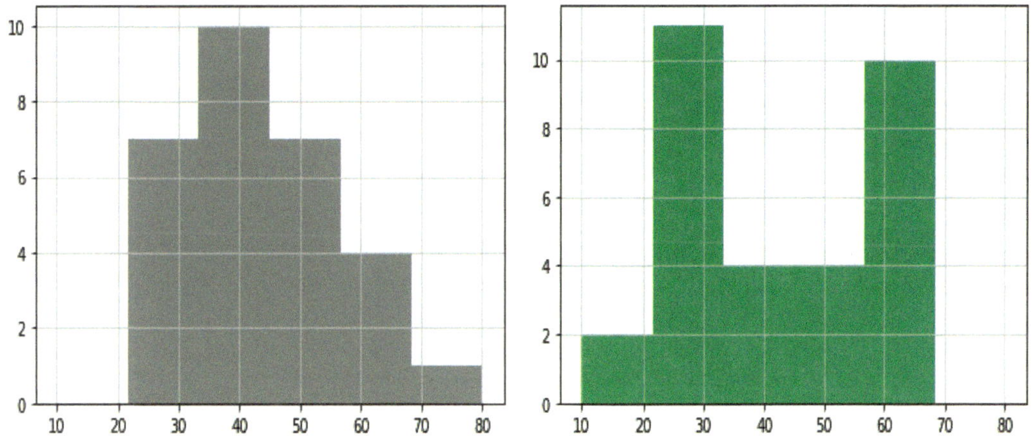

⟨그림 3.2⟩ 히스토그램

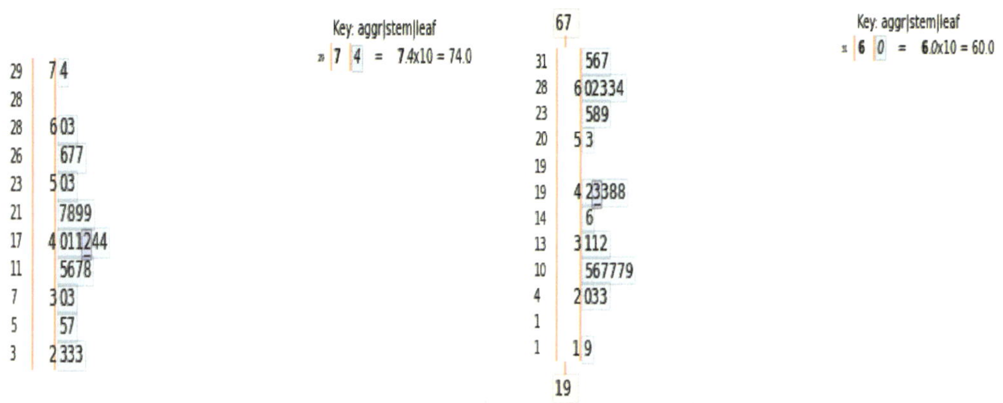

⟨그림 3.3⟩ 줄기-잎 그림

⟨예 3.16⟩ 줄기-잎 그림의 작성

```
! pip install stemgraphic   # 패키지 설치
import stemgraphic
stemgraphic.stem_graphic(CholestFemale.Age)
stemgraphic.stem_graphic(CholestMale.Age)
```

⟨예 3.16⟩은 stem_graphic 함수를 이용하여 변수 Age(나이)에 대한 줄기-잎 그림을 작성한 예이다. 이 예에서는 나이를 5세 단위로 나누어 줄기가 구성되었는데(그림 3.3 참조), 예를 들어, 여자 집단의 경우 나이가 70대인 사람이 1명(74), 60대인 사람이 2명(60, 63), 50인 사람이 5명(50, 53, 56, 57, 57)이라는 것 등을 쉽게 파악할 수 있다.

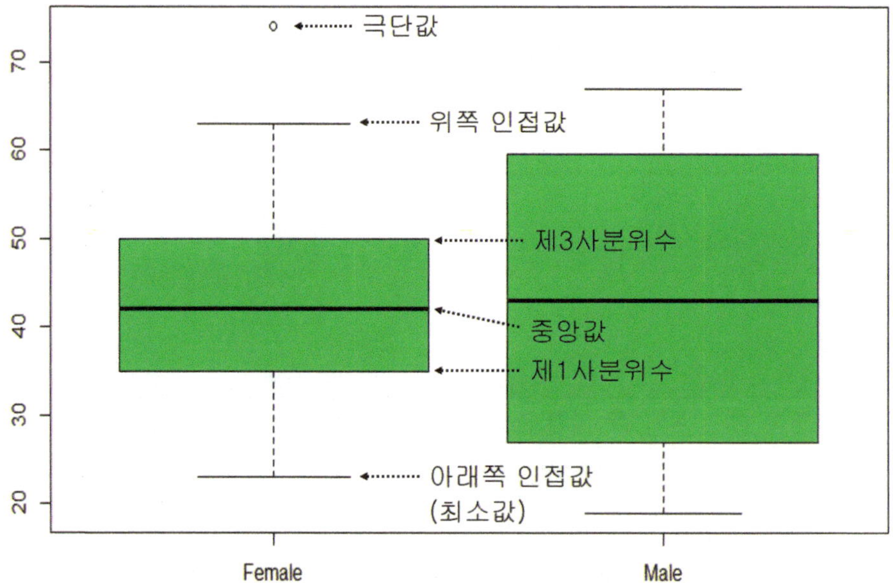

〈그림 3.4〉 상자그림

3.4.3 상자그림(Box Plot)

상자그림은 제1사분위수, 중간값, 제3사분위수로 상자를 나타내고 아래쪽 인접값 및 위쪽 인접값을 상자와 선으로 연결하여 나타낸 그래프이다. 여기에서 아래쪽 인접값은 제1사분위수로부터 아래쪽으로 1.5배 사분위범위 안에 있는 자룟값들 중 가장 작은 값을 의미하며, 위쪽 인접값은 제3사분위수로부터 위쪽으로 1.5배 사분위범위 안에 있는 자룟값들 중 가장 큰 값을 의미한다. 또한 인접값 밖의 데이터들은 점으로 표시한다.

〈그림 3.4〉에서 볼 수 있듯이 상자그림을 이용하면 자료의 산포도 및 대칭성의 정도를 눈으로 쉽게 파악할 수 있다.

〈예 3.17〉 상자그림의 작성

```
CholestFemale.boxplot("Age")
CholestMale.boxplot("Age")
Cholest.boxplot("Age",by="Gender")
import matplotlib.pyplot as plt   # matplotlib 패키지 사용
plt.boxplot(Cholest.Age)
```

〈예 3.17〉은 판다스 데이터프레임의 boxplot 함수를 사용하여 집단별 상자그림을 작성한 예이다. 또는 matplotlib 패키지를 사용할 수도 있다.

<예 3.15>~<예 3.17>의 결과들을 살펴보면, 여자 집단의 경우 데이터가 중앙에 많이 몰려 있고 극단값이 하나 있으며, 남자 집단의 경우 데이터가 양 끝에 조금 몰려 있다는 것을 알 수 있다.

3.5 질적 데이터의 요약

먼저, 질적 데이터를 다루기 위해 유용하게 사용되는 astype("str") 함수에 대하여 간단히 설명한다. astype("str") 함수는 숫자형(numeric) 변수를 문자형 변수(string)로 변환하는 기능을 가지고 있다(이는 2.3.1절에서도 설명한 바 있다).

<표 3.3>의 Score 데이터에서는 변수 Dept(학과)와 Gender(성별)가 1, 2라는 숫자로 입력되어 있다. 따라서 이들 변수는 일단 숫자형 변수로 취급되기 때문에, 다음 <예 3.18>의 첫 번째 describe 함수를 적용한 결과에서는 기술통계량들이 출력된다.

<예 3.18> 요인변수 설정하기

```
Score = pd.read_csv("/content/Score.csv")
Score.describe()
#------------------------------------------------------------------------
#             Dept     Gender        Age      Score
# count 12.000000 12.000000 12.000000 12.000000
#  mean  1.416667  1.333333 15.000000 79.916667
#   std  0.514929  0.492366  4.264014 12.078970
#   min  1.000000  1.000000 10.000000 55.000000
#   25%  1.000000  1.000000 10.000000 74.750000
#   50%  1.000000  1.000000 15.000000 79.500000
#   75%  2.000000  2.000000 20.000000 88.750000
#   max  2.000000  2.000000 20.000000 96.000000
#------------------------------------------------------------------------
```

<표 3.3> Score 데이터

Obs.	Dept	Gender	Age	Score	Obs.	Dept	Gender	Age	Score
1	1	1	10	94	7	1	1	20	71
2	1	2	10	96	8	2	2	20	66
3	1	1	15	91	9	2	1	15	81
4	1	1	15	86	10	2	2	10	77
5	1	2	10	76	11	2	1	15	55
6	1	1	20	88	12	2	1	20	78

```
Score["Dept"] = Score["Dept"].astype("str")
Score["Gender"] = Score["Gender"].astype("str")
Score.describe(include="all")
#----------------------------------------------------------------------
#         Dept Gender       Age     Score
#  count    12     12 12.000000 12.000000
# unique     2      2       NaN       NaN
#    top     1      1       NaN       NaN
#   freq     7      8       NaN       NaN
#   mean   NaN    NaN 15.000000 79.916667
#    std   NaN    NaN  4.264014 12.078970
#    min   NaN    NaN 10.000000 55.000000
#    25%   NaN    NaN 10.000000 74.750000
#    50%   NaN    NaN 15.000000 79.500000
#    75%   NaN    NaN 20.000000 88.750000
#    max   NaN    NaN 20.000000 96.000000
#----------------------------------------------------------------------
Score.groupby("Dept").size()
#----------------------------------------------------------------------
# Dept
# 1    7
# 2    5
# dtype: int64
#----------------------------------------------------------------------
Score.groupby("Gender").size()
#----------------------------------------------------------------------
# Gender
# 1    8
# 2    4
# dtype: int64
```

위의 예에서는 astype("str") 함수를 이용하여 변수 Dept와 Gender를 문자 변수로 변환하였다. 따라서 두 번째 describe 함수를 적용한 결과에서는 이 변수들이 문자형으로 취급되어 unique(범주의 수), top(최빈값, 가장 빈도가 많은 범주), freq(최빈 범주의 빈도)가 출력된다. 그리고 변수별로 각 범주의 크기(즉, 빈도)를 자세히 출력하기 위하여 groupby 함수와 size 함수를 사용하였다.

⟨예 3.19⟩ 범주 레이블 붙이기

```
DeptLabel = {'1':'Stat', '2':'Math'}
Score['Dept'] = Score['Dept'].map(DeptLabel)
```

```
GenderLabel = {'1':'남자', '2':'여자'}
Score['Gender'] = Score['Gender'].map(GenderLabel)
Score.groupby("Dept").size()
#-----------------------------------------------------------------------
# Dept
# Math    5
# Stat    7
# dtype: int64
#-----------------------------------------------------------------------
Score.groupby("Gender").size()
#-----------------------------------------------------------------------
# Gender
# 남자    8
# 여자    4
# dtype: int64
```

문자형 변수의 범주에 대해 레이블(label)을 바꾸어 주기 위하여 map 함수를 사용할 수 있다. 이때 범주 값에 대응되는 레이블의 딕셔너리를 작성한 후 이를 변수에 적용하면 된다. ⟨예 3.19⟩에서는 변수 Dept에 대하여 '1 → STAT', '2 → MATH'로 변경하였고, 변수 Gender에 대하여 '1 → 남자', '2 → 여자'로 변경하였다.

3.5.1 빈도표(Frequency Table)

하나의 질적 데이터가 가지는 분포상의 특징이나 두 질적 변수 간의 연관관계를 살펴보기 위하여 빈도표가 주로 사용된다. 여기에서는 질적 데이터에 대하여 빈도와 퍼센트를 출력하는 여러 가지 함수들에 대하여 설명한다.

먼저 다음 ⟨예 3.20⟩에서는 read_csv 함수에 encoding='euc-kr' 인수값을 지정하였는데, 이는 데이터에 한글이 포함되어 있을 때 문자의 인코딩(encoding) 방법을 지정하는 것이다. 이 인수값을 지정하지 않으면 한글이 제대로 읽혀지지 않을 수 있다.

⟨예 3.20⟩ 빈도표의 작성

```
Drink = pd.read_csv("/content/Drink.csv",encoding='euc-kr') # 한글 처리
Drink.groupby("Age").size()    # 1차원 빈도표
#-----------------------------------------------------------------------
# Age
# 10대    38
# 20대    38
# 30대    32
# dtype: int64
```

〈표 3.4〉 Drink 데이터

ID	Age	Drink	ID	Age	Drink
1	20대	C	55	10대	C
2	10대	D	56	10대	D
3	10대	D	57	30대	D
4	10대	A	58	10대	D
5	10대	B	59	20대	C
6	10대	D	60	20대	B
7	30대	B	61	10대	B
...	...	...	...	...	...
54	10대	D	108	10대	B

```
#-----------------------------------------------------------------------
pd.crosstab(index=Drink["Age"],columns="count")   # 1차원 빈도표
#-----------------------------------------------------------------------
# col_0 count
#  Age
# 10대      38
# 20대      38
# 30대      32
#-----------------------------------------------------------------------
pd.crosstab(index=Drink["Age"],columns=Drink["Drink"])   # 2차원 분할표
#-----------------------------------------------------------------------
# Drink A  B  C  D
#  Age
# 10대 10 14  2 12
# 20대 13  7 10  8
# 30대 12  4  6 10
```

〈예 3.20〉에서와 같이 1차원 빈도표는 groupby 함수와 size 함수를 사용하여 작성할 수 있다.

한편 〈예 3.20〉에서 사용한 crosstab 함수는 1차원 빈도표 및 다차원 분할표를 출력하는 기능을 가지고 있다. 먼저 1차원 빈도표를 작성할 경우에는 index= 인수로 변수를 지정하고 columns="count" 인수값을 함께 지정하면 된다. 2차원 빈도표(분할표)를 작성할 경우에는 index= 인수로 행 변수를 지정하고 columns= 인수로 열 변수를 지정하면 된다.

〈예 3.21〉 주변 합계의 출력

```
pd.crosstab(index=Drink["Age"],columns= Drink["Drink"],
            margins=True,margins_name="합계")
#----------------------------------------------------------------------
# Drink   A  B  C  D  합계
# Age
# 10대   10 14  2 12    38
# 20대   13  7 10  8    38
# 30대   12  4  6 10    32
# 합계   35 25 18 30   108
```

〈예 3.21〉에서와 같이 margins=True 인수값을 지정하면 테이블(table)의 행과 열에 대한 주변 합을 추가하여 출력한다(기본값: margins=False, 주변 합계를 출력하지 않음).

〈예 3.22〉 비율(백분율)의 출력

```
pd.crosstab(index=Drink["Age"],columns= Drink["Drink"],margins=True,
            margins_name="합계",normalize="all")   # 전체 비율 출력
#----------------------------------------------------------------------
#  Drink       A         B         C         D       합계
#  Age
# 10대 0.092593 0.129630 0.018519 0.111111 0.351852
# 20대 0.120370 0.064815 0.092593 0.074074 0.351852
# 30대 0.111111 0.037037 0.055556 0.092593 0.296296
# 합계 0.324074 0.231481 0.166667 0.277778 1.000000
#----------------------------------------------------------------------
pd.crosstab(index=Drink["Age"],columns= Drink["Drink"],
            normalize="index")   # 행 비율 출력
#----------------------------------------------------------------------
#  Drink       A         B         C         D
#  Age
# 10대 0.263158 0.368421 0.052632 0.315789
# 20대 0.342105 0.184211 0.263158 0.210526
# 30대 0.375000 0.125000 0.187500 0.312500
```

〈예 3.22〉에서와 같이 normalize= 인수를 추가로 사용하여 비율을 출력할 수 있다. 이때 normalize="all"을 지정하면 전체 백분율(전체 합계가 100%가 되는 백분율)이 출력되며, normalize="index"를 지정하면 행 백분율(행의 합계가 100%가 되는 백분율)이 출력되고, normalize="columns"를 지정하면 열 백분율(열의 합계가 100%가 되는 백분율)이 출력된다.

〈예 3.23〉 pivot_table 함수 (pandas 패키지)

```
Drink.pivot_table(index=["Age"],columns=["Drink"],aggfunc=["count"],
                  margins=True)
#------------------------------------------------------------------
#        count
# ID
# Drink  A  B  C  D  All
# Age
# 10대   10 14  2 12   38
# 20대   13  7 10  8   38
# 30대   12  4  6 10   32
#  All   35 25 18 30  108
```

〈예 3.23〉에서 사용한 pivot_table 함수는 데이터프레임에 대하여 보다 다양한 방식으로 1차원 빈도표 및 다차원 분할표를 출력하는 함수이다. 이때 빈도를 출력하기 위해서는 aggfunc=["count"] 인수값을 지정해 주어야 한다.

3.5.2 요약 데이터에 대한 빈도표

〈표 3.5〉에서와 같이 빈도표의 대상이 되는 데이터가 각 칸별 빈도에 관한 정보로 미리 요약되어 있는 경우가 종종 있다(Count 데이터는 앞의 Drink 데이터에 대한 요약이다. 예 3.20 및 예 3.23 참조).

이와 같이 빈도(frequency) 변수에 의하여 데이터가 요약되어 있는 경우에도 pivot_table 함수를 사용하여 1차원 빈도표 또는 다차원 분할표를 출력할 수 있다. 다음 〈예 3.22〉에서와 같이 values= 인수로 빈도가 저장되어 있는 변수를 지정하면 된다. 만약, 빈도 변수를 지정하지 않으면 Count 데이터는 12개의 자료가 있는 것으로 간주되므로 주의해야 한다.

〈표 3.5〉 Count 데이터

Obs.	Age	Drink	Freq	Obs.	Age	Drink	Freq
1	10대	A	10	7	20대	C	10
2	10대	B	14	8	20대	D	8
3	10대	C	2	9	30대	A	12
4	10대	D	12	10	30대	B	4
5	20대	A	13	11	30대	C	6
6	20대	B	7	12	30대	D	10

⟨예 3.24⟩ 요약 데이터에 대한 pivot_table 함수의 사용

```
Count = pd.read_csv("/content/Count.csv",encoding='euc-kr')
Count.pivot_table(values="Freq",index=["Age"],columns=["Drink"])
--------------------------------------------------------------------------
# Drink  A  B  C  D
#  Age
# 10대  10 14  2 12
# 20대  13  7 10  8
# 30대  12  4  6 10
--------------------------------------------------------------------------
Count.pivot_table(index=["Age"],columns=["Drink"],aggfunc=["count"])
--------------------------------------------------------------------------
#        count
# Drink  A B C D
#  Age
# 10대   1 1 1 1
# 20대   1 1 1 1
# 30대   1 1 1 1
```

3.6 그래프를 이용한 질적 데이터의 요약

이 절에서는 막대도표, 원도표, 파레토 도표, 모자이크 도표 등 그래프를 이용하여 질적 데이터를 요약하는 방법들을 간단히 설명한다.

3.6.1 막대도표(Bar Chart)

막대도표는 질적 변수의 각 범주별 빈도를 막대의 형태로 나타낸 것이며, 다음 ⟨예 3.25⟩에서와 같이 판다스 데이터프레임의 plot 함수에서 kind='bar' 인수값을 지정하여 작성할 수 있다. 또는 matplotlib 패키지의 bar 함수를 사용할 수도 있다.

⟨예 3.25⟩ 막대도표의 작성

```
ChartTable = Drink.groupby("Drink").size()
ChartTable.plot(kind='bar',x=ChartTable.index,y=ChartTable.values,
                title="Drink Preference")
#-------------------------------------------------------------------------
import matplotlib.pyplot as plt
plt.bar(ChartTable.index,ChartTable.values)
```

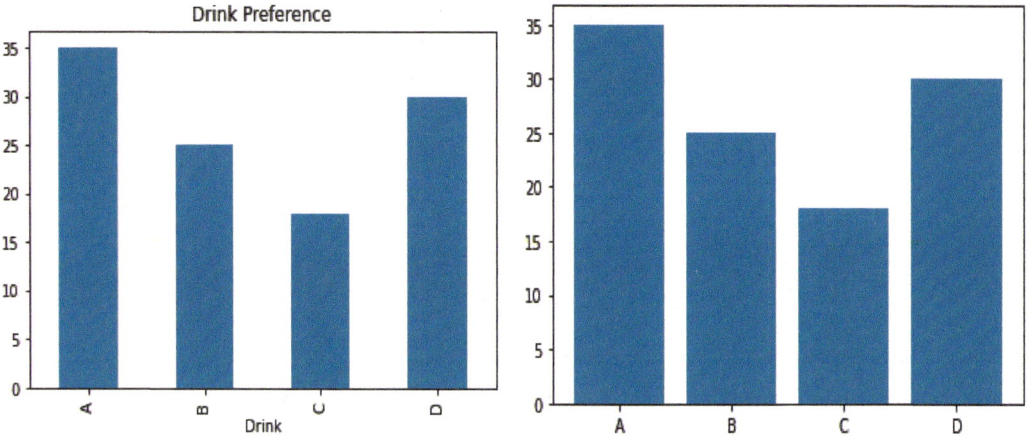

⟨그림 3.5⟩ 막대도표(Bar Chart)

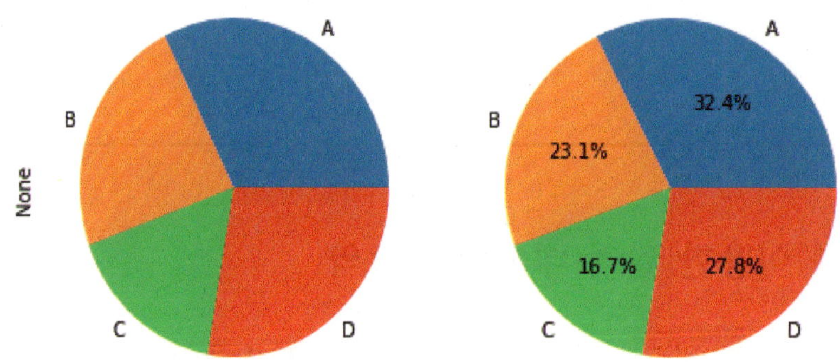

⟨그림 3.6⟩ 원도표(Pie Chart)

3.6.2 원도표(Pie Chart)

원도표는 질적 변수의 각 범주별 빈도를 원의 형태로 나타낸 것이며, 다음 ⟨예 3.26⟩에서와 같이 판다스 데이터프레임의 plot 함수에서 kind='pie' 인수값을 지정하여 작성할 수 있다. 또는 matplotlib 패키지의 pie 함수를 사용할 수도 있다.

⟨예 3.26⟩ 원도표의 작성

```
ChartTable.plot(kind='pie',x=ChartTable.index,y=ChartTable.values,
                title="Drink Preference")
#----------------------------------------------------------------------
import matplotlib.pyplot as plt
plt.pie(ChartTable.values,labels=ChartTable.index,autopct='%1.1f%%')
```

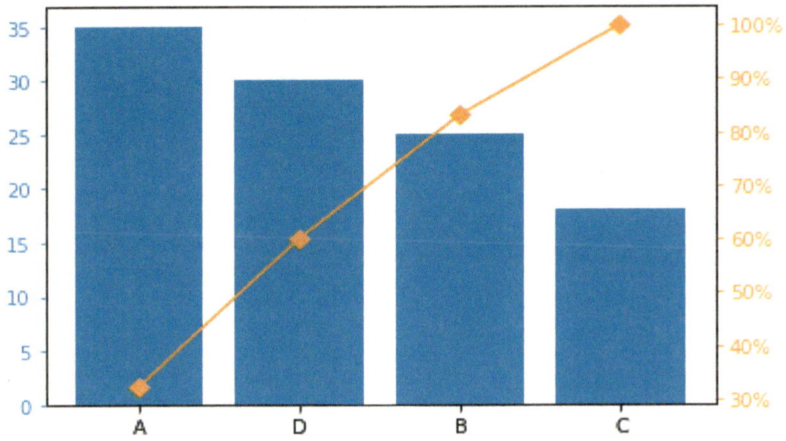

〈그림 3.7〉 파레토 도표(Pareto Chart)

3.6.3 파레토 도표(Pareto Chart)

파레토 도표는 빈도수가 큰 범주부터 작은 범주로 정렬된 형태의 막대그래프와 누적상대도수에 의한 꺽은선 그래프를 함께 나타낸 것이며, 다음 〈예 3.25〉에서와 같이 matplotlib 패키지의 함수들을 사용하여 작성할 수 있다.

〈예 3.27〉 파레토 도표의 작성

```
from matplotlib.ticker import PercentFormatter
df = Drink.Drink.value_counts()
df_cumpct = df.cumsum()/df.sum()*100
fig, ax = plt.subplots()
ax.bar(df.index,df.values,color="C0")
ax2 = ax.twinx()
ax2.plot(df.index,df_cumpct,color="C1",marker="D",ms=7)
ax2.yaxis.set_major_formatter(PercentFormatter())
ax.tick_params(axis="y",colors="C0")
ax2.tick_params(axis="y",colors="C1")
```

3.6.4 모자이크 도표(Mosaic Chart)

모자이크 도표는 다차원 분할표에 대하여 각 칸(cell)별 크기를 그래프로 나타낸 것이며, 다음 〈예 3.28〉에서와 같이 mosaic 함수를 사용하여 작성할 수 있다(3.7절 참조). 이 예에서 볼 수 있듯이 statsmodels 패키지의 mosaic 함수는 테이블 객체에 대하여 적용할 수도 있고 데이터 프레임에 직접 적용할 수도 있다.

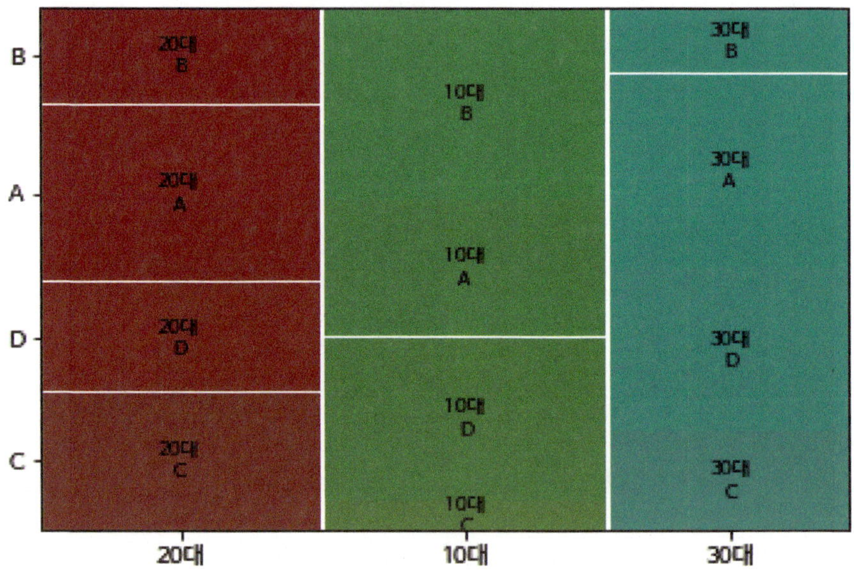

〈그림 3.8〉 모자이크 도표(mosaic chart)

〈예 3.28〉 모자이크 도표의 작성

```
from statsmodels.graphics.mosaicplot import mosaic
mosaic(Drink,['Age','Drink'])
```

3.7 이 장에서 사용된 주요 함수들

여기에서는 이 장에서 사용된 주요 함수들에 대하여 사용형식(usage)과 자주 사용되는 인수(argument)들을 설명한다. 보다 자세한 사항은 파이썬의 도움말을 참조하여라.

□ boxplot 함수 (pandas 데이터프레임)

- DataFrame.boxplot(column=None,by=None,⋯): 데이터프레임의 열(변수)에 대하여 상자그림을 출력한다.

- ○ column=: 변수 이름이나 변수들의 리스트를 지정한다.
- ○ by=: 지정된 변수별로 상자그림을 그릴 경우 사용된다.
- ○ rot=: 레이블의 회전 각도를 지정한다.
- ○ grid=: 격자의 출력 여부를 지정한다. 기본값: grid=True.

□ crosstab 함수 (pandas 패키지)

- crosstab(index,columns,⋯): 판다스 데이터프레임에 적용되며 둘 이상의 변수에 대한 교차표를 작성한다.

- ○ index=: 행(row) 변수를 지정한다.
- ○ columns=: 열(column) 변수를 지정한다. columns="count" 인수값을 지정하면 1차원 빈도표가 출력된다.
- ○ margins=: 주변합 계산 출력 여부를 지정한다. 기본값: margins=False.
- ○ normalize=: 비율 출력 옵션("all", "index", "columns")을 지정한다. 기본값: normalize=False.

□ describe 함수 (pandas 데이터프레임)

- DataFrame.describe(percentiles=None,include=None,⋯): 데이터프레임의 변수들에 대하여 기술통계량(descriptive statistics)을 출력한다.

- ○ percentiles=: 출력될 100분위수를 지정한다. 기본값: percentiles=[.25,.5,.75].
- ○ include=: 분석에 포함될 변수 또는 변수 리스트를 지정한다. 특정한 형태를 지정할 수도 있다. – "all": 모든 변수를 포함, "categoty": 범주형 변수를 포함, 아무것도 지정하지 않으면 숫자형 변수에 대해서만 결과를 출력한다.
- ○ exclude=: 분석에서 제외될 변수 또는 변수 리스트를 지정한다.
- ○ datetime_is_numeric=: datetime(날짜) 형식의 변수를 숫자로 취급할지의 여부를 지정한다. 기본값: datetime_is_numeric=False.

□ groupby 함수 (pandas 데이터프레임)

- DataFrame.groupby(by=None,⋯) : 데이터프레임을 그룹화한다. 이 함수 뒤에 연산자를 두어 그룹별 연산을 수행할 수 있다.

- ○ by=: 그룹 변수를 지정한다. 함수, 레이블, 레이블 리스트 등을 지정할 수 있다.
- ○ axis=: 그룹의 분할을 행(0) 또는 열(1) 단위로 지정할 수 있다. 기본값: axis=0.
- ○ dropna=: 그룹 변수에 NA(Not Available, 결측) 값이 포함되어 있을 경우 삭제할지의 여부를 지정한다. 기본값: dropna=True.

□ **hist 함수 (pandas 데이터프레임)**

- DataFrame.hist(column=None,by=None,⋯): 데이터프레임의 변수들에 대하여 히스토그램을 작성한다.

- ◦ column=: 히스토그램을 출력할 변수 또는 변수 리스트를 지정한다. 지정하지 않으면 모든 열에 대해서 출력한다.
- ◦ by=: 그룹 변수를 지정하여 그룹별 히스토그램을 출력할 수 있다.
- ◦ bins=: 구간의 개수를 지정할 수 있다. 기본값: bins=10.

□ **mosaicplot 함수 (statsmodels 패키지)**

- mosaic(data,index=None,horizontal=True,⋯): 분할표(테이블)로부터 모자이크 도표를 작성한다.

- ◦ data=: 대상 객체(table, dict, Series, ndarray, DataFrame)를 지정한다.
- ◦ index=: 범주형 변수의 순서를 지정한다. 데이터프레임이 데이터로 지정될 경우 열의 이름을 지정한다.
- ◦ horizontal=: 분할의 시작 방향을 수평으로 할 것인지의 여부를 지정한다. 기본값: horizontal=True.
- ◦ title=: 축의 제목을 지정한다.
- ◦ axes_label=: 축에서 각 범주 이름의 출력 여부를 지정한다. 기본값: horizontal=True.

□ **pivot_table 함수 (pandas 패키지)**

- pivot_table(data,values=None,index=None,columns=None, ⋯): 데이터프레임에 대하여 스프레드시트(spreadsheet) 형태의 피봇 테이블을 출력한다.

- ◦ data=: 데이터프레임을 지정한다.
- ◦ values=: 요약할 열 변수를 지정한다.
- ◦ index=: 피봇 테이블에서 행에 나타날 변수나 리스트를 지정한다.
- ◦ column=: 피봇 테이블에서 열에 나타날 변수나 리스트를 지정한다.
- ◦ aggfunc=: 요약 변수에 대한 함수를 지정한다.
- ◦ margins=: 주변 합계의 출력 여부를 지정한다. 기본값: margins=False.

□ plot 함수 (pandas 데이터프레임)

- DataFrame.plot(data,x, y, kind, ⋯): 데이터프레임과 시리즈에 대하여 다양한 플롯을 작성한다.

- ◦ data=: 데이터프레임의 이름을 지정한다. 또는 데이터프레임 이름 뒤에 plot 함수를 적용하여 사용한다.
- ◦ x=: 수평축 변수를 지정한다.
- ◦ y=: 수직축 변수를 지정한다.
- ◦ kind=: 생성할 플롯의 종류를 지정한다.
  - ⋆ 'line': line plot (기본값)
  - ⋆ 'bar': vertical bar plot
  - ⋆ 'barh': horizontal bar plot
  - ⋆ 'hist' : histogram
  - ⋆ 'box': boxplot
  - ⋆ 'kde': kernel density estimation plot
  - ⋆ 'density' : 'kde'와 동일
  - ⋆ 'area' : area plot
  - ⋆ 'pie': pie plot
  - ⋆ 'scatter': scatter plot
  - ⋆ 'hexbin': hexbin plot
- ◦ title=: 플롯의 제목을 지정한다.
- ◦ xlim=: 수평축의 범위를 지정한다. 예를 들어, xlim=(0,20).
- ◦ ylim=: 수직축의 범위를 지정한다. 예를 들어, ylim=(0,100).
- ◦ xticks=: 수평축의 눈금을 지정한다. 예를 들어, xticks=[0,10,20].
- ◦ yticks=: 수직축의 눈금을 지정한다. 예를 들어, yticks=[0,10,20].
- ◦ xlabel=: 수평축의 이름을 지정한다.
- ◦ ylabel=: 수직축의 이름을 지정한다.
- ◦ c=: 색깔을 지정한다. 예를 들어, c="red".
- ◦ style=: 라인 플롯에서 점과 선의 모양을 지정한다. 예를 들어, style="o-"는 점의 형태는 'o'로 지정하고 연결선의 형태는 '-'로 지정한다는 것이다. '.-', '+-', 'o-', '.–', 's:' 등 다양하게 지정할 수 있다(예 3.27 참조).
- ◦ grid=: 격자의 출력 여부를 지정한다. 기본값: grid=False.

□ **sort_values 함수 (pandas 데이터프레임)**

- DataFrame.sort_values(by=,axis=0,ascending=True,···): 데이터프레임을 행 또는 열을 기준으로 정렬한다.

- ∘ by=: 정렬의 기준이 되는 변수들을 나열한다.
- ∘ axis=: 정렬할 축의 기준을 행(0) 또는 열(1) 단위로 지정할 수 있다. 기본값: axis=0.
- ∘ ascending=: 오름차순으로 정렬할지의 여부를 지정한다. 기본값: ascending=True.
- ∘ kind= 정렬 알고리즘의 종류("quicksort", "mergesort", "heapsort")를 선택할 수 있다. 기본값: kind="quicksort".

□ **stem_graphic 함수 (stemgraphic 패키지)**

- stem_graphic(df, ···): 데이터프레임의 변수에 대하여 줄기-잎 그림을 작성한다.

- ∘ df: 데이터프레임이나 numpy array 등의 변수를 지정한다.

3.8 연습문제

1. ⟨표 3.1⟩의 Cholest 데이터에 대해 성별로 변수 Age(나이)와 Super(콜레스테롤 과포화율)의 기술통계량, 히스토그램 및 상자그림 등을 출력하고 그 결과를 살펴보아라.

2. 다음은 1984년도 8월의 우리나라 기온(℃)이다.

날짜	1	2	3	4	5	6	7	8	9	10
기온	24	27	28	32	30	35	26	29	31	30
날짜	11	12	13	14	15	16	17	18	19	20
기온	35	37	34	33	34	29	35	32	34	34
날짜	21	22	23	24	25	26	27	28	29	30
기온	29	30	29	36	35	33	37	29	40	32

(a) 기온에 대하여 도수분포표 및 히스토그램을 작성하여라.

(b) 기온에 대하여 평균, 중위수, 분산, 표준편차 등 기술통계량들을 구하여라.

(c) 날짜별 선그래프를 작성하여라(예 3.29 및 3.7절 참조).

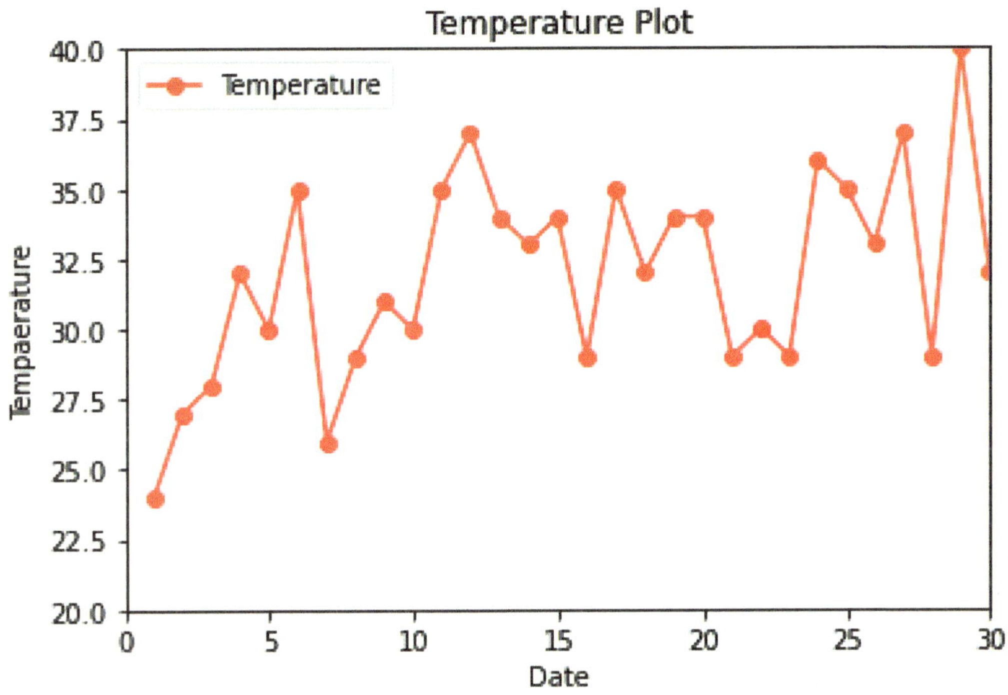

〈그림 3.9〉 연결선 그래프

〈예 3.29〉 plot 함수 (pandas 데이터프레임)

```
import pandas as pd
Ex03_02 = pd.read_csv("/content/Ex03_02.csv")
Ex03_02.plot("Date","Temperature",
           title="Temperature Plot",ylabel="Tempaerature",
           xlim=(0,30),ylim=(20,40),style='o-',c="red")
```

3. 다음의 설문지는 어떤 제품에 대한 '고객만족도 조사'를 위해 작성된 것이다. 실제 조사를 통해 수집된 데이터는 Survey.csv(xlsx)라는 파일로 저장되어 있다.

(a) 사용여부(Q1)에 대해 빈도표를 작성하여라.

(b) 사용년수(Q2)에 대해 도수분포표 및 히스토그램을 작성하여라.

(c) 성, 연령대, 직업, 월소득별 1차원 빈도표를 작성하여라.

(d) 성, 연령대, 직업, 월소득별 분포를 보여주는 원도표를 각각 작성하여라.

(e) 성, 연령대, 직업, 월소득별로 만족도 문항들(Q3_1~Q3_5)의 평균을 요약하여라.

〈고객 만족도 조사〉 설문지

안녕하십니까? 저는 ◎◎◎라는 여론조사회사 면접원 ◎◎◎입니다.
저희는 ◎◎사의 의뢰를 받아 소비자들을 대상으로 ◇◇에 대한 만족도를 조사하고 있습니다. 바쁘시더라도 잠시만 시간을 내주시면 고맙겠습니다.

Q1. ○○님께서는 ◇◇를 사용하고 계십니까? (아니오와 무응답은 면접종료)

Q2. ○○님께서는 ◇◇를 사용하신지 얼마나 되었습니까? (　　년)

Q3. 이제부터는 ◇◇에 대해서 몇 가지 여쭙겠습니다.

가 격	1) ◇◇은 가격이 적당하다고 생각하십니까?	③	②	①
품 질	2) ◇◇은 품질이 좋다고 생각하십니까?	③	②	①
디자인	3) ◇◇의 디자인이 마음에 드십니까?	③	②	①
기 업	4) ◎◎사가 소비자를 중요하게 여긴다고 생각하십니까?	③	②	①
이미지	5) ◎◎사가 신뢰할 만한 기업이라고 생각하십니까?	③	②	①

예(③), 보통(②), 아니오(①), 모름/무응답(.)

Q4. 마지막으로 몇 가지만 더 여쭙겠습니다.

1) 성별 : (1) 남자 (2) 여자
2) 실례지만 올해 연세는 만으로 몇 세이십니까?
   (1) 20대 (2) 30대 (3) 40대 (4) 50대 (5) 60대 이상
3) ○○님의 직업은 무엇입니까?
   (1) 자영업 (2) 판매/서비스직 (3) 기능/숙련공 (4) 일반작업직 (5) 사무/기술직
   (6) 경영/관리직 (7) 전문/자유직 (8) 주부 (9) 학생 (10) 농/수/축산업
   (11) 무직 (12) 기타(　　　　　　)
4) ○○님 댁의 월 평균 소득은 대략 얼마 정도입니까?
   (1) 100만원 이하 (2) 150~200만원 (3) 200~250만원
   (4) 250~300만원 (5) 300만원 이상

---

4. 다음은 14종류의 자동차에 대해서 차의 크기(car size), 제조회사(manufacturer), 모델명(model), 주행거리(mileage), 신뢰성(reliability), 주행거리와 신뢰성에 기초한 차의 지수(index)를 조사하여 얻은 것이다.

Size	Manufact	Model	Mileage	Reliable	Index
Small	Chevrolet	Geo Prizm	33	5	4
Small	Honda	Civic	29	5	4
Small	Toyota	Corolla	30	5	4
Small	Ford	Escort	27	3	3
Small	Dodge	Colt	34	.	.
Compact	Ford	Tempo	24	1	3
Compact	Chrysler	Le Baron	23	3	3
Compact	Buick	Skylark	21	3	3
Compact	Plymouth	Acclaim	24	3	3
Compact	Chevrolet	Corsica	25	2	3
Compact	Pontiac	Sunbird	24	1	3
Mid-Sized	Toyota	Camry	24	5	4
Mid-Sized	Honda	Accord	26	5	4
Mid-Sized	Ford	Taurus	20	3	3

(a) 변수 Mileage와 Reliable에 대한 평균, 표준편차를 출력하여라.

(b) 변수 Size와 Index의 각 수준별 1차원 및 2차원 빈도표를 출력하여라.

5. 다음은 유럽 25개 나라에서 하루에 쇠고기로부터 섭취하는 단백질을 양을 조사한 데이터이다(단위: 그램).

10.1	8.9	13.5	7.8	9.7	10.6	8.4	9.5	18.0	10.2
5.3	13.9	9.0	9.5	9.4	6.9	6.2	6.2	7.1	9.9
13.1	17.4	9.3	11.4	4.4					

(a) 이 데이터에 대한 기술통계량들을 출력하여 살펴보아라.

(b) 히스토그램, 줄기-잎 그림, 상자그림을 작성하여라.

6. ⟨표 3.6⟩은 조선시대 27명의 왕들에 대한 수명을 조사하여 얻은 것으로, 관찰값들을 임진왜란을 기준으로 2개의 그룹(War='Before', 'After')으로 나누었고 연령대를 나타내는 변수 AgeGroup을 생성한 것이다.

(a) 임진왜란 전과 후 각각에 대하여 변수 Age(나이)의 기술통계량, 줄기-잎 그림, 상자그림 등을 출력하고 비교하여라.

(b) 변수 War와 AgeGroup의 1차원 빈도표를 각각 작성하고 War*AgeGroup의 2차원 분할표를 작성하여라.

〈표 3.6〉 King 데이터

Obs.	Name	Age	War	AgeGroup	Obs.	Name	Age	War	AgeGroup
1	태조	73	Before	70대	15	광해군	66	After	60대
2	정종	62	Before	60대	16	인조	54	After	50대
3	태종	45	Before	40대	17	효종	40	After	40대
4	세종	53	Before	50대	18	현종	33	After	30대
5	문종	38	Before	30대	19	숙종	59	After	50대
6	단종	16	Before	10대	20	경종	36	After	30대
7	세조	51	Before	50대	21	영조	82	After	80대
8	예종	28	Before	20대	22	정조	48	After	40대
9	성종	37	Before	30대	23	순조	44	After	40대
10	연산군	30	Before	30대	24	헌종	22	After	20대
11	중종	56	Before	50대	25	철종	32	After	30대
12	인종	30	Before	30대	26	고종	67	After	60대
13	명종	33	Before	30대	27	순종	52	After	50대
14	선조	56	Before	50대					

7. 다음은 무작위로 추출한 30명에 대해 각 사람의 혈액에 포함되어 있는 콜레스테롤 농도이다.

239	161	210	179	212	195	301	357	233	256
234	195	199	284	245	174	310	286	176	212
297	249	282	233	205	286	269	305	247	292

(a) 도수분포표 및 히스토그램을 작성하여라.

(b) 평균, 중위수, 분산, 표준편차 등 기술통계량들을 구하여라.

8. 다음 데이터는 담배를 피우기 전과 피운 후의 분당 맥박 수를 측정한 것이다.

담배를 피우기 전	72 70 68 67 73 71 72 70 69 70 68 72 69 66 73 71 70 72 70 69 72 73
담배를 피운 후	74 72 69 68 72 72 72 71 67 73 69 71 68 74 73 70 74 68 71 74 74 69

(a) 담배를 피우기 전과 피운 후 각각에 대해 도수분포표를 작성하여라. 또한 히스토그램과 상자그림을 작성하여라.

(b) 담배를 피우기 전과 피운 후 각각에 대해 평균, 중위수, 표준편차 등 기술통계량을 구하여라.

(c) (a)와 (b)에서 얻은 결과로부터 담배를 피우기 전과 피운 후의 분당 맥박수가 어떤지를 비교하여라.

9. 다음 데이터는 네 개의 지역에서 공기 중 일산화탄소의 양을 측정한 것이다.

지역	측정결과									
A	95	96	92	102	103	93	101	92	95	90
B	184	202	215	204	195	201	169	182	192	
C	215	214	197	216	215	208	228	208	216	214	227
D	155	142	146	149	146	152	159			

(a) 네 개의 지역에 대해서 각각 도수분포표 및 히스토그램을 작성하고 평균, 중위수, 표준편차 등 기술통계량을 구하여라.

(b) (a)에서 얻은 결과로부터 지역별 일산화탄소의 양이 어떤지를 비교하여라.

제 4 장
확률변수와 분포함수

표본의 함수인 통계량은 통계적 추정과 검정을 위한 기본적 요소이며, 표본정보에 근거한 통계적 의사결정을 수행하기 위해서는 통계량의 확률적 상황을 묘사하는 통계적 확률분포를 반드시 알아야 한다. 이 장에서는 확률분포의 기본개념과 자주 사용되는 몇 가지 확률분포를 소개하고, Python 함수를 이용하여 확률분포에 관련된 값들을 계산하는 방법에 대해서 설명할 것이다.

4.1 확률변수와 확률분포

통계적 실험이나 조사에서 모든 가능한 실현결과들의 집합을 **표본공간**(標本空間, sample space)이라 한다. 동전을 세 번 반복해서 던지는 실험을 예로 들어보자. 동전의 앞면이 나오면 H, 뒷면이 나오면 T라 표현할 때 실험에서 나올 수 있는 모든 결과로 구성되는 표본공간 S는 다음과 같이 주어진다.

$$S = \{\text{HHH, HHT, HTH, HTT, THH, THT, TTH, TTT}\}$$

이제 동전을 세 번 던졌을 때 나오는 앞면의 수를 X라고 하자. 이때, X는 0, 1, 2, 3의 값을 취하고 각각의 값을 가질 확률 $P(X = x)$는 ⟨표 4.1⟩과 같다.

즉, 표본공간의 부분집합 {TTT}는 X의 값 0에 대응되고 X가 0일 확률은 $P(X = 0) = 1/8$이 된다. 마찬가지로 표본공간의 부분집합 {HTT, THT, TTH}는 X의 값 1에 대응되고 X가 1일 확률은 $P(X = 1) = 3/8$이다.

이와 같이 표본공간 S에서 정의된 실수값 함수 X를 **확률변수**(確率變數, random variable)라고 한다. 또한, 확률변수 X와 확률을 대응시켜 주는 관계를 확률변수 X의 **확률분포**(確率分布, probability distribution)라고 한다.

⟨표 4.1⟩ 앞면의 수에 대한 확률

표본공간	확률분포표	
S	X	$P(X = x)$
{TTT}	0	1/8
{HTT, THT, TTH}	1	3/8
{HHT, HTH, THH}	2	3/8
{HHH}	3	1/8

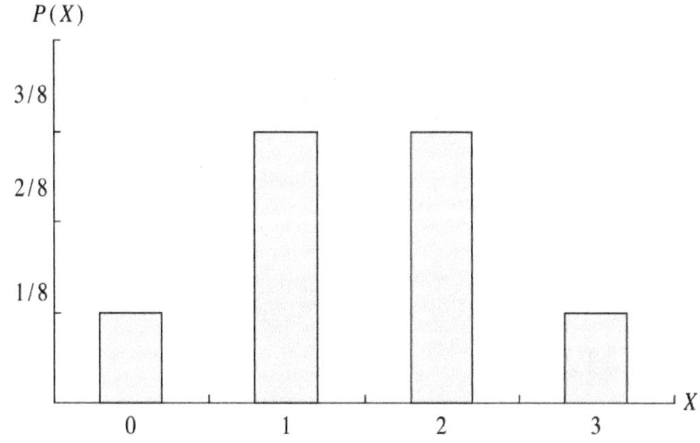

〈그림 4.1〉 확률분포도

확률분포는 〈표 4.1〉과 같은 표의 형태나 〈그림 4.1〉과 같은 그래프의 형태로 나타낼 수도 있지만, 수학적 함수관계인 **확률분포함수**로 표현할 수도 있다. 즉, 확률변수 X가 임의의 값 x를 가질 때의 확률을 수학적 함수 $P(X=x)$로 나타낼 수 있다. 예를 들어, 앞에서 다루었던 동전을 세 번 반복해서 던지는 실험을 생각해 보자. 이때 동전의 앞면이 나타날 횟수를 확률변수 X로 정의하면 이에 대한 확률분포는 다음과 같은 수식으로 표현할 수 있다.

$$P(X=x)=\frac{3!}{x!(3-x)!}(1/2)^3,\quad x=0,1,2,3.\ \ (\text{단},\ 0!=1)$$

이와 같은 확률분포는 확률변수가 이산형인지 연속형인지에 따라 이산형 확률분포와 연속형 확률분포로 구분된다.

확률변수 X가 취할 수 있는 가능한 값들이 이산(離散)적인 값 x_1, $x_2, \cdots$ 중 하나일 때, X를 **이산확률변수**(discrete random variable)라고 한다. 예를 들어, '동전을 두 번 던져서 나오는 앞면의 수'나 '주사위를 한 번 던져서 나오는 눈의 값' 등은 이산확률변수이다.

이산확률변수가 가질 수 있는 각각의 값에 대하여 확률 $P(X=x_1)=f(x_1)$, $P(X=x_2)=f(x_2), \cdots$를 대응시켜 주는 함수 $f(x)$를 **확률질량함수**(確率質量函數, probability mass function)라고 하며, 다음과 같은 성질을 가진다.

〈이산형 확률분포 – 확률질량함수의 성질〉

(a) $P(X=x_i)=f(x_i)\geq 0$,

(b) $\sum_i f(x_i)=1$,

(c) $P(a<X\leq b)=\sum_{a<x_i\leq b} f(x_i)$.

키, 몸무게, 서비스 대기시간 등을 나타내는 확률변수 X는 적절한 구간 내의 연속(連續)적인 모든 값을 가질 수 있으며 이런 확률변수를 **연속확률변수**(continuous random variable)라고 한다.

연속확률변수에 대한 확률은 **확률밀도함수**(確率密度函數, probability density function)에 의해서 결정되는데, 확률밀도함수 $f(x)$는 연속확률변수에 관하여 X 축에는 확률변수의 값을 그리고 Y 축에는 확률변수의 값이 일정구간에 포함될 확률을 나타내는 곡선으로 표현된다. 확률밀도함수는 다음과 같은 성질을 가진다.

〈연속형 확률분포 – 확률밀도함수의 성질〉

(a) $f(x) \geq 0, \ -\infty < x < \infty$

(b) $P(X = x) = 0$

(c) $P(-\infty \leq x \leq \infty) = \int_{-\infty}^{\infty} f(x)dx = 1,$

(d) $P(a \leq X \leq b) = \int_{a}^{b} f(x)dx.$

4.2 기댓값과 분산

다음과 같은 동전 던지기 게임을 생각해 보자. 동전을 두 번 던져서 앞면이 0번 나오면 5,000원을 상대방에 주고, 앞면이 1번 나오면 1,000원을 받고, 앞면이 2번 나오면 2,000원을 받는다고 하자. 한 번의 게임에서 받는 금액을 확률변수 X라고 하면, X의 확률분표포는 〈표 4.2〉와 같다.

그러면 이러한 게임을 계속한다고 할 때 평균적으로 따져 한 번에 얼마만큼의 기대이득이 있을 것인가? 한 번의 게임으로부터 얻을 수 있는 금액에는 각각 확률이 부여되어

〈표 4.2〉 금액 X에 대한 확률분포표

X	$P(X = x)$
$-5,000$	1/4
1,000	2/4
2,000	1/4

〈표 4.3〉 금액 $Y(=3X)$에 대한 확률분포표

Y	$P(Y=y)$
$-15,000$	$1/4$
3,000	$2/4$
6,000	$1/4$

있으므로, 기대이득을 다음과 같이 계산할 수 있을 것이다.

$$\text{기대이득} = (-5,000)\frac{1}{4} + (1,000)\frac{2}{4} + (2,000)\frac{1}{4} = -250\text{원}.$$

즉, 한 번의 게임에서는 5000원을 잃든가 1000원 또는 2000원을 벌든가 하겠지만, 이 게임을 계속하면 평균적으로 250원을 계속 잃는 셈이 된다는 것이다.

이처럼 확률변수 X에 대해 확률을 가중치로 하여 계산된 가중평균을 기댓값(expected value)이라고 하는데, 이산확률변수 X의 기댓값은 다음과 같이 계산된다(단, 여기서 x_i는 확률변수 X의 한 실현값이다).

$$\begin{aligned} \mu = E(X) &= \textstyle\sum_i x_i P(X = x_i) \\ &= x_1 P(X = x_1) + x_2 P(X = x_2) + \cdots \end{aligned} \tag{4.1}$$

일반적으로 확률변수 X의 기댓값을 $\mu = E(X)$로 표기하며, 확률변수 X의 위치를 나타내는 모수로서 평균(mean)이라 부르기도 한다.

이제 게임에 걸린 금액을 세 배로 하여 한 번의 게임에서 받는 금액을 확률변수 $Y(=3X)$라고 하자. 그러면 확률변수 Y의 확률분포표는 〈표 4.3〉과 같고, 따라서 Y의 기댓값은 다음과 같이 계산된다.

$$E(Y) = (-15,000)\frac{1}{4} + (3,000)\frac{2}{4} + (6,000)\frac{1}{4} = -750\text{원}.$$

일반적으로 이산확률변수 X에 대해 함수 $g(X)$의 기댓값은 다음과 같이 계산된다.

$$\begin{aligned} E\left[g(X)\right] &= \textstyle\sum_i g(x_i) P(X = x_i) \\ &= g(x_1) P(X = x_1) + g(x_2) P(X = x_2) + \cdots \end{aligned} \tag{4.2}$$

한편, 확률변수 X의 특별한 함수로써 $g(X) = (X - \mu)^2$를 고려할 때, 이 함수의 기댓값

$$\sigma^2 = E\left[(X - \mu)^2\right] \tag{4.3}$$

을 X의 분산(variance)이라고 하며 $Var(X)$로 표기하기도 한다. ⟨표 4.2⟩의 확률변수 X에 대해서 분산을 계산하면 다음과 같다.

$$\begin{aligned} Var(X) &= [-5,000-(-250)]^2\frac{1}{4}+[1,000-(-250)]^2\frac{2}{4}+[2,000-(-250)]^2\frac{1}{4} \\ &= 7,687,500 \end{aligned}$$

이와 같은 분산은 확률변수 X의 분포가 평균 μ로부터 떨어진 정도를 나타내므로 산포도(measure of dispersion)의 척도로 흔히 사용된다.

확률변수의 기댓값과 분산에 대한 공식은 이산확률변수와 연속확률변수에 따라 다른데, 먼저 이산확률변수의 기댓값은 확률변수의 각 값들에 확률을 곱한 후 합한 것이다. 여기에서 모평균 μ는 X에 대한 기댓값이며, 모분산 σ^2은 $(X-\mu)^2$에 대한 기댓값이다.

⟨이산확률변수의 기댓값과 분산⟩

(a) $\mu = E(X) = \sum_i x_i P(x_i)$

(b) $\sigma^2 = E[(X-\mu)^2] = \sum_i (x_i-\mu)^2 P(x_i) = E(X^2)-\mu^2$

한편, 연속확률변수의 기댓값과 분산은 이산확률변수의 기댓값을 구할 때 사용한 $\sum$(합) 대신에 $\int$(적분)을 사용하여 계산된다.

⟨연속확률변수의 기댓값과 분산⟩

(a) $\mu - E(X) = \int_{-\infty}^{\infty} xf(x)dx$

(b) $\sigma^2 = E[(X-\mu)^2] = \int_{-\infty}^{\infty}(x-\mu)^2 f(x)dx = E(X^2)-\mu^2$

앞에서 설명한 기댓값과 분산에 대하여 몇 가지 성질을 살펴보도록 하자. X와 Y를 확률변수 그리고 a와 b는 상수라고 할 때, 기댓값과 분산에 대하여 다음과 같은 관계가 성립한다.

⟨기댓값의 성질⟩

(a) $E(a) = a$

(b) $E(aX) = aE(X)$

(c) $E(aX \pm bY) = aE(X) \pm bE(Y)$

(d) $E(XY) = E(X)E(Y)$ 단, X와 Y가 확률적으로 독립인 경우

〈분산의 성질〉

(a) $Var(a) = 0$

(b) $Var(X) \geq 0$

(c) $Var(X \pm b) = Var(X)$, $Var(aX) = a^2 Var(X)$

(d) $Var(aX \pm b) = a^2 Var(X)$

4.3 이산형 확률분포

앞에서 설명한 바와 같이 확률변수 X가 취할 수 있는 가능한 값들이 이산적인 값 x_1, $x_2, \cdots$ 중 하나일 때 X를 이산확률변수(discrete random variable)라고 하는데, 이 절에서는 몇 가지 중요한 이산형 확률분포에 대해서 살펴보도록 하자.

4.3.1 이항분포(Binomial Distribution)

동전을 던져서 앞면이 나오면 '성공', 뒷면이 나오면 '실패'라고 하자. 이와 같이

(1) 매 번의 시행에서 오직 두 가지의 상호배반인 결과 중 어느 하나만 나타나고(편의상 그 결과를 '성공'과 '실패'로 구분한다),

(2) '성공'의 확률을 p라고 하면 이 값은 어느 시행에서나 변하지 않으며(이때 '실패'의 확률은 $q = 1 - p$ 이다),

(3) 어느 한 시행의 결과가 다른 시행의 결과에 영향을 미치지 않는(즉, 매 시행은 서로 독립적인)

시행을 베르누리 시행(Bernoulli trial)이라고 한다. 이항분포는 n번의 베르누리 시행에서 성공이 나타나는 횟수에 대한 분포로써, 확률변수 X는 $\{0, 1, \cdots, n\}$의 이산적인 값을 가진다. 이항분포의 확률질량함수는 다음과 같이 정의되는데, 확률변수 X가 이러한 분포를 갖는다는 것을 $X \sim B(n, p)$로 나타낸다.

이항분포(Binomial Distribution)

□ 확률질량함수 : $B(n, p)$

$$P(X = x) = f(x) = \binom{n}{x} p^x (1-p)^{n-x}, \quad x = 0, 1, \cdots, n. \tag{4.4}$$

여기에서 $\binom{n}{x} = {}_n C_x = \dfrac{n!}{x!(n-x)!}, \quad n! = n \times (n-1) \times \cdots \times 2 \times 1, \quad 0! = 1.$

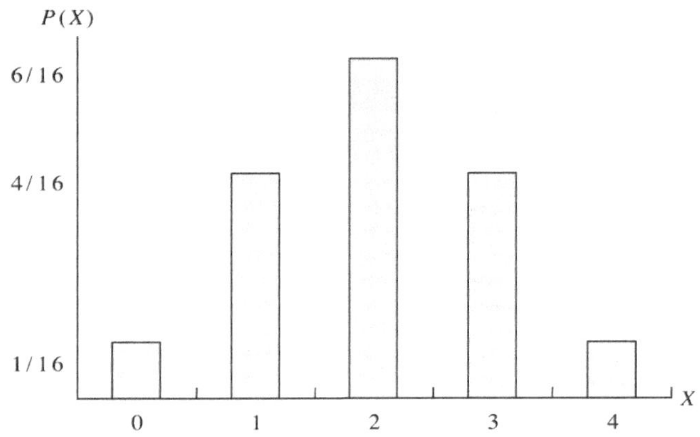

〈그림 4.2〉 이항분포 $B(4,1/2)$에 대한 확률분포도

□ 평균과 분산

$\mu = E(X) = np,$

$\sigma^2 = Var(X) = np(1-p).$

이항분포에서 확률분포가 어떻게 나타나는지를 설명하기 위해 동전을 4번 던지는 경우를 생각해 보자. 동전을 4번 던져서 앞면이 나타나는 수를 확률변수 X라 하면, X는 시행횟수 4번과 성공의 확률 1/2를 갖는 이항분포 $B(4,1/2)$를 따르며 확률질량함수는 다음과 같다.

$$P(X=x) = \binom{4}{x}(1/2)^x(1/2)^{4-x}, \quad x = 0, 1, \cdots, 4.$$

따라서 앞면이 나타나는 수의 확률분포는 이를 이용하여 다음과 같이 구할 수 있다.

$$P(X=0) = \binom{4}{0}(1/2)^0(1/2)^4 = \frac{4!}{0!4!}(1/2)^0(1/2)^4 = 1/16$$

$$P(X=1) = \binom{4}{1}(1/2)^1(1/2)^3 = \frac{4!}{1!3!}(1/2)^1(1/2)^3 = 4/16$$

$$P(X=2) = \binom{4}{2}(1/2)^2(1/2)^2 = \frac{4!}{2!2!}(1/2)^2(1/2)^2 = 6/16$$

$$P(X=3) = \binom{4}{3}(1/2)^3(1/2)^1 = \frac{4!}{3!1!}(1/2)^3(1/2)^1 = 4/16$$

$$P(X=4) = \binom{4}{4}(1/2)^4(1/2)^0 = \frac{4!}{4!0!}(1/2)^4(1/2)^0 = 1/16$$

이러한 이항분포를 확률분포도로 나타내면 〈그림 4.2〉와 같으며, 확률변수 X의 평균과 분산은 각각 $\mu = np = 4 \times (1/2) = 2$와 $\sigma^2 = np(1-p) = 4 \times (1/2) \times (1/2) = 1$이다.

⟨예 4.1⟩ 이항분포에 관한 함수 – $X \sim B(n,p)$

```
from scipy.stats import binom    # scipy.stats 패키지(binom) 불러오기
```
□ 확률질량함수, $P(X=x)$: binom.pmf(x,n,p)
```
binom.pmf(3,10,0.5)    # 동전을 10번 던져서 앞면이 3번 나올 확률
# 0.11718750000000014
```
□ 누적분포함수, $P(X \le x)$: binom.cdf(x,n,p)
```
binom.cdf(6,10,0.5)    # 동전을 10번 던져서 앞면이 6번 이하로 나올 확률
# 0.828125
1- binom.cdf(6,10,0.5)    # P(X>6) = 1 - P(X<=6)
# 0.171875
```
□ 분위수: binom.ppf(q,n,p)
```
binom.ppf(0.3,10,0.5)    # 누적확률이 0.3 이상이 되는 x
# 4.0
```
□ 난수: binom.rvs(n,p,size=k)
```
binom.rvs(10,0.5,size=30)    # 동전을 10번 던지는 실험을 30번 반복
# array([9, 9, 3, 1, 5, 4, 4, 5, 5, 5, 5, 5, 7, 3, 7, 5, 5, 4, 3, 4, 4,
# 2, 4, 1, 8, 6, 4, 7, 2, 9])
```

4.3.2 초기하분포(Hyper Geometric Distribution)

주머니 속에 흰공 7개와 검은공 3개가 들어 있다고 하자. 주머니 속에서 임의로 한 개의 공을 랜덤추출하였을 때, 흰공이 나올 확률은 7/10이다. 추출된 공을 주머니 속에 넣고 다시 한 개의 공을 추출하였을 때 흰공이 나올 확률은 역시 7/10이 된다. 이와 같은 추출방식을 **복원추출법**(復元抽出法, sampling with replacement)이라고 하며, 이러한 복원추출에서는 베르눌리 시행이 되기 위한 조건들을 만족한다.

그러나 추출된 공을 주머니 속에 다시 넣지 않고 나머지 공에서 두 번째 공을 추출하는 방식을 생각해 볼 수 있는데, 이러한 방식을 **비복원추출법**(非復元抽出法, sampling without replacement)이라고 한다. 비복원추출법에서는 베르눌리 시행에서의 조건이 만족되지 않음을 알 수 있다.

N개로 구성된 모집단에서 A개가 '성공'(흰공)이고 나머지 $N-A$개가 '실패'(검은공)라고 하자. N개 중에서 n개를 비복원추출하였을 때 그 중 '성공'일 경우의 수를 확률변수 X라 하자. 이와 같은 X에 대한 확률질량함수는 다음과 같다(여기에서 $m = Min(n, A)$이다).

초기하분포(Hyper Geometric Distribution)

□ 확률질량함수 : $HG(N, A, n)$

$$P(X=x)=f(x)=\frac{\binom{A}{x}\binom{N-A}{n-x}}{\binom{N}{n}}, \quad x=0,1,\cdots,m. \tag{4.5}$$

□ 평균과 분산

$\mu = E(X) = np,$

$\sigma^2 = Var(X) = np(1-p)\left(\frac{N-n}{N-1}\right).$

이와 같은 질량함수를 가지는 확률분포를 초기하분포라고 하며, 만약 N이 크고 이에 비하여 n이 작을 경우, 초기하분포를 따르는 확률변수 X는 n과 $p=A/N$을 모수로 하는 이항분포에 근사적으로 따르게 된다.

⟨예 4.2⟩ 초기하분포에 관한 함수 – $X \sim HG(N, A, n)$

```
from scipy.stats import hypergeom    # scipy.stats 패키지(hypergeom)
```

□ 확률질량함수, $P(X=x)$: hypergeom.pmf(x,N,A,n)

```
hypergeom.pmf(10,1000,200,50)    # N=1,000, A=200, n=50 --> P(X=10)
# 0.14344796941073099
```

□ 누적분포함수, $P(X \le x)$: hypergeom.cdf(x,N,A,n)

```
hypergeom.cdf(10,1000,200,50)    # N=1,000, A=200, n=50 --> P(X<=10)
# 0.5843039735710351
1- hypergeom.cdf(10,1000,200,50)    # P(X>10) = 1 - P(X<=10)
# 0.41569602642896486
```

□ 분위수: hypergeom.ppf(x,N,A,n)

```
hypergeom.ppf(0.5,1000,200,50)    # 누적확률이 0.5 이상이 되는 x
# 10.0
```

□ 난수: hypergeom.rvs(N, A, n, size=k)

```
hypergeom.rvs(1000,200,50,size=25)    # 모의실험을 25번 반복하는 경우
# array([11, 10, 10, 10, 8, 10, 12, 10, 14, 15, 13, 7, 9, 15, 7, 11, 7,
# 8, 8, 16, 13, 7, 10, 13, 9])
```

4.3.3 포아송분포(Poisson Distribution)

'하루 동안 경부고속도로 상에서 일어나는 교통사고 건수(차량통과대수 n은 매우 크고 사고확률은 매우 작은 경우)', '일정시간 안에 걸려오는 전화의 수', '생산된 1000개 부품당 불량품의 개수', '일주일 동안에 어느 보험회사에서 접수되는 사망보험금 청구건수' 등과 같이 단위 시간당 또는 단위 면적당 나타나는 희귀사건(rare event)의 건수를 설명하는 데 자주 사용되는 확률분포로서 포아송분포라고 하는 것이 있다.

포아송분포는 '성공'이 일어나는 확률이 아주 작은 이항분포로부터 유도되며(즉, 이항분포 $B(n,p)$에서 시행횟수 n이 매우 크고 성공의 확률 p가 0에 가까운 경우), 이러한 확률변수 X에 대한 확률질량함수는 다음과 같다. 여기에서 μ는 단위당 일어나는 평균건수이고 e는 자연대수의 밑으로서 $2.71828\cdots$의 값을 가지는 무리수이다.

포아송분포(Poisson Distribution)

□ 확률질량함수 : $P(\mu)$

$$P(X=x)=f(x)=\frac{e^{-\mu}\mu^x}{x!},\quad x=0,1,2,\cdots \tag{4.6}$$

□ 평균과 분산

$\mu=E(X)=\mu,$

$\sigma^2=Var(X)=\mu.$ (단, $\mu>0$)

포아송분포가 어떻게 이용될 수 있는지를 알기 위해 다음과 같은 예를 들어보도록 하자. 어떤 생명보험회사에는 15만 명의 보험가입자가 있으며, 과거의 자료에 의하면 보험가입자가 어떤 사고를 당하여 1주일 동안에 보험금을 지급 받을 확률이 0.001%라고 한다. 따라서 1주일에 평균 $\mu=150,000\times 0.00001=1.5$명이 보험금을 지급받는다. 이 경우 가입자의 수는 시행횟수이고 사고로 인하여 보험금을 지급할 확률은 성공의 확률로 생각할 수 있다. 이때 확률변수 X를 1주일 동안에 사고로 보험금을 지급할 건수라고 하면 확률질량함수는 다음과 같다.

$$P(X=0)=\frac{1.5^0e^{-1.5}}{0!}=0.2231,\quad P(X=1)=\frac{1.5^1e^{-1.5}}{1!}=0.3347,$$

$$P(X=2)=\frac{1.5^2e^{-1.5}}{2!}=0.2510,\quad P(X=3)=\frac{1.5^3e^{-1.5}}{3!}=0.1255,\quad\cdots$$

여기에서 평균 $\mu=1.5$이고 분산 또한 $\sigma^2=\mu=1.5$이다. 이러한 포아송분포를 그래프로 나타내면 ⟨그림 4.3⟩과 같다.

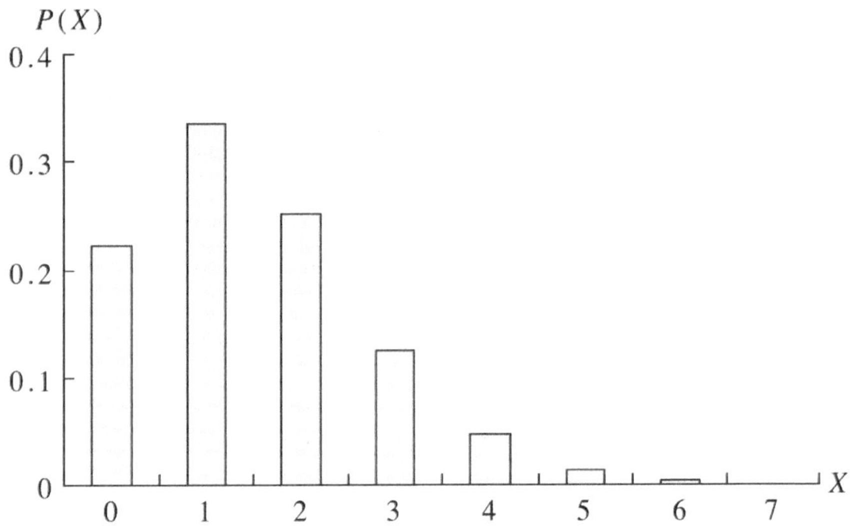

〈그림 4.3〉 포아송분포 $P(1.5)$에 대한 확률분포도

〈예 4.3〉 포아송분포에 관한 함수 – $X \sim P(\mu)$

```
from scipy.stats import poisson    # scipy.stats 패키지(poisson) 불러오기
```

□ 확률질량함수, $P(X = x)$: poisson.pmf(x,μ)

```
poisson.pmf(7,5)    # mu=5 --> P(X=7)
# 0.10444486295705395
```

□ 누적분포함수, $P(X \leq x)$: poisson.cdf(x,μ)

```
poisson.cdf(7,5)    # mu=5 --> P(X<=7)
# 0.8666283259299925
1- poisson.cdf(7,5)    # P(X>7) = 1 - P(X<=7)
# 0.1333716740700075
```

□ 분위수: poisson.ppf(q,μ)

```
poisson.ppf(0.7,5)    # 누적확률이 0.7 이상이 되는 x
# 6.0
```

□ 난수: poisson.rvs(μ,size=k)

```
poisson.rvs(5,size=30)    # 모의실험을 30번 반복하는 경우
# array([ 4, 8, 4, 7, 11, 3, 5, 4, 2, 6, 2, 8, 7, 4, 3, 3, 4, 7, 4, 2,
# 6, 7, 5, 7, 6, 6, 4, 3, 4, 4])
```

4.4 연속형 확률분포

앞에서 설명한 바와 같이 확률변수 X가 적절한 구간 내의 연속적인 모든 값을 가질 수 있을 때 X를 연속확률변수(continuous random variable)라고 하며, 연속형 확률분포에는 정규분포, 지수분포, 와이블분포, 베타분포, 감마분포 등이 있다. 이러한 연속형 확률분포 중에서 가장 중요하고 자주 이용되는 분포는 정규분포라고 할 수 있는데, 이 절에서는 정규분포의 중요한 성질들에 대해서 살펴보도록 하자.

4.4.1 정규분포(Normal Distribution)

확률변수 X가 평균이 μ이고 표준편차가 σ이며 다음과 같은 확률밀도함수를 가지는 경우, X는 **정규분포**를 따른다고 한다. 여기에서 π는 원주율 $3.1415\cdots$ 이고, $\exp(y) = e^y$ 이다(e는 자연대수의 밑으로서 $2.71828\cdots$ 의 값을 가지는 무리수이다).

⟨정규분포 확률밀도함수⟩ $N(\mu, \sigma^2)$

$$f(x) = \frac{1}{\sqrt{2\pi}\sigma}\exp\left[-\frac{(x-\mu)^2}{2\sigma^2}\right], \quad -\infty < x < \infty. \tag{4.7}$$

이러한 정규분포곡선은 1730년대 드 므아브르(De Moivre)에 의해서 발견되었으나, 1820년경 가우스(Gauss)의 오차이론에서 유도되었다는 점에서 가우스 곡선(Gaussian curve)이라고도 한다. 정규분포가 통계학에서 중요시되고 있는 이유로 다음과 같은 몇 가지를 들 수 있다.

① 자연현상이나 사회현상에서의 측정값들의 분포는 정규분포와 유사한 형태를 가지는 것들이 많다. 예를 들어 사람들의 키, 나무열매의 길이, 제품의 크기 등은 근사적으로 정규분포의 형태를 따른다.

② 정규분포를 따르지 않는 측정값들에 대해서도 제곱근이나 로그변환 등의 변환방법을 통해 정규분포에 근사하도록 유도할 수가 있다.

③ 정규분포는 수리적으로 다루기가 쉬우며, 정규분포의 가정 하에서 유도되는 수리통계학적 결과는 그 확률변수가 정규분포를 따르지 않는 경우에 대해서도 유용하게 활용된다. 즉, 정규분포에서 얻은 이론적 결과는 이산확률변수나 정규분포를 따르지 않는 변수에 대해서도 대체적으로 잘 적용되는 경우가 많다.

④ 정규분포를 따르지 않는 측정값들에 대해서도 표본의 크기가 큰 경우에는 표본평균이 근사적으로 정규분포를 따른다는 것이다. 이 내용에 대하여는 다음 절에서 다시 다룰 것이다.

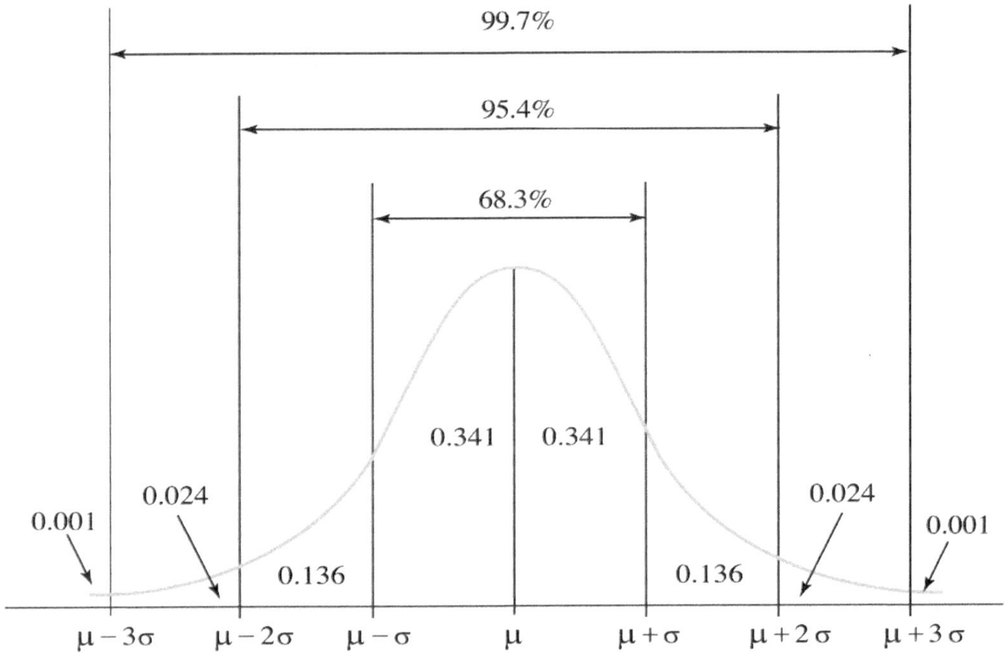

〈그림 4.4〉 정규분포곡선의 확률적 특성

정규확률밀도함수를 그림으로 나타내면 〈그림 4.4〉에서와 같이 $(-\infty, \infty)$를 구간으로 하여 평균 μ를 중심으로 좌우대칭의 종 모양을 취함을 알 수 있다. 또한 정규분포의 확률은 평균 μ와 표준편차 σ 사이에 일정한 관계를 갖는다. 즉, 〈그림 4.4〉에서와 같이 μ로부터 $\pm\sigma$의 구간은 0.683, μ로부터 $\pm 2\sigma$의 구간은 0.954, 그리고 μ로부터 $\pm 3\sigma$의 구간은 0.997의 확률을 갖는다. 이러한 정규분포의 확률적 특성을 식으로 요약하면 다음과 같다.

$$
\begin{aligned}
P(\mu - \sigma \le X \le \mu + \sigma) &= 0.683 \\
P(\mu - 2\sigma \le X \le \mu + 2\sigma) &= 0.954 \\
P(\mu - 3\sigma \le X \le \mu + 3\sigma) &= 0.997
\end{aligned}
$$

한편 〈그림 4.5〉는 평균과 표준편차가 다른 경우에 대한 정규분포의 형태를 보여준다. 여기에서 μ(평균)에 따라 중심의 위치가 바뀌는 것을 볼 수 있으며, σ(표준편차)에 따라 곡선의 형태가 변하는 것을 볼 수 있다(즉, σ가 크면 곡선의 높이가 낮아지고 그 대신 μ를 중심으로 하여 대칭적으로 널리 퍼지게 된다는 것을 알 수 있다). 이러한 의미에서 μ를 **위치모수**(location parameter)라고 하고, σ를 **척도모수**(scale parameter)라고 한다.

정규분포를 따르는 확률변수들의 합은 정규분포를 따른다. 뿐만 아니라 확률변수 X가 정규분포 $N(\mu, \sigma^2)$을 따를 때, 확률변수 X에 상수 b를 더하거나 뺀 확률변수 $X \pm b$는

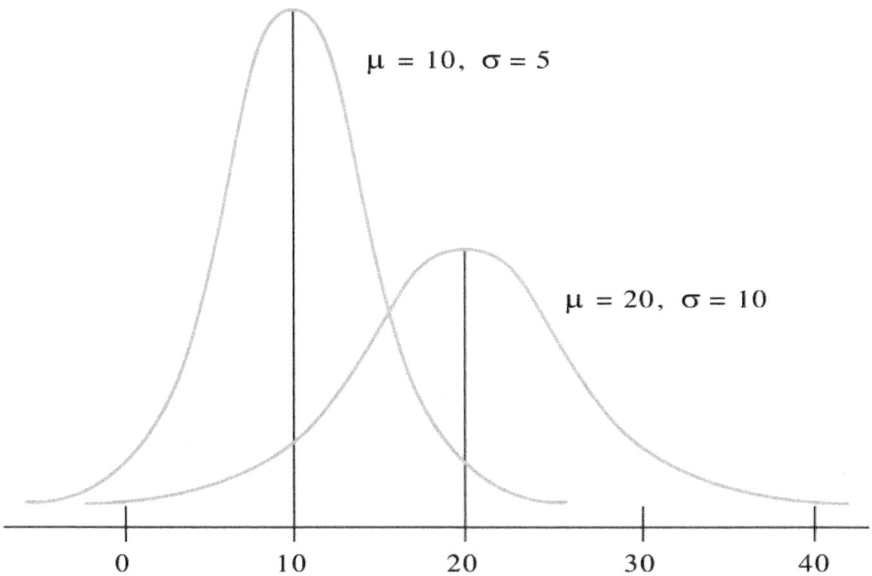

〈그림 4.5〉 μ와 σ의 변화에 따른 정규분포의 형태

정규분포 $N(\mu \pm b, \sigma^2)$을 따르고, 확률변수 X에 상수 a를 곱한 확률변수 aX는 정규분포 $N(a\mu, a^2\sigma^2)$을 따른다. 이러한 정규분포의 성질을 다음과 같이 정리할 수 있다.

〈정규분포의 성질〉

- $X \sim N(\mu, \sigma^2)$일 때, 상수 a와 b에 대하여

$$aX + b \sim N(a\mu + b, a^2\sigma^2)$$

- $X_1 \sim N(\mu_1, \sigma_1^2)$, $X_2 \sim N(\mu_2, \sigma_2^2)$이고, X_1과 X_2가 서로 독립일 때

$$X_1 + X_2 \sim N(\mu_1 + \mu_2, \sigma_1^2 + \sigma_2^2)$$

4.4.2 표준정규분포(Standard Normal Distribution)

평균이 0이고 표준편차가 1인 정규분포를 표준정규분포라고 하는데, 정규분포 $N(\mu, \sigma^2)$을 따르는 확률변수 X는 다음과 같은 정규화(표준화)변환

$$Z = \frac{X - \mu}{\sigma} \tag{4.8}$$

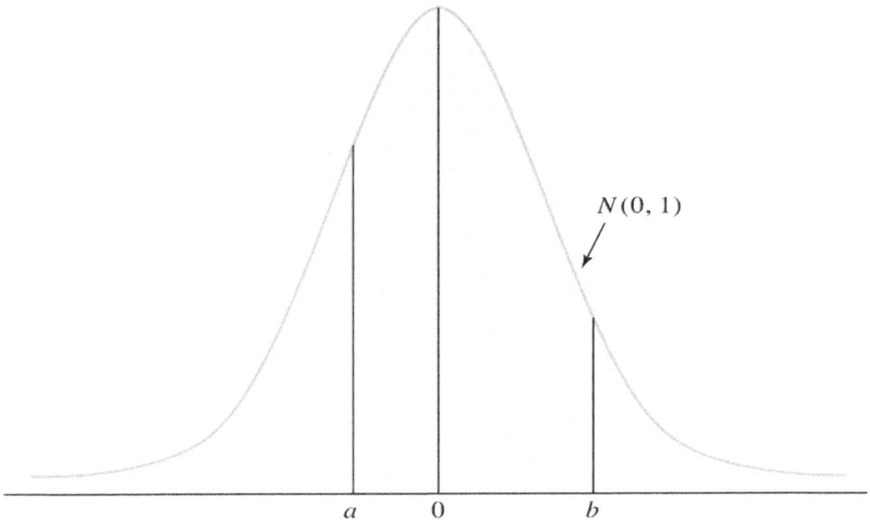

〈그림 4.6〉 표준정규분포에서 $P(a < Z < b)$의 확률

을 통해 표준정규분포로 변환할 수 있다. 표준정규분포에 따르는 확률변수 Z의 확률밀도함수는 다음과 같다.

$$f(z) = \frac{1}{\sqrt{2\pi}} e^{-z^2/2}, \quad -\infty < z < \infty \tag{4.9}$$

정규분포는 평균과 분산의 값에 따라 위치와 분포의 모양이 다르기 때문에 확률변수 X가 특정한 범위에 있을 확률을 계산하는 것이 매우 불편하다. 따라서 모든 정규확률변수인 X를 Z으로 표준화하면 표준정규분포를 이용하여 확률을 계산하는 것이 편리해지기 때문에 표준정규분포를 자주 사용하게 된다.

예를 들어, 초등학교 학생의 몸무게를 X라는 확률변수로 나타내어 정규분포 $N(42, 25)$를 따른다고 하자. 즉, X는 평균 $\mu = 42$와 분산 $\sigma^2 = 25$인 정규분포를 따른다. 이러한 분포로부터 어느 한 학생을 무작위로 뽑았을 때, 학생의 몸무게가 40㎏에서 54㎏ 사이에 있을 확률을 구하고자 하는 경우

$$\begin{aligned} P(40 \le X \le 54) &= P\left(\frac{40-\mu}{\sigma} < \frac{X-\mu}{\sigma} < \frac{54-\mu}{\sigma}\right) \\ &= P\left(\frac{40-42}{5} < Z < \frac{54-42}{5}\right) \\ &= P(-0.4 < Z < 2.4) \end{aligned}$$

와 같으므로, 이는 표준정규분포에서 -0.4와 2.4 사이의 확률이 된다(그림 4.6 참조).

또한 정규분포의 대칭성[즉, $P(-z < Z < 0) = P(0 < Z < z)$]을 이용하면

$$\begin{aligned} P(-0.4 < Z < 2.4) &= P(-0.4 < Z < 0) + P(0 < Z < 2.4) \\ &= P(0 < Z < 0.4) + P(0 < Z < 2.4) \end{aligned}$$

가 성립함을 보일 수 있다. 부록의 부표 3에서 $P(0 < Z < 0.4) = 0.1554$와 $P(0 < Z < 2.4) = 0.4918$임을 알 수 있으므로, 구하고자 하는 확률 값을 다음과 같이 계산할 수 있다.

$$P(0 < Z < 0.4) + P(0 < Z < 2.4) = 0.1554 + 0.4918 = 0.6472$$

⟨예 4.4⟩ 정규분포에 관한 함수 – $X \sim N(\mu, \sigma^2)$

```
from scipy.stats import norm    # scipy.stats 패키지(norm) 불러오기
```
□ 확률밀도함수, $f(X = x)$: norm.pdf(x,$\mu = 0$,$\sigma = 1$)
```
norm.pdf(40,42,5)    # mu=42,sigma=5 --> f(X=40)
# 0.07365402806066466
```
□ 누적분포함수, $P(X \le x)$: norm.cdf(x,$\mu = 0$,$\sigma = 1$)
```
norm.cdf(54,42,5)    # mu=42, sigma=5 --> P(X<=54)
# 0.9918024640754038
norm.cdf(54,42,5) - norm.cdf(40,42,5)   # P(40<=X<=54)=P(X<=54)-P(x<40)
# 0.647224205685728
```
□ 분위수: norm.ppf(q,$\mu = 0$,$\sigma = 1$)
```
norm.ppf(0.9,42,5)    # 누적확률이 0.9 이상이 되는 x
# 48.407757827723
```
□ 난수: norm.rvs($\mu = 0$,$\sigma = 1$,size=k)
```
norm.rvs(42,5,size=7)    # 모의실험을 7번 반복하는 경우
# array([48.8655509 , 39.9960284 , 43.86530661, 44.15173056,
# 40.90380228, 42.21117886, 45.77669364])
```

4.5 표본분포

통계분석의 중요한 목적 중 하나는 모집단에서 추출된 표본으로부터 관심 있는 모집단의 특성을 추측해 내는 일이다. 이러한 모집단의 특성은 평균과 표준편차 등과 같이 수치로 표현되는데, 이를 모수(parameter)라고 한다는 것을 앞 장에서 설명한 바 있다. 일반적으로 모수는 미지의 상수이며, 이 값은 모집단을 전부 조사하는 전수조사를 통해서만

알 수 있다. 그러나 모집단을 전부 조사한다는 것은 경제적 또는 시간적 제약 때문에 매우 어렵거나 때로는 불가능하다. 따라서 모집단의 일부인 표본을 조사함으로써 모수(모평균, 모분산, 모비율 등)에 대응되는 통계량(표본평균, 표본분산, 표본비율 등)을 이용하여 추론을 하게 된다. 이 절에서는 통계학에서 널리 이용되는 표본평균의 분포 및 중심극한정리를 설명하고, 중요한 몇 가지 표본분포를 소개하고자 한다.

4.5.1 표본평균의 분포

평균이 μ이고 표준편차가 σ인 모집단으로부터, 크기 n인 확률표본 $x_1,\ x_2,\ \cdots, x_n$을 추출하여 표본평균 $\bar{x}$와 표본분산 s^2을 계산하였다고 하자.

$$\bar{x} = \frac{1}{n}\sum_{i=1}^{n} x_i, \tag{4.10}$$

$$s^2 = \frac{1}{n-1}\sum_{i=1}^{n}(x_i - \bar{x})^2. \tag{4.11}$$

이때, 모집단의 분포가 어떤가에 관계없이 항상 다음 관계가 성립한다.

$$E(\bar{x}) = \mu, \quad E(s^2) = \sigma^2, \tag{4.12}$$

$$Var(\bar{x}) = \sigma^2/n. \tag{4.13}$$

즉, 표본평균 $\bar{x}$는 모평균 μ의 불편추정치(unbiased estimate)이고 표본분산 s^2은 모분산 σ^2의 불편추정치이다. 또한 표본평균의 표준편차는 $SE = \sigma/\sqrt{n}$이 된다는 것을 알 수 있는데, 이를 표본평균의 **표준오차**(standard error for mean)라고 하며 표본평균이 모평균으로부터 얼마나 떨어져 있는가를 나타내 주는 척도라고 할 수 있다.

결론적으로 표본평균 $\bar{x}$의 평균은 모집단의 평균과 같으며 표본크기 n이 클수록 그 분산이 0에 가까워져, 결국 표본의 크기가 클 때 $\bar{x}$는 모집단의 평균인 μ 근처에 밀집되어 분포한다는 사실을 알 수 있는 것이다.

더 나아가 모집단의 분포가 정규분포이면 $\bar{x}$는 정규분포 $N(\mu, \sigma^2/n)$을 따르고, 따라서 $\bar{x}$에 대해 다음과 같이 정규화변환을 취하면

$$z = \frac{\bar{x} - \mu}{\sigma/\sqrt{n}}$$

z는 평균이 0이고 표준편차가 1인 표준정규분포 $N(0,1)$을 따른다.

만약, 모집단의 분포가 정규분포가 아니라면 어떻게 될까? 이 경우 표본평균 $\bar{x}$의 분포가 정확히 정규분포를 따르지는 않지만, 표본크기 n이 충분히 큰 경우 근사적으로 정규분포를 따르게 된다. 이와 같은 사실을 **중심극한정리**(central limit theorem)라고 하며, 여러 통계량들의 근사분포를 구하는 데 중요한 역할을 한다.

중심극한정리에 의하면 모집단의 분포가 연속형이든, 이산형이든, 또는 비스듬하게 치우친 형태이든 간에 표본의 크기가 클수록 표본평균 $\bar{x}$의 분포가 근사적으로 정규분포 $N(\mu, \sigma^2/n)$에 접근한다는 것이다. 여러 통계적 모형에서 일반적으로 정규분포 가정을 하고 있는데, 이러한 가정은 중심극한정리를 고려한 것이라고 할 수 있다.

4.5.2 이항분포의 정규근사

앞에서 설명한 중심극한정리를 이용하면 정규분포를 이용하여 많은 다른 형태의 분포에 대한 확률을 근사적으로 구할 수 있다. 여기서는 이항분포의 확률을 정규분포에 의해 근사적으로 구하는 것을 설명하고자 한다.

확률변수 X가 이항분포 $B(n, p)$를 따를 때 n이 작은 숫자이면 이항분포의 확률을 직접 계산하거나 이항분포표에 의해 쉽게 구할 수 있다(부록의 부표 1 참조). 그러나 n이 커지면 이항분포의 확률계산이 쉽지 않다. 한편, ⟨그림 4.7⟩에서 볼 수 있는 바와 같이 이항분포에서 n이 커지면 점차 정규분포에 가까운 형태가 되는 것을 볼 수 있다. 이항분포 $B(n, p)$의 평균은 $\mu = np$이고 분산은 $\sigma^2 = np(1-p)$이므로, 분포의 형태가 $N[np, np(1-p)]$에 가까워진다. 이러한 경우 이항분포 $B(n, p)$를 따르는 확률변수 X에 대하여,

$$Z = \frac{X - np}{\sqrt{np(1-p)}} \tag{4.14}$$

의 분포는 근사적으로 표준정규분포 $N(0, 1)$에 가까워진다. 따라서 이항분포에서 시행횟수 n이 클 때 표준정규분포표를 이용하여 확률을 계산하면 편리하다.

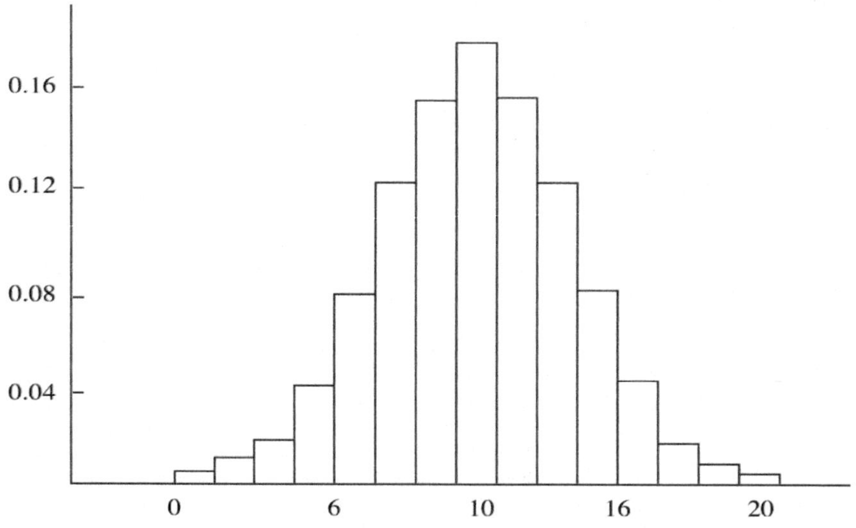

⟨그림 4.7⟩ $B(20, 0.5)$의 확률분포

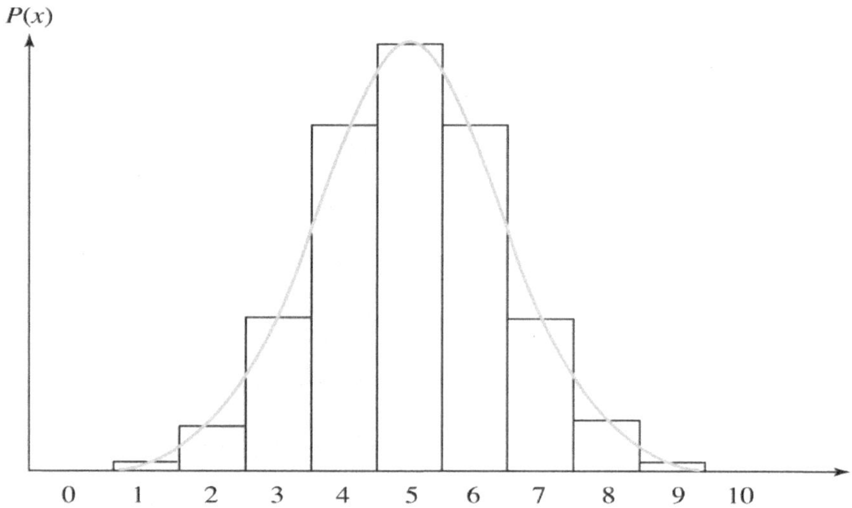

〈그림 4.8〉 $B(10, 0.5)$와 $N(5, 2.5)$의 확률분포

일반적으로 이산확률분포에서 연속확률분포로의 근사를 보다 정확히 하기 위해서는 보정이 필요한데, 이것을 **연속성 수정**(continuity correction)이라고 한다. 예를 들어, 확률변수 X가 이항분포 $B(n, p)$를 따를 경우 $P(X = k)$(단, k는 정수)를 $P(k-0.5 < X < k+0.5)$로 수정하는 것을 의미한다. 정규분포에서는 $P(X = k) = 0$임을 주목하여라.

〈그림 4.8〉은 이항분포 $B(10, 0.5)$와 이에 대응하는 $\mu = np = (10)(0.5) = 5$, $\sigma^2 = np(1-p) = (10)(0.5)(0.5) = 2.5$인 정규분포 $N(5, 2.5)$를 함께 나타낸 것이다. 여기서 음영부분은 $P(x \leq 4)$에 해당하는 확률을 정규분포 상에 나타내고 있다. 부록의 부표 1에서 $P(x \leq 4) = 0.377$임을 알 수 있는데, 0.5의 연속성 수정을 하여 정규분포로부터 확률을 구하면 다음과 같다.

$$\begin{aligned} P(X \leq 4) &= P(X < 4 + 0.5) = P\left(\frac{Z < 4.5 - 5}{\sqrt{2.5}}\right) \\ &= P(Z < -0.32) = 0.3745 \end{aligned}$$

그러므로 $n = 10$인 경우와 같이 n이 그리 크지 않는 경우에도 정규분포에 의한 근사적 확률이 이항분포로부터 구한 실제확률 0.377에 상당히 가까운 것을 볼 수 있다.

이제 확률변수 X가 이항분포 $B(20, 0.7)$을 따를 때 $P(10 \leq X \leq 16)$을 이항분포와 정규분포에 의한 근사적 계산으로 비교하여 보자. 먼저 이항분포표에서

$$P(10 \leq X \leq 16) = P(X \leq 16) - P(X \leq 9) = 0.893 - 0.017 = 0.876$$

임을 알 수 있다.

다음으로 정규분포에 의한 근사적 확률은 $\mu = (20)(0.7) = 14$, $\sigma^2 = (20)(0.7)(0.3) = 4.2$를 가지는 정규분포로 계산한다. 즉,

$$\begin{aligned} P(10 \le X \le 16) &= P(10 - 0.5 \le X \le 16 + 0.5) = P\left(\frac{9.5 - 14}{\sqrt{4.2}} < Z < \frac{16.5 - 14}{\sqrt{4.2}}\right) \\ &= P(-2.20 < Z < 1.22) = P(-2.20 < Z < 0) + P(0 < Z < 1.22) \\ &= P(0 < Z < 2.20) + P(0 < Z < 1.22) \\ &= 0.4861 + 0.3888 = 0.8749 \end{aligned}$$

4.5.3 t-분포(Student's t-Distribution)

모집단의 분포가 정규분포를 따르고 모수 μ와 σ를 알고 있다면 표본평균 $\bar{x}$의 분포가 정규분포를 따르므로, $\bar{x}$에 대한 확률값을 쉽게 계산할 수 있다. 그러나 모표준편차 σ를 모를 때는 어떻게 될까? 1908년 고셋(W. S. Gosset; 필명 Student)은 정규분포 $N(\mu, \sigma^2)$로부터 추출된 표본평균 $\bar{x}$에 대해서, 표본표준편차 s를 이용하여 다음과 같은 변환을 취하면

$$t = \frac{\bar{x} - \mu}{s/\sqrt{n}} \tag{4.15}$$

이는 표준정규분포를 따르지 않고 표본크기 n에 의존하여 분포형태가 달라진다는 것을 발견하였다. 이 통계량의 분포는 그 후 휘셔(R. A. Fisher)에 의해서 규명되었으며, 이와 같은 분포를 자유도(degree of freedom) $\nu = n - 1$을 가지는 '(스튜던트의) t-분포'라고 하였다. 확률변수 X가 $t(\nu)$-분포에 따른다고 할 때, 그의 평균과 분산은 다음과 같다.

$$E(X) = 0, \quad Var(X) = \frac{\nu}{\nu - 2} \quad (\nu > 2) \tag{4.16}$$

⟨그림 4.9⟩는 t-분포에 대한 확률밀도함수로서 실선으로 그려져 있는 것은 $\nu = 30$의 경우이고 점선으로 그려져 있는 것은 $\nu = 1$의 경우이다. 이 그림에서 t-분포도 표준정규분포와 마찬가지로 평균 0을 중심으로 좌우대칭이고, 자유도가 커지면 높이가 커지면서 폭이 좁아진다는 것을 알 수 있다. 그러나 일반적으로 t-분포는 표준정규분포에 비해서 두터운 꼬리를 가지고 있으며, 따라서 표준정규분포에 비해서 극단적인 값이 나타날 확률이 더 크다. 한편, 자유도가 커서 30 이상이 되면 표준정규분포와 거의 유사하게 된다.

⟨예 4.5⟩ t-분포에 관한 함수 – $X \sim t(\nu)$

```
from scipy.stats import t   # scipy.stats 패키지(t) 불러오기
```

□ 확률밀도함수, $f(X = x)$: t.pdf(x,ν)

```
t.pdf(1.64,5)   # 자유도=5인 t-분포, f(X=1.64)
# 0.10435965219804018
```

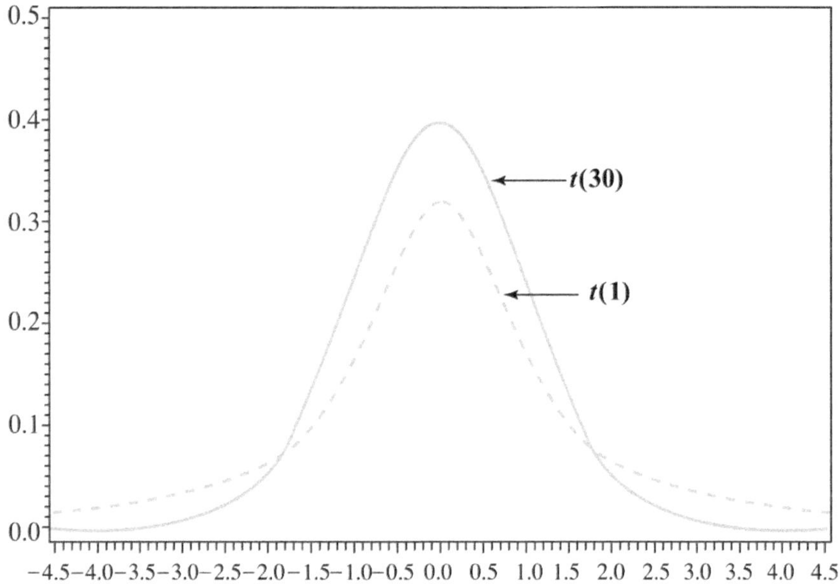

〈그림 4.9〉 t-분포(실선: $\nu = 30$, 점선: $\nu = 1$)

□ 누적분포함수, $P(X \le x)$: t.cdf(x,ν)

```
t.cdf(1.64,5)    # P(X<=1.64)
# 0.9190351742553341
```

□ 분위수: t.ppf(q,ν)

```
t.ppf(0.9,5)    # 누적확률이 0.9 이상이 되는 t
# 1.4758840487820273
```

□ 난수: t.rvs(ν,size=k)

```
t.rvs(5,size=10)    # 모의실험을 10번 반복하는 경우
# array([-2.37420951, 0.37147409, -1.21550625, -0.14875489, 1.3660638,
# -1.58786899, -3.61457684, -1.60884027, -0.04992644, 2.24837313])
```

4.5.4 카이제곱분포(Chi-square Distribution)

앞에서 다룬 t-분포는 평균에 관한 통계적 추론에 유용하다. 이제 표본분산 s^2의 분포에 대해서 살펴보도록 하자. 수리통계적 이론에 의하면 서로 독립인 n개의 표준정규변수 z_1, $z_2, \cdots$, z_n에 대해서 그들의 제곱합

$$\chi^2 = \sum_{i=1}^{n} z_i^2 \tag{4.17}$$

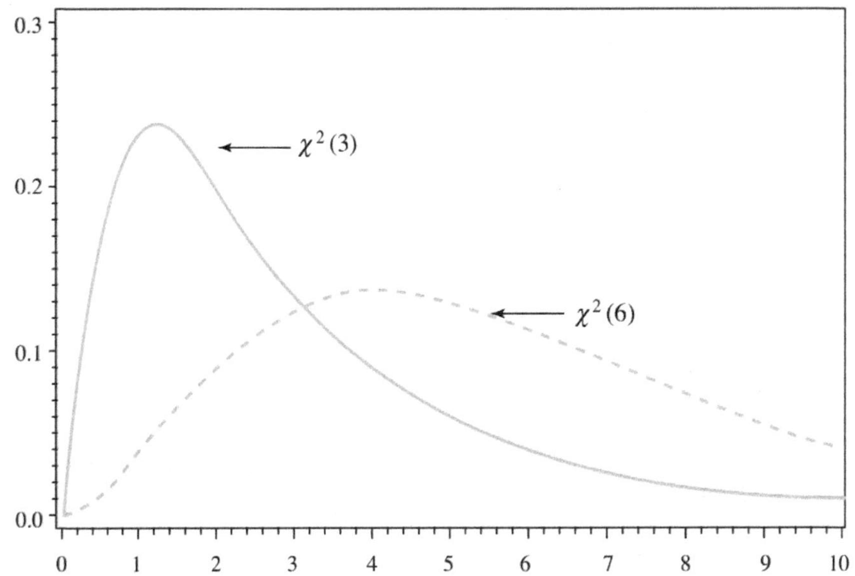

⟨그림 4.10⟩ χ^2–분포(실선: $\nu = 3$, 점선: $\nu = 6$)

은 자유도 $\nu = n$인 카이제곱분포 $\chi^2(\nu)$을 따른다.

또한, 정규모집단 $N(\mu, \sigma^2)$에서 추출한 n개의 랜덤표본 $x_1,\ x_2, \cdots,\ x_n$으로부터 계산된 s^2에 대해

$$\frac{(n-1)s^2}{\sigma^2} \tag{4.18}$$

이 자유도 $n-1$인 χ^2-분포를 따른다는 것을 보일 수 있다.

⟨그림 4.10⟩은 카이제곱분포 확률밀도함수로서, 실선으로 그려져 있는 것은 $\nu = 3$의 경우이고 점선으로 그려져 있는 것은 $\nu = 6$의 경우이다. 확률변수 X가 $\chi^2(\nu)$-분포에 따른다고 할 때, X는 0 이상의 값을 가지는 연속확률변수로서, 그의 평균과 분산은 다음과 같다.

$$E(X) = \nu, \quad Var(X) = 2\nu \tag{4.19}$$

⟨예 4.6⟩ χ^2-분포에 관한 함수 – $X \sim \chi^2(\nu)$

```
from scipy.stats import chi2   # scipy.stats 패키지(chi2) 불러오기
```

□ 확률밀도함수, $f(X = x)$: chi2.pdf(x,ν)

```
chi2.pdf(1,3)    # 자유도=3인 χ²-분포, f(X=1)
# 0.24197072451914337
```

□ 누적분포함수, $P(X \le x)$: chi2.cdf(x,ν)

```
chi2.cdf(1,3)    # P(X<=1)
# 0.19874804309879915
```

□ 분위수: chi2.ppf(q,ν)

```
chi2.ppf(0.9,3)    # 누적확률이 0.9 이상이 되는 x
# 6.251388631170325
```

□ 난수: chi2.rvs(ν,size=k)

```
chi2.rvs(3,size=10)    # 모의실험을 10번 반복하는 경우
# array([1.64419646, 3.02332703, 1.83503619, 1.78082394, 5.24487686,
# 2.15979768, 2.90818757, 0.49358518, 4.94125817, 1.08696207])
```

4.5.5 F-분포(F-Distribution)

F-분포는 두 정규모집단의 분산비에 대한 추론에 주로 사용된다. 두 확률변수 χ_1^2과 χ_2^2가 각각 자유도 ν_1과 ν_2인 카이제곱분포를 따르며 서로 독립이라고 할 때,

$$F = \frac{\chi_1^2/\nu_1}{\chi_2^2/\nu_2} \tag{4.20}$$

는 자유도 (k_1, k_2)인 F-분포 $F(\nu_1, \nu_2)$를 따른다.

이제 $x_1, \cdots, x_{n_1}$과 $y_1, \cdots, y_{n_2}$가 각각 두 정규모집단 $N(\mu_1, \sigma_1^2)$과 $N(\mu_2, \sigma_2^2)$에서 독립적으로 추출된 확률표본이라고 하자. 이때 s_1^2과 s_2^2을 두 표본에서의 표본분산이라고 하면 다음 두 확률변수에 대해

$$\frac{(n_1-1)s_1^2}{\sigma_1^2} \sim \chi^2(n_1-1), \quad \frac{(n_2-1)s_2^2}{\sigma_2^2} \sim \chi^2(n_2-1) \tag{4.21}$$

이 성립하며 이들은 서로 독립이므로, 확률변수

$$F = \frac{s_1^2/\sigma_1^2}{s_2^2/\sigma_2^2} \tag{4.22}$$

는 자유도 (n_1-1, n_2-1)인 F-분포를 따른다.

〈예 4.7〉 F-분포에 관한 함수 – $X \sim F(\nu_1, \nu_2)$

```
from scipy.stats import f    # scipy 패키지(f) 불러오기
```

□ 확률밀도함수, $f(X = x)$: f.pdf(x,ν_1,ν_2)

```
f.pdf(2,5,5)    # 자유도=(5,5)인 F-분포, f(X=2)
# 0.15808023109480038
```

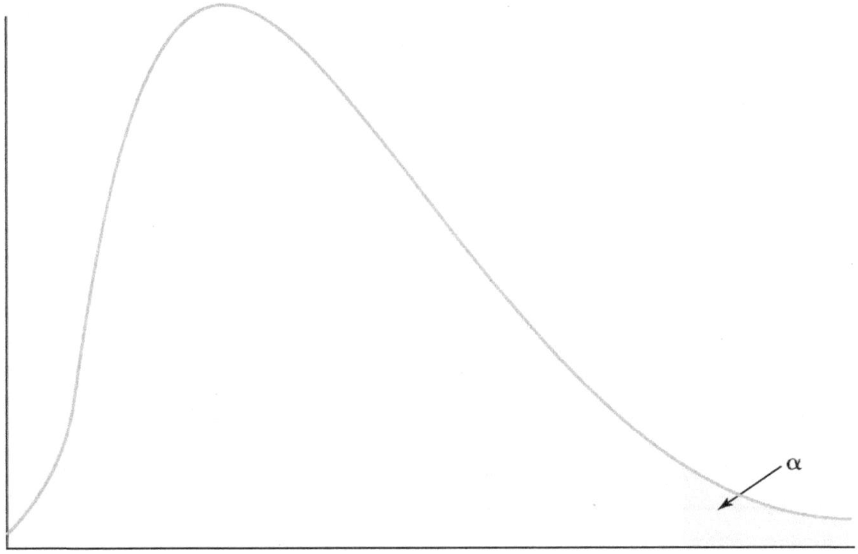

⟨그림 4.11⟩ F-분포의 형태

□ 누적분포함수, $P(X \leq x)$: f.cdf(x,ν_1,ν_2)

```
f.cdf(2,5,5)    # P(X<=2)
# 0.7674886808696213
```

□ 분위수: f.ppf(q,ν_1,ν_2)

```
f.ppf(0.9,5,5)    # 누적확률이 0.9 이상이 되는 x
# 3.4529822480379053
```

□ 난수: f.rvs(ν_1,ν_2,size=k)

```
f.rvs(5,5,size=10)    # 모의실험을 10번 반복하는 경우
# array([0.61634623, 3.25235283, 0.3868158, 0.770049, 3.36077546,
# 1.13199281, 0.53818343, 0.62330989, 1.04787647, 2.13539529])
```

4.6 연습문제

1. 다음은 plot 함수를 이용하여 이항분포($n = 10,\ p = 0.3$)에 대한 확률분포도를 작성하는 프로그램의 예이다. 이 프로그램을 수정하여 이항분포($n = 4,\ p = 0.5$; 그림 4.2 참조), 초기하분포($N = 100,\ p = A/N = 0.3,\ n = 10$), 포아송분포($\mu = 1.5$; 그림 4.3 참조)에 대한 확률분포도를 작성하여라.

⟨예 4.8⟩ plot 함수를 이용한 이항분포 확률분포도 작성

```
import matplotlib.pyplot as plt
n = 10
p = 0.3
k = list(range(11))
fig, ax = plt.subplots()
plt.plot(k,binom.pmf(k,n,p))
ax.stem(k,binom.pmf(k,n,p))
plt.show()
```

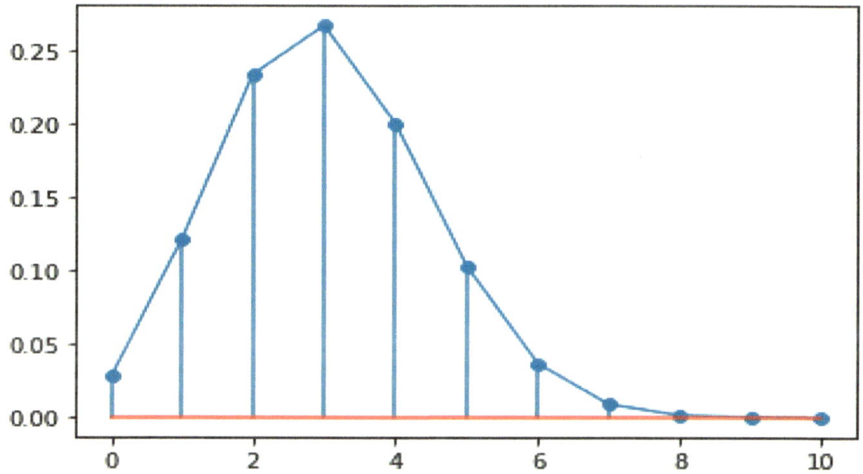

⟨그림 4.12⟩ plot 함수를 이용한 이항분포 확률분포도

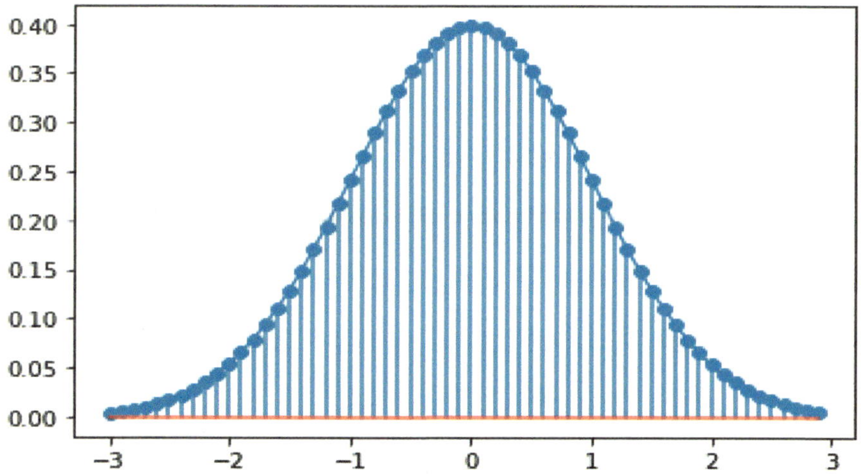

⟨그림 4.13⟩ plot 함수를 이용한 정규분포 확률분포도

2. 다음은 plot 함수를 이용하여 두 개의 정규분포 $N(0,1)$에 대한 확률분포도를 작성하는 프로그램의 예이다. 이 프로그램을 수정하여 앞의 ⟨그림 4.5⟩, ⟨그림 4.9⟩, ⟨그림 4.10⟩, ⟨그림 4.11⟩의 그래프들을 작성하여라.

⟨예 4.9⟩ plot 함수를 이용한 정규분포 확률분포도 작성

```
import matplotlib.pyplot as plt
import numpy as np
mu = 0
sigma = 1
k = np.arange(-3,3,0.1)
fig, ax = plt.subplots()
plt.plot(k,norm.pdf(k,mu,sigma))
ax.stem(k,norm.pdf(k,mu,sigma))
plt.show()
```

3. 20대의 기계를 가동 중인 공장에서 하루 동안 어느 한 대가 고장을 일으킬 확률이 0.05 라고 한다. 이항분포 함수를 이용하여 다음의 확률을 계산하여라. 또한 포아송분포 함수를 이용하여 확률을 근사적으로 계산하여라.

(a) 한 대도 고장이 나지 않을 확률은 얼마인가?

(b) 3대 이상이 고장을 일으킬 확률은 얼마인가?

4. 1000명의 사람 중 950명은 남자이고 50명은 여자라고 하자. 복원추출과 비복원추출 각각에 대해 10명을 랜덤추출하여 여자가 한 명도 추출되지 않을 확률을 구하여라.

5. 성인 남자의 키는 $\mu = 170cm$이고 $\sigma = 5cm$인 정규분포를 한다고 하자.

(a) 성인 남자 중에서 한 사람을 추출하였을 때 그 사람의 키가 180cm 이상일 확률은 얼마인가?

(b) 성인 남자 중에서 100명을 추출하였을 때 표본평균이 175cm 이하일 확률은 얼마인가?

(c) 크기 25인 랜덤표본을 추출하여 표본평균을 구하였을 때 평균의 표준오차는 얼마인가? 표본의 크기가 10일 때는 어떻게 되는가?

6. 2개의 공정한 주사위를 던질 때 적어도 한 주사위의 눈의 개수가 3보다 작을 확률을 구하여라.

7. 어느 신혼부부가 3명의 아이를 낳을 계획이라 하고 아들과 딸의 확률이 각각 57%, 43%라고 가정하자.

(a) 딸이 적어도 한 명 이상일 확률을 계산하여라.

(b) 아들이 적어도 한 명 이상일 확률을 계산하여라.

(c) 아들과 딸이 적어도 한 명 이상일 확률을 계산하여라.

8. 어떤 노름꾼의 주머니 속에는 앞면과 뒷면이 나올 확률이 같은 동전(fair coin) 1개와 앞면만 나오게 되어 있는 동전(unfair coin)이 1개 있다고 하자. 이 노름꾼이 노름판에서 그의 주머니에서 동전 1개를 꺼내어 던졌는데 앞면이 나왔다. 이 동전이 앞면과 뒷면이 나올 확률이 같은 동전이었을 확률을 구하여라.

9. 주머니가 2개가 있는데 첫 번째 주머니에는 흰 공 2개, 검은 공 7개가 들어 있고, 두 번째 주머니에는 흰 공 5개, 검은 공 6개가 들어 있다. 동전 1개를 던져서, 앞면이 나오면 첫 번째 주머니에서 뒷면이 나오면 두 번째 주머니에서 공 1개를 꺼낸다고 하자. 이 때 흰 공이 1개 꺼내졌는데 이 공이 첫 번째 주머니에서 나왔을 확률을 구하여라.

10. 세 가지 사상 A, B, C와 세 사상의 결합확률이 다음과 같다.

$P(A) = 0.14$, $P(B) = 0.23$, $P(C) = 0.37$

$P(A \cap B) = 0.08$, $P(A \cap C) = 0.09$, $P(B \cap C) = 0.13$, $P(A \cap B \cap C) = 0.05$

확률 $P(A|B)$, $P(A|B \cup C)$, $P(A|A \cup B \cup C)$, $P(A \cup B|C)$를 각각 구하여라.

11. 2개의 주사위를 던졌을 때, 이 중 하나의 주사위의 숫자가 3이 나온 것을 알았다.

(a) 이때 다른 하나도 3일 확률을 구하여라.

(b) 두 주사위의 합이 7일 확률을 구하여라.

12. 어느 도시의 가구 중 40%가 A신문을 구독하며 그 중 50%가 B신문을 같이 구독한다고 한다. 또한 전체의 50%가 B신문을 구독한다고 한다. 한 가구를 무작위 추출하였을 때 그 가구가 A 또는 B신문 중 적어도 하나를 구독할 확률을 구하여라. 또한 A와 B신문 중 어느 것도 구독하지 않을 확률을 구하여라.

13. 한 전기제품의 내부에 부품 3개가 병렬로 연결되어 있다. 적어도 하나가 작동을 한다면 전기제품은 정상적으로 움직이고, 각 부품이 고장나는 사상은 서로 독립적이고 각 부품이 고장날 확률이 0.05라고 하면, 이 전기제품이 정상적으로 움직일 확률이 얼마인지를 계산하여라.

14. 어떤 공장에서 불량품이 나올 수 있는 확률이 각각 7%, 11%인 기계 두 대를 A, B 라고 하자. 기계 A는 전체 제품의 40%를 생산하고 기계 B는 60%를 생산한다. 이 공장의 제품가운데 불량품을 1개 뽑았는데, 이 불량품이 기계 A에서 제조되었을 확률을 계산하여라.

15. 남녀의 수가 같은 어느 대학교에서 남자는 5퍼센트, 여자는 0.25퍼센트가 색맹이라고 한다. 색맹인 사람을 1사람 뽑았을 때 이 사람이 남자일 확률을 계산하여라.

16. 하나의 주사위를 두 번 던지는 실험에서 X와 Y가 아래와 같을 때 다음 물음에 답하여라. X=‘두 번의 실험에서 나타난 짝수의 횟수’, Y=‘두 번의 실험에서 나타난 3의 배수의 횟수’.

(a) X와 Y의 결합확률분포를 구하여라.

(b) X와 Y의 주변확률분포를 각각 구하여라.

17. A군은 두 대의 자가용을 소유하고 있는데, 하나는 대형차이고 또 하나는 소형차이다. 그런데 회사의 주차공간이 협소하여 주차하는데 많은 시간이 소요되므로, 소형차를 타고 출근할 날 10%의 지각을 그리고 대형차를 이용하는 날은 40%의 지각률을 나타낸다고 한다. 이러한 문제로 A군은 출근하는 날의 75%는 소형차를 그리고 25%는 대형차를 이용한다고 한다. 여기서 오늘 아침에 A가 지각하지 않고 정상적으로 출근하였을 때, 소형차를 이용하였을 확률을 계산하여라.

18. 금형을 제작하는 어느 공장에서 3대의 압연기 A, B, C가 각각 전체 생산량의 20%, 30%, 50%를 생산한다고 하자. 또한 각 기계에서 생산된 금형의 불량률은 각각 1%, 2%, 3%라고 한다.

(a) 검사결과 불량품으로 판명되었을 경우, 그것이 A기계 제품일 확률을 베이스 정리를 이용하여 구하여라.

(b) 검사결과 양품으로 판명되었을 경우, 그것이 A기계 제품일 확률을 베이스 정리를 이용하여 구하여라.

19. 한 개의 동전을 던져서 앞면이 나오면 1,000원을 받고 뒷면이 나오면 500원을 준다고 할 때,

(a) 확률변수의 분포를 구하여라.

(b) 기대금액을 구하여라.

20. 학생의 학부모가 통계학 과목에서 A^+학점을 받으면 5천원, A학점을 받으면 3천원, B^+학점을 받으면 2천원, B학점을 받으면 1천원을 준다는 약속을 했다. 각 경우의 확률이 다음과 같을 때 기댓값과 분산을 구하여라.

	A^+	A	B^+	B
확률	0.12	0.18	0.33	0.37

21. 확률변수 X의 확률분포가 다음과 같다.

X	0	1	2	3	4	5
$P(x)$	0.05	0.3	0.3	0.2	0.1	0.05

(a) $E(X)$와 $Var(X)$를 구하여라.

(b) $E(2X-1)$와 $Var(2X-1)$를 구하여라.

22. 확률밀도함수가 $f(x) = ax^2, \quad 0 \le x < 1$일 때,

(a) a의 값을 구하여라.

(b) $P(X \le 1/2)$, $P(X \le 1/3)$, $P(1/4 \le X \le 3/4)$을 구하여라.

23. 자유투 성공률이 90%인 선수가 100번의 자유투를 시도할 경우 다음의 확률을 구하여라.

(a) 자유투 성공횟수가 70번 미만인 확률을 구하여라.

(b) 자유투 성공횟수가 90번 이상인 확률을 구하여라.

(c) 정확히 85번 성공할 확률을 구하여라.

24. 어느 상점에 손님이 5분당 1명 꼴로 물건을 사러온다고 한다. 25분간 주인이 자리를 비웠을 때 손님이 3명 미만 왔다 갔을 확률을 구하여라.

25. 어느 잡지에는 한 면당 오자가 발생할 확률이 10%라고 한다. 총 15면으로 발행되는 신문에서 오자가 3면 이상 나타날 확률을 구하여라.

26. 어느 교환대에서는 5분 동안 평균적으로 2번의 발신음이 있다. 어떤 특정한 5분 동안의 발신음의 수를 확률변수 X라고 할 때, 다음과 같은 분포를 따른다고 알려져 있다.

$$P(X = x) = \frac{e^{-2}2^x}{x!}$$

(a) X가 취할 수 있는 값을 구하여라.

(b) 어느 특정한 5분 동안 발신음이 하나도 없을 확률을 구하여라.

27. 평균이 30이고, 표준편차가 5인 정규분포를 따르는 확률변수 X에 대하여 확률 $P(X \geq 32.5)$, $P(X \leq 40)$, $P(X \leq 37.5)$, $P(35 \leq X \leq 40)$, $P(22.5 \leq X \leq 25)$, $P(25 \leq X \leq 32.5)$를 각각 구하여라.

28. 어떤 항아리 속에 검은 공이 2개, 흰 공이 3개 들어 있는데 이 항아리 속에서 2개를 꺼냈을 때 검은 공의 개수를 세어 본다고 하자.

(a) 표본공간을 구하여라.

(b) 검은 공의 개수에 따른 확률을 계산하여 확률분포를 만들어라.

29. 한 가정에서 아침식사로 빵과 우유 한잔을 든다고 가정하자. 빵에서 섭취하는 열량은 평균이 200, 표준편차가 15인 정규분포를 따르고, 우유 한잔으로부터 섭취하는 열량은 평균이 80, 표준편차가 5인 정규분포를 따른다.

(a) 이 가정의 아침식사에서 일인당 섭취하는 열량의 평균과 표준편차를 구하여라.

(b) 이 가정이 매일 아침식사에서 300칼로리 이상을 섭취하려고 목표한다면 1년 중 몇 %에 해당하는 날에 목표가 달성되겠는가?

30. 발전소에서 매일 방출되는 황산의 양은 평균 134파운드, 표준편차 22파운드인 정규분포를 따른다고 한다. 임의로 추출된 5일의 황산방출량의 총합이 700파운드 이상일 확률을 구하여라.

31. 어느 고등학교 신장의 평균이 170cm이고 표준편차가 5cm라고 알려져 있다. 100명을 무작위추출하여 표본평균이 168cm 이상 171cm 이하일 확률을 구하여라.

32. 3개의 동전을 동시에 던지는 시행을 600번 반복하여 앞면이 2개, 뒷면이 1개 나오는 횟수를 X라고 할 때 다음을 구하여라.

(a) X의 평균과 표준편차를 구하여라.

(b) $P(X \leq 220)$을 계산하여라.

(c) $P(X \geq 250)$을 계산하여라.

33. 확률변수 χ^2이 자유도가 8인 카이제곱분포를 따른다고 할 때 다음을 구하여라.

(a) $P(\chi^2 \le 15.507)$을 계산하여라.

(b) $P(\chi^2 \ge 2.180)$을 계산하여라.

(c) $P(1.647 \le \chi^2 \le 13.362)$을 계산하여라.

34. 어느 전구회사에서 하루에 20,000개의 전구를 생산한다. 과거 전구의 품질검사에 의하면 전구의 수명은 평균 2400시간이고 분산이 300인 정규분포를 따른다고 한다. 어떤 특정한 날에 11개의 전구를 추출하여 검사를 하였을 때, 표본분산이 480 이상으로 나타날 확률은 얼마인지를 구하여라.

35. 확률변수 T가 자유도가 8인 $t-$분포를 따른다고 할 때 다음을 구하여라.

(a) $P(T \le 1.397)$을 계산하여라.

(b) $P(-1.397 \le T \le 1.186)$을 계산하여라.

(c) $P(T \ge t) = 0.025$일 때 t 값을 계산하여라.

36. 두 정규모집단 $N(1, 2^2)$, $N(2, 2^2)$으로부터 각각 크기 10인 확률표본을 추출하여 구한 표본분산을 s_1^2, s_2^2이라고 할 때, $P(s_1^2 \le y\, s_2^2) \ge 0.95$가 성립하는 y 값을 구하여라.

제 5 장
통계적 추정과 검정

실험이나 조사에서 관심의 대상이 되는 모든 데이터를 수집한다는 것은 실제적 혹은 물리적으로 불합리한 경우가 대분분이다. 예를 들어, 우리나라의 흡연률을 알기 위해 국민 전체를 모두 조사한다거나 한 회사에서 생산되는 타이어의 평균수명을 알기 위해 그 회사에서 생산되는 모든 타이어를 검사한다는 것은 불가능하거나 비경제적이다. 따라서 관심이 되는 전체 수집대상 중에서 일부만을 추출하여 데이터를 얻고 이를 분석하는 것이 일반적이라고 할 수 있다. 제4장에서 설명한 바와 같이 이때 관심대상이 되는 모든 가능한 데이터 값들의 집합을 **모집단**(母集團, population)이라고 하며, 통계적 분석을 위해 모집단에서 추출된 실제 관측값들의 집합을 **표본**(標本, sample)이라고 한다. 또한 모집단의 특성을 나타내는 미지의 상수값을 **모수**(母數, parameter)라고 하고 표본에 있는 정보를 양적으로 축약하여 얻은 표본의 함수값을 **통계량**(統計量, statistic)이라고 하는데, 통계처리의 중요한 목적 중의 하나는 통계량을 근간으로 모집단의 특성을 파악하는 것이다. 즉, 표본평균($\bar{x}$), 표본분산(s^2), 표본비율($\hat{p}$)과 같은 통계량을 통해 이에 대응되는 모평균(μ), 모분산(σ^2), 모비율(p)과 같은 모수들에 대한 통계적 추론을 하는 것이다.

5.1 통계적 추정

모평균 μ와 모분산 σ^2을 모수로 하는 모집단에서 확률표본을 추출하는 경우, 표본평균 $\bar{x}$와 표본분산 s^2의 기댓값이 각각 μ와 σ^2이 된다는 것을 앞장에서 설명한 바 있다. 이와 같은 성질에 의해 표본평균 $\bar{x}$와 표본분산 s^2을 각각 μ와 σ^2의 **불편추정량**(不偏推定量, unbiased estimator)이라고 한다.

하나의 모수를 추정하는 방법으로 여러 가지를 생각할 수 있다. 예를 들어 모평균 μ의 추정치로 표본평균을 사용할 수도 있고, 표본중위수나 표본최빈수 등을 사용할 수도 있다. 대부분의 경우에는 표본평균 $\bar{x}$를 모평균 μ에 대한 추정치로 사용하는데, 이는 표본평균이 불편성 등 여러 가지 좋은 성질들을 가지고 있기 때문이다. 추정량의 성질을 평가하는 기준으로 이와 같은 불편성(unbiasedness) 이외에도 일치성(consistency), 효율성(efficiency), 충분성(sufficiency) 등을 생각할 수 있으나, 이 책에서는 이에 관한 이론적 설명은 생략하도록 하겠다. 다만, 이 책에서 다루고 있는 대부분의 추정량들은 앞에서 나열한 여러 가지 좋은 성질들을 가지고 있다는 것이 잘 알려져 있다는 정도만 언급하기로 한다.

표본평균이 모평균에 대한 추정치로서 여러 가지 좋은 성질들을 가지고 있다 하더라도, 이러한 사실이 $\bar{x}$가 μ와 똑같다는 것을 의미하는 것은 아니다. 따라서 $\bar{x}$의 표준오차 및 분포의 형태 등을 이용하여 μ에 대한 추론을 수행할 필요가 있는 것이다. 앞장에서 여러 가지 형태의 표본분포를 설명한 것도 바로 이런 이유에서이다.

⟨참조⟩ 단순임의추출에서 주요 모수에 대한 불편추정량

□ 크기 N인 모집단 $X_1,\ X_2,\ \cdots, X_N$에서, 크기 n인 표본 $x_1,\ x_2,\ \cdots, x_n$을 추출한 경우[1]

- 모평균: $\mu = \sum_{i=1}^{N} X_i/N \quad \longleftarrow \quad$ 표본평균: $\bar{x} = \sum_{i=1}^{n} x_i/n$
- 모분산: $\sigma^2 = \sum_{i=1}^{N} (X_i - \mu)^2/N \quad \longleftarrow \quad$ 표본분산: $s^2 = \sum_{i=1}^{n} (x_i - \bar{x})^2/(n-1)$

□ 특정한 속성을 가진 집단의 개수가 X인 N개의 모집단에서, n개의 표본을 추출하였을 때 이 중 x개가 특정한 속성을 가진 집단일 경우

- 모비율 : $p = X/N \quad \longleftarrow \quad$ 표본비율 : $\hat{p} = x/n$

5.1.1 점추정과 구간추정

모평균 μ의 추정량으로 보통 표본평균 $\bar{x}$를 사용한다. 이와 같이 하나의 값으로 모수를 추정하는 것을 **점추정**(點推定, point estimation)한다고 한다. 그런데, 이와 같은 점추정은 오차의 정도에 관하여 신뢰성 있는 정보를 제공하지 못한다. 왜냐하면 점추정은 모수의 값과 가까울 것으로 생각되는 표본의 추정치이지만 이 값이 어느 정도나 옳을 것인지(표본으로부터 구한 추정치가 미지인 모수와 어느 정도 차이가 나는지) 알 수가 없기 때문이다.

이에 반해 미지인 모수가 속할 구간(추정하고자 하는 모수의 추측에 대해 확률(신뢰성)을 가지고 모수가 포함될 구간)으로 모수를 추정하는 것을 **구간추정**(區間推定, interval estimation)한다고 하는데, 모수 θ에 대해

$$P\left[L(\hat{\theta}) \leq \theta \leq U(\hat{\theta})\right] \geq 1 - \alpha \tag{5.1}$$

을 만족하는 구간 $[L(\hat{\theta}), U(\hat{\theta})]$을 모수 θ에 대한 $100(1-\alpha)\%$ **신뢰구간**(信賴區間, confidence interval)이라고 한다. 이때 $1-\alpha$를 **신뢰수준**(信賴水準, confidence level)이라고 하고, $L(\hat{\theta})$을 **신뢰하한**(信賴下限, lower confidence limit) 그리고 $U(\hat{\theta})$을 **신뢰상한**(信賴上限, upper confidence limit)이라고 한다.

---

[1] 모분산 σ^2의 추정량으로 $\tilde{s}^2 = \sum_{i=1}^{n}(x_i - \bar{x})^2/n$을 사용하기도 하는데, 이는 최대우도추정량(maximum likelihood estimator)으로 불편성을 가지지는 않지만 표본크기가 충분히 큰 경우 근사적으로 불편성을 가지며 일치성, 효율성, 충분성 등 좋은 성질을 가지고 있다.

예를 들어, 모분산 σ^2이 알려져 있는 정규모집단 $N(\mu, \sigma^2)$의 모평균 μ에 대한 추정을 하는 경우, 점추정량으로는 표본평균 $\bar{x}$를 사용할 수 있고 $100(1-0.05)\% = 95\%$ 신뢰수준 하에서의 신뢰구간은 다음과 같이 주어진다.

$$\left(\bar{x} - 1.96\frac{\sigma}{\sqrt{n}}\ ,\ \ \bar{x} + 1.96\frac{\sigma}{\sqrt{n}}\right)$$

사실, 한 번의 관측에서 이와 같은 신뢰구간은 고정된 미지의 모수 μ를 포함하지 않을 수도 있다. 다만 이러한 신뢰구간이 의미하는 것은, 구간추정 방법 $(\bar{x} - 1.96\sigma/\sqrt{n},\ \bar{x} + 1.96\sigma/\sqrt{n})$을 사용하여 반복적으로 μ에 대한 구간추정을 수행한다면 100번 중 약 95번 정도가 참값 μ를 포함할 것으로 기대할 수 있다는 것이다. 이때 $1.96\sigma/\sqrt{n}$를 95% 신뢰수준 하에서의 오차한계(誤差限界, limit of error)라고 하는데, 이는 추정량 $\bar{x}$를 사용하여 모수 μ를 100번 정도 추정한다면 오차가 $1.96\sigma/\sqrt{n}$ 이내인 경우가 95번 정도라고 할 수 있다는 것을 의미한다.

최근 신문이나 TV에서 "정부의 이번 정책에 대해 표본조사를 실시한 결과 찬성한다는 비율이 74%이었다. ⋯ 이번 조사의 신뢰수준은 95%이고 오차한계는 ±4%이다."와 같은 보도를 자주 접하게 된다. 이 경우 찬성율에 대한 점추정치는 0.74로서, 국민 전체에 대한 찬성율을 한 수치로 추정한다면 74%라고 할 수 있다는 것이다. 또한 신뢰구간은 (0.74−0.04, 0.74+0.04)로서 이번 조사결과를 이용하여 미지인 찬성률에 대해 구간추정을 수행한다면 (70%, 78%)라고 할 수 있다는 것을 의미한다.

또 다른 예로 "이번 선거에 대해 표본조사를 실시한 결과 A 후보의 지지율은 51%이고 B 후보의 지지율은 49%이었다.⋯ 이번 조사의 오차한계는 ±3%로서, 두 후보의 지지율은 오차범위 내에 존재한다."라는 조사결과를 생각해 보자. 이 경우 두 후보의 지지율에 대한 신뢰구간은 각각 (48%, 54%)과 (46%, 52%)로서, 두 후보의 신뢰구간이 겹치게 되므로 어느 후보가 승리할지 예측하기 어려운 상황이라는 것을 의미하고 있다.

이제 이러한 개념을 이용하여 모평균, 모비율, 모분산 등 흔히 관심대상이 되는 몇 가지 모수에 대한 통계적 추정을 다루어 보도록 하자.

5.1.2 모평균에 대한 추정

모분산 σ^2이 알려져 있는 정규모집단 $N(\mu, \sigma^2)$의 모평균 μ에 대한 추정에 대해서 생각해 보자. 크기 n인 확률표본의 표본평균 $\bar{x} = \sum_{i=1}^{n} x_i/n$가 평균이 μ이고 분산이 σ^2/n인 정규분포를 따른다는 것을 제4장에서 설명한 바 있다. 즉,

$$\bar{x} \sim N(\mu, \sigma^2/n) \quad \text{또는} \quad z = \frac{\bar{x} - \mu}{\sigma/\sqrt{n}} \sim N(0, 1). \tag{5.2}$$

이와 같은 사실을 이용하면

$$P\left(-z_{\alpha/2} \le \frac{\bar{x}-\mu}{\sigma/\sqrt{n}} \le z_{\alpha/2}\right) = 1-\alpha \tag{5.3}$$

임을 쉽게 보일 수 있고, 위 식을 μ에 관하여 정리하면 다음과 같은 식을 얻을 수 있다.

$$P\left(\bar{x} - z_{\alpha/2}\frac{\sigma}{\sqrt{n}} \le \mu \le \bar{x} + z_{\alpha/2}\frac{\sigma}{\sqrt{n}}\right) = 1-\alpha \tag{5.4}$$

⟨모평균 μ에 대한 $100(1-\alpha)\%$ 신뢰구간: σ^2이 알려져 있는 경우⟩

$$\left(\bar{x} - z_{\alpha/2}\frac{\sigma}{\sqrt{n}}\ ,\ \ \bar{x} + z_{\alpha/2}\frac{\sigma}{\sqrt{n}}\right). \tag{5.5}$$

그런데 이와 같은 구간추정법을 이용하는 데는 현실적으로 어려움이 따르는데, 그 이유는 모분산 σ^2을 모르는 경우가 많기 때문이다. 따라서 모분산 σ^2을 표본분산 $s^2 = \sum_{i=1}^{n}(x_i-\bar{x})^2/(n-1)$로 대체하여 신뢰구간을 구하게 된다. 즉, 제4장에서 설명한 바와 다음과 같은 관계가 성립하므로,

$$T = \frac{\bar{x}-\mu}{s/\sqrt{n}} \ \sim\ t(n-1) \tag{5.6}$$

이를 이용하면 다음 식을 얻을 수 있고

$$P\left(\bar{x} - t_{\alpha/2}(n-1)\frac{s}{\sqrt{n}} \le \mu \le \bar{x} + t_{\alpha/2}(n-1)\frac{s}{\sqrt{n}}\right) = 1-\alpha \tag{5.7}$$

따라서 이 경우 모평균 μ에 대한 $100(1-\alpha)\%$ 신뢰구간은 다음과 같다.

⟨모평균 μ에 대한 $100(1-\alpha)\%$ 신뢰구간: σ^2이 알려져 있지 않은 경우⟩

$$\left(\bar{x} - t_{\alpha/2}(n-1)\frac{s}{\sqrt{n}}\ ,\ \ \bar{x} + t_{\alpha/2}(n-1)\frac{s}{\sqrt{n}}\right). \tag{5.8}$$

한편 모분산 σ^2이 알려져 있지 않은 경우라도 표본크기 n이 충분히 크다면 $t_{\alpha/2}(n-1)$이 $z_{\alpha/2}$와 거의 같아지므로, 모평균 μ에 대한 신뢰구간을 $(\bar{x} - z_{\alpha/2}\ s/\sqrt{n}\ ,\ \ \bar{x} + z_{\alpha/2}\ s/\sqrt{n})$을 이용하여 구할 수도 있다.

⟨표 5.1⟩은 25명의 소비자에 대하여 고객 만족도 지수(CSI: customer satisfaction index)를 조사한 것이며, 다음 ⟨예 5.1⟩은 이 데이터에 대하여 앞에서 사용한 numpy 패키지 등을 이용하여 모평균에 대한 신뢰구간을 출력한 예이다.

〈표 5.1〉 Csi 데이터

ID	Index	ID	Index	ID	Index	ID	Index	ID	Index
1	75	6	80	11	69	16	77	21	68
2	63	7	70	12	76	17	77	22	90
3	49	8	72	13	85	18	63	23	82
4	86	9	81	14	95	19	58	24	59
5	53	10	80	15	66	20	74	25	60

〈예 5.1〉 모평균에 대한 신뢰구간 계산

```
import pandas as pd
Csi=pd.read_csv('/content/Csi.csv')   # 2.1.3절 참조
#-----------------------------------------------------------------------
import seaborn as sns
import matplotlib.pyplot as plt
sns.distplot(Csi.Index)   # 그림 5.1
plt.show()
#-----------------------------------------------------------------------
Csi.Index.describe()   # 기술통계량
#-----------------------------------------------------------------------
# count    25.00
# mean     72.32
# std      11.60
# min      49.00
# 25%      63.00
# 50%      74.00
# 75%      80.00
# max      95.00
# Name: Index, dtype: float64
#-----------------------------------------------------------------------
import statsmodels.stats.api as sms
sms.DescrStatsW(Csi.Index).mean   # 평균
#-----------------------------------------------------------------------
# 72.32
#-----------------------------------------------------------------------
sms.DescrStatsW(Csi.Index,ddof=1).std   # 표준편차의 분모: n-ddof=n-1
#-----------------------------------------------------------------------
# 11.600000000000001
#-----------------------------------------------------------------------
sms.DescrStatsW(Csi.Index).tconfint_mean()   # 95% 신뢰구간
#-----------------------------------------------------------------------
# (67.53175533702299, 77.108244662977)
```

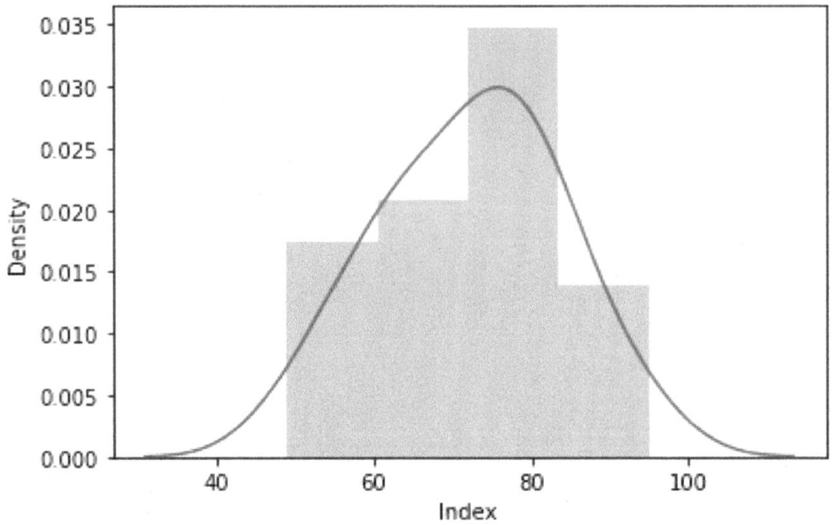

〈그림 5.1〉 변수 Index의 분포에 대한 그래프

```
#-------------------------------------------------------------------
from scipy import stats
import numpy as np
n = Csi.Index.size
mean = np.mean(Csi.Index)
sd = np.std(Csi.Index,ddof=1)/np.sqrt(n)   # 표준오차 계산.
limit = stats.t.ppf(0.975,n-1) * sd   # 오차한계 계산
print(mean - limit, mean + limit)   # 신뢰구간 출력
#-------------------------------------------------------------------
# 67.53175533702299 77.108244662977
```

〈예 5.1〉에서 사용된 DescrStatsW 함수는 변수에 대한 기술통계량, 검정통계량, 모평균에 대한 신뢰구간 등이 저장된 리스트 객체를 생성한다. 이 함수는 mean(평균), std(표준편차), tconfint_mean(모평균에 대한 신뢰구간, 모분산이 알려지지 않은 경우), zconfint_mean(모평균에 대한 신뢰구간, 모분산이 알려진 경우) 등 다양한 통계량을 제공한다. 또한 scipy와 numpy 패키지를 이용하여 구체적 계산과정을 표현할 수도 있다.

〈예 5.1〉의 출력결과를 살펴보면 먼저 표본평균과 표준편차가 각각 다음과 같고

$$\bar{x} = 72.32, \quad s = 11.60,$$

따라서 평균에 대한 표준오차(standard error of mean)는 다음과 같다.

$$SE = s/\sqrt{n} = 2.32$$

또한 부록의 '부표 4'에서 $t_{0.025}(24) = 2.064$임을 알 수 있으므로,[2] 오차한계를 다음과 같이 계산할 수 있으며

$$t_{0.025}(24) \times \frac{s}{\sqrt{n}} = 2.064 \times \frac{11.60}{\sqrt{25}} = 2.064 \times 2.32 = 4.79,$$

따라서 서비스 만족도의 모평균에 대한 95% 신뢰구간은 다음과 같다.

$$(72.32 - 4.79,\ 72.32 + 4.79) = (67.53,\ 77.11).$$

5.1.3 모비율에 대한 추정

크기가 n인 표본으로부터 성공 회수가 x일 때 모비율 p에 대한 통계적 추론은 표본비율 $\hat{p} = x/n$에 의해서 이루어진다. 즉, 확률변수 x가 이항분포 $B(n,\ p)$를 따른다는 사실을 이용하여 통계적 추정과 검정을 수행할 수 있다. 이때 x의 평균과 분산이 각각 $E(x) = np$와 $Var(x) = np(1-p)$임을 앞장에서 설명한 바 있다.

⟨예 5.2⟩ 모비율에 대한 신뢰구간 계산

```
from statsmodels.stats.proportion import proportion_confint
print("표본비율: p =", 250/400)
proportion_confint(250,400,alpha=0.05,method='beta')
#------------------------------------------------------------------
# 표본비율: p = 0.625
# (0.5755217886614281, 0.6726137612704786)
```

예를 들어, 어떤 선구구의 유권자 중에서 400명을 임의로 추출하여 입후보자 A에 대한 지지여부를 알아본 결과 250명이 지지하는 것으로 나타났다고 할 때, 지지율 p에 대한 95% 신뢰구간을 구해 보도록 하자. ⟨예 5.2⟩는 proportion_confint 함수를 이용하여 모비율에 대한 신뢰구간을 출력하는 예이다. 출력결과에서 표본 지지율은 $\hat{p} = 250/400 = 0.625$이고 신뢰구간은 (0.576, 0.673)으로 계산되었음을 볼 수 있다.

한편 표본크기 n이 충분히 큰 경우 제4장에서 설명한 중심극한정리에 의해 표본비율 $\hat{p}$의 분포는 근사적으로 정규분포에 따르며, 이때 $\hat{p}$의 평균과 표준편차는 각각 다음과 같다.

$$\begin{aligned} E(\hat{p}) &= p, \\ Var(\hat{p}) &= \frac{p(1-p)}{n}. \end{aligned} \tag{5.9}$$

[2] t.ppf(0.975,24)와 같이 scipy.stats 패키지의 t.ppf 함수를 이용하여 얻을 수 있다.

따라서 표본크기가 충분히 큰 경우 다음과 같은 관계가 성립한다는 사실을 이용하여 정규근사(normal approximate) 신뢰구간을 구할 수 있다.

$$z = \frac{\hat{p} - p}{\sqrt{p(1-p)/n}} \ \dot{\sim}\ N(0,\ 1) \tag{5.10}$$

⟨모비율에 대한 정규근사 신뢰구간⟩

표본크기 n이 충분히 큰 경우[대략 $n\hat{p} \geq 5$ 또는 $n(1-\hat{p}) \geq 5$], 모비율 p에 대한 $100(1-\alpha)\%$ 정규근사 신뢰구간은

$$\left(\hat{p} - z_{\alpha/2}\sqrt{\frac{\hat{p}(1-\hat{p})}{n}}\ ,\ \ \hat{p} + z_{\alpha/2}\sqrt{\frac{\hat{p}(1-\hat{p})}{n}}\right). \tag{5.11}$$

⟨예 5.3⟩ 모비율에 대한 정규근사 신뢰구간 계산

```
proportion_confint(250,400,alpha=0.05,method='normal')
#----------------------------------------------------------------------
# (0.5775568258044377, 0.6724431741955623)
#----------------------------------------------------------------------
from scipy.stats import norm
import numpy as np
norm.interval(0.95,0.625,scale=np.sqrt(0.625*(1-0.625)/400))
#----------------------------------------------------------------------
# (0.5775568258044378, 0.6724431741955622)
```

⟨예 5.3⟩은 proportion_confint 함수에서 method='normal' 인수값을 지정하여 모비율에 대한 정규근사 신뢰구간을 출력한 예이다. 또한 scipy 패키지의 norm.interval 함수에서 신뢰수준, 평균, 표준편차를 지정하여 계산한 결과와 일치함을 확인할 수 있다. 이 예에서 근사 표준오차(ASE, asymptotic standard error)는 $\sqrt{\hat{p}(1-\hat{p})/n} = 0.024$이며, $Z_{0.025} = 1.96$이므로,[3] 지지율 p에 대한 95% 정규근사 신뢰구간은 다음과 같이 계산된다.

$$(0.625 - 1.96 \times 0.024,\ 0.625 + 1.96 \times 0.024) = (0.578,\ 0.672).$$

한편 ⟨예 5.2⟩의 결과에서 이항분포에 의한 정확한 신뢰구간은 (0.576, 0.673)으로 계산되었다는 것을 알 수 있는데(이 예에서는 두 결과가 매우 유사하다), 사실 정규근사 신뢰구간은 표본크기가 큰 경우 계산상 편의를 위해 사용되는 것이므로, 표본크기가 작은 경우에는 이항분포에 의해 정확한 신뢰구간을 구하는 것이 바람직하다.

[3] norm.ppf(0.975)과 같이 scipy.stats 패키지의 norm.ppf 함수를 이용하여 얻을 수 있다(부록의 부표 3 참조).

5.1.4 모분산과 모표준편차에 대한 추정

모평균 μ와 모분산 σ^2을 가지는 정규모집단에서 표본크기 n인 확률표본을 추출하는 경우 표본분산

$$s^2 = \frac{1}{n-1}\sum_{i=1}^{n}(x_i - \bar{x})^2 \tag{5.12}$$

을 계산하면 s^2은 모분산 σ^2의 불편추정량이 된다. 또한 다음 확률변수

$$\chi^2 = \frac{(n-1)s^2}{\sigma^2} \tag{5.13}$$

은 자유도가 $n-1$인 카이제곱분포를 따른다는 것을 제4장에서 설명한 바 있다.

따라서 이와 같은 사실을 이용하면

$$P\left(\chi^2_{1-\alpha/2}(n-1) < \frac{(n-1)s^2}{\sigma^2} < \chi^2_{\alpha/2}(n-1)\right) = 1-\alpha \tag{5.14}$$

가 성립함을 보일 수 있고, 따라서 모분산 σ^2에 대한 $100(1-\alpha)\%$ 신뢰구간은 다음과 같이 주어진다.

⟨모분산 σ^2에 대한 $100(1-\alpha)\%$ 신뢰구간⟩

$$\left(\frac{(n-1)s^2}{\chi^2_{\alpha/2}(n-1)},\ \frac{(n-1)s^2}{\chi^2_{1-\alpha/2}(n-1)}\right). \tag{5.15}$$

⟨예 5.4⟩ 모분산에 대한 신뢰구간 계산

```
from scipy.stats import bayes_mvs
# 평균, 분산, 표준편차 각각의 신뢰구간 계산
mean_ci, var_ci, std_ci = bayes_mvs(Csi.Index,alpha=0.95)
var_ci  # 분산의 신뢰구간 출력
#----------------------------------------------------------------------
# Variance(statistic=146.79272, minmax=(82.04028, 260.41455))
#----------------------------------------------------------------------
std_ci   # 표준편차의 신뢰구간 출력
#----------------------------------------------------------------------
# Std_dev(statistic=11.97895, minmax=(9.41723, 15.27085))
```

⟨예 5.1⟩에 다루었던 '고객 만족도 지수'의 예에서 모분산 σ^2에 대한 95% 신뢰구간을 구해보도록 하자. ⟨예 5.4⟩는 scipy.stats 패키지의 bayes_mvs 함수를 이용하여 모분산에 대한 신뢰구간을 출력한 예이다.

먼저 ⟨예 5.1⟩의 출력결과로부터 표본분산이 $s^2 = (11.6)^2 = 134.56$임을 알 수 있으며, 부록의 '부표 5'로부터 $\chi^2_{0.025}(24) = 39.36$과 $\chi^2_{0.975}(24) = 12.40$임을 찾을 수 있다.[4] 따라서 '고객 만족도 지수'의 모분산에 대한 95% 신뢰구간은 다음과 같다.

$$\left(\frac{24 \times 134.56}{39.36} \,,\ \ \frac{24 \times 134.56}{12.40} \right) = (82.04,\ 260.41)$$

또한 모표준편차 σ에 대한 95% 신뢰구간은 위에서 얻은 분산의 신뢰구간에 제곱근을 취하여 다음과 같이 간단히 얻을 수도 있다.

$$\left(\sqrt{82.04},\ \sqrt{260.41} \right) = (9.06,\ 16.14)$$

표준편차에 대한 보다 정확한 신뢰구간은 다소 복잡한 수리를 요하므로 설명은 생략하며, ⟨예 5.4⟩에서 파이썬을 통해 얻어진 정확한 신뢰구간은 (9.42, 15.27)이다.

5.1.5 표본크기의 결정

모집단에 대한 조사를 설계하는 단계에서 가장 먼저 생각해야 할 것은 표본크기를 몇으로 정해야 할 것인가 하는 문제이다. 이것은 조사목적과 추론결과의 정밀도에 대한 요구에 따라 결정되는 것인데, 여기서는 모평균과 모비율의 추정에 있어서 표본크기를 결정하는 문제를 소개하기로 하겠다.

(1) 모평균의 추정에 있어서 표본크기의 결정

모평균을 추정하는 경우, 표본크기가 추정값의 정밀도에 어떠한 영향을 미치는지 생각해 보자. 표본크기가 고정되어 있는 경우 신뢰수준이 높을수록 신뢰구간의 길이는 길어지게 되어 정밀도는 떨어지게 된다. 따라서 똑같은 신뢰수준을 유지하면서 신뢰구간의 정밀도를 높이기 위해서는 표본크기를 크게 해야 한다. 그러나 표본크기를 무한정 크게 할 수는 없다. 왜냐하면 표본크기는 곧 소요되는 시간과 비용에 직결되기 때문이다. 따라서 신뢰구간이 요구하는 정밀도를 만족하기 위해서 필요한 최소 표본크기는 어떻게 결정해야 하는지 알아보도록 하자.

정규모집단의 모분산 σ^2이 알려져 있는 경우 모평균 μ에 대한 $100(1-\alpha)\%$의 신뢰구간은 다음과 같다는 것을 앞에서 설명한 바 있다.

$$\left(\bar{x} - z_{\alpha/2}\frac{\sigma}{\sqrt{n}} \,,\ \ \bar{x} + z_{\alpha/2}\frac{\sigma}{\sqrt{n}} \right). \tag{5.16}$$

[4] chi2.ppf(0.025, 24)와 같이 scipy.stats 패키지의 chi2.ppf 함수를 이용하여 얻을 수 있다.

이때 '$z_{\alpha/2}\ \sigma/\sqrt{n}$'은 추정값 $\bar{x}$와 모평균 μ의 차이를 표현하는 값으로 **오차한계**(誤差限界, limit of error)라고 하며, 이것은 추정값의 정밀도를 표시한다. 여기에서 알 수 있듯이 표본크기 n이 커지면 오차한계는 작아지고 추정값의 정밀도는 높아지게 된다.

한편, 연구자는 실험이나 조사를 실시하기 전에 모평균 μ를 어느 정도의 오차범위 내에서 추정하려 하는가를 구체적으로 정해놓아야 하는데 이를 최대 **허용오차**라고 한다. 이때 연구자는 오차한계를 사전에 규정된 최대 허용오차 d보다 작거나 같게 하기를 원하게 된다.

$$z_{\alpha/2}\frac{\sigma}{\sqrt{n}} \le d. \tag{5.17}$$

이제 위의 식을 n에 관하여 풀면 다음과 같은 식을 얻을 수 있다.

⟨모평균의 추정에서 표본크기 n의 결정⟩

$$n \ge \left(\frac{z_{\alpha/2}\ \sigma}{d}\right)^2 \tag{5.18}$$

그런데 식 (5.18)을 실제 문제에 적용하는 경우 모분산 σ^2을 모르는 경우가 많기 때문에 적용상 어려움이 따르게 된다. 따라서 과거의 경험으로부터 σ^2에 대해 예측되는 값을 이용하거나, 작은 크기의 표본을 예비적으로 추출하여 얻어지는 표본분산으로 σ^2을 추정하여 사용하기도 한다.

예를 들어, 과거의 실험으로부터 분산이 25($\sigma = 5$)인 것으로 나타났을 때, 95% 신뢰수준($\alpha = 0.05$) 하에서 허용오차 $d = 2$를 만족하는 표본크기를 구하면 다음과 같다.

$$n \ge \left(\frac{1.96 \times 5}{2}\right)^2 = 24.01 \quad \longrightarrow \quad n = 25$$

(2) 모비율의 추정에 있어서 표본크기의 결정

모비율에 대한 구간추정의 경우에도 정규근사 방법을 사용하여 모평균의 경우와 유사하게 표본크기를 결정할 수 있다. 즉, 모비율 p에 대한 추정에 있어 근사 오차한계가 '$z_{\alpha/2}\sqrt{\hat{p}(1-\hat{p})/n}$'이 된다는 것을 앞에서 설명한 바 있는데, 이를 이용하여 표본크기를 결정할 수 있다.

그런데 이 경우에도 데이터가 수집되기 전에는 $\hat{p}$을 알 수 없으므로, 실제로는 사전정보를 이용하여 모비율 p에 가까울 것으로 예측되는 값 p^*를 이용하게 된다. 즉, 최대 허용오차를 d라고 할 때, 다음 식을 만족하는 n을 표본크기로 결정하는 것이다.

$$d \ge z_{\alpha/2}\sqrt{p^*(1-p^*)/n} \tag{5.19}$$

⟨모비율의 추정에서 표본크기 n의 결정⟩

$$n \geq p^*(1-p^*)\left(\frac{z_{\alpha/2}}{d}\right)^2 \tag{5.20}$$

한편, p에 대한 사전정보가 전혀 없는 경우에는 $p^* = 0.5$로 두어 표본크기를 계산하기도 한다. 예를 들어, p에 대한 사전정보가 없는 경우 최대 허용오차 d를 0.03(즉 3%)으로 한다면,

$$n \geq \frac{1}{2}\left(1-\frac{1}{2}\right)\left(\frac{1.96}{0.03}\right)^2 = \frac{1}{4} \times 4268.4 = 1067.1$$

로부터 필요한 표본크기가 $n = 1,068$임을 계산할 수 있다.

5.2 통계적 가설검정

일상생활에서 주관적인 판단이나 경험적 사실을 토대로 어떠한 집단의 특성에 대하여 가설을 설정하고 데이터를 통하여 그 가설이 맞는지에 대한 타당성을 검토해 보는 경우가 있다. 이와 같이 관심이 되는 모집단의 특성에 대한 어떠한 주장을 확인하기 위하여 그 모집단으로부터 표본을 추출하여 분석해 봄으로써 모집단에 대한 어떠한 주장의 타당성을 검토해 보는 것을 가설검정이라 한다.

앞장에서 소개한 점추정 및 구간추정이 미지의 모수를 추정하는 데 목적이 있다면, 가설검정(또는 검증)은 모수에 관한 가설의 타당성에 대하여 경험적 증거를 제시하는 데 목적이 있다. 이 절에서는 통계적 가설검정의 기본개념과 절차에 대해서 설명할 것이다.

5.2.1 귀무가설과 대립가설

통계적 가설(statistical hypothesis)이란 모집단의 특성인 모수에 관한 주장이나 서술을 의미한다. 예를 들어, '가구당 월소득의 평균은 250만원이다', '새로운 약품의 치유율이 기존 약품의 치유율보다 더 높다', '남학생과 여학생의 학업성취능력의 평균은 같다' 등은 통계적 가설의 예이다.

모수에 관한 이러한 가설은 표본으로부터 도출된 (검정)통계량에 기초한 일련의 통계적 검정절차를 통해 그 가설의 진위여부에 관한 결론을 유도하게 되는데, 이를 통계적 **가설검정**(假說檢定, testing hypothesis)이라 한다.

통계적 가설검정에서는 모수에 관한 가설을 두 개로 설정하고, 표본으로 얻어진 데이터를 분석하여 두 가설 중 어느 하나를 선택하는 방법을 사용한다. 예를 들어, '새로운 약품의 평균 치료기간(μ)은 기존 약품의 평균 치료기간(15일)보다 작다고 할 수 있는가?'와 같은

문제를 검정하는 경우 고려되는 두 개의 가설은 다음과 같이 표현할 수 있다.

$$\begin{cases} H_0 : \mu = 15 \ \ \text{(새로운 약품의 평균 치료기간은 15일이다.)} \\ H_1 : \mu < 15 \ \ \text{(새로운 약품의 평균 치료기간은 15일보다 작다.)} \end{cases}$$

이와 같은 두 개의 가설에서 **대립가설**(對立假說, alternative hypothesis)은 관측된 데이터를 통해 입증하고자 하는 가설로 H_1으로 표기하고, **귀무가설**(歸無假說, null hypothesis)은 대립가설에 상반되는 가설로 H_0로 표기한다.

- 귀무가설(H_0): 효과가 없다, 차이가 없다, 서로 다르지 않다. (반증의 대상)
- 대립가설(H_1): 효과가 있다, 차이가 있다, 서로 다르다. (연구의 관심)

⟨사례 1⟩ 소비자 고발센타에 접수된 불만은 치약의 함량이 기준치인 150g을 대부분 미달한다는 것이었다. 이러한 접수결과를 검정하기 위하여 귀무가설과 대립가설을 설정하면 다음과 같다.

$$\begin{cases} \text{귀무가설}(H_0) : \text{치약 함량의 평균이 150g 이상이다.} \\ \text{대립가설}(H_1) : \text{치약 함량의 평균이 150g 미만이다.} \end{cases}$$

⟨사례 2⟩ 휴대폰을 만드는 회사에서 휴대폰의 색상에 대하여 남성과 여성의 선호도가 같은지를 알기 위하여 설문조사를 하였다. 이때 선호도를 검정하기 위하여 귀무가설과 대립가설을 설정하면 다음과 같다.

$$\begin{cases} \text{귀무가설}(H_0) : \text{휴대폰 색상에 대하여 남성과 여성의 선호도의 평균이 같다.} \\ \text{대립가설}(H_1) : \text{휴대폰 색상에 대하여 남성과 여성의 선호도의 평균이 다르다.} \end{cases}$$

5.2.2 검정통계량과 기각역

귀무가설과 대립가설 중 어느 하나를 채택하는 데 사용되는 통계량을 **검정통계량**(檢定統計量, test statistic)이라고 한다. 예를 들어, $x_1, x_2, \cdots, x_n$이 정규분포를 따르는 모집단으로부터 추출되었고 모분산 σ^2이 알려져 있다고 가정할 때, 다음과 같은 가설을 검정하고자 하는 경우

$$H_0 : \mu \geq 15 \ \text{ vs } \ H_1 : \mu < 15$$

표본평균 $\bar{x}$를 검정통계량으로 이용할 수 있다. 즉, 모평균의 추정량인 $\bar{x}$의 값이 15보다 작으면 작을수록 대립가설 '$H_1 : \mu < 15$'를 채택할 수 있는 강한 증거로 여길 수 있다는 것이다.

이러한 검정통계량은 가설의 형태와 대상 모집단의 분포에 관한 가정에 의해서 달라지게 된다. 또한 검정통계량의 실제값에 따른 결정은 '귀무가설 H_0를 기각할 수 있다' 또는 '귀무가설 H_0를 기각할 수 없다'는 형식으로 이루어지는데, 귀무가설 H_0를 기각하여 대립가설 H_1을 채택하는 검정통계량의 영역을 **기각역**(棄却域, rejection region, critical region)이라고 한다. 앞의 예에서는 기각역이 적절한 상수 c에 대해 '$\bar{x} \leq c$'의 형태로 주어지게 된다.

5.2.3 제1종 오류와 제2종 오류

가설검정을 할 때마다 매번 옳은 결정을 하게 하는 검정방법을 사용할 수 있다면 좋은 일이겠지만 대부분의 경우 현실적으로 이러한 검정방법은 존재하지 않으며, 통계적 가설검정이 표본이라는 모집단의 부분정보에 기초하는 귀납적 추론의 범주에 속하므로 의사결정에 따른 오류의 수반은 필연적이라 할 수 있다. 통계적 가설검정에서 고려될 수 있는 오류는 다음과 같은 두 가지이다.

- **제1종 오류**: 귀무가설이 사실일 때 귀무가설을 기각하는 오류
- **제2종 오류**: 대립가설이 사실일 때 귀무가설을 채택하는 오류

이러한 오류를 살인사건의 재판에 비유하여 보자. 검사는 혐의자를 기소하여 유죄를 주장한다. 이 경우 검사의 주장은 대립가설 H_1이 된다. 그러나 모든 사람은 재판의 유죄판결이 있기까지는 무죄이며, 이러한 무죄의 주장이 귀무가설 H_0가 된다. 재판에서 검사는 유죄를 입증할 증거나 자료를 제시하게 함으로써 유죄의 주장을 할 것이다. 그러나 이러한 증거가 불충분할 때 피고는 자동적으로 본연의 위치인 무죄로 판결을 받게 된다. 그러므로 유죄를 뒷받침하지 못하면 무죄는 저절로 성립된다.

여기에서 무죄인 혐의자가 유죄판결을 받는 잘못은 귀무가설이 참일 때 이를 기각하여 생기는 오류와 유사하며, 이러한 오류를 **제1종 오류**(type I error)라고 부른다. 즉, 귀무가

〈표 5.2〉 가설검정에서 발생하는 오류의 형태

실제 의사결정	H_0가 참 (H_1이 거짓)	H_0가 거짓 (H_1이 참)
H_0를 채택 (H_1을 기각)	옳은 결정 ($1-\alpha$)	**제2종 오류** (β)
H_0를 기각 (H_1을 채택)	**제1종 오류** (α)	옳은 결정 ($1-\beta$)

설 H_0가 맞는데도 불구하고 잘못하여 이를 기각하고 대립가설 H_1을 채택하는 오류로서 α로 표시한다. 반대로 살인자가 무죄 판결로 풀려나는 오판과 같이 대립가설이 참일 때 이를 기각하고 귀무가설을 채택하여 생기는 오류가 있는데, 이런 오류를 **제2종 오류**(type II error)라고 부른다. 즉, 대립가설 H_1이 맞는데도 불구하고 귀무가설 H_0를 채택하는 오류로 β로 표시한다.

이와 같이 두 종류의 오류는 전혀 다른 것으로 꼭 구별되어야 할 것이다. 그리고 가설검정에서 오류를 완전히 배제할 수는 없으며, 단지 어느 정도의 작은 확률로 이를 피하고자 할 수밖에 없다. 즉 제1종 오류를 범하는 확률 α를 0으로 하면, 제2종 오류를 범하는 확률 β를 1로 만들게 된다. 이는 마치 죄없는 선량한 백성에게 유죄판결이 되지 않게 하려면, 범인을 포함한 모든 사람을 무죄로 하면 될 것이다. 반대로 범인을 하나도 빠뜨리지 않고 유죄판결이 되도록 하려면, 이를 확실하게 하는 방법은 모든 사람을 유죄로 하면 된다.

실제로 가설검정을 수행할 때 이와 같은 두 가지 오류를 범할 확률을 되도록 작게 하는 것이 바람직할 것이다. 그러나 두 가지 오류를 동시에 최소로 할 수 있는 검정방법은 일반적으로 존재하지 않고, 따라서 실제적으로 보다 중요한 의미를 가지는 제1종 오류(즉, 귀무가설이 사실임에도 불구하고 대립가설을 채택하여 연구자의 주장을 받아들이는 오류)를 범할 확률을 미리 지정된 확률 이하로 하는 검정방법을 사용한다. 이때, 제1종 오류를 범할 확률의 최대 허용한계를 **유의수준**(有意水準, significance level)이라 하고 보통 $\alpha = 0.01,\ 0.05,\ 0.10$과 같은 값을 선택한다. 즉, 유의수준이 0.05(5%)인 검정방법이란 제1종 오류를 범할 확률이 0.05 이하인 검정방법을 의미한다.

한편 살인사건의 재판에서 혐의자에게 무죄의 판결을 내리는 것이 혐의자가 실제로 죄가 없음을 증명하는 것이 아닌 것과 같이(즉, 유죄의 판결을 내리기에는 현재의 증거가 불충분함을 의미한다) 귀무가설을 채택한다는 것이 귀무가설이 실제로 사실이라는 것을 증명하는 것은 아니다. 이는 다만 현재의 표본(데이터)으로부터 얻어진 정보로는 대립가설이 사실임을 주장할 만한 충분한 증거가 되지 못한다는 것을 의미한다.

5.2.4 양측검정과 단측검정

대립가설은 보통 세 가지 형태 중 하나를 취하게 되는데, 대립가설의 형태에 따라 양측검정(two-sided test)과 단측검정(one-sided test)으로 구분된다.

(1) 양측검정(Two-sided Test)

양측검정은 기각역이 각각 왼쪽과 오른쪽의 두 부분으로 구성되는 가설검정이다. 예를 들어 어느 회사에서 생산하는 치약의 평균 함량치가 150g인지 아닌지에 대하여 검정하고자

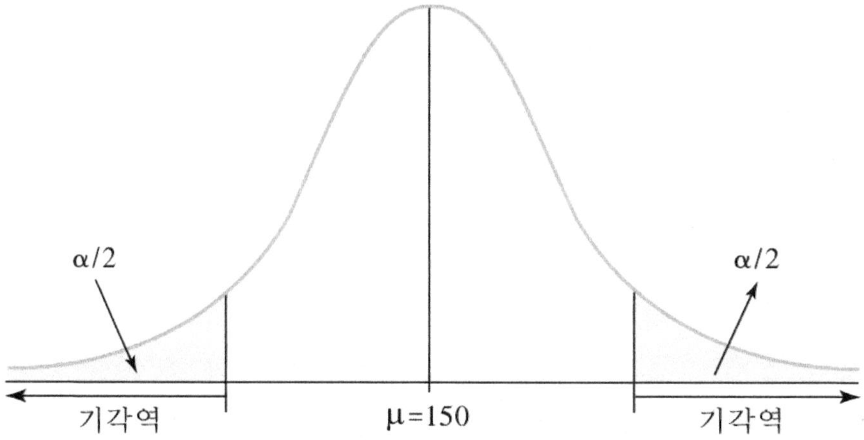

〈그림 5.2〉 양측검정에서의 기각역

하는 경우 귀무가설과 대립가설은 다음과 같이 표현할 수 있고,

$$H_0 : \mu = 150 \quad vs \quad H_1 : \mu \neq 150$$

이 검정에 대한 기각역은 〈그림 5.2〉와 같이 주어진다.

(2) 단측검정(One-sided Test)

단측검정은 기각역이 왼쪽 또는 오른쪽의 한쪽으로만 구성되는 가설검정으로 각각 왼쪽 검정과 오른쪽 검정으로 구분된다. 즉, 왼쪽 검정(left-sided test)은 기각역이 왼쪽에 있는 검정방법이고, 오른쪽 검정(right-sided test)은 기각역이 오른쪽에 있는 검정방법이다.

예를 들어, 치약의 평균 함량치가 150g인지 아니면 그보다 작은지에 대하여 검정하고자 하는 경우 귀무가설과 대립가설은 다음과 같고(**왼쪽 단측검정**),

$$H_0 : \mu = 150(\text{또는 } \mu \geq 150) \quad vs \quad H_1 : \mu < 150$$

이 검정에 대한 기각역은 〈그림 5.3〉과 같이 주어진다.

또한 치약의 평균 함량치가 150g인지 아니면 그보다 큰지에 대하여 검정하고자 하는 경우 귀무가설과 대립가설은 다음과 같이 표현할 수 있고(**오른쪽 단측검정**),

$$H_0 : \mu = 150(\text{또는 } \mu \leq 150) \quad vs \quad H_1 : \mu > 150$$

이 검정에 대한 기각역은 〈그림 5.4〉와 같이 주어진다.

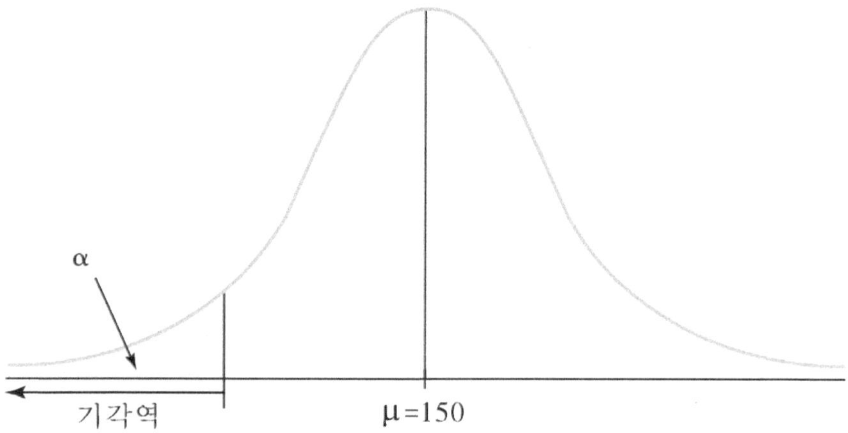

〈그림 5.3〉 왼쪽 단측검정에서의 기각역

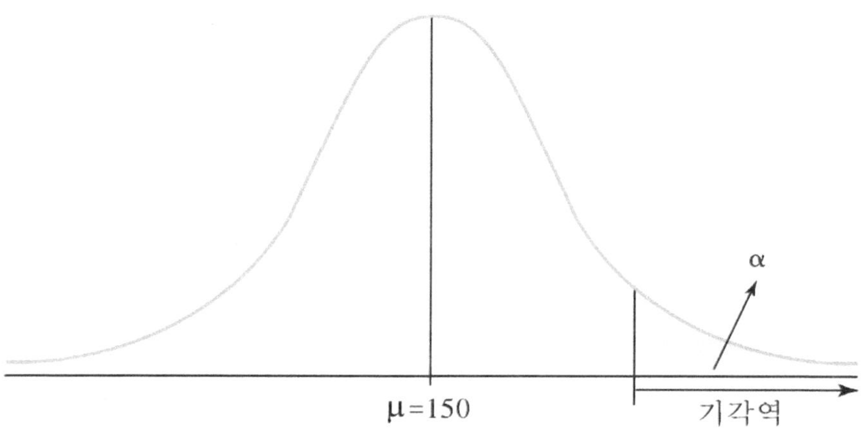

〈그림 5.4〉 오른쪽 단측검정에서의 기각역

5.3 단일 모집단에 대한 검정

이 절에서는 단일 모집단에서 모평균(μ), 모비율(p), 모분산(σ^2)에 대한 검정을 설명하고자 한다.

5.3.1 모평균에 대한 검정(일표본 t-검정)

정규분포 $N(\mu, \sigma^2)$을 따르는 모집단으로부터 n개의 표본 x_1, x_2, $\cdots$, x_n이 추출되었고 모분산 σ^2이 알려져 있는 경우를 고려하자. 이때 모평균 μ에 대한 가설검정은 표본평균 $\bar{x}$의 함수인 다음 식 (5.21)과 같은 검정통계량을 이용하여 수행할 수 있으며, 이 통계량은 표준정규분포를 따른다.

〈모평균 μ에 대한 검정: 모분산 σ^2이 알려져 있는 경우〉

$$\text{검정통계량}: \ Z = \frac{\bar{x} - \mu_0}{\sigma/\sqrt{n}} \tag{5.21}$$

	귀무가설	대립가설	기각역
(a)	$H_0 : \mu \le \mu_0$	$H_1 : \mu > \mu_0$	$Z \ge z_\alpha$
(b)	$H_0 : \mu \ge \mu_0$	$H_1 : \mu < \mu_0$	$Z \le -z_\alpha$
(c)	$H_0 : \mu = \mu_0$	$H_1 : \mu \ne \mu_0$	$\|Z\| \ge z_{\alpha/2}$

그러나 모분산 σ^2을 알지 못하는 경우가 많기 때문에, 실제로는 위와 같은 검정통계량을 사용하기가 어렵게 된다. 따라서 이 경우 σ^2의 추정치인 표본분산 s^2을 고려한 다음 식 (5.22)와 같은 통계량을 사용하여 검정을 수행할 수 있다.

〈모평균 μ에 대한 검정: 모분산 σ^2이 알려져 있지 않은 경우〉

$$\text{검정통계량}: \ T = \frac{\bar{x} - \mu_0}{s/\sqrt{n}} \tag{5.22}$$

	귀무가설	대립가설	기각역
(a)	$H_0 : \mu \le \mu_0$	$H_1 : \mu > \mu_0$	$T \ge t_{\alpha,n-1}$
(b)	$H_0 : \mu \ge \mu_0$	$H_1 : \mu < \mu_0$	$T \le -t_{\alpha,n-1}$
(c)	$H_0 : \mu = \mu_0$	$H_1 : \mu \ne \mu_0$	$\|T\| \ge t_{\alpha/2,n-1}$

식 (5.22)는 H_0가 사실일 때 자유도(degree of freedom)가 $n-1$인 t-분포를 따른다는 것을 제4장에서 설명한 바 있고, 이러한 사실을 이용하여 단일모집단의 평균에 대한 가설검정을 수행할 수 있다. 한편 모분산 σ^2이 알려져 있지 않은 경우라도 표본크기 n이 충분히 크다면, $t_{\alpha,n-1}$이 z_α와 거의 같게 되므로 정규분포로부터 기각역을 구할 수도 있다.

〈예 5.5〉 단일 모집단의 모평균에 대한 검정

```
from scipy.stats import ttest_1samp
np.mean(Csi.Index)    # 표본평균
#-----------------------------------------------------------------
# 72.32
#-----------------------------------------------------------------
```

```
np.std(Csi.Index,ddof=1)   # 표준편차(분산)의 분모: n-ddof=n-1
#------------------------------------------------------------------------
# 11.600000000000001
#------------------------------------------------------------------------
ttest_1samp(Csi.Index,popmean=70)    # 양측검정
#------------------------------------------------------------------------
# Ttest_1sampResult(statistic=0.99999, pvalue=0.32728)
```

예를 들어, ⟨예 5.1⟩의 데이터에 대해서 '서비스 만족도의 모평균이 70 이상'이라는 대립가설에 대해 검정을 수행하여 보자. 즉,

$$H_0 : \mu = 70 \quad vs \quad H_1 : \mu > 70$$

과 같은 가설에 대해 유의수준 5% 하에서 검정을 수행하여 보도록 하자.

먼저 앞에서 다루었던 ⟨예 5.1⟩의 출력결과와 ⟨예 5.4⟩의 출력결과를 살펴보면 표본평균(mean)이 $\bar{x} = 72.32$이고 표준편차가 $s = 11.60$임을 알 수 있으며, 검정통계량 T의 값을 구하면 다음과 같다. 이때 평균에 대한 표준오차(standard error for mean)는 $s/\sqrt{n} = 11.6/\sqrt{25} = 2.32$이다.

$$T = \frac{\bar{x} - \mu_0}{s/\sqrt{n}} = \frac{72.32 - 70}{11.60/\sqrt{25}} = \frac{2.32}{2.32} = 1.000$$

⟨예 5.4⟩의 결과에서 'statistic=0.99999'(약 1.0)이 출력되어 있음을 확인하기 바란다. 또한 부록의 '부표 4'에서 기각치가 $t_{0.05,24} = 1.711$임을 알 수 있다.[5] 따라서 검정통계량의 값 $T = 1.000$은 기각치인 $t_{0.05,24} = 1.711$보다 크지 않으므로 H_0를 기각할 수 없고, '서비스 만족도의 모평균이 70 이상'이라고 주장할 수 없다.

5.3.2 유의확률(p−값)

앞의 예에서 볼 수 있듯이 통계적 가설검정에서는 검정통계량의 값과 기각치를 비교하여 결론을 내리게 된다. 즉 데이터로부터 구한 검정통계량의 값이 기각역에 포함되면 귀무가설을 기각하고, 검정통계량의 값이 기각역에 포함되지 않으면 귀무가설을 채택하게 된다.

그런데 이와 같은 과정에서는 연구자가 검정통계량의 확률밀도함수 또는 확률분포표를 이용하여 매번 기각치를 찾아야 하므로 여간 불편한 일이 아니다. 따라서 대부분의 통계분석 소프트웨어에서는 소위 p−값(p−value)이라고 불리는 유의확률(significance probability)을 제공하여 연구자가 가설검정을 쉽게 수행할 수 있도록 도움을 주고 있다.

[5] t.ppf(0.975,24)와 같이 t.ppf 함수를 이용하여 구할 수 있다.

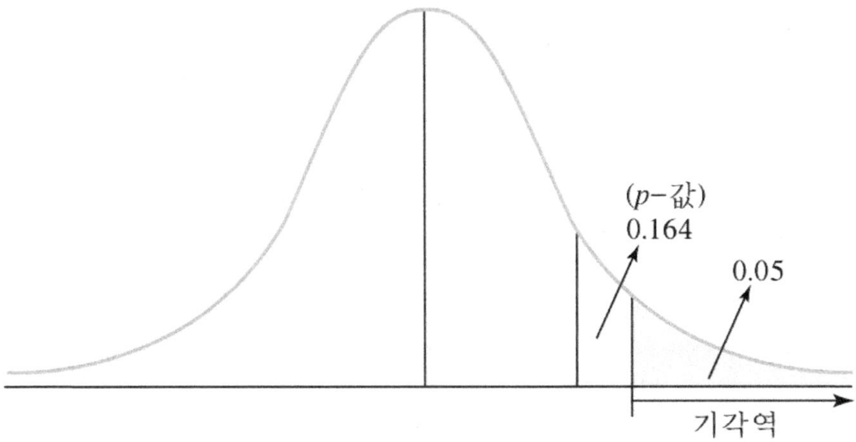

〈그림 5.5〉 $p-$값과 유의수준(α)

여기에서 $p-$값은 꼬리확률이라고도 하는데, 이는 '귀무가설 하에서, 관측된 검정통계량의 값보다 더 극단적인 값이 나올 확률[즉, 관측된 데이터(검정통계량의 값)에 근거하여 귀무가설을 기각하였을 때 범할 제1종 오류의 확률]'로서 그 값이 작을수록 귀무가설 H_0에 반하는 강한 증거가 된다.

〈예 5.6〉 단일 모집단의 모평균에 대한 검정 – p-값(유의확률) 출력

```
stat, pval = ttest_1samp(Csi.Index,popmean=70)   # 결과 저장
print("T =",stat)
print("양측검정: p =",pval)
print("단측검정: p =",pval/2)   # t-검정에서 단측검정의 경우 1/2을 곱함
#------------------------------------------------------------------
# T = 0.9999999999999971
# 양측검정: p = 0.32728688127978656
# 단측검정: p = 0.16364344063989328
```

〈예 5.6〉의 결과에서 단측검정의 경우 p-값$= P(t \geq 1.000) = 0.164$가 출력되어 있음을 볼 수 있는데, 따라서 p-값이 유의수준 $\alpha = 0.05$보다 크므로 귀무가설 '$H_0 : \mu = 70$'을 기각할 수 없다. 즉, 이 예를 통해서 알 수 있듯이 검정통계량의 값이 기각역에 포함되면 p-값이 유의수준(α)보다 작게 되고, 검정통계량의 값이 기각역에 포함되지 않으면 p-값이 유의수준(α)보다 크게 된다. 따라서 이러한 사실을 이용하면 굳이 확률분포표로부터 기각치를 찾지 않아도 소프트웨어에서 제공하는 p-값을 통해 가설검정을 쉽게 수행할 수 있다.

결론적으로 말하자면 $p-$값(유의확률)이 유의수준(α)보다 작으면 검정통계량의 실제값이 기각역에 포함되어서 귀무가설을 기각하고 대립가설을 채택할 수 있다는 것을 의미하며, $p-$값이 유의수준(α)보다 크면 귀무가설을 기각할 수 없다는 것을 의미한다.

5.3.3 모비율에 대한 검정

찬성률, 치료율, 불량률 등과 같이 모집단 내에서 특정한 그룹이 차지하는 비율 p에 대한 가설검정에 대해 살펴보자.

예를 들어, 어느 제조회사에서 새로운 공정방법을 도입하려고 하는데 기존의 공정방법에 의한 불량률은 15%라고 하자. 이 회사에서는 새로운 공정방법에 의한 불량률이 15%보다 작은지를 알아보기 위해 n개의 제품을 생산하였고 그 중 불량품이 x개 였다. 이 경우 관심이 되는 가설은 다음과 같다.

$$H_0 : p \geq p_0 (= 0.15) \quad \text{vs} \quad H_1 : p < p_0 (= 0.15).$$

(1) 이항비율 검정

검정통계량 x가 이항분포 $B(n, p)$를 따른다는 것을 이용하여 위와 같은 가설에 대한 유의확률(p-값)을 다음과 같이 계산할 수 있으며,

$$\sum_{k=0}^{x} \binom{n}{k} p_0^k (1 - p_0)^{n-k}. \tag{5.23}$$

이와 같은 형식의 검정법을 이항비율 검정(binomial proportion test)이라고 한다.

모비율에 대한 검정의 예를 하나 들어보도록 하자. 어느 회사에서 기존의 재료를 사용할 때의 불량률은 15% 정도이며, 이와 같은 불량률을 줄이기 위해 새로운 재료를 사용하려고 한다. 새로운 재료를 시험적으로 사용한 후 400개를 뽑아 조사한 결과 54개의 불량품이 발견되었다. 불량률이 종전(15%)에 비해 낮아졌다고 할 수 있는지를 유의수준 5% 하에서 검정하여 보자. 다음 ⟨예 5.7⟩은 binom_test 함수를 이용하여 모비율에 대한 검정을 수행한 예이다.

⟨예 5.7⟩ 단일 모집단의 모비율에 대한 검정

```
from scipy.stats import binom_test
binom_test(54,400,p=0.15,alternative='less')    # 왼쪽 단측검정
#------------------------------------------------------------
# 0.22258067686473576
```

먼저, 이 예에서 모비율 p에 대한 추정치(sample estimates)는 $\hat{p} = 54/400 = 0.135$이다. 한편 귀무가설과 대립가설은 다음과 같으며

$$H_0 : p \geq 0.15 \quad vs \quad H_1 : p < 0.15$$

⟨예 5.7⟩의 출력결과에서 유의확률(p-value)이 0.223이므로, 이 경우 귀무가설을 기각할 수 없다. 즉, 새로운 공정법에 의한 불량률이 15%보다 작다고 말할 수 없다.

(2) 정규근사 검정

한편 표본의 크기 n이 충분히 큰 경우 표본비율 $\hat{p} = x/n$은 평균이 p이고 분산이 $p(1-p)/n$인 정규분포를 따른다는 것을 앞절에서 설명한 바 있는데, 따라서 이 경우 다음과 같은 검정통계량을 사용하여 모비율에 대한 정규근사 검정을 수행할 수도 있다.

⟨모비율 p에 대한 검정: 표본크기가 충분히 큰 경우⟩

$$\text{검정통계량: } Z = \frac{\hat{p} - p_0}{\sqrt{p_0(1-p_0)/n}} \tag{5.24}$$

	귀무가설	대립가설	기각역
(a)	$H_0 : p \leq p_0$	$H_1 : p > p_0$	$Z \geq z_\alpha$
(b)	$H_0 : p \geq p_0$	$H_1 : p < p_0$	$Z \leq -z_\alpha$
(c)	$H_0 : p = p_0$	$H_1 : p \neq p_0$	$\lvert Z \rvert \geq z_{\alpha/2}$

예를 들어, ⟨예 5.7⟩에 대하여 검정통계량 Z 값을 구하면 다음과 같다.

$$Z = \frac{0.135 - 0.15}{\sqrt{(0.15)(0.85)/400}} = -0.84$$

또한 부록의 '부표 3'에서 기각치가 $-z_{0.05} = -1.645$임을 알 수 있고,[6] 검정통계량의 값 -0.84는 기각치인 -1.645보다 크므로 귀무가설 H_0를 기각할 수 없다. 따라서 불량률이 종전(15%)보다 낮아졌다고 할 수 없다.

한편 표준정규분포에 따르는 확률변수 z의 제곱은 자유도가 1인 카이제곱분포를 따르게 되는데(4.5절 참조), 따라서 카이제곱검정을 이용하여 정규근사 검정을 수행할 수도 있다.

[6] norm.ppf(0.95)와 같이 norm.ppf 함수를 이용하여 구할 수 있다.

다음 ⟨예 5.8⟩은 proportions_ztest 함수를 이용하여 모비율에 대한 정규근사 검정을 수행한 예이다. 이 출력결과에서 유의확률(p-value)이 0.200이므로, 귀무가설을 기각할 수 없음을 볼 수 있다. 즉, 새로운 공정법에 의한 불량률이 15%보다 작다고 말할 수 없다.

⟨예 5.8⟩ 모비율에 대한 정규근사 검정

```
from statsmodels.stats.proportion import proportions_ztest
stat, pval = proportions_ztest(54,400,value=0.15,prop_var=0.15,
                               alternative='smaller')   # 왼쪽 단측검정
print("Z =",stat)
print("p =",pval)
#--------------------------------------------------------------------
# Z = -0.840168050416805
# p = 0.20040708469146745
```

5.3.4 모분산에 대한 검정

고도의 정밀도를 요구하는 현대산업에서 분산에 관한 정보는 매우 중요시 된다. 제품의 균일성 확보나 품질의 향상은 분산을 줄이는 것과 밀접한 관련이 있기 때문이다.

이제 정규모집단의 모분산 σ^2에 대해 다음과 가설을 고려해 보자.

$$H_0 : \sigma^2 = \sigma_0^2 \ \ vs \ \ H_1 : \sigma^2 < \sigma_0^2$$

이때 크기가 n인 확률표본으로부터 구한 표본분산 s^2의 값이 작을수록 대립가설 H_1이 사실이라고 할 수 있을 것이다. 통계량 '$(n-1)s^2/\sigma^2$'이 자유도가 $n-1$인 카이제곱분포를 따른다는 것을 앞장에서 설명한 바 있는데, 따라서 다음과 같은 검정통계량을 사용하여 모분산에 대한 검정을 수행할 수 있다.

⟨모분산 σ^2에 대한 검정⟩

$$\text{검정통계량: } \chi^2 = \frac{(n-1)S^2}{\sigma_0^2} \tag{5.25}$$

	귀무가설	대립가설	기각역
(a)	$H_0 : \sigma^2 \le \sigma_0^2$	$H_1 : \sigma^2 > \sigma_0^2$	$\chi^2 \ge \chi^2_{\alpha,n-1}$
(b)	$H_0 : \sigma^2 \ge \sigma_0^2$	$H_1 : \sigma^2 < \sigma_0^2$	$\chi^2 \le \chi^2_{1-\alpha,n-1}$
(c)	$H_0 : \sigma^2 = \sigma_0^2$	$H_1 : \sigma^2 \ne \sigma_0^2$	$\chi^2 \ge \chi^2_{\alpha/2,n-1}$ 또는 $\chi^2 \le \chi^2_{1-\alpha/2,n-1}$

〈표 5.3〉 Impurities 데이터

ID	Volume	ID	Volume	ID	Volume	ID	Volume
1	3.6	5	3.3	9	3.5	13	3.1
2	3.4	6	3.2	10	3.3	14	3.3
3	3.6	7	3.7	11	3.4	15	3.5
4	3.7	8	3.6	12	3.4	16	3.2

모분산에 대한 검정의 예를 들어보도록 하자. 〈표 5.3〉은 새 측정기구의 정확도를 검사하기 위해 어떤 액체에 포함된 불순물의 양을 16번 측정한 결과이다. 기존 측정기구의 분산이 0.09로 알려져 있다고 할 때, 새 측정기구의 분산이 0.09보다 작다고 할 수 있는지 유의수준 5% 하에서 검정하여 보자.

〈예 5.9〉 모분산에 대한 검정

```
import pandas as pd
Impurities = pd.read_csv('/content/Impurities.csv')   # 2.1.3절 참조
n = Impurities.Volume.size   # 표본크기 n
s2 = np.var(Impurities.Volume,ddof=1)   # 분산의 자유도=n-ddof=n-1
print("s2 =",s2)   # 표본 분산 출력
sigma2 = 0.09   # 귀무가설 하에서의 분산
Chi2 = (n-1)*s2/sigma2   # 검정통계량
print("Chi2 =",Chi2)   # 검정통계량 출력
from scipy.stats import chi2   # scipy.stats 패키지(chi2) 불러오기
print("Chi2_0.05,n-1 =",chi2.ppf(0.05,n-1))   # 기각역 출력
print("p =",chi2.cdf(Chi2,n-1))   # 단측검정의 p-값=P(X<Chi2) 출력
#---------------------------------------------------------------------
# s2 = 0.034000000000000016
# Chi2 = 5.666666666666667
# Chi2_0.05,n-1 = 7.2609439276700325
# p = 0.015180452235944669
```

먼저 이 예에 대한 귀무가설과 대립가설은 다음과 같고,

$$H_0 : \sigma^2 = 0.09 \quad vs \quad H_1 : \sigma^2 < 0.09$$

표본분산을 구하면 $s^2 = 0.034$이므로 검정통계량 χ^2 값을 구하면 다음과 같다.

$$\chi^2 = \frac{(n-1)s^2}{\sigma_0^2} = \frac{(15)(0.034)}{0.09} = 5.667$$

또한 부록의 '부표 5'에서 기각치가 $\chi^2_{0.95}(15) = 7.261$임을 알 수 있고, 검정통계량의 값 5.667은 기각치인 7.261보다 작으므로 귀무가설 H_0를 기각할 수 있다. 따라서 새 측정기구의 분산이 0.09보다 작다고 할 수 있다.

⟨예 5.9⟩는 scipy.stats와 numpy 패키지를 이용하여 모분산에 대한 검정을 수행한 예이다. 이 출력결과에서 유의확률(p-value)이 0.015이므로, 귀무가설 H_0를 기각할 수 있음을 볼 수 있다.

5.4 이 장에서 사용된 주요 함수들

여기에서는 이 장에서 사용된 주요 함수들에 대하여 사용형식(usage)과 자주 사용되는 인수(argument)들을 설명한다. 보다 자세한 사항은 파이썬의 도움말을 참조하여라.

□ binom_test 함수 (scipy 패키지)

- binom_test(x,n=None,p=0.5,alternative="two-sided"): 모비율에 대하여 이항비율 검정을 수행한다.

- x=: 성공 횟수(x)를 지정한다.
- n=: 시행 횟수(n)를 지정한다.
- p=: 귀무가설 하에서의 모비율(p_0)을 지정한다.
- alternative=: "two-sided"(양측검정), "less"(왼쪽 단측검정), "greater"(오른쪽 단측검정)을 지정한다. 기본값: alternative="two sided".

□ distplot 함수 (seaborn 패키지)

- distplot(a=None,bins=None,hist=True,···): 일변량 데이터에 대한 분포 플롯을 그릴 수 있다.

- a=: 관측된 데이터를 지정한다. 시리즈(series), 1차원 배열(arrary), 리스트(list) 등을 지정할 수 있다.
- bins=: 히스토그램을 그릴 때 구간의 갯수를 지정한다.
- hist=: 히스토그램의 출력 여부를 지정한다. 기본값: hist=True.
- kde=: 가우시안 커널 밀도(Gaussian kernel density) 추정치의 출력 여부를 지정한다. 기본값: hist=True.

□ **ttest_1samp 함수 (scipy 패키지)**

- ttest_1samp(a,popmean,alternative="two-sided"): 단일 모집단의 평균에 대한 t−검정을 수행한다.

- ○ a=: 관측된 데이터를 지정한다.
- ○ popmean=: 귀무가설 하에서의 모평균을 지정한다.
- ○ alternative=: "two-sided"(양측검정), "less"(왼쪽 단측검정), "greater"(오른쪽 단측검정)을 지정한다. 기본값: alternative="two-sided".

□ **proportions_ztest 함수 (statsmodels 패키지)**

- proportions_ztest(count=,nobs=,value=None,alternative="two-sided",prop_var=False): 모비율에 대한 정규근사 검정을 수행한다.

- ○ count=: 성공 횟수를 지정한다.
- ○ nobs=: 시행 횟수를 지정한다.
- ○ value=: 귀무가설 하에서의 모비율을 지정한다. 두 모집단의 경우에는 모비율의 차이를 지정한다. 기본값: value=0.
- ○ alternative=: "two-sided"(양측검정), "smaller"(왼쪽 단측검정), "larger"(오른쪽 단측검정)을 지정한다. 기본값: alternative="two-sided".
- ○ prop_var=: False 또는 (0, 1) 사이의 실수를 지정한다. 모비율의 분산에 대한 추정치를 계산할 때, False로 지정된 경우에는 표본비율을 이용하고, 실수로 지정된 경우에는 해당 값을 이용한다. 기본값: prop_var=False.

5.5 연습문제

1. 사슴의 앞다리(Foreleg)와 뒷다리(Hindleg)에 관한 데이터가 ⟨표 5.4⟩에 주어져 있다.

(a) 이 데이터에 대해서 연구자가 어떤 생각으로 표본을 생산하게 되었는지를 서술하여라.

(b) (a)에 서술한 내용에 대응되는 귀무가설과 대립가설을 제시하여라.

(c) (b)의 통계적 가설에 대해 생각할 수 있는 두 가지 유형의 오류(혹은 그의 확률)의 내용을 구체적으로 설명하여라.

〈표 5.4〉 Deer 데이터

ID	Foreleg	Hindleg	ID	Foreleg	Hindleg
1	142	138	6	140	136
2	144	147	7	144	139
3	142	143	8	146	141
4	149	143	9	150	145
5	142	136	10	148	146

(d) "유의수준을 5%로 한다"라는 말의 의미를 이 데이터에 기초하여 설명하고, 통상적으로 제2종 오류(β) 대신 제1종 오류(α)를 고정하고 통계적 검정을 수행하는 이유를 정당화 하여라.

(e) 다리 길이의 차이(Diff =Hindleg−Foreleg)를 계산하여라.

(f) 변수 Diff에 대한 기술통계량(대푯값, 변이, 분위수 등)을 출력하고 그 결과에 기초하여 이 데이터의 전반적 내용을 요약하여라.

(g) 줄기-잎 그림, 상자그림 등을 이용하여 변수 Diff의 분포 형태를 묘사하여라.

(h) (b)에 규정된 관심대상의 가설을 검정하고, 그 결과를 서술하여라.

2. 한 자동차 회사에서는 새로 생산된 자동차의 연비가 평균적으로 리터당 20km라고 한다. 이 회사의 주장이 정당한지를 검정하기 위해 자동차 20대를 임의로 선택하여 조사해 본 결과 다음과 같은 데이터를 얻었다.

21.0	22.7	25.8	20.6	18.5	21.4	19.3
17.6	22.7	20.6	17.9	18.3	24.7	23.3
24.3	21.5	20.0	19.8	22.9	19.9	

적절한 가설을 세우고 유의수준 5% 하에서 검정하여라.

3. 우리나라 프로농구팀에 소속된 농구선수들 중에서 81명을 표본추출하였다. 이 선수들의 신장을 조사한 결과 평균신장은 198㎝이고 표준편차는 4㎝이다. 전체 농구선수들의 평균신장이 얼마인지 95% 신뢰구간을 구하여라.

4. H 대학교 학생 중 100명을 무작위로 뽑아 나이를 조사하니 평균 나이는 20세이고 표준편차는 2이다. 이 대학교 학생의 평균나이에 대한 95%의 신뢰구간을 구하여라.

5. 대한민국 군인의 평균키는 171㎝이고 표준편차는 6㎝라고 한다.

(a) 100명의 군인을 표본으로 반복하여 뽑을 때 표본평균들의 95%가 포함되리라고 예상되는 구간을 구하여라.

(b) 위에서 400명의 군인을 표본으로 할 때는 구간은 어떠하겠는가? 또한 문제 (a)에서 구한 구간이 (b)보다 큰 이유는 무엇인가?

6. 어느 공장에서 생산되는 제품인 나사 5개를 무작위로 뽑아 나사직경을 측정한 결과는 6.33, 6.37, 6.32, 6.36, 6.37(단위:㎜)과 같다. 나사직경의 모평균과 모분산에 대한 불편추정치를 구하고, 95% 신뢰구간을 구하여라.

7. 커피 한잔에 포함되어 있는 카페인의 양을 조사하기 위하여 50잔의 커피를 조사하였더니 평균 114㎎, 표준편차 8.4㎎이었다. 이 커피 한잔에 포함된 카페인의 평균 양의 95% 신뢰구간을 구하여라.

8. H 대학교 총학생회장 선거에서 A, B 두 학생이 후보자로 나섰다. 100명의 학생을 뽑아 조사하니 그 중 55명이 A학생을 지지하는 것으로 나타났다. 이 때 A학생 지지율에 대한 95% 신뢰구간을 구하여라.

9. 가족계획연구소에서 아들 선호도 경향을 알아보기 위해 100쌍의 신혼부부를 뽑아 조사하니 67쌍이 딸보다 아들을 원하였다. 아들 선호도 비율에 대한 99%의 신뢰구간을 구하여라.

10. 새로운 법안에 대한 지지율을 알아보기 위해 여론조사를 실시하고자 한다. 이때 모집단의 지지율에 대한 신뢰구간을 구함에 있어 오차한계를 0.03으로 하고 신뢰계수가 $1-\alpha=0.95$가 되도록 하려고 한다. 이때 적절한 표본크기를 구하여라.

11. 어느 대학교 의과대학에서 흰쥐를 뽑아 주사함으로써 새로 만든 약품의 반응시간을 추정하고자 한다. 예비실험으로 반응시간의 표준편차가 12초임을 알았을 때 평균 반응시간의 추정오차 한계가 4초가 넘지 않도록 하고, 신뢰계수를 95%로 할 때 몇 마리의 흰쥐가 필요한가?

12. 전구와 같이 일상용품에 있어서는 그 수명의 표준편차를 알고 있는 것이 어떤 일정기간 후에 모든 전구를 바꾸어 끼울 것인가 아니면 그때그때 바꿔 끼울 것인가 하는 문제를 결정하는데 중요한 역할을 한다. 전구의 개수가 71이고 전구의 수명에 대한 표본편차가 4라고 할 때 귀무가설 $H_0: \sigma^2 = 30$과 대립가설 $H_1: \sigma^2 < 30$에 대하여 유의수준 5% 하에서 검정하여라.

13. 어느 농부가 재배한 호박의 평균무게를 조사하기 위하여 표본을 추출하고자 한다. 이때 오차의 허용한계를 0.1㎏으로 하고 신뢰계수를 95%되게 하고자 할 때 표본을 몇 개 이상 추출해야 하는가? 단, 호박무게의 표준편차는 2㎏이다.

14. 어느 지역에서 200명의 표본을 추출하여 건강조사를 실시하였다. 지난 1년간 의사의 처방전을 받은 횟수를 조사한 결과 평균과 표준편차로 각각 6.7과 2.8을 얻었다. 모집단의 평균을 μ라 할 때 귀무가설 $H_0 : \mu = 5.0$이고 대립가설 $H_1 : \mu > 5.0$일 때 유의수준 5% 하에서 가설을 검정하여라.

15. 어느 대학교 학생의 IQ는 근사적으로 분산이 100인 정규분포를 따른다고 한다. $H_0 : \mu = 110 \; vs \; H_1 : \mu > 110$의 검정을 위해 이 학교 학생 16명을 뽑아 IQ조사를 해보니 평균 IQ는 113.5였다. 유의수준 5% 하에서 귀무가설 H_0를 기각할 것인지 아닌지를 검정하여라.

16. 건강한 성인의 맥박은 1분에 평균 60회 정도이고 표준편차는 5로 알려져 있다. 성인 16명을 대상으로 주변온도를 높여서 맥박을 조사한 결과 1분에 평균 70번으로 나타났다. 이때 성인의 맥박이 주변온도에 따라서 변화가 있다고 말할 수 있는지 유의수준 5% 하에서 가설을 검정하여라.

17. 담배회사와 소비자보호연맹 사이에 담배에 포함된 니코틴 함유량 문제로 의견이 대립되고 있다. 담배 한 개피당 니코틴 함유량이 14mg이라는 회사측의 설명에 대하여 소비자보호연맹에서는 그 이상이라고 주장하기 때문이다. 이러한 문제를 해결하기 위하여 무작위 추출로 20개피의 담배를 분석한 결과, 니코틴 함유량이 평균 14.8mg이고 표준편차가 2.4mg으로 나왔다. 이때 적절한 가설을 설정하고 유의수준 5% 하에서 가설을 검정하여라.

18. 어떤 야금학자가 망간이 녹는 온도를 측정한 결과 1269℃, 1271℃, 1263℃, 1265℃를 얻었다. 이 학자는 망간이 녹는 평균 온도가 1265℃보다 크다고 주장하려 한다. 이 주장을 유의수준 10% 하에서 검정하여라. 단, 망간이 녹는 온도는 분산이 5인 정규분포라고 가정한다.

19. 어떤 자동차 회사의 사장은 휘발유 1ℓ당 20km를 주행할 수 있다고 주장한 차종을 판매해 왔다. 이 종류의 차량 8대를 뽑아 검사한 결과 1ℓ당 평균 18km를 주행하고 표준편차는 3km이다. 이 회사의 주장이 옳은지 아니면 이 차종의 주행거리가 20km보다 작은지를 유의수준 5% 하에서 검정하여라.

20. 어느 회사의 평균 출근율이 90%라고 한다. 3일의 연휴 다음날 출근상태를 조사한 결과 200명 가운데 40명이 결근하였다. 이때 평균 출근율보다 작다고 말할 수 있는지를 유의수준 5% 하에서 검정하여라.

21. 해충을 죽이는 효과가 50%인 살충제에 다른 특수약품을 첨가한 다음 200마리의 해충에 뿌려보니 120마리가 죽었다. 특수약품을 첨가함으로서 전보다 살충효과가 좋아졌는지를 유의수준 5% 하에서 검정하여라.

22. 어떤 주사위를 240회 던져보니 6이 52회 출현하였다. 이 주사위가 바른 주사위인지 아닌지를 유의수준 10% 하에서 검정하여라.

23. 시험공부를 전혀 하지 않은 학생이 O, × 문제에서 그 답을 추측하는 능력이 동전을 던져 판단하는 것보다는 나은지에 관해 알아보려고 한다. 총 200문항에서 110개의 답을 맞추었다고 할 때 유의수준 5% 하에서 검정하여라.

24. 서울시의 고등학교 3학년생에 대하여 영어 종합고사를 실시한 결과 그 중 40%가 불합격권에 들었다. 그런데 강남고등학교 3학년생 중 120명을 조사해 보니 그 중 54명이 불합격권에 속한다고 한다. 강남고등학교 3학년생의 영어 실력이 서울시 전체에 비교하여 열등한지를 유의수준 5%에서 검정하여라.

25. 어느 산부인과 의사에 따르면 요즘 출생한 어린이는 여아보다 남아가 많다고 한다. 이를 확인하기 위하여 갓난 아이 200명에 대하여 성별을 조사한 결과 105명이 남아였고 95명은 여아였다. 이를 근거로 하여 산부인과 의사의 주장이 옳은지를 유의수준 5% 하에서 검정하여라.

26. 시계추의 진동폭 분산이 0.04cm 이내이면 좋은 제품이라고 한다. 이것을 확인하기 위하여 시계추의 진동폭을 9번 조사한 결과 그 분산이 0.038cm임을 알았다. 이 데이터를 이용하여 시계추의 진동폭 분산이 0.04cm 이하라고 말할 수 있는지 유의수준 5% 하에서 검정하여라.

제 6 장

두 모집단에 대한 비교

앞장에서 단일 모집단에서 하나의 모평균, 모비율, 모분산에 대한 가설검정을 설명하였다. 그러나 실제 현실에 적용되는 경우는 대부분 두 개 이상의 모집단의 특성을 비교하는 것이다. 예를 들면, 새로운 약품을 개발했을 때 새로운 약품의 효능을 임상실험을 통하여 검증하게 된다. 즉, 새로운 약품을 사용한 환자와 사용하지 않은 환자 간의 데이터를 비교함으로써 새로운 약품의 효능을 검토할 수 있다. 또한 이동통신 회사의 마케팅 부서에서는 휴대폰의 사용시간이 성별(남, 여)에 따라 차이가 있는지를 검도하여 여러 가지 새로운 마케팅을 제안할 수 있을 것이다.

이 이외에도 사회현상에 대한 남녀별 인식정도의 차이, 흡연 집단과 비흡연 집단 간의 폐암 발생률의 차이, 두 가지 교수법에 의한 학업성취도의 차이, 두 가지 치료방법에 의한 치료율의 차이, 두 회사 제품에 대한 소비자들의 선호도 차이 등 두 집단에 대한 비교는 매우 많이 존재한다. 이 장에서는 두 모집단의 모평균, 모비율, 모분산의 차이에 대한 가설검정 문제를 소개하고자 한다.

6.1 독립표본에 의한 두 모평균의 비교: 독립표본 $t-$검정

'남학생과 여학생의 학업성취능력에 대한 평균이 같은가?' 또는 '서로 다른 두 공장에서 생산된 냉장고에 있어 냉각능력의 평균은 같은가?'와 같이 두 모집단 평균의 동일성 검정을 실시하는 경우를 생각해 보자.

두 집단에 대해 확률표본 $x_{11},\ x_{12}, \cdots, x_{1n_1}$과 $x_{21},\ x_{22}, \cdots, x_{2n_2}$가 각각 정규분포 $N(\mu_1, \sigma_1^2)$과 $N(\mu_2, \sigma_2^2)$로부터 추출되었다고 하자. 이때, 각 집단에서의 표본평균과 표본분산은 다음과 같다.

$$\bar{x}_1 = \frac{1}{n_1}\sum_{i=1}^{n_1} x_{1i}, \quad \bar{x}_2 = \frac{1}{n_2}\sum_{i=1}^{n_2} x_{2i} \tag{6.1}$$

$$s_1^2 = \frac{1}{n_1 - 1}\sum_{i=1}^{n_1}(x_{1i} - \bar{x}_1)^2, \quad s_2^2 = \frac{1}{n_2 - 1}\sum_{i=1}^{n_2}(x_{2i} - \bar{x}_2)^2 \tag{6.2}$$

6.1.1 모분산 σ_1^2과 σ_2^2이 알려져 있는 경우

두 모분산 σ_1^2과 σ_2^2이 모두 알려져 있는 경우, 두 모평균의 차$(\mu_1 - \mu_2)$에 대한 추정량은 두 표본평균의 차$(\bar{x}_1 - \bar{x}_2)$로 생각할 수 있다. 여기에서 통계적 추론을 실시하기 위해서는 추정량 '$\bar{x}_1 - \bar{x}_2$'의 분포를 알아야 하는데, 이는 다음과 같은 평균과 분산을 갖는 정규분포를 따른다.

$$E(\bar{x}_1 - \bar{x}_2) = E(\bar{x}_1) - E(\bar{x}_2) = \mu_1 - \mu_2, \tag{6.3}$$

$$Var(\bar{x}_1 - \bar{x}_2) = Var(\bar{x}_1) + Var(\bar{x}_2) = \frac{\sigma_1^2}{n_1} + \frac{\sigma_2^2}{n_2}. \tag{6.4}$$

따라서 다음과 같은 표준화 변환을 취하면 표준화된 새로운 확률변수 Z은 표준정규분포 $N(0,1)$을 따르게 되고,

$$Z = \frac{(\bar{x}_1 - \bar{x}_2) - (\mu_1 - \mu_2)}{\sqrt{\sigma_1^2/n_1 + \sigma_2^2/n_2}} \quad \sim \quad N(0,1) \tag{6.5}$$

이와 같은 사실을 이용하여 $H_0 : \mu_1 - \mu_2 = \delta_0$에 대한 통계적 추론을 수행할 수 있다. 여기에서 δ_0는 연구자가 검정하고자 하는 모평균의 차이로서, 만약 $\delta_0 = 0$으로 두면 이는 $H_0 : \mu_1 = \mu_2$(즉, 두 모평균이 동일한지)를 검정하는 것이 된다.

⟨모평균의 차이에 대한 추론: σ_1^2과 σ_2^2이 알려져 있는 경우⟩

모평균의 차이 $\mu_1 - \mu_2$에 대한 $100(1-\alpha)\%$ 신뢰구간:

$$\left((\bar{x}_1 - \bar{x}_2) - z_{\alpha/2}\sqrt{\frac{\sigma_1^2}{n_1} + \frac{\sigma_2^2}{n_2}} \, , \; (\bar{x}_1 - \bar{x}_2) + z_{\alpha/2}\sqrt{\frac{\sigma_1^2}{n_1} + \frac{\sigma_2^2}{n_2}} \right) \tag{6.6}$$

$$\text{검정통계량}: \; Z = \frac{(\bar{x}_1 - \bar{x}_2) - \delta_0}{\sqrt{\sigma_1^2/n_1 + \sigma_2^2/n_2}} \tag{6.7}$$

	귀무가설	대립가설	기각역
(a)	$H_0 : \mu_1 - \mu_2 \le \delta_0$	$H_1 : \mu_1 - \mu_2 > \delta_0$	$Z \ge z_\alpha$
(b)	$H_0 : \mu_1 - \mu_2 \ge \delta_0$	$H_1 : \mu_1 - \mu_2 < \delta_0$	$Z \le -z_\alpha$
(c)	$H_0 : \mu_1 - \mu_2 = \delta_0$	$H_1 : \mu_1 - \mu_2 \ne \delta_0$	$\lvert Z\rvert \ge z_{\alpha/2}$

그러나 위와 같은 공식은 모분산 σ_1^2과 σ_2^2을 알지 못하는 경우가 많기 때문에, 실제로는 이를 사용하기가 어렵다. 따라서 이 경우 두 모분산의 추정치인 표본분산 s_1^2과 s_2^2을 고려한 통계량을 사용하여 검정을 수행하게 되는데, 이제 이러한 내용에 대해서 살펴보도록 하자.

6.1.2 모분산 σ_1^2과 σ_2^2이 알려져 있지 않은 경우: 표본크기가 충분히 클 때

표본크기가 충분히 큰 경우에는 중심극한정리에 의해 모집단의 분포에 관계없이 $\bar{x}_1$과 $\bar{x}_2$가 근사적으로 정규분포를 따른다. 따라서 위의 검정통계량 (6.7)에서 모분산 σ_1^2과 σ_2^2 대신에 표본분산 s_1^2과 s_2^2을 대입하여 다음과 같은 검정통계량을 사용할 수 있는데,

$$Z = \frac{(\bar{x}_1 - \bar{x}_2) - \delta_0}{\sqrt{s_1^2/n_1 + s_2^2/n_2}} \quad \dot\sim \quad N(0,1) \tag{6.8}$$

이 통계량은 귀무가설 하에서 근사적으로 표준정규분포 $N(0,1)$을 따른다.

6.1.3 모분산 σ_1^2과 σ_2^2이 알려져 있지 않은 경우: $\sigma_1^2 = \sigma_2^2 (= \sigma^2)$일 때

두 모집단의 모분산이 알려져 있지 않지만 모분산이 동일한 것으로 가정할 수 있는 경우, $\mu_1 - \mu_2$의 추정량 $\bar{x}_1 - \bar{x}_2$의 분포는 다음과 같은 평균과 분산을 가지는 정규분포를 따른다.[1]

$$E(\bar{x}_1 - \bar{x}_2) = \mu_1 - \mu_2, \tag{6.9}$$

$$Var(\bar{x}_1 - \bar{x}_2) = \sigma^2(\frac{1}{n_1} + \frac{1}{n_2}). \tag{6.10}$$

이때 공통분산 σ^2의 합동추정량(pooled estimator)은 다음과 같으며,

$$s_p^2 = \frac{(n_1 - 1)s_1^2 + (n_2 - 1)s_2^2}{n_1 + n_2 - 2} \tag{6.11}$$

자유도 $n_1 + n_2 - 2$인 t-분포를 따르는 다음과 같은 통계량을 구할 수 있다.

$$T = \frac{(\bar{x}_1 - \bar{x}_2) - (\mu_1 - \mu_2)}{s_p\sqrt{1/n_1 + 1/n_2}} \quad \sim \quad t(n_1 + n_2 - 2) \tag{6.12}$$

⟨모평균의 차이에 대한 추론: $\sigma_1^2 = \sigma_2^2 (= \sigma^2)$인 경우⟩

모평균의 차이 $\mu_1 - \mu_2$에 대한 $100(1 - \alpha)\%$ 신뢰구간:

$$\left((\bar{x}_1 - \bar{x}_2) - t_{\alpha/2}\ s_p\sqrt{\frac{1}{n_1} + \frac{1}{n_2}}\ ,\ \ (\bar{x}_1 - \bar{x}_2) + t_{\alpha/2}\ s_p\sqrt{\frac{1}{n_1} + \frac{1}{n_2}}\right) \tag{6.13}$$

$$\text{검정통계량 :}\ T = \frac{(\bar{x}_1 - \bar{x}_2) - \delta_0}{s_p\sqrt{1/n_1 + 1/n_2}} \tag{6.14}$$

	귀무가설	대립가설	기각역
(a)	$H_0 : \mu_1 - \mu_2 \le \delta_0$	$H_1 : \mu_1 - \mu_2 > \delta_0$	$T \ge t_\alpha(n_1 + n_2 - 2)$
(b)	$H_0 : \mu_1 - \mu_2 \ge \delta_0$	$H_1 : \mu_1 - \mu_2 < \delta_0$	$T \le -t_\alpha(n_1 + n_2 - 2)$
(c)	$H_0 : \mu_1 - \mu_2 = \delta_0$	$H_1 : \mu_1 - \mu_2 \ne \delta_0$	$\lvert T\rvert \ge t_{\alpha/2}(n_1 + n_2 - 2)$

6.1.4 모분산 σ_1^2과 σ_2^2이 알려져 있지 않은 경우: $\sigma_1^2 \ne \sigma_2^2$일 때

두 모집단의 모분산이 서로 다른 경우에는 식 (6.12)의 통계량이 t-분포를 따르지 않는다. 그러나 다음 검정통계량은

$$T = \frac{(\bar{x}_1 - \bar{x}_2) - \delta_0}{\sqrt{s_1^2/n_1 + s_2^2/n_2}} \tag{6.15}$$

[1]두 모분산의 동일성에 대한 검정은 6.5절에서 다룰 것이다.

다음과 같이 자유도(df)를 수정하면 근사적으로 t-분포를 따르게 된다.

$$df = \frac{(s_1^2/n_1 + s_2^2/n_2)^2}{(s_1^2/n_1)^2/(n_1-1) + (s_2^2/n_2)^2/(n_2-1)} \tag{6.16}$$

따라서 이러한 검정통계량 T와 수정 자유도를 이용하여 검정을 수행할 수 있다.

6.1.5 독립표본 $t-$검정 사례

⟨표 6.1⟩의 데이터는 새로운 강의방식이 초등학생들의 독해력 향상에 도움을 주는지 알아보기 위해 16명의 대상학생들을 8명씩 랜덤추출하여 두 집단으로 나누고, 한 집단에는 새로운 강의방식(Group=New)을 그리고 다른 한 집단에는 기존의 방식(Group=Old)을 적용한 후 시험을 통해서 얻은 독해력 성적(Score)에 관한 데이터이다.

⟨예 6.1⟩ 집단별 분포의 탐색

```
import pandas as pd
Reading = pd.read_csv('/content/Reading.csv')   # 2.1.3절 참조
import seaborn as sns
sns.boxplot(x='Group',y='Score',data=Reading)   # 상자그림
sns.violinplot(x='Group',y='Score',data=Reading)   # 바이올린 플롯
Reading.groupby("Group").Score.describe()   # 기술통계량
#-----------------------------------------------------------------------
       count    mean       std  min    25%  50%    75%  max
New      8.0 75.375 4.373214 69.0 71.75 76.0 78.50 81.0
Old      8.0 69.125 4.086126 63.0 67.25 69.0 71.25 76.0
```

⟨예 6.1⟩은 이 데이터에 대하여 집단별 상자그림 및 바이올린 플롯과 기술통계량을 출력한 예이다. 바이올린 플롯(violin plot)은 데이터의 분포를 추정하여 표현하며 중심에 상자수염그림도 함께 표현한다(그림 6.1 참조). 이는 다섯숫자 요약 이외에 전체 분포의 모습도 함께 표현할 수 있다는 장점을 가지고 있다.

⟨표 6.1⟩ Reading 데이터

ID	Group	Score	ID	Group	Score	ID	Group	Score	ID	Group	Score
1	New	75	5	New	69	9	Old	65	13	Old	72
2	New	80	6	New	81	10	Old	70	14	Old	71
3	New	72	7	New	71	11	Old	76	15	Old	68
4	New	77	8	New	78	12	Old	63	16	Old	68

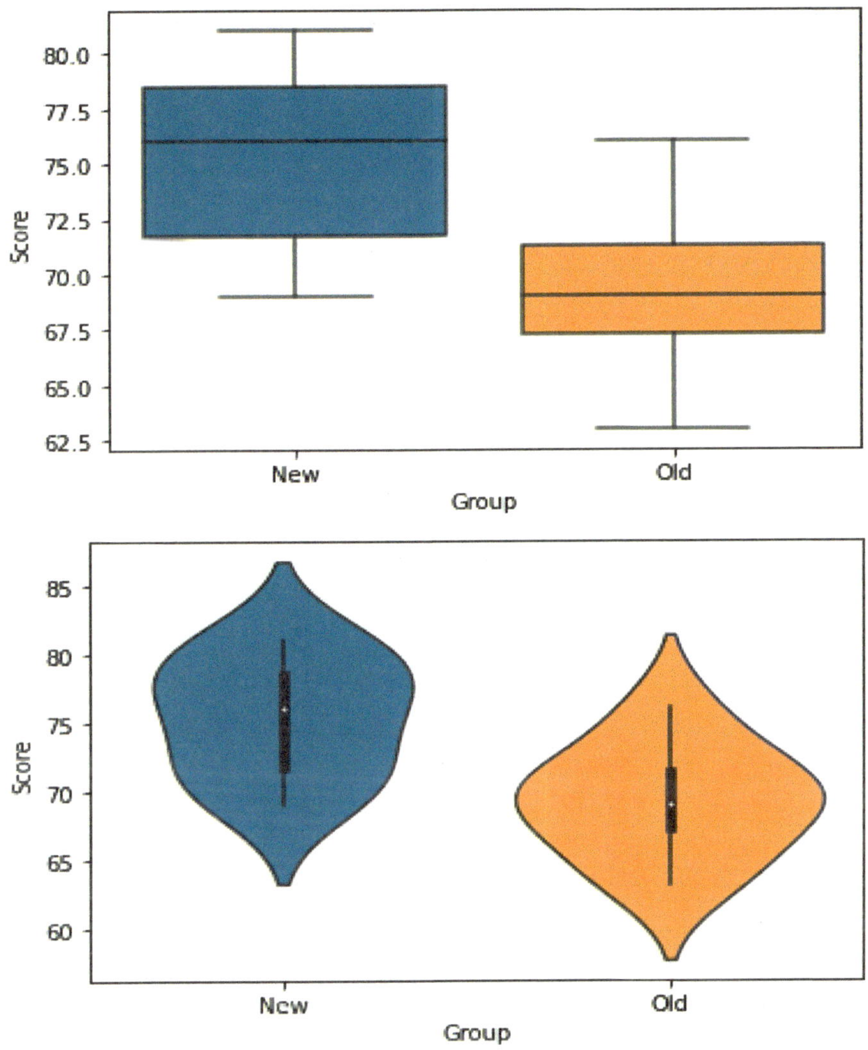

〈그림 6.1〉 두 강의방식에 대한 상자그림 및 바이올린 플롯

〈예 6.2〉 독립표본 t−검정

```
# 집단 나누기
New=Reading[Reading.Group=="New"]
Old=Reading[Reading.Group=="Old"]
#-----------------------------------------------------------------------
# 양측검정, 등분산 가정 <-- scipy 패키지
from scipy.stats import ttest_ind
ttest_ind(New.Score,Old.Score,equal_var=True)
#-----------------------------------------------------------------------
# Ttest_indResult(statistic=2.9536127902039, pvalue=0.010470744188033)
#-----------------------------------------------------------------------
```

```
# 단측검정, 등분산 가정 <-- scipy 패키지
stat, pval = ttest_ind(New.Score,Old.Score,equal_var=True)
print("one-sided p-value =",pval/2)
#------------------------------------------------------------------------
# one-sided p-value = 0.005235372094016561
#------------------------------------------------------------------------
# 단측검정, 등분산 가정 <-- statsmodels 패키지
from statsmodels.stats.weightstats import ttest_ind
ttest_ind(New.Score,Old.Score,alternative="larger",usevar="pooled")
#------------------------------------------------------------------------
# (2.9536127902039, 0.005235372094016, 14.0)   # 통계량, p-값, 자유도
#------------------------------------------------------------------------
# 단측검정, 이분산 가정 <-- statsmodels 패키지
ttest_ind(New.Score,Old.Score,alternative="larger",usevar="unequal")
#------------------------------------------------------------------------
# (2.9536127902, 0.005256688626, 13.935945095)   # 통계량, p-값, 자유도
```

⟨예 6.2⟩는 scipy와 statsmodels 패키지의 ttest_ind 함수를 이용하여 새로운 강의방식에 의한 평균이 기존의 강의방식에 의한 평균보다 큰지를 검정한 것이다(6.6절 참조). 여기에서는 비교하고자 하는 두 집단의 값을 New.Score와 Old.Sore에 먼저 저정한 후 ttest_ind 함수를 적용하였다. 이 예에서의 귀무가설과 대립가설은 다음과 같다.

$$H_0 : \mu_1 \leq \mu_2 \quad vs \quad H_1 : \mu_1 > \mu_2$$

이 예에서는 등분산 가정(두 집단의 모분산이 같다는 가정) 하에서 $t-$검정을 수행하였다.[2] 출력결과를 살펴보면 $T-$값이 2.954이고 이에 대응되는 유의확률($p-$value)이 0.005이므로, 유의수준 0.05 하에서 귀무가설을 기각하고 대립가설을 채택할 수 있다. 즉, 새로운 강의방식이 기존의 방식보다 독서력 향상에 도움을 준다고 할 수 있다.

참고로 두 집단의 분산이 다를 경우(이분산)에 대해서도 독립표본 t-검정을 수행할 수 있는데, ⟨예 6.2⟩에서와 같이 usevar="unequal" 인수값을 지정하면 된다. 위의 결과에서 자유도가 식 (6.16)을 통해 14에서 13.9로 수정되었음을 확인할 수 있다.

6.2 대응표본에 의한 두 모평균의 비교: 대응표본 $t-$검정

앞 절에서는 두 표본이 서로 다른 모집단으로부터 독립적으로 추출된 경우를 다루었다. 이와 같은 실험에서 주의해야 할 것은 두 모집단의 실험단위들이 동질적이도록 해야 한다는 것이다.

[2]두 모분산의 동일성에 대한 검정은 6.5절에서 다룰 것이다.

〈표 6.2〉 대응표본(paired sample)에서의 데이터 구조

번호	1	2	$\cdots$	n
처리 1 (x)	x_1	x_2	$\cdots$	x_n
처리 2 (y)	y_1	y_2	$\cdots$	y_n
차이 ($D = x - y$)	$d_1 = x_1 - y_1$	$d_2 = x_2 - y_2$	$\cdots$	$d_n = x_n - y_n$

예를 들어 두 종류의 약품을 비교자 하는 경우 실험단위들이 동질하지 않으면, 반응값의 차이가 순수한 처리효과에 의한 차이인지 아니면 성, 나이, 증상 등 실험에서 고려되지 않고 있는 다른 요인에 의한 차이인지를 구별할 수 없게 된다.

즉, 실험에서 조절할 수 없는 요인(교락요인, confounding factor)으로 인해 순수한 실제 처리효과의 차이를 알기 어렵게 되는 것이다. 예를 들어 두 종류의 운동화의 마모량을 비교하고자 하는 경우, 실험대상의 나이, 성, 보행습관 등에 의해 순수한 운동화의 품질차이를 알 수 없게 하는 경우이다.

그러나 성, 나이, 습관, 증상 등이 모두 동일한 개체들만으로 실험을 한다는 것은 현실적으로 매우 어렵고, 따라서 이와 같은 문제점을 해결하는 방법 중의 하나가 대응표본(짝지은 표본)을 구성하여 실험을 수행하는 것이다. 즉 실험단위를 동질적인 쌍으로 묶은 다음 각 쌍에 대해 랜덤하게 두 처리를 적용하고, 각 쌍에서 얻어진 반응값의 차이를 이용하여 두 모평균을 비교하는 것이다.

정규모집단으로부터 n개의 대응표본 (x_1, y_1), $(x_2, y_2), \cdots$, (x_n, y_n)을 얻었을 때, $d_i = x_i - y_i$라고 하자(표 6.2 참조). 그러면 두 반응값의 평균에 대한 가설 $\mu_x = \mu_y$를 검정하는 것은 $\mu_d = \mu_x - \mu_y = 0$을 검정하는 것과 같다. 여기서 변수 d는 다음과 같은 표본평균과 표본분산을 가진다.

$$\bar{d} = \frac{1}{n} \sum_{i=1}^{n} d_i, \tag{6.17}$$

$$s_d^2 = \frac{1}{n-1} \sum_{i=1}^{n} (d_i - \bar{d})^2 \tag{6.18}$$

따라서 귀무가설 $H_0 : \mu_d = 0$을 검정하기 위한 검정통계량은 다음 식 (6.19)와 같고, 이러한 T 통계량은 귀무가설 하에서 자유도 $n-1$인 $t-$분포를 따른다.

한편 표본크기가 충분히 클 경우에는 검정통계량 T가 근사적으로 정규분포를 따르게 되므로, 기각치나 유의확률을 정규분포로부터 계산하여 검정을 수행할 수도 있다.

〈대응표본에서 모평균의 차이에 대한 추론〉

$$\text{검정통계량}: \ T = \frac{\bar{d} - \delta_0}{s_d/\sqrt{n}} \tag{6.19}$$

	귀무가설	대립가설	기각역
(a)	$H_0 : \mu_1 - \mu_2 \leq \delta_0$	$H_1 : \mu_1 - \mu_2 > \delta_0$	$T \geq t_{\alpha,n-1}$
(b)	$H_0 : \mu_1 - \mu_2 \geq \delta_0$	$H_1 : \mu_1 - \mu_2 < \delta_0$	$T \leq -t_{\alpha,n-1}$
(c)	$H_0 : \mu_1 - \mu_2 = \delta_0$	$H_1 : \mu_1 - \mu_2 \neq \delta_0$	$\|T\| \geq t_{\alpha/2,n-1}$

〈표 6.3〉의 데이터는 학생 15명에게 컴퓨터 교육을 실시하기 이전의 통계학 시험성적(Pretest)과 교육을 실시한 후의 성적(Posttest)을 얻은 것이다. 먼저 다음 〈예 6.3〉에서는 두 변수의 차이를 나타내는 변수 Diff(=Pretest−Posttest)를 생성하여 분포를 출력한 예이다. 이 출력결과에서 변수 Diff의 평균(mean)이 −7.93임을 알 수 있으며, 특히 〈그림 6.3〉을 통해 대부분의 개체에서 변수 Diff의 값이 0보다 작음을 볼 수 있다.

〈예 6.3〉 두 변수의 차이에 대한 탐색

```
import pandas as pd
Paired = pd.read_csv('/content/Paired.csv')   # 2.1.3절 참조
import seaborn as sns
sns.boxplot(data=Paired.iloc[:,[1,2]],orient='h')   # 2.3.3절 참조
Paired["Diff"] = Paired.Pretest - Paired.Posttest
Paired.Diff.describe()
#----------------------------------------------------------------------
# count    15.000000
# mean     -7.933333
# std       9.931671
# min     -25.000000
```

〈표 6.3〉 Paired 데이터

ID	Pretest	Posttest	ID	Pretest	Posttest	ID	Pretest	Posttest
1	80	82	6	84	71	11	52	65
2	73	71	7	65	75	12	78	83
3	70	95	8	37	60	13	40	60
4	60	69	9	91	95	14	79	86
5	88	100	10	98	99	15	59	62

```
# 25%       -12.500000
# 50%        -7.000000
# 75%        -2.500000
# max        13.000000
# dtype: float64
#---------------------------------------------------------------------
sns.distplot(Paired.Diff)
```

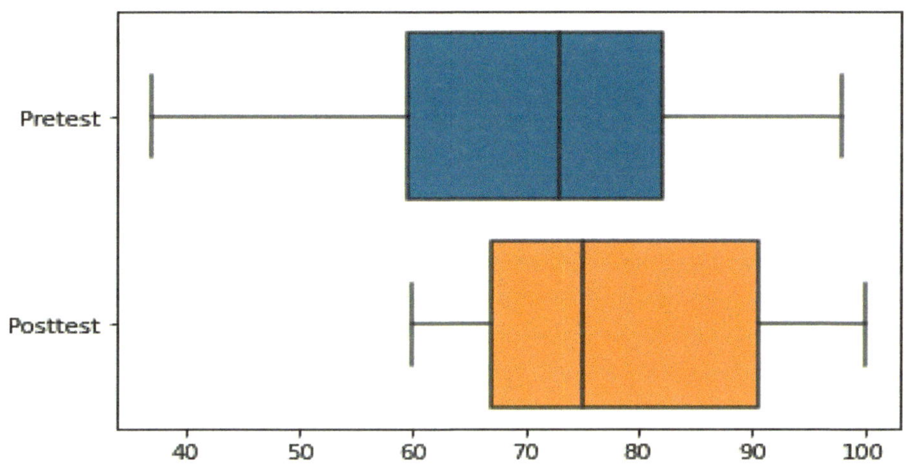

〈그림 6.2〉 두 변수에 대한 상자그림

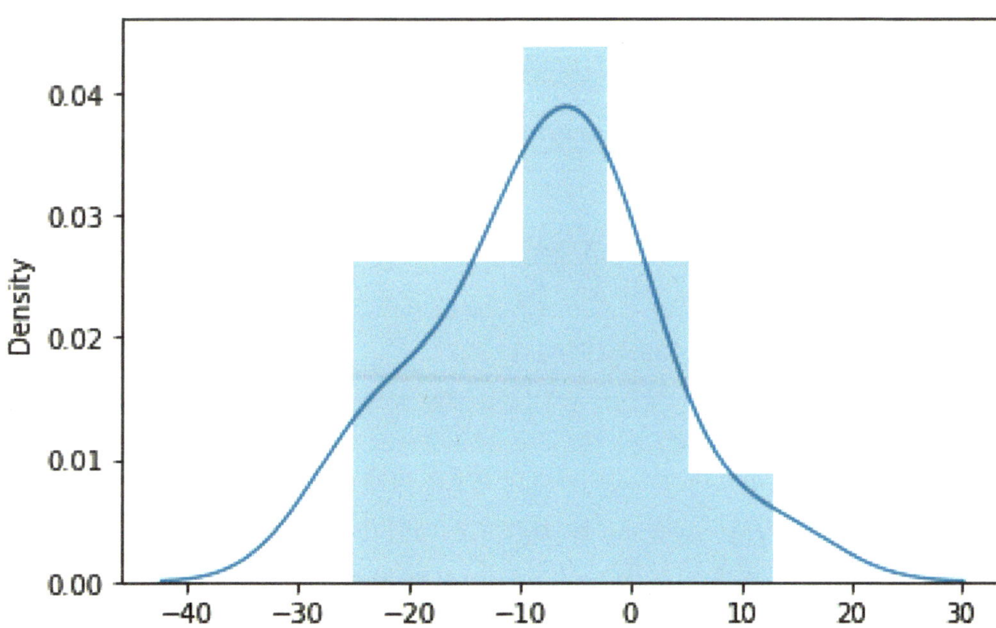

〈그림 6.3〉 변수 Diff의 분포

이제 다음과 같은 가설에 대하여 검정을 수행하여 보자.

$$H_0 : \mu_x \geq \mu_y \quad vs \quad H_1 : \mu_x < \mu_y$$

다음 ⟨예 6.4⟩는 판다스의 describe 함수를 사용하여 데이터를 요약하고, scipy 패키지의 ttest_rel 함수를 사용하여 대응표본 $t-$검정을 수행한 것이다. 참고로 ttest_rel 함수는 양측 검정에 대한 유의확률을 출력하므로 단측검정의 경우에는 해당 유의확률에 1/2을 곱해주어야 한다.

⟨예 6.4⟩ 대응표본 $t-$검정

```
Paired.iloc[:,1:4].describe()
#----------------------------------------------------------------------
#          Pretest    Posttest       Diff
# count  15.000000   15.000000  15.000000
# mean   70.266667   78.200000  -7.933333
# std    18.041487   14.313829   9.931671
# min    37.000000   60.000000 -25.000000
# 25%    59.500000   67.000000 -12.500000
# 50%    73.000000   75.000000  -7.000000
# 75%    82.000000   90.500000  -2.500000
# max    98.000000  100.000000  13.000000
#----------------------------------------------------------------------
from scipy.stats import ttest_rel
# 양측검정
ttest_rel(Paired.Pretest,Paired.Posttest)
#----------------------------------------------------------------------
# Ttest_relResult(statistic=-3.09370, pvalue=0.00793)   # 통계량, p-값
#----------------------------------------------------------------------
# 단측검정
stat, pval = ttest_rel(Paired.Pretest,Paired.Posttest)
print("one-sided p-value =",pval/2)
#----------------------------------------------------------------------
# one-sided p-value = 0.003965461614513267
```

⟨예 6.4⟩의 결과를 살펴보면 $T-$값이 -3.094이고 이에 대응되는 유의확률(p-value)이 0.004이므로, 귀무가설 '$H_0 : \mu_x \geq \mu_y$'를 기각하고 대립가설 '$H_1 : \mu_x < \mu_y$'를 채택할 수 있다. 즉, 교육을 실시한 후의 평균 성적이 교육 실시 이전의 평균 성적에 비하여 상승하였다고 할 수 있다. 또한 $\bar{x} - \bar{y} = -7.933$이므로 교육을 실시한 후의 성적이 평균적으로 약 8점 정도 높다는 것을 알 수 있다.

6.3 독립표본에 의한 두 모비율의 비교

두 모집단의 모비율 차이에 대한 검정에서는 표본의 데이터가 연속적인 값이 아닌 성공횟수로 나타난다. 즉 첫 번째 모집단에서의 표본크기를 n_1 그리고 성공횟수를 x_1이라 하고, 이와는 독립적으로 두 번째 모집단에서의 표본크기를 n_2 그리고 성공횟수를 x_2라 하자. 그러면 두 집단에서의 모비율에 대한 추정치는 각각 $\hat{p}_1 = x_1/n_1$와 $\hat{p}_2 = x_2/n_2$가 된다.

6.3.1 피셔의 정확검정

통계량 x_1과 x_2가 각각 독립적인 이항분포에 따른다는 사실을 이용하여 두 모비율의 차이에 대한 검정을 수행할 수 있는데, 이와 같은 내용의 검정법을 피셔의 정확검정(Fisher's exact test)이라고 한다.[3]

두 모비율에 대한 차이를 검정하는 예를 들어보도록 하자. 현 정부에 대한 지지율이 성인 남녀별로 차이가 있는가를 알아보기 위해 조사를 해 본 결과, 임의로 뽑은 250명의 성인 남자 중 110명이 현 정부를 지지하였고, 200명의 성인 여자 중 104명이 현정부를 지지하는 것으로 나타났다(표 6.4 참조).

다음 ⟨예 6.5⟩는 이 데이터에 대하여 2차원 분할표(빈도표)를 작성하고 행 백분율을 계산한 것이다.

⟨예 6.5⟩ 분할표의 작성 및 행 비율 계산

```
import pandas as pd
Support = pd.read_csv('/content/Support.csv')   # 2.1.3절 참조
SupportTable = pd.crosstab(index=Support["Gender"],
                           columns=Support["YesNo"])
```

[3] 피셔의 정확검정(Fisher's exact test)과 오즈비(odds ratio)에 대하여는 제7장에서 자세히 설명한다.

⟨표 6.4⟩ Support 데이터(첫 10개, $n = 450$)

ID	Gender	YesNo	ID	Gender	YesNo
1	Male	No	6	Male	No
2	Female	Yes	7	Female	No
3	Female	No	8	Male	No
4	Female	No	9	Male	No
5	Female	No	10	Female	Yes

```
SupportTable
#-----------------------------------------------------------------------
#  YesNo  No Yes
# Gender
# Female  96 104
# Male   140 110
#-----------------------------------------------------------------------
pd.crosstab(index=Support["Gender"],columns= Support["YesNo"],
            normalize='index')   # 3.5절 참조
#-----------------------------------------------------------------------
#  YesNo    No  Yes
# Gender
# Female  0.48  0.52
# Male    0.56  0.44
```

이제 성인 남녀별로 현정부에 대한 지지율이 차이가 있는지(즉, $H_0 : p_1 = p_2 \ \ vs \ \ H_1 : p_1 \neq p_2$)를 유의수준 5% 하에서 검정하여 보자.

⟨예 6.6⟩ 독립표본에서 두 모비율의 차이에 대한 검정

```
from scipy.stats import fisher_exact
fisher_exact(SupportTable, alternative='two-sided')
#-----------------------------------------------------------------------
# (0.7252747252747253, 0.10634531219760412)   # 오즈비, p-값
```

⟨예 6.6⟩은 fisher_exact 함수를 사용하여 피셔의 정확검정(Fisher's exact test)을 수행한 예이다(6.6절 참조). 먼저 두 표본비율을 계산하면 각각 $\hat{p}_1 = 110/250 = 44.0\%$, $\hat{p}_2 = 104/200 = 52.0\%$이다. 또한 유의확률(p-value)이 0.106이므로 귀무가설 H_0를 기각할 수 없다. 따라서 정부에 대한 지지율이 남녀별로 차이가 있다고 할 수 없다.

6.3.2 정규근사 검정

한편, 두 모집단의 모비율 차이 $p_1 - p_2$에 대한 추정량으로 표본비율의 차이 $\hat{p_1} - \hat{p_2}(= x_1/n_1 - x_2/n_2)$를 생각할 수 있고, 이 표본비율의 차이에 대한 평균과 분산은 다음과 같음을 보일 수 있다.

$$E(\hat{p}_1 - \hat{p}_2) = p_1 - p_2 \tag{6.20}$$

$$Var(\hat{p}_1 - \hat{p}_2) = \frac{p_1(1-p_1)}{n_1} + \frac{p_2(1-p_2)}{n_2} \tag{6.21}$$

여기에서 표본크기 n_1과 n_2가 충분히 크면 $\hat{p}_1 - \hat{p}_2$는 근사적으로 정규분포를 따르게 되므로, 다음과 같은 표준화 변환을 취하면 근사적으로 표준정규분포 $N(0,1)$을 따르는 확률변수 Z을 얻을 수 있다.

$$Z = \frac{(\hat{p}_1 - \hat{p}_2) - (p_1 - p_2)}{\sqrt{p_1(1-p_1)/n_1 + p_2(1-p_2)/n_2}} \quad \sim \quad N(0,1) \tag{6.22}$$

따라서 두 모비율의 차이 $p_1 - p_2$에 대한 $100(1-\alpha)\%$ 신뢰구간은 다음과 같이 주어진다.

$$(\hat{p}_1 - \hat{p}_2) \pm z_{\alpha/2}\sqrt{\frac{\hat{p}_1(1-\hat{p}_1)}{n_1} + \frac{\hat{p}_2(1-\hat{p}_2)}{n_2}} \tag{6.23}$$

이제 두 모비율의 차이에 대한 가설검정 문제를 생각해 보자. 일반적으로 모비율에 관한 통계적 추론에서는 두 모비율의 차이에 대한 동일성에 관심이 있는 경우가 대부분이라고 할 수 있는데, 이 경우 귀무가설은 $H_0 : p_1 = p_2$이다. 이러한 귀무가설 하에서는 두 모비율이 서로 같으므로(즉 $p_1 = p_2 = p$), 다음과 같은 합동추정량

$$\hat{p} = \frac{x_1 + x_2}{n_1 + n_2} \tag{6.24}$$

으로 공통인 모비율 p를 추정할 수 있다. 이때 두 표본비율의 차이인 $\hat{p}_1 - \hat{p}_2$에 대한 표준오차는 다음과 같다.

$$\sqrt{\frac{\hat{p}(1-\hat{p})}{n_1} + \frac{\hat{p}(1-\hat{p})}{n_2}} = \sqrt{\hat{p}(1-\hat{p})\left(\frac{1}{n_1} + \frac{1}{n_2}\right)} \tag{6.25}$$

따라서 다음 식 (6.26)과 같은 검정통계량이 근사적으로 표준정규분포 $N(0,1)$을 따른다는 사실을 이용하여 두 모비율 차이에 대한 검정을 수행할 수 있다.

⟨모비율 차이에 대한 검정: 표본크기가 충분히 큰 경우⟩

$$\text{검정통계량: } Z = \frac{\hat{p}_1 - \hat{p}_2}{\sqrt{\hat{p}(1-\hat{p})(1/n_1 + 1/n_2)}} \tag{6.26}$$

	귀무가설	대립가설	기각역
(a)	$H_0 : p_1 \le p_2$	$H_1 : p_1 > p_2$	$Z \ge z_\alpha$
(b)	$H_0 : p_1 \ge p_2$	$H_1 : p_1 < p_2$	$Z \le -z_\alpha$
(c)	$H_0 : p_1 = p_2$	$H_1 : p_1 \ne p_2$	$\lvert Z \rvert \ge z_{\alpha/2}$

〈예 6.6〉에서 다루었던 Support 데이터에 대하여 위의 검정통계량을 적용하여 보자. 먼저 공통비율을 계산하면 $\hat{p} = (110 + 104)/(250 + 200) = 0.476$이므로, 검정통계량 Z의 값을 구하면 다음과 같다.

$$Z = \frac{0.440 - 0.520}{\sqrt{(0.476)(0.524)(1/250 + 1/200)}} = 1.688$$

또한 부록의 '부표 3'에서 기각치가 $z_{0.025} = 1.96$임을 알 수 있고,[4] 검정통계량의 값 $|Z| = 1.688$은 기각치인 1.96보다 작으므로 귀무가설 H_0를 기각할 수 없다. 따라서 정부에 대한 지지율이 남녀별로 차이가 있다고 할 수 없다.

〈예 6.7〉 두 모비율의 차이에 대한 검정 – 카이제곱검정

```
from scipy.stats import chi2_contingency
chi2_contingency(SupportTable)
#-----------------------------------------------------------------------
# (2.5395141968952935,                       # 카이제곱 통계량
#  0.1110289428837834,                       # p-값
#  1,                                        # 자유도
#  array([[104.88888889,  95.11111111],      # 기대도수
#        [131.11111111, 118.88888889]]))
```

한편 표준정규분포에 따르는 확률변수 z의 제곱은 자유도가 1인 카이제곱분포를 따르게 되는데(4.5절 참조), 따라서 카이제곱검정을 이용하여 정규근사 검정을 수행할 수 있다.

〈예 6.7〉은 chi2_contingency 함수를 사용하여 두 모비율 차이에 대한 근사적 검정을 수행한 것이다. 이 출력결과를 살펴보면 카이제곱 통계량의 값이 2.540이고 이에 대응되는 유의확률(p-값)은 0.111이므로 '지지율이 남녀별로 차이가 없다'는 귀무가설을 기각할 수 없다.

6.4 대응표본에 의한 두 모비율의 비교 – 맥니머 검정

두 독립표본에 대한 비율차이 검정을 앞절에서 다루었고, 이에 대한 검정은 카이제곱 통계량을 이용할 수도 있다는 것을 설명하였다. 이제 대응표본으로부터 두 표본비율 $\hat{p}_A$과 $\hat{p}_B$를 얻은 경우, 모비율 p_A과 p_B에 대한 추론에 대해서 다루어 보도록 하자.

예를 들어 100명의 소비자에게 두 개의 제품 A와 B를 모두 사용하게 해본 후, 두 제품에 대한 호감여부를 조사하여 〈표 6.5〉와 같은 데이터를 얻었다고 하자.

[4] norm.ppf(0.95)와 같이 norm.ppf 함수를 이용하여 구할 수 있다.

〈표 6.5〉 대응표본에 대한 교차표

		B		합계
		예(1)	아니오(0)	
A	예(1)	n_{11}	n_{10}	n_A
	아니오(0)	n_{01}	n_{00}	$n - n_A$
합계		n_B	$n - n_B$	n

이때 두 표본비율 $p_A = n_A/n$과 $p_B = n_B/n$는 서로 독립이 아니므로 앞절에서 설명한 방법을 적용할 수 없으며, 이러한 대응표본의 모비율 차이에 대해서는 귀무가설 '$H_0 : \ p_A = p_B$' 하에서 n_{01}이 이항분포 $B(n_{01} + n_{10}, 1/2)$를 따른다는 사실을 이용하여 검정을 수행할 수 있다.

또한 다음과 같은 정규근사 통계량을 이용할 수도 있는데,

$$Z = \frac{n_{01} - (n_{01} + n_{10})/2}{\sqrt{(n_{01} + n_{10})/4}} = \frac{n_{01} - n_{10}}{\sqrt{n_{01} + n_{10}}} \tag{6.27}$$

이때 검정통계량 Z은 귀무가설 하에서 표준정규분포를 따르므로 Z^2은 자유도 1인 카이제곱분포를 따르며, 이 Z^2을 맥니머(McNemer)의 카이제곱 통계량이라고도 한다.

맥니머 검정의 예를 하나 들어보자. 정부에서 어떤 정책을 발표하기 이전과 이후에 정부에 대한 지지율이 변하였는지를 알아보기 위해, 120명의 유권자를 조사하여 〈표 6.6〉과 같은 데이터를 얻었다고 하자. 즉, 이 예에서는 동일한 120명에 대해서 발표 이전과 이후의 응답을 얻었다. 만약 발표 이전과 이후에 서로 다른 120명씩(전체 240명)을 조사하였다면, 앞절에서 설명한 두 집단의 모비율 차이에 대한 검정을 수행해야 한다.

〈예 6.8〉 분할표의 작성 및 백분율 계산

```
import pandas as pd
Prepost = pd.read_csv('/content/Prepost.csv')   # 2.1.3절 참조
PrepostTable = pd.crosstab(index=Prepost["Pre"],columns=Prepost["Post"])
pd.crosstab(index=Prepost["Pre"],columns=Prepost["Post"],margins=True,
            margins_name='합계')
#----------------------------------------------------------------------
#    Post  No Yes 합계
# Pre
# No       18  27   45
# Yes       8  67   75
# 합계      26  94  120
```

〈표 6.6〉 Prepost 데이터(첫 10개, $n = 120$)

ID	Pre	Post	ID	Pre	Post
1	Yes	Yes	6	No	No
2	No	No	7	No	Yes
3	Yes	No	8	Yes	Yes
4	No	No	9	Yes	Yes
5	No	No	10	No	Yes

```
#-----------------------------------------------------------------------
pd.crosstab(index=Prepost["Pre"],columns= Prepost["Post"],margins=True,
            margins_name='합계',normalize="all")
#-----------------------------------------------------------------------
#      Post        No        Yes   합계
# Pre
# No        0.150000 0.225000  0.375
# Yes       0.066667 0.558333  0.625
# 합계      0.216667 0.783333  1.000
```

〈예 6.8〉은 〈표 6.6〉의 데이터에 대하여 2차원 분할표(빈도표)를 작성하고 비율을 계산한 예이다. 이 출력결과에서 정책 발표 이전의 지지율은 75/120=62.5%이고, 정책 발표 이후의 지지율은 94/120=78.3%로서 15.8%p가 상승하였음을 볼 수 있다.

맥니머 검정은 다음 〈예 6.9〉에서와 같이 statsmodels 패키지의 mcnemar 함수를 사용하여 수행할 수 있다.

〈예 6.9〉 대응표본에서 두 모비율의 차이에 대한 검정

```
from statsmodels.stats.contingency_tables import mcnemar
print(mcnemar(PrepostTable,exact=True))    # 이항분포 사용
#-----------------------------------------------------------------------
# pvalue       0.0018782254774123435
# statistic    8.0
#-----------------------------------------------------------------------
print(mcnemar(PrepostTable,exact=False))    # 카이제곱분포 사용
#-----------------------------------------------------------------------
# pvalue       0.0023457869795667934
# statistic    9.257142857142858
```

⟨예 6.9⟩의 결과를 살펴보면 이항분포에 의한 정확한 유의확률(p-value)이 0.0019로서, 정책을 발표하기 이전과 이후의 정부에 대한 지지율이 달라졌다고 말할 수 있다. 한편, 맥니머 검정에 대한 근사 유의확률은 exact=False 인수값을 지정하여 구할 수 있는데, 이 예에서는 $p-$값=0.0023이다.

6.5 모분산의 동일성에 대한 검정

고도의 정밀도를 요구하는 현대산업에 있어서 생산된 제품의 정밀도에 대한 측도를 나타내는 분산에 대한 비교는 매우 중요하다. 특히 두 모집단의 분산에 대한 비교의 경우가 이에 해당된다. 예를 들어, 일정한 규격의 베어링을 생산하는 경우 각 제조공정에 따라 베어링의 평균지름은 같으나 분산이 다르다면 심각한 문제가 발생할 수 있게 된다.

또한 6.1절에서 언급한 바와 같이 두 모집단의 평균 차이를 검정하는 과정에서 두 모분산의 동일성($H_0 : \sigma_1^2 = \sigma_2^2$)에 대한 검정을 수행해야 할 필요가 있게 된다.

앞의 4.5절에서, 다음과 같이 정의되는 통계량은 자유도가 $(n_1-1,\ n_2-1)$인 $F-$분포를 따른다는 것을 설명한 바 있다. 즉,

$$F = \frac{s_1^2/\sigma_1^2}{s_2^2/\sigma_2^2} \quad \sim \quad F(n_1-1,\ n_2-1) \tag{6.28}$$

여기에서 귀무가설 $H_0 : \sigma_1^2 = \sigma_2^2$ 하에서는 $F = s_1^2/s_2^2$이 되므로, 이러한 사실을 이용하여 모분산에 대한 동일성을 검정하게 되는 것이다.

⟨모분산의 동일성에 대한 검정⟩

두 모분산의 비 σ_1^2/σ_2^2에 대한 $100(1-\alpha)\%$ 신뢰구간:

$$\left(\frac{1}{F_{\alpha/2, n_1-1, n_2-1}} \times \frac{s_1^2}{s_2^2}\ ,\quad F_{\alpha/2, n_2-1, n_1-1} \times \frac{s_1^2}{s_2^2} \right) \tag{6.29}$$

$$\text{검정통계량: } F = \frac{s_1^2}{s_2^2} \tag{6.30}$$

	귀무가설	대립가설	기각역
(a)	$H_0 : \sigma_1^2 \le \sigma_2^2$	$H_1 : \sigma_1^2 > \sigma_2^2$	$F \ge F_{\alpha, n_1-1, n_2-1}$
(b)	$H_0 : \sigma_1^2 \ge \sigma_2^2$	$H_1 : \sigma_1^2 < \sigma_2^2$	$F \le F_{1-\alpha, n_1-1, n_2-1}$
(c)	$H_0 : \sigma_1^2 = \sigma_2^2$	$H_1 : \sigma_1^2 \ne \sigma_2^2$	$F \ge F_{\alpha/2, n_1-1, n_2-1}$ 또는 $F \le F_{1-\alpha/2, n_1-1, n_2-1}$

〈예 6.10〉 모분산의 동일성에 대한 $F-$검정

```
import pandas as pd
Reading = pd.read_csv('/content/Reading.csv')
New = Reading[Reading.Group=="New"]
Old = Reading[Reading.Group=="Old"]
import numpy as np
from scipy import stats
def F_test(x, y):                              # 사용자 정의 함수
   f = np.var(x,ddof=1)/np.var(y,ddof=1)    # F-값 계산
   df1 = x.size - 1                            # 분자의 자유도
   df2 = y.size - 1                            # 분모의 자유도
   p = 2*(1-stats.f.cdf(f,df1,df2))          # 양측검정 p-값 계산
   return f, p
F_test(New.Score,Old.Score)
#-----------------------------------------------------------------------
# (1.1454545454545453, 0.8624138071371461)   # F-값, p-값
#-----------------------------------------------------------------------
from scipy import stats
stats.bartlett(New.Score,Old.Score)   # Bartlett 검정
#-----------------------------------------------------------------------
# BartlettResult(statistic=0.030098911091236, pvalue=0.8622659908256)
#-----------------------------------------------------------------------
stats.levene(New.Score,Old.Score)   # Levene 검정
#-----------------------------------------------------------------------
# LeveneResult(statistic=0.1978798586572438, pvalue=0.6632376240724351)
```

〈예 6.10〉에서는 6.1절에서 다루었던 Reading 데이터에 대해 분산의 동일성 검정을 위한 사용자 정의 함수를 작성하고 가설검정을 수행하였다. 또한 정규분포의 가정에 덜 민감하다고 알려져 있는 Bartlette 검정과 Levene 검정을 수행하는 예를 제시하였다.

이 예에서의 귀무가설과 대립가설은 다음과 같다.

$$H_0 : \sigma_1^2 = \sigma_2^2 \ \ vs \ \ H_1 : \sigma_1^2 \neq \sigma_2^2$$

출력결과를 살펴보면 $F-$값이 $1.146(= s_1^2/s_2^2 = 4.37^2/4.09^2)$이고 이에 대응되는 유의확률 ($p$-값)이 0.862이므로(예 6.1 참조), 귀무가설을 기각할 수 없다. 즉, 두 집단의 모분산이 다르다고 말할 수 없다. 〈그림 6.1〉의 상자그림에서도 두 집단의 산포도가 크게 다르지 않음을 볼 수 있다.

6.6 이 장에서 사용된 주요 함수들

여기에서는 이 장에서 사용된 주요 함수들에 대하여 사용형식(usage)과 자주 사용되는 인수(argument)들을 설명한다. 보다 자세한 사항은 파이썬의 도움말을 참조하여라.

□ chi2_contingency 함수 (scipy 패키지)

- chi2_contingency(observed=,correction=True): 분할표에 대하여 카이제곱 통계량을 이용한 독립성 검정을 수행한다. 두 모비율의 차이에 대한 검정에도 사용될 수 있다. 카이제곱 통계량, 유의확률, 자유도, 기대빈도를 출력한다.

- ◦ observed=: 관측빈도가 포함된 분할표 데이터를 지정한다.
- ◦ correction=: Yates의 연속성 보정(continuity correction)을 수행할 것인지의 여부를 지정한다. 기본값: correction=True.

□ fisher_exact 함수 (scipy 패키지)

- fisher_exact(table,alternative="two-sided"): 2×2 분할표 테이블에 대한 피셔의 정확검정을 수행한다. 오즈비와 유의확률을 출력한다.

- ◦ table=: 2×2 분할표 테이블을 지정한다. 이 테이블의 원소는 음수가 되면 안된다.
- ◦ alternative=: "two-sided"(양측검정), "less"(왼쪽 단측검정), "greater"(오른쪽 단측검정)을 지정한다. 기본값: alternative="two-sided".

□ mcnemar 함수 (statsmodels 패키지)

- mcnemar(table=,exact=True,correction=True): 두 모비율의 동질성에 대한 맥니머 검정을 수행한다. 검정통계량과 유의확률을 출력한다.

- ◦ table=: 정방형 분할표 테이블을 지정한다.
- ◦ exact=: 이항분포를 이용할 것인지 아니면 카이제곱 근사분포를 이용할 것인지를 지정한다. 기본값: exact=True(이항분포 이용).
- ◦ correction=: 카이제곱 근사분포를 이용할 때 연속성 수정을 수행할 것인지의 여부를 지정한다. 기본값: correction=True.

□ ttest_ind 함수 (scipy 패키지)

- ttest_ind(a=,b=,axis=0,equal_var=True,alternative="two-sided"): 두 독립표본에 대한 양측 t-검정을 수행한다. 검정통계량과 유의확률이 출력된다.

- a=, b=: 검정을 수행할 두 변수 값을 지정한다.
- axis=: 검정을 위한 데이터 계산 방향을 지정한다. 0(행) 또는 1(열)을 지정할 수 있다. 기본값: axis=0.
- equal_var=: True이면 모분산이 동일하다는 가정 하에 일반적인 독립표본 t-검정을 수행하고, False이면 두 모분산이 다르다는 가정 하에 Welch의 t-검정을 수행한다.

□ ttest_ind 함수 (statsmodels 패키지)

- ttest_ind(x1=,x2=,alternative="two-sided",usevar="pooled",weights=None,value=0): 두 독립표본에 대한 t-검정을 수행한다. 검정통계량, 유의확률, 자유도가 출력된다.

- x1=, x2=: 검정을 수행할 두 변수 값을 지정한다.
- alternative=: "two-sided"(양측검정), "smaller"(왼쪽 단측검정), "larger"(오른쪽 단측검정)을 지정한다. 기본값: alternative="two-sided".
- usevar=: "pooled"이면 모분산이 동일하다는 가정 하에 일반적인 독립표본 $t-$검정을 수행하고, "unequal"이면 두 모분산이 다르다는 가정 하에 Satterthwait의 자유도를 이용한 Welch의 t-검정을 수행한다. 기본값: usevar="pooled".
- weights=: 두 표본 개체들에 대한 가중치를 지정할 수 있다.
- value=: 귀무가설 하에서 두 모집단의 평균차이를 지정한다. 기본값: value=0.

□ ttest_rel 함수 (scipy 패키지)

- ttest_rel(a=,b=,axis=0,alternative="two-sided"): 대응표본에 대한 t-검정을 수행한다. 검정통계량과 유의확률이 출력된다.

- a=, b=: 검정을 수행할 두 변수 값을 지정한다.
- axis=: 검정을 위한 데이터 계산 방향을 지정한다. 0(행) 또는 1(열)을 지정할 수 있다.
- alternative=: "two-sided"(양측검정), "less"(왼쪽 단측검정), "greater"(오른쪽 단측검정)을 지정한다. 기본값: alternative="two-sided".

□ **violinplot 함수 (seaborn 패키지)**

- violinplot(x=,y=,hue=None,data=,⋯): 상사그림과 커널밀도(kernel density)를 함께 표현해 주는 바이오린 플롯을 작성한다.

- x=, y=: 플롯을 작성할 때 사용될 변수를 지정한다. 'x=집단 변수, y=분석 변수'와 같이 지정하거나 집단변수가 없이 'x=분석 변수'와 같이 지정할 수 있다.
- hue=: 플롯을 구분할 다른 범주형 변수를 지정할 수 있다.
- data=: 데이터 프레임을 지정한다.
- orient=: 플롯의 출력 방향을 지정한다. "v"(수직방향 출력) 또는 "h"(수평방향 출력)을 지정할 수 있다. 기본값: orient="v".
- scale=: 플롯의 폭에 대한 스케일을 지정한다. "area"(각 플롯이 동일한 면적을 가짐), "count"(관측치 수로 크기가 조정됨), "width"(동일한 폭을 가짐)를 지정할 수 있다. 기본값: scale="area".
- color=: 원소들의 색을 지정한다. 예를 들어, color="red".
- pallete=: hue= 인수로 지정된 변수의 범주에 대하여 서로 다른 수준의 색을 사용할 경우 지정한다. 예를 들어, palette="Blues".

6.7 연습문제

1. 어떤 기업연구가는 신용등급이 FP(finantial performance) 지표에 영향을 줄 것이라는 생각을 하고 있다. 이를 알아보기 위해 신용등급이 좋은 12개의 회사와 나쁜 12개의 회사를 임의로 선택하여 FP 지표를 조사하고 다음 데이터를 얻었다.

신용등급 좋음	0.58 2.80 2.77 3.50 2.67 2.97 2.18 3.24 1.49 2.19 2.70 2.57
신용등급 나쁨	2.28 1.06 1.08 0.07 0.16 0.70 0.75 1.61 0.34 1.15 0.44 0.86

(a) 신용등급에 따른 FP 지표의 모평균에 차이가 있는지를 유의수준 5% 하에서 검정하여라.

(b) 두 모평균의 차이에 대한 95% 신뢰구간을 구하여라.

2. 다음은 distplot 함수를 이용하여 집단별 밀도함수를 겹쳐서 그리는 프로그램의 예로서, 6.1절의 Reading 데이터에 대하여 그래프를 작성한 것이다(그림 6.4 참조). 이 프로그램을 적절히 수정하여 문제 1의 데이터에 대한 밀도함수 그래프를 작성하여라.

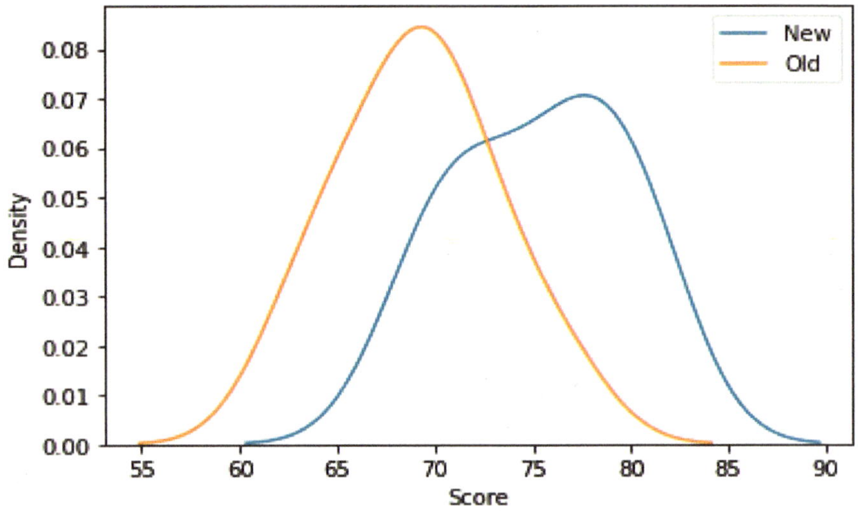

〈그림 6.4〉 집단별 밀도함수 그래프

〈예 6.11〉 집단별 밀도함수 그래프 작성

```
import matplotlib.pyplot as plt
import seaborn as sns
New = Reading[Reading.Group=="New"]
Old = Reading[Reading.Group=="Old"]
sns.distplot(New.Score,hist=False,label='New')
sns.distplot(Old.Score,hist=False,label='Old')
plt.legend()
plt.show()
```

3. 공기중의 수은농도를 측정하는 두 가지 형태의 기기에 대해 정밀도를 $1cm^2$당 마이크로그램으로 검사하여 다음과 같은 데이터를 얻었다. 두 모집단의 분산이 동일하다고 할 수 있는가에 대해 유의수준 5% 하에서 검정하여라.

기기 A	0.95 0.82 0.78 0.96 0.71 0.86 0.99
기기 B	0.89 0.91 0.94 0.91 0.90 0.89

4. 땅콩을 두 조각으로 쪼개어 한쪽은 생으로, 다른 한쪽은 볶아서 각각 함유하고 있는 단백질의 함량을 조사하여 다음과 같은 데이터를 얻었다. 단백질 함량의 평균에 차이가 있다고 할 수 있는가?

생 땅콩	61 60 56 63 56 63 69 56 44 61
볶은 땅콩	56 54 47 59 51 51 57 54 63 58

5. ⟨표 5.4⟩의 Deer 데이터에 대하여 사슴의 앞다리와 뒷다리 길이의 평균에 차이가 있는지를 검정하여라. 또한 이 결과를 제4장의 문제 1번의 결과와 비교하여라.

6. A, B 두 생명보험에 대하여 계약파기비율이 다른지를 조사하고자 한다. 지난 일 년간의 데이터는 다음과 같다. 두 보험에 대한 계약파기비율이 다르다고 할 수 있는지를 유의수준 5% 하에서 가설을 검정하여 보아라.

	총계약자 수	계약파기자 수
A 생명보험사	2,350	580
B 생명보험사	5,210	1,500

7. 다음은 두 개의 다른 제조방법에 의해서 생산된 자동차 배터리의 수명시간을 측정한 결과이다.

A 방법	2.0 2.1 2.5 3.0 3.3 4.2 4.2 4.3 6.8 7.6
B 방법	3.6 3.7 3.9 3.9 3.9 4.0 4.0 4.0 4.1 4.2 4.3

(a) A방법에 의해서 생산된 배터리의 분산이 B방법에 의해서 생산된 배터리의 분산보다 크다고 할 수 있는지를 검정하여라.

(b) 두 분산의 비에 대한 95%의 신뢰구간을 구하여라.

8. 철사의 강도를 조사하기 위하여 종류 A에서 20개의 표본을 추출하여 계산한 결과 평균 강도 $\bar{x}_1$가 32.5ksi이다. 같은 종류의 철사에 전기처리를 한 후에 같은 실험으로 25개의 표본을 추출하여 계산한 결과 평균 강도 $\bar{x}_2$가 36.4ksi의 값을 얻었다. 이때 철사의 강도는 표준편차가 각각 3과 4인 정규분포를 따른다고 가정하고 다음을 답하여라.

(a) 각 모집단의 평균을 μ_1, μ_2라 하고 각각의 95% 신뢰구간을 구하여라.

(b) $\mu_1 - \mu_2$의 95% 신뢰구간을 구하여라.

(c) 귀무가설 $H_0 : \mu_1 - \mu_2 = 0$과 대립가설 $\mu_1 < \mu_2$에 대해 유의수준 5% 하에서 검정하고, 이때의 $p-$값을 구하여라.

9. 배기량이 동일한 자동차 A와 자동차 B의 연료소비량에 차이가 있는지를 조사하기 위하여 1ℓ의 연료를 넣고 자동차 A는 9번을 자동차 B는 16번의 주행거리(㎞)를 실험하여 다음과 같은 결과를 얻었다.

	평균	분산
자동차 A	14.5	4
자동차 B	13.0	16

이 결과로부터 두 자동차의 연료소비량은 같다고 말할 수 있는지 유의수준 5% 하에서 검정하여라.

10. 벼의 시험재배에서 품종 A와 품종 B의 수확량을 비교하고자 한다. 임의로 24개의 지역을 택하여 두 품종의 벼를 경작하여 다음과 같은 자료를 얻었다.

품종 A	31 34 29 26 32 35 38 34 30 29 32 31
품종 B	26 24 28 29 30 29 32 26 31 29 32 28

(a) A품종이 B품종보다 더 수확량이 많다고 할 수 있는가를 검정하여라.

(b) 두 품종간의 수확량의 차에 대한 95% 신뢰구간을 계산하여라.

11. 두 콜라회사 제품에서 A 성분의 함유량을 조사한 결과 다음과 같았다. 두 회사의 A 성분 함유량이 다른지를 유의수준 5% 하에서 검정하여 보아라.

갑	1 2 3 4 5 6 7
을	1 2 2 1 2 1 1

12. 우편물의 국내외 취급은 우체국을 통하게 되어 있다. 그러나 최근 들어 수출입 상품의 견본 등 지급을 요하는 우편물(소포 포함)의 양이 증가함에 따라 이들 지급 우편물의 배달을 전문으로 하는 회사가 생겼다. 어느 중소 업체에서는 이들 두 가지(우체국과 전문회사) 중 어느 곳을 택하는 것이 좋은지 알아보기 위하여 12곳의 거래 회사로 견본을 보내어 배달에 걸린 일수를 기록하였다.

	1	2	3	4	5	6	7	8	9	10	11	12
우체국	4	6	8	3	3	7	4	5	9	10	9	7
전문회사	3	4	6	2	5	8	3	5	10	9	8	5
차이	1	2	2	1	-2	-1	1	0	-1	1	1	2

전문회사에 맡기는 것이 빠르다고 주장하려면 어떠한 가설을 세워야 하는가? 또한 세운 가설을 유의수준 5% 하에서 검정하여라.

13. 적당한 육체적 운동이 당뇨의 양에 영향을 미치는지를 알기 위하여 20명의 당뇨병 환자를 표본으로 추출하여 500m 달리기를 하기 1시간 전과 2시간 후에 당뇨의 양을 측정하였다.

번호	달리기전	달린후	번호	달리기전	달린후
1	1.45	0.19	2	2.37	1.03
3	0.79	0.15	4	0.77	0.35
5	0.93	1.19	6	0.77	0.27
7	1.35	0.67	8	0.33	0.58
9	0.80	0.39	10	1.42	0.68
11	2.50	1.58	12	0.51	0.82
13	0.41	1.58	14	2.83	1.28
15	1.56	0.91	16	1.01	2.02
17	1.93	0.28	18	0.81	0.24
19	1.35	0.12	20	3.48	0.36

적당한 양의 운동이 좋다는 것을 위의 자료로부터 증명하고자 한다. 유의수준 5% 하에서 검정하여라.

14. 여학생들의 신진대사에 대한 조사에서 7시간 이상 수면을 취하는 집단과 7시간 미만 수면을 취하는 집단으로 구분하여 각 집단이 하루에 소비하는 에너지의 양을 측정하여 다음의 결과를 얻었다.

7시간 이상	35.3 35.9 37.2 33.0 31.9 33.7 36.0 35.0
	33.3 36.6 37.9 35.6 29.0 33.7 35.7
7시간 미만	32.4 34.0 34.4 31.8 35.0 34.6 34.6 33.5
	33.6 31.5 33.8

(a) 7시간 이상 수면을 취하는 집단이 7시간 미만 수면을 취하는 집단보다 에너지 소비량의 분산이 크다고 할 수 있는지를 5% 유의수준 하에서 검정하여라.

(b) 두 집단의 표준편차의 비에 대한 95% 신뢰구간을 구하여라.

제 7 장
상관분석

여러 변수들에 대해 얻은 데이터를 분석하는 경우 주요 관심 대상 중의 하나는 변수들 간의 상호 연관성을 분석하는 것이다. 이 장에서는 두 변수 간의 선형적인 연관성을 분석하는 상관분석(correlation analysis)에 대해 기본적인 내용을 소개할 것이다. 또한 측정이론에서 문항의 신뢰도를 평가하는 데 사용되는 크론바흐(Cronbach)의 알파(α)에 관련된 내용도 간단히 다룰 것이다.

7.1 상관계수의 개념

가구당 실질소득과 저축률, 섭취한 알코올의 양과 맥박수, 지능지수와 학업성적 등과 같이 서로 관련을 맺고 있는 두 변수에 대한 관찰값들이 쌍으로 주어졌을 때, 연구자는 두 변수들 간의 관계에 관심을 두게 된다. 먼저 이 절에서는 두 연속형 변수들 간의 연관성을 측정하는 데 사용되는 상관계수의 개념에 대해서 살펴보도록 하자.

7.1.1 공분산과 상관계수

평균이 μ_x와 μ_y이고 분산이 σ_x^2와 σ_y^2인 두 확률변수 X와 Y가 있다고 하자. 만약 X의 값이 μ_x보다 클 때는 Y의 값도 μ_y보다 크고, X의 값이 μ_x보다 작을 때는 Y의 값도 μ_y보다 작은 경향이 있다면 $(X-\mu_x)(Y-\mu_y)$는 양의 값을 가질 가능성이 많게 된다. 공분산(共分散, covariance)

$$\sigma_{xy} = Cov(X,Y) = E\left[(X-\mu_x)(Y-\mu_y)\right] \tag{7.1}$$

은 $(X-\mu_x)(Y-\mu_y)$의 기댓값으로 확률변수 X의 증가에 따른 확률변수 Y의 증가 또는 감소의 경향을 나타내는 척도이다. 즉, σ_{xy}가 큰 양의 값을 가진다면 X가 증가할 때 Y도 증가하는 경향이 크다는 것을 나타내고, σ_{xy}가 큰 음의 값을 가진다면 X가 증가할 때 Y는 감소하는 경향이 크다는 것을 나타낸다. 만약, σ_{xy}가 0에 가깝다면 두 확률변수 X와 Y의 증감은 서로 체계적인 경향이 없다는 것을 의미한다.

그러나 이와 같은 공분산은 변수를 측정하는 단위에 의존하며 그 값의 범위가 제한되어 있지 않아서 연관성의 정도를 상대 또는 절대비교하기가 어렵기 때문에, 측정단위와는 무관하며 범위가 제한되어 있는 연관성의 측도를 고려할 필요가 있다.

공분산 σ_{xy}를 각 확률변수의 표준편차(standard deviation)로 나누면 다음과 같은 상관계수(相關係數, correlation coefficient)

$$\rho_{xy} = Corr(X,Y) = \frac{\sigma_{xy}}{\sigma_x \sigma_y} \tag{7.2}$$

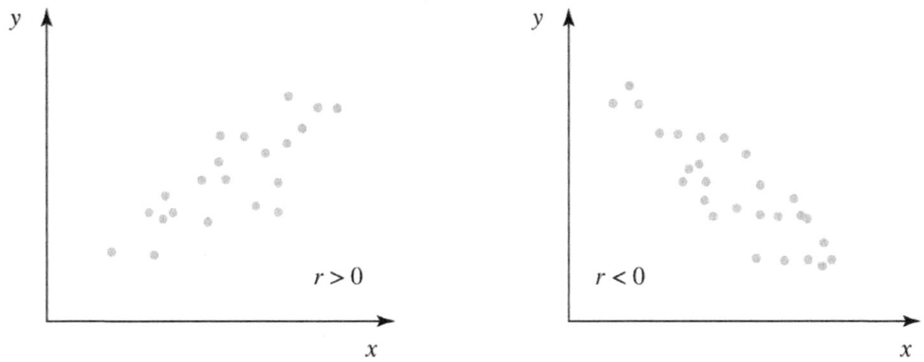

⟨그림 7.1⟩ 상관계수의 부호

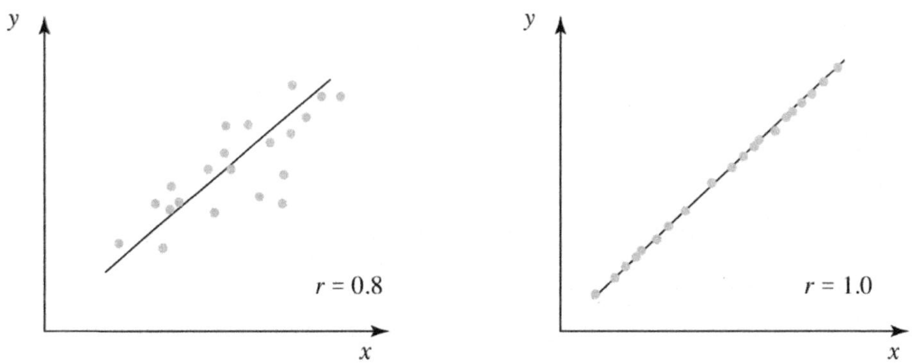

⟨그림 7.2⟩ 상관계수의 크기

를 얻게 되는데, 이는 X와 Y의 선형성의 정도를 나타내는 측도로서 측정단위에 무관하며 그 값은 -1과 1 사이에 있게 된다($-1 \leq \rho_{xy} \leq 1$).

7.1.2 상관계수의 부호와 크기

상관계수의 부호는 두 변수 사이의 증감관계를 나타낸다. ⟨그림 7.1⟩의 왼쪽은 상관계수의 부호가 양(+)인 경우를 나타내며, 오른쪽은 상관계수의 부호가 음(−)인 경우를 나타낸다. 즉, 상관계수의 부호가 양(+)일 때에는 변수 X의 값이 증가함에 따라 변수 Y의 값도 증가하는 경향을 나타내며, 부호가 음(−)인 경우에는 변수 X의 값이 증가함에 따라 변수 y의 값이 감소하는 경향을 나타낸다. 위의 <그림 7.1>과 같이 두 변수의 좌표점들을 표시한 그림을 **산점도**(散點圖, scatter plot)라고 부르는데, 이는 데이터의 양상을 시각적으로 살펴보는 데 매우 유용하다.

또한, 상관계수의 절댓값의 크기는 직선의 주변에 데이터가 어느 정도 집중되어 있는

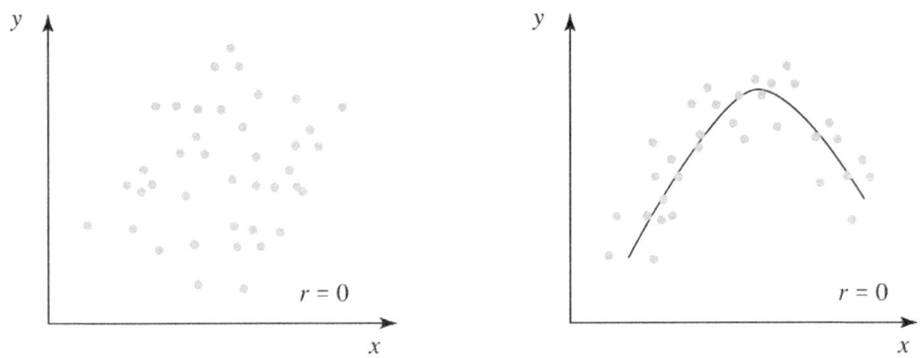

〈그림 7.3〉 상관계수가 0인 경우의 예

지를 나타낸다. 〈그림 7.2〉의 왼쪽은 상관계수의 절댓값의 크기가 0.8로 직선의 주변에 데이터가 집중되는 정도가 80%임을 의미하고, 오른쪽은 상관계수의 절댓값의 크기가 1로 직선의 주변에 데이터가 집중되는 정도가 100%임(직선 위에 데이터들이 모두 놓여 있음)을 의미한다.

한편, 상관계수가 0이라고 해서 무조건 두 변수 간에 어떠한 관계도 없다고 할 수는 없다. 예를 들어, 〈그림 7.3〉은 상관계수가 모두 0인 형태로서, 그림의 왼쪽은 두 변수 간에 특정한 관계가 없음을 알 수 있으나 그림의 오른쪽은 두 변수 간에 선형관계는 없지만 2차 곡선의 관계가 있음을 알 수 있다. 이와 같이 상관계수는 두 변수 간의 선형집중도의 측도라는 특성을 가지고 있으므로 그 해석을 선형의 범주 내로 제한해야 한다.

만약 두 연속형 변수 간에 곡선 또는 비선형적인 관계가 있는 경우에는, 적절한 비선형 모형을 고려하거나 한 변수를 기준으로 몇 개의 구간으로 나누어 상관계수를 구하는 등의 방법을 사용하는 것이 바람직하다. 예를 들어, 위의 〈그림 7.3〉의 오른쪽에서 x가 연령이고 y가 선호도라고 하자. 이때 연령을 적절한 두 개의 구간(예를 들면, 연령이 40 이하인 집단과 40 이상인 집단)으로 나누어 상관계수를 구해봄으로써, 연령이 작은(40 이하인) 집단에서는 연령과 선호도의 관계가 양(+)의 관계를 가지고 있지만 연령이 큰(40 이상인) 집단에서는 연령과 선호도의 관계가 음(−)의 관계를 가지고 있다는 사실을 알 수 있을 것이다.

7.2 상관계수의 추정과 검정

두 변수 X와 Y에 대해서 n개의 쌍으로 관찰된 표본 (x_1, y_1), (x_2, y_2), $\cdots$, (x_n, y_n)을 얻었을 때 상관계수에 대한 추정과 검정에 대하여 살펴보도록 하자.

7.2.1 피어슨의 상관계수

다음과 같은 표본공분산 s_{xy}와 표본상관계수 r_{xy} 는 모공분산 σ_{xy}와 모상관계수 ρ_{xy}의 추정치로 사용되며,

$$s_{xy} = \frac{1}{n-1}\sum_{i=1}^{n}(x_i - \bar{x})(y_i - \bar{y}), \tag{7.3}$$

$$r_{xy} = \frac{s_{xy}}{s_x s_y} = \frac{\sum_{i=1}^{n}(x_i - \bar{x})(y_i - \bar{y})}{\sqrt{\sum_{i=1}^{n}(x_i - \bar{x})^2 \sum_{i=1}^{n}(y_i - \bar{y})^2}} \tag{7.4}$$

여기에서 표본상관계수 r_{xy}는 피어슨(Pearson)의 **적률상관계수**(product-moment correlation coefficient)라고도 불린다.

이와 같은 표본상관계수 r을 이용하여 모상관계수 ρ에 대한 가설검정을 수행할 수 있다. 먼저, 귀무가설 $H_o : \rho = 0$에 대한 검정통계량은 다음과 같은 통계량으로서 이는 귀무가설 하에서 자유도 $n-2$인 $t-$분포를 따른다.

⟨모상관계수에 대한 검정⟩

$$\text{검정통계량 : } T = \sqrt{n-2}\frac{r}{\sqrt{1-r^2}} \tag{7.5}$$

	귀무가설	대립가설	기각역
(a)	$H_0 : \rho \leq 0$	$H_1 : \rho > 0$	$T \geq t_\alpha(n-2)$
(b)	$H_0 : \rho \geq 0$	$H_1 : \rho < 0$	$T \leq -t_\alpha(n-2)$
(c)	$H_0 : \rho = 0$	$H_1 : \rho \neq 0$	$\lvert T\rvert \geq t_{\alpha/2}(n-2)$

한편, 이보다 조금 더 일반적인 귀무가설 $H_0 : \rho = \rho_0$(여기에서 ρ_0가 0일 필요는 없다)에 대한 검정은 다음과 같은 휘셔(Fisher)의 $z-$변환

$$z = \left[\log_e(1+r) - \log_e(1-r)\right]/2 \tag{7.6}$$

을 이용할 수 있는데, 이때 통계량 z는 평균이 $\left[\log_e(1+\rho) - \log_e(1-\rho)\right]/2$이고 분산이 $1/\sqrt{n-3}$인 정규분포에 근사적으로 따른다.

7.2.2 스피어만의 순위상관계수

두 확률변수의 분포가 이변량 정규분포로부터 멀리 벗어나 있거나 데이터에 특이값이 존재할 때, 두 변수 간의 연관관계를 측정하기 위해 피어슨 상관계수와 같은 모수적인 통계량보다 비모수적인 방법에 의한 상관계수를 사용하는 것이 바람직한 경우가 많다.

〈표 7.1〉 Student 데이터

ID	Age	Income	Expense	ID	Age	Income	Expense
1	25	170	67	10	19	170	71
2	28	177	62	11	20	179	63
3	20	165	53	12	26	180	75
4	16	150	48	13	23	174	82
5	19	160	58	14	16	179	60
6	21	160	59	15	25	189	82
7	22	173	60	16	17	169	74
8	16	169	57	17	30	180	77
9	20	169	70				

두 변수 X와 Y에 대한 n개의 데이터 (x_i, y_i)를 각 변수별로 순위화하여 얻은 값을 (Q_i, R_i)라고 하자$(i = 1, \cdots, n)$. 이때 스피어만(Spearman)의 **순위상관계수**(rank correlation coefficient)는 두 변수의 순위만을 이용하는 것으로 다음과 같이 계산된다.

$$r_s = 1 - \frac{6\sum_{i=1}^{n} d_i^2}{n(n^2-1)} \tag{7.7}$$

여기에서 $d_i = Q_i - R_i$는 i번째 데이터 값에서의 순위차이다.

이 외에도 순위데이터의 일치쌍(concordant pair)과 불일치쌍(discordant pair)의 개념을 이용한 켄달(Kedadall)의 타우(τ) 등도 비모수적인 상관계수로서 종종 사용된다.[1]

7.2.3 산점도

산점도(scatter plot)는 변수들 간의 관계를 탐색하는 데 유용하게 사용될 수 있다. 여기에서는 scatter 함수와 jointplot 함수를 이용하여 산점도 및 산점도행렬을 작성하는 방법을 간단히 설명한다.

〈표 7.1〉은 17명의 사람들로부터 나이(Age), 월평균 실질소득(Income), 월평균 지출액(Expenses)를 조사한 데이터이다.

다음 〈예 7.1〉은 plot 함수를 통해 변수 Income과 Expenses에 대하여 산점도를 작성한 예이다. 여기에서는 먼저 plot 함수를 사용하여 산점도를 작성하였고, xlabel과 ylabel 함수를 사용하여 두 축의 레이블을 추가하였으며, show 함수를 사용하여 그래프를 다시 출력하였다.

[1] 켄달의 타우 등 연관성의 측도에 대해서는 "SAS 범주형 자료분석"(허명회, 1998)를 참조하기 바란다.

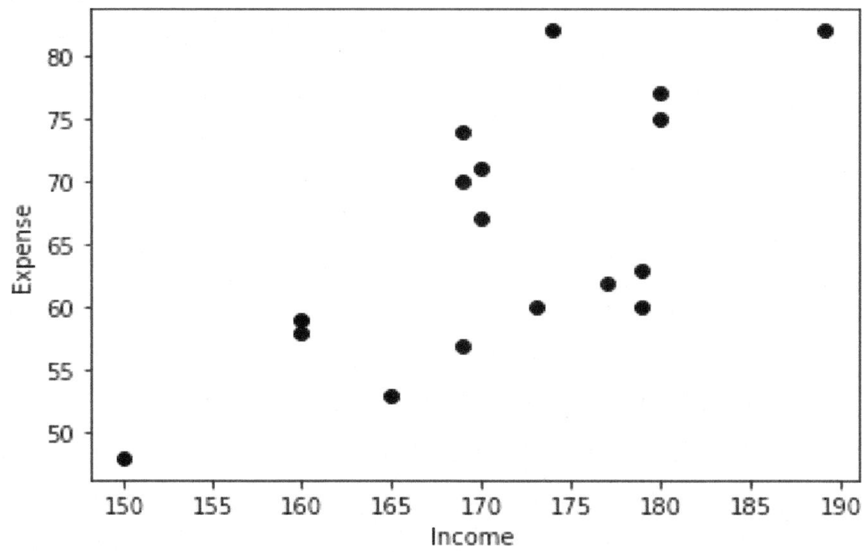

⟨그림 7.4⟩ plot(scatter) 함수에 의한 산점도

⟨예 7.1⟩ 산점도 작성 – plot 함수

```
import pandas as pd
Student = pd.read_csv('/content/Student.csv')    # 2.1.3절 참조
import matplotlib.pyplot as plt
plt.plot('Income','Expense','o',color='black',data=Student)    # 산점도
plt.xlabel('Income')     # x-축 레이블
plt.ylabel('Expense')    # y-축 레이블
plt.show()    # 그래프 출력
```

위의 plot 함수에서 'o' 표시는 점을 원 모양(circle marker)으로 하라는 의미이며, 여기에는 's'(square marker), 'p'(pentagon marker), '*'(star marker), 'D'(diamond marker) 등 다양한 형태를 지정할 수 있다.

한편 다음 ⟨예 7.2⟩에서와 같이 scatter 함수를 사용하여 위와 유사한 형식의 산점도를 작성할 수 있다.

⟨예 7.2⟩ 산점도 작성 – scatter 함수

```
plt.scatter('Income','Expense',data=Student)    # 산점도
plt.xlabel('Income')     # x-축 레이블
plt.ylabel('Expense')    # y-축 레이블
plt.show()    # 그래프 출력
```

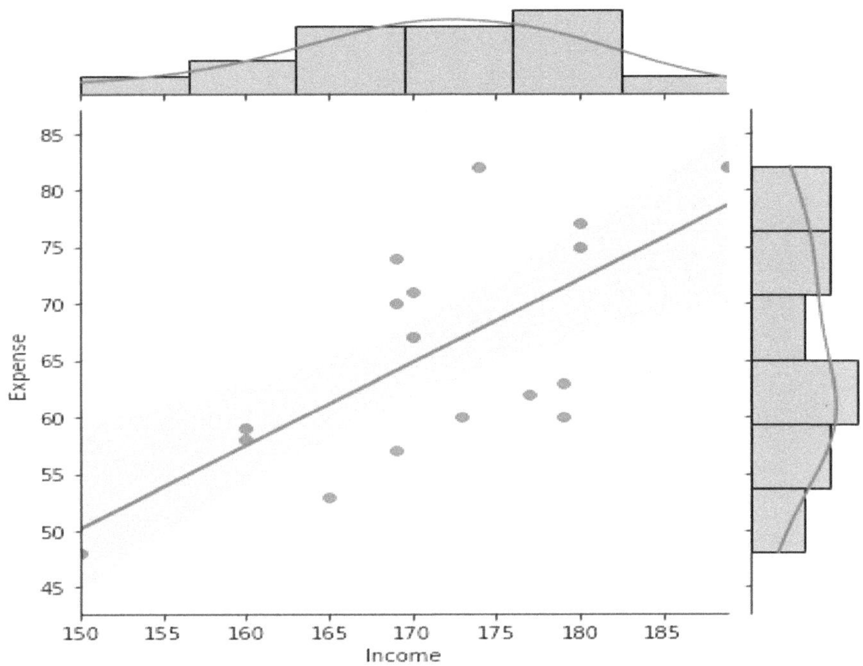

〈그림 7.5〉 jointplot 함수에 의한 산점도

〈예 7.3〉 산점도 작성 – jointplot 함수

```
import seaborn as sns
sns.jointplot(x='Income',y='Expense',data=Student,kind="reg")
```

〈예 7.3〉에서와 같이 seaborn 패키지의 jointplot 함수를 사용하면 회귀직선, 신뢰구간, 주변 히스토그램 등이 추가된 산점도를 쉽게 얻을 수 있다. 여기에서 kind= 인수에는 "scatter" (scatter plot), "kde" (kernel density estimation plot), "hist" (histogram), "hex" (hexbin plot), "reg" (regression plot), "resid" (residual plot) 등을 지정할 수 있다.

〈예 7.4〉 산점도행렬 작성

```
sns.pairplot(Student.iloc[:,1:4])
g = sns.PairGrid(Student.iloc[:,1:4])
g.map_upper(sns.scatterplot)   # 대각선 위 : 산점도
g.map_lower(sns.kdeplot)       # 대각선 아래 : Kernel Density
g.map_diag(sns.kdeplot,lw=3)   # 대각선 : Kernel Density, 선 너비=3
```

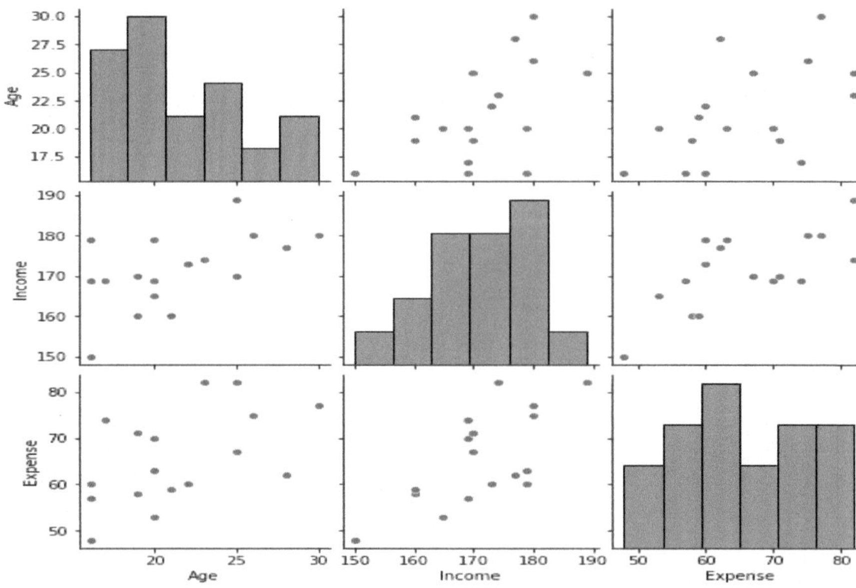

〈그림 7.6〉 pairplot 함수에 의한 산점도행렬

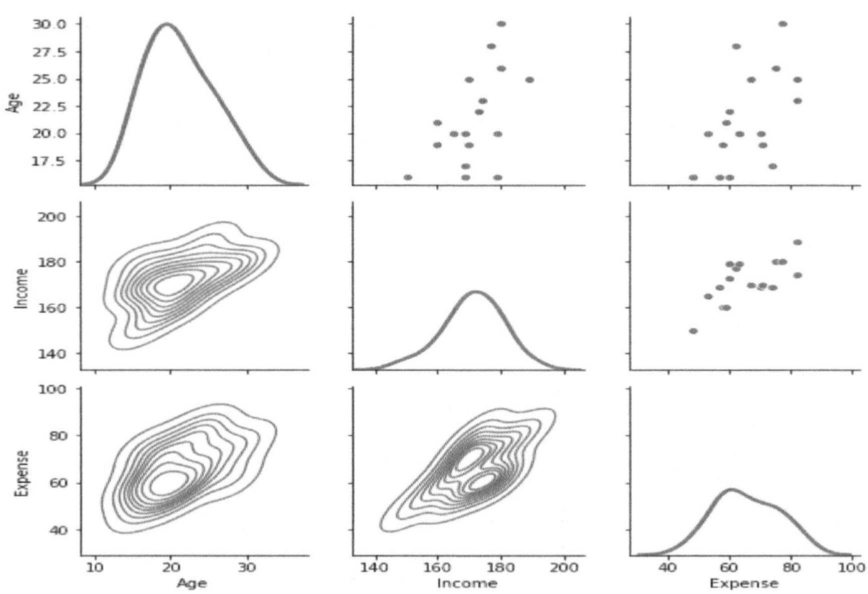

〈그림 7.7〉 PairGrid 함수에 의한 산점도행렬

〈예 7.4〉에서와 같이 seaborn 패키지의 pairplot 함수에 데이터 프레임을 지정하면 산점도행렬이 출력된다. 여기에서는 데이터는 iloc 함수를 이용하여 ID 변수를 제외한 3개의 변수를 선택하였다. 한편 PairGird 함수에 데이터 프레임을 지정하여 산점도행렬을 얻을 수도 있다(7.5절 참조).

7.2.4 상관계수의 계산

다음 ⟨예 7.5⟩는 ⟨표 7.1⟩의 데이터에 대하여 상관계수를 출력한 예이다. 이 예에서와 같이 corr 함수를 pandas 데이터 프레임에 지정하면 상관계수들이 정방행렬의 형태로 출력된다(7.5절 참조).

⟨예 7.5⟩ 상관계수의 계산

```
Student.iloc[:,1:4].corr(method='pearson')
#---------------------------------------------------------------------
#          Age      Income   Expense
# Age      1.000000 0.546968 0.529814
# Income   0.546968 1.000000 0.681296
# Expense  0.529814 0.681296 1.000000
```

위의 예에서는 피어슨의 상관계수를 출력하였으며, 전반적으로 모든 변수들 간의 상관계수가 0.5 이상으로 비교적 높다는 것을 볼 수 있다.

⟨예 7.6⟩ 상관계수에 대한 검정

```
from scipy.stats import pearsonr
pearsonr(Student.Income,Student.Expense)
#---------------------------------------------------------------------
# (0.6812956535794541, 0.0026006496946941998)   # 상관계수, p-값
```

⟨예 7.6⟩은 두 변수 Income(수입)과 Expense(지출) 간의 모상관계수가 0이라는 가설(즉, $H_0 : \rho = 0 \quad \text{vs} \quad H_1 : \rho \neq 0$)을 검정하는 예이다. 출력결과에서 표본상관계수 값이 0.681이고 이에 대응되는 유의확률(p-value)이 0.003으로서 유의수준 0.05 하에서 유의하다는 것을 볼 수 있다. 따라서 두 변수 간의 모상관계수가 0이 아니라고 말할 수 있다.

⟨예 7.7⟩ 상관계수와 $p-$값을 함께 출력하기

```
!pip install pingouin   # 패키지 설치
import pingouin as pg
Student.iloc[:,1:4].pairwise_corr(method='pearson').round(3)
#---------------------------------------------------------------------
#   X      Y       method  tail       n  r     CI95%         ... p-unc ...
# 0 Age    Income  pearson two-sided 17 0.547 [0.09, 0.81]  ... 0.023 ...
# 1 Age    Expense pearson two-sided 17 0.530 [0.07, 0.81]  ... 0.029 ...
# 2 Income Expense pearson two-sided 17 0.681 [0.30, 0.88]  ... 0.003 ...
```

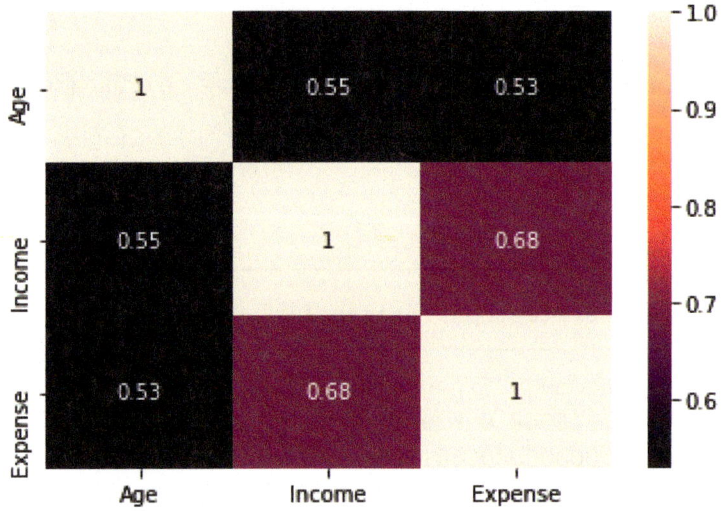

⟨그림 7.8⟩ 상관계수의 그래프적 표현

⟨예 7.7⟩에서와 같이 pingouin 패키지의 pairwise_corr 함수를 사용하면 상관계수와 p-값을 함께 출력할 수 있다. 단, pairwise_corr 함수는 pandas 데이터 프레임에만 적용하여 사용할 수 있다.

⟨예 7.8⟩ 상관계수의 그래프적 표현

```
corrMatrix = Student.iloc[:,1:4].corr(method='pearson')
import seaborn as sns
sns.heatmap(corrMatrix,annot=True)
plt.show()
```

⟨예 7.8⟩에서와 같이 seaborn 패키지의 heatmap 함수를 사용하면 상관계수행렬을 그래프로 표현할 수 있다. 이때 annot=True 인수값을 지정하면 상관계수가 함께 출력된다. 이 예에서는 Student 데이터의 3개 변수에 대하여 상관계수행렬과 그래프를 출력하였다.

7.3 편상관계수

편상관계수(partial correlation coefficient) $\rho(x_1, x_2|z_1, \cdots, z_p)$는 통제변수라고 불리는 변수들 $z_1, \cdots, z_p$가 같은 값으로 통제(고정)되었을 경우 두 변수 x_1과 x_2 사이의 상관계수를 나타내는데, 이는 두 변수가 통제변수와 공유하는 부분을 각각 제거한 후 두 변수 간의 순수한 연관성을 측정하기 위해서 사용된다.

〈표 7.2〉 Satis 데이터

ID	Age	Satis1	Satis2	ID	Age	Satis1	Satis2
1	28	0	70	11	31	40	75
2	23	0	55	12	33	50	80
3	26	5	65	13	39	55	95
4	27	5	65	14	36	60	90
5	25	10	60	15	30	65	75
6	26	20	65	16	36	65	90
7	29	25	70	17	32	80	80
8	31	25	75	18	39	85	95
9	32	25	80	19	31	90	75
10	34	40	85	20	32	95	80

예를 들어, 특정 제품에 대하여 20명의 고객으로부터 연령, 기능 만족도, 디자인 만족도를 조사하여 얻은 데이터(표 7.2)에 대해서 변수 Age(나이)를 통제하였을 때 Satis1(기능 만족도)과 Satis2(디자인 만족도)의 편상관계수를 구하고 그 의미를 해석해 보도록 하자.

〈예 7.9〉 단순 상관계수의 계산

```
import pandas as pd
Satis = pd.read_csv('/content/Satis.csv')
Satis.iloc[:,1:4].corr().round(3)
#-----------------------------------------------------------------------
#          Age Satis1 Satis2
# Age     1.000  0.698  0.993
# Satis1 0.698  1.000  0.703
# Satis2 0.993  0.703  1.000
#-----------------------------------------------------------------------
from scipy.stats import pearsonr
pearsonr(Satis.Satis1,Satis.Satis2)
#-----------------------------------------------------------------------
# (0.7030501468749641, 0.0005449862495058277)    # 상관계수, p-값
```

먼저, 〈예 7.9〉에서와 같이 세 변수 Age(연령), Satis1(기능 만족도), Satis2(디자인 만족도)에 대해 단순 상관계수를 구해보면 모든 상관계수들이 0.6보다 큰 값을 가지므로 전반적으로 매우 높은 상관이 있다는 것을 알 수 있고, 특히 연령과 디자인 만족도 간에는 0.993로서 거의 1에 가까운 상관계수를 가지고 있음을 알 수 있다.

〈예 7.10〉 편상관계수의 계산

```
import pingouin as pg
Satis.iloc[:,1:4].pcorr().round(3)
#--------------------------------------------------------------------
#            Age  Satis1 Satis2
# Age      1.000  -0.003  0.987
# Satis1 -0.003   1.000  0.115
# Satis2  0.987   0.115  1.000
#--------------------------------------------------------------------
Satis.partial_corr(x='Satis1',y='Satis2',covar='Age').round(3)
#--------------------------------------------------------------------
        n  r      CI95%          r2     adj_r2 p-val BF10  power
pearson 20 0.115 [-0.35, 0.53] 0.013 -0.103 0.629 0.309 0.077
```

〈예 7.10〉은 pingouin 패키지의 pcorr 함수를 사용하여 편상관계수를 구하고, partial_corr 함수를 사용하여 p-값을 출력한 예이다. 이때 pcorr 함수가 적용된 데이터의 변수들 중 2개의 변수가 편상관계수를 계산할 대상이 되고, 그 2개를 제외한 나머지 변수들이 통제변수로 사용된다. 그리고 partial_corr 함수에서는 covar= 인수로 통제변수들을 지정하면 된다.

위의 결과에서 변수 Age를 통제했을 때 Satis1과 Satis2의 편상관계수를 살펴보면, $r(\text{Satis1}, \text{Satis2}|\text{Age}) = 0.115$로서 두 변수의 단순 상관계수 $r(\text{Satis1}, \text{Satis2}) = 0.703$보다 상당히 작음을 알 수 있다. 또한 편상관계수에 대한 p-값은 0.629로서 유의수준 5%(또는 10%) 하에서 유의하지 않음을 볼 수 있다. 따라서 통제변수인 Age(나이)가 같은 값을 가지도록 고정된다면 Satis1(기능 만족도)과 Satis2(디자인 만족도) 사이에는 연관성이 크지 않음을 알 수 있다. 즉 나이가 클수록 이 제품에 대해 기능 만족도와 디자인 만족도가 모두 커지는 경향이 있으며(변수 Age가 두 변수 사이의 매개변수 역할을 하며), 나이가 같도록 통제된다면(같은 나이를 가진 사람들만 조사된다면) 기능 만족도와 디자인 만족도 사이에는 연관성이 작다는 것을 알 수 있다.

〈예 7.11〉 연령대별로 구분된 산점도 작성

```
Satis.loc[Satis.Age<30,"AgeGroup"] = "Under30"
Satis.loc[Satis.Age>=30,"AgeGroup"] = "Over30"
sns.jointplot(x='Satis1',y='Satis2',data=Satis,
              hue='AgeGroup')   # hue: 집단 변수(색을 구분하는 변수)
```

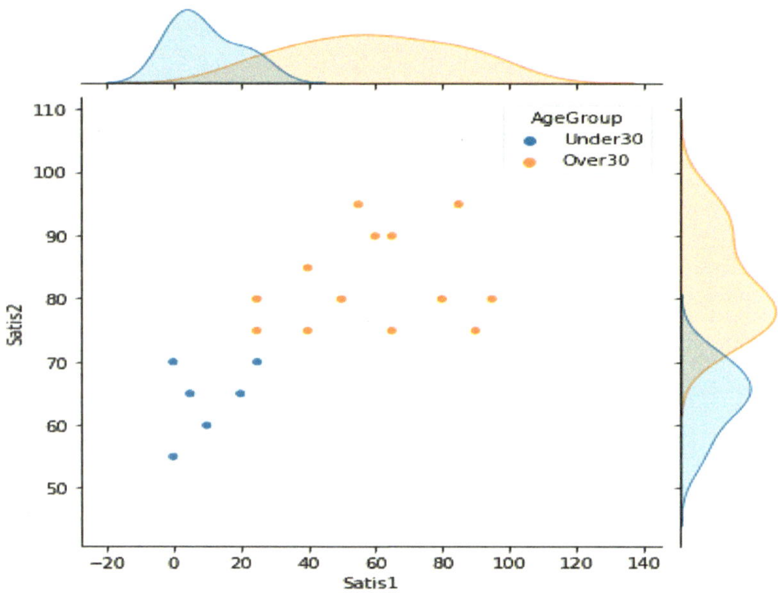

〈그림 7.9〉 연령대별로 구분된 산점도

한편 〈예 7.11〉은 연령대별(20대, 30대)로 변수 Satis1과 Satis2에 대한 산점도를 작성한 것이다. 〈그림 7.9〉를 살펴보면 연령대별로 구분할 경우 두 변수의 상관성이 상당히 낮아짐을 볼 수 있다.

〈예 7.12〉 연령대별 상관계수의 출력

```
SatisUnder30 = Satis.loc[Satis.AgeGroup=="Under30",]
SatisOver30 = Satis.loc[Satis.AgeGroup=="Over30",]
from scipy.stats import pearsonr
pearsonr(SatisUnder30.Satis1,SatisUnder30.Satis2)
#------------------------------------------------------------------------
# (0.3879701448994926, 0.3897906610065899)    # 상관계수, p-값
#------------------------------------------------------------------------
pearsonr(SatisOver30.Satis1,SatisOver30.Satis2)
#------------------------------------------------------------------------
# (0.1718201698316478, 0.5746020827503787)    # 상관계수, p-값
```

〈예 7.12〉는 연령대별(20대, 30대)로 변수 Satis1과 Satis2에 대한 단순 상관계수를 출력한 것이다. 출력결과를 살펴보면 각 연령대에서 Satis1(기능 만족도)와 Satis2(디자인 만족도)의 상관계수가 매우 작고, 유의확률(p-value)도 각각 0.390과 0.575로서 유의수준 5%(또는 10%) 하에서 유의하지 않다는 것을 알 수 있다.

7.4 측정도구의 신뢰도 분석

사회과학 분야의 연구에서는 리커트 척도(Likert scales)의 설문문항들을 사용하여 자신감이나 직업만족도 등과 같은 추상적 개념들을 측정하는 경우가 많다. 이때 주요 관심대상 중의 하나는 동일한 개념을 측정하기 위하여 사용된 문항들에 대한 측정의 신뢰도(reliability)이다. 만약 문항들의 신뢰도가 높다면 문항 점수들의 합계(또는 평균)를 구하여 하나의 지표로 사용할 수가 있을 것이고, 그렇지 않다면 이러한 형식의 방법에 문제가 있게 된다.

동일한 개념을 측정하기 위해 만든 N개의 설문문항이 있다고 하자. 그 문항들의 합을 X라고 할 때, 전통적 시험이론에서는 다음과 같은 모형을 고려한다.

$$X = t + e, \tag{7.8}$$

여기에서 t는 참점수(true score)이고 e는 측정오차(measurement error)이며 t와 e는 서로 독립이다. 신뢰도 또는 신뢰계수는 다음과 같이

$$\rho^2(X,t) = \frac{Cov^2(X,t)}{Var(X)Var(t)} \tag{7.9}$$

관측점수 X와 참점수 t의 상관계수의 제곱으로 정의되며, $Cov(X,t) = Cov(t+e,t) = Var(t)$이므로 $\rho^2(X,t) = Var(t)/Var(X)$ 과 같고 따라서 신뢰도는 참점수 t와 관측점수 X의 분산비(ratio of variance)로 해석할 수도 있다.

7.4.1 크론바흐의 알파 계수

이와 같은 신뢰도를 추정하기 위해 많은 방법이 존재하는데,[2] 주로 사용되는 것 중의 하나가 내적일치도(internal consistency)를 의미하는 크론바흐(Cronbach)의 알파 계수이다. 여기에서는 알파 계수의 개념에 대해서 간단히 살펴보도록 하자.

먼저 $X_1^*,\ X_2^*, \cdots, X_N^*$를 $X_1,\ X_2, \cdots, X_N$에 대한 동형의 문항들이라고 하고, $X = \sum_{i=1}^N X_i$와 $X^* = \sum_{i=1}^N X_i^*$를 각각 이들의 합이라고 하자. 알파 계수는 두 동형문항 간의 상관계수 $\alpha = Corr(X, X^*)$로 정의되고, '동형'이 가지는 의미를 문항 변수 각각의 등분산성(equal variances)과 그들 간의 등공분산성(equal covariances)으로 나타낼 때

$$\alpha = \left(\frac{N}{N-1}\right)\left(1 - \frac{\sum_{i=1}^N Var(X_i)}{Var(X)}\right) \tag{7.10}$$

가 된다.

[2]여러 가지 유형의 신뢰도에 대해서는 "타당도와 신뢰도(성태제, 2002)"를 참조하여라.

이러한 알파 계수는 신뢰도 ρ의 하한값(lower bound)으로 생각할 수 있고, 모든 문항이 이항(0 또는 1)으로 측정되는 경우 알파 계수는 KR-20(Kuder-Richardson 20) 계수와 동일한 것으로 알려져 있다.

7.4.2 신뢰도 분석 사례

기업구성원의 의식을 알아보기 위해 628명을 설문조사한 의식조사 데이터(표 7.3)를 사용하여 알파 계수를 계산해 보기로 한다. 이 데이터의 조사 문항은 다음과 같다.

- Q01. 나의 상사는 업무에 대한 전문성이 있고 헌신적으로 일을 한다.
- Q02. 나는 상사가 추진하는 업무추진과정을 보면 그의 능력과 준비성을 인정하게 된다.
- Q03. 나의 상사는 부주의하게 일을 함으로써 나를 곤란하게 만들지는 않는다.
- Q04. 나는 상사와 나의 생각, 느낌, 희망까지 자유롭게 이야기를 나눌 수 있다.
- Q05. 나는 일하면서 겪는 어려움을 상사에게 편안하게 이야기할 수 있으며 그 역시 내 이야기를 잘 들어 줄 것이다.
- Q06. 만일 나와 상사 중에서 한 명이 부서가 바뀌어 함께 일할 수 없게 된다면 우리는 둘 다 상실감을 느낄 것이다.
- Q07. 나의 상사는 나의 업무상 과실에 대해 다른 사람 앞에서 공개적으로 비판한다.
- Q08. 나는 동료들과 함께 있을 때 그들을 의식하지 않고 내 일을 한다.
- Q09. 일을 할 때 다른 사람에게 의지하지 않도록 독립성을 개발해야 한다.
- Q10. 나는 '사공이 많으면 배가 산으로 간다'는 속담에 동의한다.

〈표 7.3〉 Ability 데이터(첫 10개, $n = 628$)

ID	Q01	Q02	Q03	Q04	Q05	Q06	Q07	Q08	Q09	Q10
1	4	4	4	4	4	4	3	3	3	2
2	4	4	3	3	4	4	2	2	4	2
3	5	4	3	4	4	5	2	3	2	4
4	3	4	2	4	4	4	2	4	2	3
5	4	3	4	3	2	3	2	2	3	2
6	4	4	4	4	5	4	2	2	2	4
7	3	4	4	3	3	3	3	2	2	3
8	4	3	4	3	5	4	3	1	1	2
9	3	4	3	3	3	3	3	3	2	3
10	3	3	3	3	4	4	2	4	3	3

또한 이들 문항은 3개의 구성개념: '상사의 업무수행능력'(Q01-Q03), '상사와의 공적/개인적 긴밀함'(Q04-Q07), '업무추진의 독자성'(Q08-Q10)을 나타내는 것으로 간주되고, 각 문항은 5점 척도(1=전혀 그렇지 않다, ···, 5=매우 그렇다)로 측정되어 있다.

⟨예 7.13⟩ '상사의 업무수행능력'에 대한 신뢰도 분석

```
import pandas as pd
Ability = pd.read_csv('/content/Ability.csv')   # 2.1.3절 참조
Ability[["Q01","Q02","Q03"]].corr()
#--------------------------------------------------------------------
#       Q01       Q02       Q03
# Q01 1.000000 0.596712 0.407001
# Q02 0.596712 1.000000 0.433838
# Q03 0.407001 0.433838 1.000000
#--------------------------------------------------------------------
!pip install pingouin   # 패키지 설치
import pingouin as pg
pg.cronbach_alpha(data=Ability[["Q01","Q02","Q03"]])
#--------------------------------------------------------------------
# (0.7351921832148196, array([0.697, 0.769]))   # 크론바흐 알파, 신뢰구간
```

⟨예 7.13⟩은 '상사의 업무수행능력'을 측정한 3개 문항(Q01-Q03)에 대해 신뢰도 분석을 수행한 것이며, 여기에서는 pingouin 패키지의 cronbach_alpha 함수를 사용하였다. 이 출력결과에서 살펴 보아야 할 주요 부분은 문항별 상관계수와 크로바흐 알파(Chronbach's alpha) 계수이다. 이 예에서는 알파 계수의 값이 0.735로서 내적일관성 신뢰도가 높다는 것을 알 수 있다.

⟨예 7.14⟩ '상사와의 공적/개인적 긴밀함'에 대한 신뢰도 분석 – 1

```
Ability[["Q04","Q05","Q06","Q07"]].corr()
#--------------------------------------------------------------------
#       Q04        Q05        Q06        Q07
# Q04  1.000000  0.100787  0.307348 -0.351547
# Q05  0.100787  1.000000  0.241432 -0.273088
# Q06  0.307348  0.241432  1.000000 -0.350307
# Q07 -0.351547 -0.273088 -0.350307  1.000000
#--------------------------------------------------------------------
pg.cronbach_alpha(data=Ability[["Q04","Q05","Q06","Q07"]])
#--------------------------------------------------------------------
# (-0.2224494957901, array([-0.386, -0.073]))   # 크론바흐 알파, 신뢰구간
```

〈예 7.14〉는 '상사와의 공적/개인적 긴밀함'을 측정한 4개 문항(Q04-Q07)에 대해서 알파 계수를 계산한 것으로, 출력결과를 살펴보면 알파 계수(raw_alpha)가 −0.222로 계산되었으며, 특히 문항 Q07이 나머지 문항들의 점수와 음의 상관을 가진다는 것을 알 수 있다. 그런데 앞에서 제시한 10개의 문항들을 자세히 살펴보면 문항 Q07의 경우 다른 문항들과는 반대의 방향으로 질문하고 있으므로, 문항 Q07에 대해서는 관측값 {5, 4, 3, 2, 1}을 {1, 2, 3, 4, 5}로 바꾸어야 한다는 것을 알 수 있다.

〈예 7.15〉 '상사와의 공적/개인적 긴밀함'에 대한 신뢰도 분석 – 2

```
Ability["Q07_R"] = 6 - Ability.Q07
Ability[["Q04","Q05","Q06","Q07_R"]].corr()
#----------------------------------------------------------------------
#          Q04       Q05       Q06       Q07_R
# Q04     1.000000 0.100787 0.307348 0.351547
# Q05     0.100787 1.000000 0.241432 0.273088
# Q06     0.307348 0.241432 1.000000 0.350307
# Q07_R 0.351547 0.273088 0.350307 1.000000
#----------------------------------------------------------------------
pg.cronbach_alpha(data=Ability[["Q04","Q05","Q06","Q07_R"]])
#----------------------------------------------------------------------
# (0.5876937990663726, array([0.532, 0.638]))   # 크론바흐 알파, 신뢰구간
```

문항 Q07에 대하여 역코딩(reverse coding)을 수행하여 새로운 변수를 생성하고, 이를 이용하여 다시 계산된 알파 계수가 〈예 7.15〉에 출력되어 있다. 출력결과를 살펴보면 알파 계수의 값이 0.587로서 비교적 만족스럽고, 각 문항들과 다른 문항들의 점수와의 상관계수도 모두 양의 부호를 가진다는 것을 알 수 있다.

〈예 7.16〉 '업무추진의 독자성'에 대한 신뢰도 분석

```
Ability[["Q08","Q09","Q10"]].corr()
#----------------------------------------------------------------------
#       Q08        Q09       Q10
# Q08 1.000000  0.22047  0.067734
# Q09 0.220470  1.00000 -0.001290
# Q10 0.067734 -0.00129  1.000000
#----------------------------------------------------------------------
pg.cronbach_alpha(data=Ability[["Q08","Q09","Q10"]])
#----------------------------------------------------------------------
# (0.251125739088136, array([0.144, 0.347]))   # 크론바흐 알파, 신뢰구간
```

⟨예 7.16⟩은 '업무추진의 독자성'을 측정한 3개 문항(Q08-Q10)에 대해서 알파계수를 계산한 것이다. 출력결과를 살펴보면 알파계수가 0.251로 매우 낮게 나타나고 있다. 따라서 이들 문항이 하나의 동질적인 개념을 측정한다는 것을 신뢰할 수 없으며, 세 문항의 합점수를 사용하는 것은 문제가 된다는 것을 알 수 있다.

⟨예 7.17⟩ 참조: 표준화 크로바흐 알파 계수

```
import numpy as np
def CronbachAlpha(df):
   df_corr = df.corr()   # 상관계수
   N = df.shape[1]   # N: 변수(문항)의 수
   rs = np.array([])
   for i, col in enumerate(df_corr.columns):
       sum_ = df_corr[col][i+1:].values
       rs = np.append(sum_, rs)
   mean_r = np.mean(rs)   # 상관계수들의 평균
   # 표준화 Cronbach's Alpha 공식
   cronbach_alpha = (N * mean_r) / (1 + (N - 1) * mean_r)
   return cronbach_alpha
#----------------------------------------------------------------------
CronbachAlpha(Ability[["Q01","Q02","Q03"]])
#----------------------------------------------------------------------
# 0.7340559223240825
#----------------------------------------------------------------------
CronbachAlpha(Ability[["Q04","Q05","Q06","Q07_R"]])
#----------------------------------------------------------------------
# 0.5976014343918352
#----------------------------------------------------------------------
CronbachAlpha(Ability[["Q08","Q09","Q10"]])
#----------------------------------------------------------------------
# 0.24084556669286922
```

참고로 ⟨예 7.17⟩은 사용자 정의 함수를 이용하여 표준화(standardized) 크론바흐 알파를 계산한 것이다. 표준화 크론바흐 알파의 계산식은 다음과 같다.

$$\alpha_{std} = \frac{N\bar{r}}{1+(N-1)\bar{r}} \tag{7.11}$$

여기서, $\bar{r}$은 문항들 사이의 상관계수들의 평균값을 나타낸다.

표준화 크론바흐 알파계수는 모든 변수들을 표준화 할 경우의 알파 계수로서 문항들의 척도가 동일하지 않는 경우에 사용될 수 있다. 이 예에서는 문항들이 모두 5점 척도로 측정되어 있으므로 표준화하지 않은 결과와 유사한 값을 보인다.

7.5 이 장에서 사용된 주요 함수들

여기에서는 이 장에서 사용된 주요 함수들에 대하여 사용형식(usage)과 자주 사용되는 인수(argument)들을 설명한다. 보다 자세한 사항은 파이썬의 도움말을 참조하여라.

□ corr 함수 (pandas 데이터 프레임)

- DataFrame.corr(method="pearson",min_periods=1): 상관계수 행렬을 출력한다(결측값 제외).

- method=: "pearson" (피어슨의 상관계수), "kendall" (켄달의 타우), "spearman" (스피어만의 순위상관계수)를 지정할 수 있다. 기본값: method="pearson".
- min_periods=: 유효한 결과를 얻기 위한 변수들의 짝별 최소 관측치 수를 지정한다. 기본값: min_periods=1.

□ cronbach_alpha 함수 (pingouin 패키지)

- cronbach_alpha(data=None,ci=0.95): 내적일관성 신뢰도 계산을 위한 크론바흐 알파값과 신뢰구간을 출력한다.

- data=: 데이터 프레임과 변수들을 지정한다.
- ci=: 크론바흐 알파이 신뢰구간을 계산할 때 적용될 신뢰수준(confidence level)을 지정한다. 기본값: ci=0.95.

□ heatmap 함수 (seaborn 패키지)

- heatmap(data=,vmin=None,vmax=None,⋯): 다양한 색으로 표현된 사각의 히트맵 행렬을 출력한다.

- data=: 행과 열로 구성된 2차원의 데이터를 지정한다.
- vmin=, vmax=: 수직 축 컬러 맵의 범위를 지정한다. 예를 들어 vmin=0, vmax=1로 지정할 수 있으며, 지정하지 않으면 데이터로부터 계산된 값으로 표현된다.
- annot=: 각 셀에 데이터 값의 출력 여부를 지정한다. 예를 들어 annot=True로 지정할 수 있다.

□ jointplot 함수 (seaborn 패키지)

- jointplot(x=None,y=None,data=None,kind="scatter",color=None,···): 두 변수에 대한 플롯을 출력한다.

- x=, y=: x-축과 y-축에 표현될 변수를 지정한다.
- data=: 데이터를 지정한다.
- kind=: 플롯의 종류를 지정한다. "scatter"(산점도), "kde"(커널밀도추정), "hist"(히스토그램), "hex"(헥사곤), "reg"(회귀), "resid"(잔차)를 지정할 수 있다. 기본값: kind="scatter"
- color=: 색깔을 지정한다. 예를 들어, color="red".
- hue=: 플롯에서 색으로 구분하고자 하는 집단 변수를 지정한다.

□ PairGrid 함수 (seaborn 패키지)

- PairGrid(data=,···): 데이터의 쌍별 관계를 그리기 위한 하부플롯의 격자를 출력한다. 원하는 그림을 위한 빈 격자 방을 만들어 주는 것으로 이해하면 된다.

- data=: 플롯에 사용될 변수가 있는 데이터를 지정한다.

□ pairwise_corr 함수 (pingouin 패키지)

- DataFrame.pairwise_corr(tail="two-sided",method="pearson",···): 판다스 데이터 프레임의 변수들에 대한 상관계수를 출력한다. corr 함수와 기능이 유사하나, 상관계수에 대한 유의확률 및 신뢰구간 등의 다양한 통계량을 제시해 준다.

- tail=: 상관계수 검정을 위한 p-값 출력시 "one-sided"(단측검정) 또는 "two-sided"(양측검정)을 지정한다. 기본값: tail="two-sided".
- method=: 상관계수의 종류를 지정할 수 있다. 기본값: method="pearson"
  - ⋆ "pearson": 피어슨의 상관계수
  - ⋆ "spearman": 스피어만의 순위상관계수
  - ⋆ "kendall": 켄달의 타우
  - ⋆ "bicor": Biweight 중앙 상관계수 (robust)
  - ⋆ "percbend": Percentage bend 상관계수 (robust)

  - ⋆ "shepherd": Shepherd's 파이 상관계수 (robust)
  - ⋆ "skipped": Skipped 상관계수 (robust)
- ◦ padjust=: p-값에 대한 보정 방법을 지정한다. 기본값: padjust="none"
  - ⋆ "none": 보정하지 않음
  - ⋆ "bonf": 1-step 본페로니 방법
  - ⋆ "sidak": 1-step 시닥 방법
  - ⋆ "holm": 본페로니 보정을 사용한 step-down 방법
  - ⋆ "fdr_bh": Benjamini/Hochberg FDR 방법
  - ⋆ "fdr_by": Benjamini/Yekutieli FDR 방법

□ partial_corr 함수 (pingouin 패키지)

- DataFrame.partial_corr(x=,y=,covar=None,tail="two-sided",method="pearson",···): 변수들 사이의 편상관계수를 출력한다.

- ◦ x=, y=: 편상관계수를 계산할 대상 변수를 지정한다.
- ◦ covar=: 공변량(통제변수)를 지정한다. 리스트를 이용하여 여러 개를 지정할 수도 있다.
- ◦ tail=: 상관계수 검정을 위한 p-값 출력시 "one-sided"(단측검정) 또는 "two-sided"(양측검정)을 지정한다. 기본값: tail="two-sided".
- ◦ method=: 상관계수의 종류를 지정할 수 있다. 기본값: method="pearson"
  - ⋆ "pearson": 피어슨의 상관계수
  - ⋆ "spearman": 스피어만의 순위상관계수
  - ⋆ "kendall": 켄달의 타우
  - ⋆ "bicor": Biweight 중앙 상관계수 (robust)
  - ⋆ "percbend": Percentage bend 상관계수 (robust)
  - ⋆ "shepherd": Shepherd's 파이 상관계수 (robust)
  - ⋆ "skipped": Skipped 상관계수 (robust)

□ pearsonr 함수 (scipy 패키지)

- pearsonr(x=,y=): 주어진 두 변수에 대한 피어슨의 상관계수와 무상관 귀무가설에 대한 p-값을 출력한다.

- ◦ x=, y=: 두 변수를 지정한다.

7.6 연습문제

1. 다음의 데이터는 어떤 약품의 투여량(㎎)과 투여된 실험대상이 어떤 청각신호에 반응하는데 걸리는 시간(초)을 기록한 데이터이다.

투여량	1	3	4	7	9	12	13	14
반응시간	3.5	2.4	2.1	1.3	1.2	2.2	2.6	4.2

(a) 표본상관계수 r을 계산하여라.

(b) 이 데이터에 대한 산점도를 작성하고, r이 두 변수 사이의 관계에 대한 적절한 측도인지를 논의하여라.

2. 다음은 눈 속에 포함된 수분 함유량(x)과 용수량(y)을 조사하여 얻은 것이다.

x	y	x	y	x	y
23.1	10.5	37.9	22.8	39.5	23.1
32.8	17	30.5	14.1	24.2	12.4
31.8	18.2	25.1	12.9	52.5	24.9
32.0	17.0	12.4	8.8	21.1	10.5
30.4	16.3	35.1	17.4	27.6	16.1
24.0	10.5	31.5	14.9		

(a) 선형적인 연관관계가 있는지를 산점도를 통해서 확인하여라.

(b) 피어슨 상관계수, 스피어만의 순위상관계수, 켄달의 타우를 구하고 그 결과를 비교하여라.

(c) 모상관계수에 관한 귀무가설 '$H_0 : \rho = 0$'에 대하여 검정을 실시하여라.

3. 어떤 종류의 암컷 개미가 일년동안 낳는 알의 수(x)와 더듬이의 초당 진동수(y) 사이의 관계를 연구하기 위해 그 개미집단으로부터 5마리를 랜덤추출하여 다음과 같은 데이터를 얻었다.

개미번호	1	2	3	4	5
x	1	2	3	4	5
y	4	1	0	1	4

이 데이터를 2차원 좌표 (x, y) 상에 표현해 보면 $y = (x-3)^2$의 관계가 있으며, 두 변수 간의 공분산을 계산하면 $s_{xy} = 0$임을 알 수 있다.

(a) 이 사실로부터 피어슨의 상관계수 r의 값을 유추하고, 이 값이 가지는 의미를 해석하여라.

(b) 귀무가설 '$H_0 : \rho = 0$'에 대한 검정결과를 쓰고 서술된 주장을 정당화하여라.

(c) 이 데이터가 이변량 정규분포로부터 얻은 표본이라고 해도 되는가? 대답의 근거는 무엇인가?

(d) 만약 데이터의 정규성이 인정되지 않을 경우 상관계수에 관한 통계적 추론을 위해 어떤 처리방법을 제안할 수 있겠는가?

4. 다음 데이터는 저 콜레스테롤 식단의 효과를 분석하기 위하여 임의로 추출된 15명의 지원자들에게 4주간 이 식단을 제공한 후 그들의 콜레스테롤 감소량(y)과 나이(x)를 기록한 데이터이다.

나이	감소량	나이	감소량	나이	감소량
45	30	37	55	22	28
43	52	34	25	58	44
46	45	30	30	60	61
49	38	31	40	52	58
50	62	27	45	26	17

(a) 이 데이터를 이용하여 산점도와 표본상관계수 r을 구하여라.

(b) 이 데이터에서 27세에서 37세 사이의 5명을 제외한 나머지 10명의 데이터를 이용하여 산점도와 표본상관계수 r을 구하여라.

(c) (a)와 (b)에서 각각 구한 표본상관계수를 비교하여 설명하여라.

5. 다음 데이터는 중간관리자 19명을 대상으로 근무태도를 조사한 것이다. 조사항목은 '직장에 대한 만족도'(Q3, Q4, Q5, Q8, Q10)와 '직업에 대한 적극적 태도'(Q1, Q2, Q6, Q7, Q9)를 묻는 10개로 구성되어 있고, 각 문항의 반응은 5점 척도로 측정되었다. 각 조사항목의 내용과 데이터가 다음과 같을 때, 신뢰도 분석을 수행하여라.

- Q1. 이제까지 내 직장 경력은 좋다.
- Q2. 상사의 호감을 얻기 위하여 최선을 다한다.
- Q3. 이 직장이 내가 이제까지 일했던 다른 어느 직장보다 좋다.
- Q4. 내 직장 일은 지루하다.
- Q5. 내 직장 일은 성취감을 느끼게 해준다.

- Q6. 나는 경쟁상황에서 잘 해낸다.
- Q7. 인사에서 연공서열을 중시하는 것은 옳지 않다.
- Q8. 나는 직장에서 행복하다.
- Q9. 나는 밑에 여러 직원을 두는 자리를 싫어한다.
- Q10. 보수가 더 좋은 직장이 있다면 옮기겠다.

Q1	Q2	Q3	Q4	Q5	Q6	Q7	Q8	Q9	Q10
2	1	5	2	4	2	3	5	5	2
1	1	2	4	2	1	2	2	4	4
2	2	3	3	3	1	1	2	4	2
4	4	4	1	5	5	5	4	1	1
1	2	5	1	5	2	1	5	5	1
5	5	1	5	1	4	5	2	2	5
5	5	5	1	4	4	5	5	1	1
1	1	3	4	3	1	2	3	4	3
3	3	4	2	5	3	3	5	4	2
5	4	1	4	2	5	5	1	1	5
4	5	4	1	5	4	4	5	2	1
2	2	5	1	4	4	4	5	3	1
3	4	5	2	5	3	3	4	3	2
2	2	2	5	2	1	1	2	5	5
4	3	4	2	4	4	4	5	4	1
5	4	1	4	1	5	5	1	1	5
5	5	3	2	2	4	4	3	1	3
4	5	2	5	1	5	5	1	2	5
3	3	2	5	2	3	3	2	3	4

제 8 장
질적변수들의 연관성

성, 지역, 직업, 종교 등과 같이 어떤 변수가 이산적인 범주(範疇, category)를 값으로 갖는 변수를 **질적변수**(qualitative variable) 또는 **범주형 변수**(categorical variable)라고 하는데, 제2장에서 설명한 바와 같이 질적변수에 대해서는 양적변수와는 다르게 처리해 주어야 한다. 즉 양적변수에 대해서는 일반적으로 평균이나 분산에 기초하여 분석이 수행되지만, 질적변수에 대해서는 주로 빈도와 퍼센트(비율)에 기초하여 분석이 수행된다. 이 장에서는 질적변수의 분석에 널리 이용되는 다항분포와 카이제곱검정을 소개하고, 또한 질적변수의 값에 따라 통계표의 형태로 정리되어 있는 교차표(혹은 분할표)에 대한 기초적인 분석을 소개하도록 하겠다.

8.1 다항분포

한 번의 시행에서 나타날 수 있는 결과가 둘 중의 하나인 시행을 베르눌리 시행이라고 한다는 것을 제3장에서 설명한 바 있다. 이에 반하여 한 번의 시행에서 나타날 수 있는 결과가 여러 가지 중의 하나인 시행을 **다항시행**(多項試行, multinomial trial)이라고 한다.

한 번의 다항시행에서 k개의 서로 배반인 사건(또는 범주) 중 i번째 사건이 일어날 확률을 p_i라고 할 때, n번의 서로 독립인 다항시행을 통하여 i번째 사건이 일어날 횟수를 N_i라고 하면, 확률변수 $(N_1,\ N_2,\ \cdots,\ N_k)$는 다음과 같은 **다항분포**(多項分布, multinomial distribution) $m(n,\ p_1,\ p_2,\ \cdots,\ p_k)$를 따르게 된다.

$$P(N_1 = n_1,\ N_2 = n_2,\ \cdots, N_k = n_k) = \frac{n!}{n_1!n_2!\cdots n_k!}p_1^{n_1}p_2^{n_2}\cdots p_k^{n_k} \tag{8.1}$$

단, 여기에서 $n_1 + n_2 + \cdots + n_k = n$이고 $p_1 + p_2 + \cdots + p_k = 1$이다.

이러한 다항분포에서 각 확률변수 $N_i(i = 1,\ 2,\ \cdot,\ k)$는 이항분포 $B(n, p_i)$를 따르게 되므로 N_i에 대한 평균과 분산은 다음과 같다.

$$E(N_i) = np_i,\ \ Var(N_i) = np_i(1-p_i),\ \ i = 1,\ 2,\ \cdots,\ k \tag{8.2}$$

또한 N_i와 N_j의 공분산은 다음과 같다.

$$Cov(N_i, N_j) = -np_ip_j,\ \ i \neq j. \tag{8.3}$$

8.2 교차분석 – 카이제곱검정

두 개의 범주형 변수 A와 B에 대한 교차표(cross table) 혹은 분할표(contingency table)에서, 변수 A가 r개의 범주를 가지고 변수 B가 c개의 범주를 가지고 있다면 $r \times c$ 교차표

〈표 8.1〉 교차표의 형태

변수 A	변수 B					행 합계
	1	$\cdots$	j	$\cdots$	c	
1	n_{11}	$\cdots$	n_{1j}	$\cdots$	n_{1c}	$n_{1.}$
$\vdots$	$\vdots$	$\cdots$	$\vdots$	$\cdots$	$\vdots$	$\vdots$
i	n_{i1}	$\cdots$	n_{ij}	$\cdots$	n_{ic}	$n_{i.}$
$\vdots$	$\vdots$	$\cdots$	$\vdots$	$\cdots$	$\vdots$	$\vdots$
r	n_{r1}	$\cdots$	n_{rj}	$\cdots$	n_{rc}	$n_{r.}$
열 합계	$n_{.1}$	$\cdots$	$n_{.j}$	$\cdots$	$n_{.c}$	n

〈표 8.2〉 '청량음료' 데이터

연령대	청량음료				행 합계
	coke	pepsi	fanta	others	
20대	10	14	4	12	40
30대	13	9	10	8	40
40대	12	8	10	10	40

는 〈표 8.1〉과 같은 형태를 가진다. 이와 같은 교차표에 대해 데이터를 얻는 방법에 따라 동일성 검정과 독립성 검정이라는 두 가지 형태의 통계적 가설검정을 고려할 수 있다.

8.2.1 분포에 대한 동일성 검정

전체 모집단을 r개의 부모집단(subpopulation)으로 분할한 뒤(즉, 변수 A의 범주는 부모집단들을 나타낸다), 부모집단별 관측빈도의 합 $n_{i.}$들을 고정시켜 놓고 변수 B의 범주별 빈도를 얻는 경우를 고려해 보자. 예를 들어, 연령별로 선호하는 청량음료의 비율이 다른가를 알아보기 위해 20대, 30대, 40대 각 40명씩을 조사하여 〈표 8.2〉와 같은 데이터를 얻었다고 하자.

이와 같은 2차원 분할표에서 변수 A의 i번째 관측빈도 $(n_{i1}, n_{i2}, \cdots, n_{ic})$가 다항분포 $m(n_{i.}, p_{i1}, p_{i2}, \cdots, p_{ic})$를 따른다고 할 때(단, $\sum_{j=1}^{c} p_{ij} = 1,\ i = 1, \cdots, r$), 동일성 검정은 r개의 독립적인 다항분포가 모두 동일하다는 다음과 같은 귀무가설을 검정하는 것이다.

$$H_0 : (p_{11}, p_{12}, \cdots, p_{1c}) = \cdots = (p_{r1}, p_{r2}, \cdots, p_{rc}). \tag{8.4}$$

〈표 8.3〉 '교육수준과 소득수준' 데이터

교육수준	소득수준			행 합계
	상	중	하	
대졸	255	105	81	441
고졸	110	92	66	268
중졸	90	113	88	291
열 합계	455	310	235	1,000

여기에서, p_{ij}는 i번째 부모집단에 속하는 개체가 j번째 범주에 속할 확률을 나타낸다. 한편, 행과 열의 수가 모두 2(즉, $r = c = 2$)인 경우에는 6.3절에서 설명한 '두 모비율 차이에 대한 검정'의 경우와 동일한 상황이 된다.

8.2.2 두 범주형 변수의 독립성 검정

전체 빈도의 합 n을 고정시켜 놓고 변수 A와 B의 각 범주별 조합에 따라 분할표를 얻는 경우를 고려해 보자. 예를 들어, 교육수준과 소득수준이 관련되어 있는지를 알아보기 위해 1,000명의 사람으로부터 〈표 8.3〉과 같은 분할표를 얻었다고 하자.

이러한 분할표에 대해 독립성 검정은 두 범주형 변수 A와 B가 확률적으로 독립이어서 아무런 연관관계가 없는지를 검정하는 것이다. 즉, p_{ij}를 어떤 개체가 A의 i번째 범주와 B의 j번째 범주에 속할 확률, $p_{i.}$을 A의 i번째 범주에 속할 확률, $p_{.j}$를 B의 j번째 범주에 속할 확률이라고 할 때 독립성 검정에 대한 귀무가설은 다음과 같다.

$$H_0 : p_{ij} = p_{i.}p_{.j},\ i = 1, \cdots, r;\ j = 1, \cdots, c. \tag{8.5}$$

8.2.3 카이제곱 검정통계량

동일성 또는 독립성 검정을 수행하기 위해 일반적으로 사용되는 피어슨(Person)의 카이제곱 통계량은 다음과 같다.

$$\chi^2 = \sum_{i=1}^{r}\sum_{j=1}^{c} \frac{(n_{ij} - e_{ij})^2}{e_{ij}}. \tag{8.6}$$

여기에서, n_{ij}는 실제 관측빈도(observed frequency)이고, $e_{ij} = n_{i.}n_{.j}/n$은 귀무가설 하에서의 기대빈도(expected frequency)이다.

〈표 8.4〉 Prefer 데이터(첫 10개, $n = 300$)

ID	Agegroup	Product	ID	Agegroup	Product
1	30<	B	6	30<	C
2	30>=	B	7	30<	C
3	30<	B	8	30>=	B
4	30<	A	9	30<	C
5	30>=	B	10	30>=	A

〈표 8.5〉 Prefer 데이터의 관측빈도와 기대빈도

(a) 관측빈도(n_{ij})

	A	B	C	합계
30<	20 (20%)	20 (20%)	60 (60%)	100 (100%)
30≥	70 (35%)	100 (50%)	30 (15%)	200 (100%)
전체	90 (30%)	120 (40%)	90 (30%)	300 (100%)

(b) 기대빈도(e_{ij})

	A	B	C	합계
30<	30 (30%)	40 (40%)	30 (30%)	100 (100%)
30≥	60 (30%)	80 (40%)	60 (30%)	200 (100%)
전체	90 (30%)	120 (40%)	90 (30%)	300 (100%)

종종 사용되는 다른 검정통계량으로 다음과 같은 우도비(likelihood ratio) 통계량

$$G^2 = 2\sum_{i=1}^{r}\sum_{j=1}^{c}\log\left(\frac{n_{ij}}{e_{ij}}\right) \tag{8.7}$$

을 들 수 있는데, 이는 모형이 데이터에 잘 적합된다는 귀무가설과 그렇지 않다는 대립가설을 검정하기 위한 로그우도비(log likelihood ratio) 검정통계량이다.

식 (8.6)과 (8.7)의 검정통계량은 표본크기가 충분히 큰 경우(통상 모든 셀의 기대빈도가 5 이상인 경우) 귀무가설 하에서 자유도 $(r-1)(c-1)$인 카이제곱분포를 근사적으로 따른다.

한편, 6.3.1절에서 설명한 바와 같이 이항분포 또는 다항분포를 이용한 검정통계량을 유도하여 검정에 사용할 수도 있는데, 이를 **피셔의 정확검정**(Fisher's exact test)이라고 한다. 이 방법은 표본크기가 작은 경우에도 정확한 유의확률을 계산할 수 있는 안전한 방법이다. 단, 표본크기가 큰 경우에는 계산시간 또는 컴퓨터 메모리를 많이 필요로 한다.

피셔의 정확검정과 카이제곱검정의 예를 하나 들어보자. 〈표 8.4〉는 30대 미만 100명과 30대 이상 200명에 대하여 선호하는 상품을 조사하여 얻은 데이터이며, 〈표 8.5〉는

이 데이터에 대하여 관측빈도와 기대빈도를 요약한 것이다. 여기에서 기대빈도(expected frequency)는 30대 미만과 30대 이상 집단에서 선호하는 상품의 분포가 같다면 이와 같은 빈도가 기대된다는 의미이다.

〈예 8.1〉 2차원 교차표(분할표) 작성 – Prefer 데이터

```
import pandas as pd
Prefer = pd.read_csv('/content/Prefer.csv')   # 2.1.3절 참조
PreferTable = pd.crosstab(index=Prefer["Agegroup"],
                          columns= Prefer["Product"])
PreferTable   # 관측빈도
#----------------------------------------------------------------------
#   Product  A     B     C
# Agegroup
#   30<     20    20    60
#   30>=    70   100    30
#----------------------------------------------------------------------
pd.crosstab(index=Prefer["Agegroup"],columns= Prefer["Product"],
            margins=True,margins_name='합계')   # 행합계, 열합계 추가
#----------------------------------------------------------------------
#   Product  A     B     C   합계
# Agegroup
#  30<       20    20    60    100
#  30>=      70   100    30    200
#  합계      90   120    90    300
#----------------------------------------------------------------------
pd.crosstab(index=Prefer["Agegroup"],columns= Prefer["Product"],
            margins=True,margins_name='합계',normalize='index')
#----------------------------------------------------------------------
#   Product   A     B     C
# Agegroup
# 30<       0.20   0.2   0.60
# 30>=      0.35   0.5   0.15
# 합계      0.30   0.4   0.30
```

〈예 8.1〉은 Prefer 데이터 대하여 2차원 교차표(분할표)를 작성한 예이다. 이 예에서는 먼저 pandas의 crosstab 함수를 사용하여 테이블 객체를 생성하였다. 그리고 margins=True 인수값을 지정하여 행과 열 합계가 추가된 빈도표를 출력하였다. 또한 normalize='index' 인수값을 지정하여 행 백분율을 출력하였다. 이를 살펴보면 30대 미만의 경우 C를 선호하는 비율이 60%로서 가장 높으며, 30대 이상의 경우에는 B를 선호하는 비율이 50%로서 가장 높고 그 다음으로 A와 C의 순서임을 알 수 있다.

〈예 8.2〉 피셔의 정확검정 – Prefer 데이터

```
!pip install FisherExact    # 패키지 설치
from FisherExact import fisher_exact
fisher_exact(PreferTable,alternative='two-sided')
#----------------------------------------------------------------------
# 1.7034780666626206e-14    # p-값
```

〈예 8.2〉에서는 피셔의 정확검정을 위해 FisherExact 패키지의 fisher_exact 함수를 이용하였다(PreferTable 객체는 예 8.1에서 생성하였다). 위의 출력결과를 살펴보면 유의확률(p-value)이 <0.001로서 매우 작으므로, "두 연령대 그룹에서 선호하는 상품의 분포가 같다"라는 귀무가설이 기각됨을 알 수 있다.

〈예 8.3〉 카이제곱검정 – Prefer 데이터

```
from scipy.stats import chi2_contingency
chi2, pval, df, expected = chi2_contingency(PreferTable)
print("Chi2 =",chi2)    # 카이제곱 통계량 출력
#----------------------------------------------------------------------
# Chi2 = 65.0
#----------------------------------------------------------------------
print("p-value =",pval)    # p-값 출력
#----------------------------------------------------------------------
# p-value = 7.681204685202098e-15
#----------------------------------------------------------------------
print("df =",df)    # 자유도 출력
#----------------------------------------------------------------------
# df = 2
#----------------------------------------------------------------------
print("Expected value =",expected)    # 기대빈도 출력
#----------------------------------------------------------------------
# Expected value = [[30. 40. 30.]
#                   [60. 80. 60.]]
```

〈예 8.3〉에서는 scipy 패키지의 chi2_contingency 함수를 사용하여 카이제곱검정을 수행하고, 카이제곱 통계량, 유의확률(p-value), 자유도, 기대빈도 등을 출력하였다. 위의 출력결과를 살펴보면 카이제곱 값은 다음과 같이 계산되며,

$$\chi^2 = \frac{(20-30)^2}{30} + \frac{(20-40)^2}{40} + \cdots + \frac{(30-60)^2}{60} = 65.0$$

이에 대응되는 유의확률(p-value)이 <0.001로서 매우 작음을 볼 수 있다.

〈표 8.6〉 Softdrink(청량음료) 데이터

Agegroup	Drink	Count	Agegroup	Drink	Count	Agegroup	Drink	Count
1	1	10	2	1	13	3	1	12
1	2	14	2	2	9	3	2	8
1	3	4	2	3	10	3	3	10
1	4	12	2	4	8	3	4	10

〈표 8.6〉은 〈표 8.2〉의 데이터에 대한 자료입력의 예이다. 이와 같이 요약된 형태의 데이터를 분석할 경우에는 함수에 빈도변수를 지정해 주어야 한다는 것을 3.5.2절에서 설명한 바 있다. 다음 〈예 8.4〉에서는 crosstab 함수를 사용할 때 values= 인수를 이용하여 빈도변수를 지정하였고, aggfunc=sum 인수값을 지정하여 빈도의 합계를 출력하였다.

〈예 8.4〉 2차원 교차표(분할표) 작성 – Softdrink 데이터

```
import pandas as pd
Softdrink = pd.read_csv('/content/Softdrink.csv')   # 2.1.3절 참조
Softdrink = Softdrink.replace({'Agegroup':{1:'20대',2:'30대',3:'40대'},
            'Drink':{1:'coke',2:'pepsi',3:'fanta',4:'others'}})
pd.crosstab(index=Softdrink["Agegroup"],columns= Softdrink["Drink"],
            values=Softdrink["Count"],aggfunc=sum,margins=True,
            margins_name='전체')
#-------------------------------------------------------------------
# Drink    coke fanta others pepsi  전체
# Agegroup
#   20대     10     4     12    14    40
#   30대     13    10      8     9    40
#   40대     12    10     10     8    40
#   전체     35    24     30    31   120
#-------------------------------------------------------------------
pd.crosstab(index=Softdrink["Agegroup"],columns= Softdrink["Drink"],
            values=Softdrink["Count"],aggfunc=sum,margins=True,
            margins_name='전체',normalize='index').round(3)
#-------------------------------------------------------------------
# Drink   coke  fanta  others  pepsi
# Agegroup
#  20대   0.250  0.10    0.30  0.350
#  30대   0.325  0.25    0.20  0.225
#  40대   0.300  0.25    0.25  0.200
#  전체   0.292  0.20    0.25  0.258
```

〈예 8.5〉 피셔의 정확검정과 카이제곱검정 – Softdrink 데이터

```
oftdrinkTable = Softdrink.pivot_table(index=["Agegroup"],
                columns=["Drink"],values=["Count"])
fisher_exact(SoftdrinkTable,alternative='two-sided')
#-----------------------------------------------------------------------
# 0.39215562809491467   # p-값
#-----------------------------------------------------------------------
chi2_contingency(SoftdrinkTable)   # 통계량, p-값, 자유도, 기대빈도
#-----------------------------------------------------------------------
# (6.2,
#  0.4011631473146323,
#  6,
#  array([[11.66666667,  8.        , 10.        , 10.33333333],
#         [11.66666667,  8.        , 10.        , 10.33333333],
#         [11.66666667,  8.        , 10.        , 10.33333333]]))
```

〈예 8.5〉에서는 pivot_table 함수를 사용하여 SoftdrinkTable 객체를 생성하였다. 이때 values= 인수를 이용하여 빈도변수를 지정하였다.

피셔의 정확검정에 대한 출력결과를 살펴보면 유의확률(p-value)이 0.392로서(피어슨의 카이제곱검정에 의한 유의확률값은 0.401), 유의수준 5% 하에서 "연령대별 선호하는 청량음료의 분포가 같다"라는 귀무가설을 기각할 수 없다는 것을 알 수 있다. 또한 〈예 8.4〉의 출력결과에서 관측빈도의 행 백분율을 살펴보면, 연령대별로 선호하는 청량음료의 비율에 큰 차이가 없다는 것을 볼 수 있다.

8.3 카이제곱 적합도 검정

크기 n의 표본을 상호배반인 c개의 범주로 분류하고 범주별 관측빈도 $(n_1, n_2, \cdots, n_c)$를 얻었다고 하자(단, $\sum_{i=1}^{c} n_i = n$). 여기에서 p_i를 각 개체가 범주 i에 소속할 확률이라고 할 때(단, $\sum_{i=1}^{c} p_i = 1$), 다음과 같은 귀무가설을 고려해 보자.

$$H_0 : p_1 = p_{10}, p_2 = p_{20}, \cdots, p_c = p_{c0}. \tag{8.8}$$

이때, 관측빈도 $(n_1, n_2, \cdots, n_c)$이 다항분포 $m(n, p_1, p_2, \cdots, p_c)$를 따른다는 사실에 기초하면, 검정통계량

$$\chi^2 = \sum_{i=1}^{c} \frac{(n_i - e_i)^2}{e_i} = \sum_{i=1}^{c} \frac{(n_i - n\,p_{i0})^2}{n\,p_{i0}} \tag{8.9}$$

은 귀무가설 하에서 자유도 $c-1$인 카이제곱분포에 근사적으로 따른다. 여기에서 $e_i = np_{i0}$는 귀무가설 하에서 i번째 범주에 대한 기대빈도(expected frequency)가 된다.

〈표 8.7〉 '완두콩' 데이터

완두콩의 형태(Type)	1	2	3	4	합계
관측빈도	315	108	101	32	556
관측비율	56.7%	19.4%	18.2%	5.8%	100%

적합도 검정의 예를 하나 들어보도록 하자. 〈표 8.7〉의 데이터는 완두콩의 교배실험을 통해서 얻은 것으로, 총 556개 중 둥근 노란 완두콩(Type=1)이 315개, 둥근 녹색 완두콩(Type=2)이 108개, 모난 노란 완두콩(Type=3)이 101개, 모난 녹색 완두콩(Type=4)이 32개로 관측되었다. 멘델의 법칙에 의하면 네 종류의 완두콩이 나타날 비가 9:3:3:1이고, 실험의 결과가 멘델의 법칙에 따르는지를 알아보고자 한다. 이 경우 귀무가설은 '$H_0 : p_1 = 9/16(56.3\%), p_2 = 3/16(18.8\%), p_3 = 3/16(18.8\%), p_4 = 1/16(6.3\%)$'이다.

〈예 8.6〉 완두콩 데이터에 대한 적합도 검정

```
import numpy as np
Pea = np.array([315,108,101,32])
P0 = np.array([9/16,3/16,3/16,1/16])*np.sum(Pea)
P0   # 기대빈도
#-------------------------------------------------------------------------
# array([312.75, 104.25, 104.25,  34.75])
#-------------------------------------------------------------------------
from scipy.stats import chisquare
chisquare(Pea,P0)
#-------------------------------------------------------------------------
# Power_divergenceResult(statistic=0.4700239808, pvalue=0.925425895)
```

〈예 8.6〉은 '완두콩' 데이터에 대하여 카이제곱 적합도 검정을 수행한 것이다. 이 예에서 카이제곱 값은 다음과 같이 계산되며,

$$\chi^2 = \frac{(315-312.75)^2}{312.75} + \frac{(108-104.25)^2}{104.25} + \frac{(101-104.25)^2}{104.25} + \frac{(32-34.75)^2}{34.75} = 0.470$$

이에 대응되는 유의확률(p-value)이 0.925임을 볼 수 있다. 따라서 귀무가설을 채택하여 관측된 완두콩들의 비율은 멘델의 법칙을 따른다고 할 수 있다.

8.4 오즈비

분할표에서 행과 열의 수가 모두 2(즉, $r = c = 2$)인 경우에는 6.3절에서 설명한 '두 모비율 차이에 대한 검정'의 경우와 동일한 상황이 되는데, 이 절에서는 이러한 경우에 매우 유용하게 사용되는 **오즈비**(odds ratio)에 대하여 간단히 설명한다.

비교연구를 위한 관측연구의 방법은 코호트 연구(chort study)와 사례-대조 연구(case-control study)로 구분될 수 있다.

코호트 연구(chort study)는 특정 요인에 노출된 집단과 노출되지 않은 집단을 추적조사하는 형식의 전향적 연구(prospective study)이다. 이와 같은 방법은 조사(실험)오차를 줄일 수 있고 위험도(risk)를 직접 관측할 수 있다는 장점이 있으나, 추적조사를 해야 하므로 일반적으로 시간이 많이 걸리고 방대한 비용이 들며 연구의 관리가 어렵다는 등의 단점이 있다.

예를 들어, 흡연 집단과 비흡연 집단 각각 10만 명씩을 선정하고 20년간 추적조사하여 다음과 같은 결과를 얻었다고 하자.[1]

	폐암 $(Y=1)$	비폐암 $(Y=2)$
흡연 집단 $(X=1)$	0.70% (p_1)	99.30% $(1-p_1)$
비흡연 집단 $(X=2)$	0.05% (p_2)	99.95% $(1-p_2)$

이와 같은 연구에서는 흡연 집단의 폐암 발생률 $p_1 = P(Y = 1|X = 1)$=0.70%와 비흡연 집단의 폐암 발생률 $p_2 = P(Y = 1|X = 2)$=0.05%을 알 수 있으므로, 다음과 같은 통계량들을 구할 수 있다.

- 비율의 차이(difference in rates): $\Delta = p_1 - p_2 = 0.65\%\text{p}$
- 상대비율(relative in rates): $\theta = p_1/p_2 = 14.0$

또한 오즈비(odds ratio)라고 불리는 다음과 같은 통계량을 구할 수 있는데,

$$OR = \frac{p_1/(1-p_1)}{p_2/(1-p_2)} = 14.09$$

반응 '$Y = 1$'의 출현비율이 작은 경우, 일반적으로 오즈비는 상대비율과 거의 동일한 값을 갖게 된다.

[1]출처: 비교연구를 위한 통계적 방법론(허명회, 1995).

사례-대조 연구(case-control study)는 결과를 먼저 관측하여 사례군과 대조군으로 구분하고 특정 요인을 조사하는 형식의 후향적 연구(retrospective study)이다. 이와 같은 방법은 시간과 비용 측면에서 경제적이라는 장점이 있으나, 회상편향(recall bias), 선택편향(selection bias), 관측편향(observational bias) 등이 개입할 소지가 있다. 또한 위험도(risk)를 직접 관측할 수 없다는 단점이 있다.

예를 들어, 폐암이 발생한 사람(사례군)과 발생하지 않은 사람(대조군) 각각 1,000명씩을 선정하고 과거에 흡연한 이력을 조사하여 다음과 같은 자료를 얻었다고 하자.[2]

	폐암 ($Y=1$)	비폐암 ($Y=2$)
흡연 ($X=1$)	780 (n_{11})	200 (n_{12})
비흡연 ($X=2$)	220 (n_{21})	800 (n_{22})
합계	1,000 (n_1)	1,000 (n_2)

이 자료에서 알 수 있는 것은 폐암군 중의 흡연자의 비율이나 비폐암군 중의 흡연자의 비율일 뿐, 흡연자의 폐암 발생율(p_1)이나 비흡연자의 폐암 발생률(p_2)은 알 수 없다. 따라서 비율의 차나 상대비율 또한 계산할 수 없다.

그러나 사례-대조 연구에서도 오즈비는 다음과 같이 계산될 수 있는데,

$$OR = \frac{n_{11}/n_{12}}{n_{21}/n_{22}} = \frac{n_{11}\,n_{22}}{n_{12}\,n_{21}} = 14.2 \tag{8.10}$$

이러한 오즈비는 흔히 상대비율 p_1/p_2에 대한 추정치(estimated relative rates)로 유용하게 사용된다. 즉 $OR > 1$이면 $p_1 > p_2$, $OR < 1$이면 $p_1 < p_2$, $OR = 1$이면 $p_1 = p_2$의 의미로 해석될 수 있다. 따라서 오즈비는 2×2 분할표에서 두 범주형 변수의 독립성을 표현하는 또 다른 방법이 된다.

⟨예 8.7⟩ 오즈비의 계산과 독립성 검정

```
import pandas as pd
Smoking = pd.DataFrame({"Y":[1,1,2,2],"X":[1,2,1,2],
                       "Count":[780,220,200,800]})
SmokingTable = Smoking.pivot_table(index=["X"],columns=["Y"],
                                   values=["Count"])
SmokingTable
#-----------------------------------------------------------------
```

[2]출처: 비교연구를 위한 통계적 방법론(허명회, 1995).

```
#   Count
# Y 1   2
# X
# 1 780 200
# 2 220 800
#------------------------------------------------------------------
from scipy.stats import fisher_exact
fisher_exact(SmokingTable,alternative="greater")
#------------------------------------------------------------------
# (14.181818181818182, 1.0747120826791374e-157)   # 오즈비, p-값
```

⟨예 8.7⟩은 위의 데이터에 대하여 오즈비를 출력한 예이다. 이 예에서는 먼저 요약 데이터의 형태로 데이터 프레임을 만들고, pivot_table 함수를 사용하여 테이블 객체를 생성하였다. 그리고 fisher_exact 함수를 사용하여 다음과 같은 가설에 대한 검정을 수행하였다.

$$H_0 : OR \leq 1 \;\; vs \;\; H_1 : OR > 1.$$

피셔의 정확검정에 대한 출력결과를 살펴보면 유의확률(p-value)이 < 0.001로서 귀무가설을 기각할 수 있음을 알 수 있다. 즉, 오즈비가 1보다 크다고 결론지을 수 있다. 또한 계산된 오즈비가 14.182로서 흡연의 경우가 비흡연의 경우에 비하여 상대위험(relative risk)이 14.2배 높다는 것을 알 수 있다.

8.5 연관성의 측도

두 범주형 변수 간의 연관성(association)을 나타내는 여러 가지 측도들이 있는데, 이 절에서는 자주 사용되는 몇 가지 측도들을 설명한다.

8.5.1 카이제곱 통계량에 근거한 측도

피어슨의 카이제곱 통계량은 그 값이 클수록 두 범주형 변수의 연관성이 크다는 것을 의미하지만, 값의 크기가 자유도에 의존하며 범위가 제한되어 있지 않아서(즉, $0 \leq \chi^2 \leq \infty$) 해석하기가 어렵다는 단점이 있다.

다음과 같은 세 가지 연관성 측도들은 카이제곱 통계량의 이와 같은 단점을 일부 보완한 것이다.

- 파이 계수(Phi Coefficient): $\varphi = (\chi^2/n)^{1/2}$, $\;0 \leq \varphi \leq \min(\sqrt{r-1}, \sqrt{c-1})$, 단 2×2 분할표에 대해서는 $-1 \leq \varphi \leq 1$.

- 분할 계수(Contingency Coefficient): $P = \left[\chi^2/(\chi^2+n)\right]^{1/2}$, $0 \le P \le \sqrt{(m-1)/m}$, 단 $m = \min(r, c)$.
- 크라머의 V(Cramer's V): $V = \left[(\chi^2/n)/\min(r-1, c-1)\right]^{1/2}$, $0 \le V \le 1$, 단 2×2 분할표에 대해서는 $-1 \le V \le 1$.

위의 연관성 측도들은 카이제곱검정의 부산물로써 쉽게 계산할 수 있다는 장점이 있으나, 어떤 행태적 특성을 가지고 있지 않아서 해석하기가 곤란하다는 단점을 가지고 있다.

8.5.2 명목형 변수들의 연관성

〈표 8.5〉의 Prefer 데이터에서 각 사람이 어떤 상품을 선호하는지를 예측하는 문제를 고려하자. 만약 연령대라는 행이 관측되지 않았다면 상품 B를 선호하는 것으로 예측하는 것이 가장 타당할 것이며, 이러한 예측 하에서 오류의 수는 다음과 같다.

$$\epsilon_1 = 90 + 0 + 90 = 180$$

반면 행의 정보를 이용하는 경우, 30대 미만은 상품 C를 선호하는 것으로, 30대 이상은 상품 B를 선호하는 것으로 예측하는 것이 타당할 것이며, 이러한 예측 하에서 오류의 수는 다음과 같다.

$$\epsilon_2 = \{20 + 20 + 0\} + \{70 + 0 + 30\} = 140$$

따라서 행의 정보를 이용하는 경우가 그렇지 않은 경우에 비하여 얼마나 예측 오류가 감소하는지를 계산하면 다음과 같다.

$$\lambda = 1 - \frac{\epsilon_2}{\epsilon_1} = 1 - \frac{140}{180} = 0.222$$

여기에서 ϵ_1은 행의 정보를 이용하지 않는 경우 열에 대한 예측 오류의 수이며, ϵ_2는 행의 정보를 이용하는 경우 열에 대한 예측 오류의 수이다.

이와 같은 **람다**(lambda) 계수는 분할표에서 두 명목형 변수들 간의 연관성을 재는 측도이며($0 \le \lambda \le 1$), 람다가 1에 가까우면 행 변수가 열 변수를 예측하는 데 중요한 요인이라는 것을 나타내며, 람다가 0에 가까우면 열 변수를 예측하는 데 행 변수가 도움이 되지 않는다는 것을 의미한다.

- 비대칭 람다($C|R$): 행이 주어질 때 열에 대한 예측타당성을 재는 측도이다.
- 비대칭 람다($R|C$): 열이 주어질 때 행에 대한 예측타당성을 재는 측도이다.
- 대칭 람다(Lambda Symmetric): 행과 열의 독립·종속의 구분을 필요로 하지 않는 상황에 적합한 측도이다.

명목형 변수들 간의 연관성 측도로는 엔트로피에 기초한 불확실성 계수(uncertainty coefficient)와 MI(mutual information) 계수 등도 있다.

다음 ⟨예 8.8⟩은 ⟨예 8.1⟩에서 다루었던 Prefer 데이터에 대하여 모자이크 도표와 2차원 교차표(분할표)를 작성한 예이다.

먼저 statsmodels 패키지의 mosaic 함수는 ⟨그림 8.1⟩과 같은 모자이크(mosaic) 도표를 출력하는데, 모자이크 도표는 행 퍼센트 또는 열 퍼센트의 상대적 크기를 그래프로 표현한 것이다. 예를 들어, 30세 미만의 경우에는 상품 C의 비율이 높고, 30세 이상의 경우에는 상품 B의 비율이 높다는 것을 이 도표를 통해 쉽게 파악할 수 있다.

⟨예 8.8⟩ 분할표 작성과 카이제곱검정 ⟵ 예 8.1에서 계속

```
from statsmodels.graphics.mosaicplot import mosaic
mosaic(Prefer.sort_values("Product"),["Product","Agegroup"])
#-----------------------------------------------------------------------
PreferTable    # 테이블 객체(분할표) 출력
#-----------------------------------------------------------------------
#   Product  A     B     C
# Agegroup
#   30<      20    20    60
#   30>=     70   100    30
#-----------------------------------------------------------------------
```

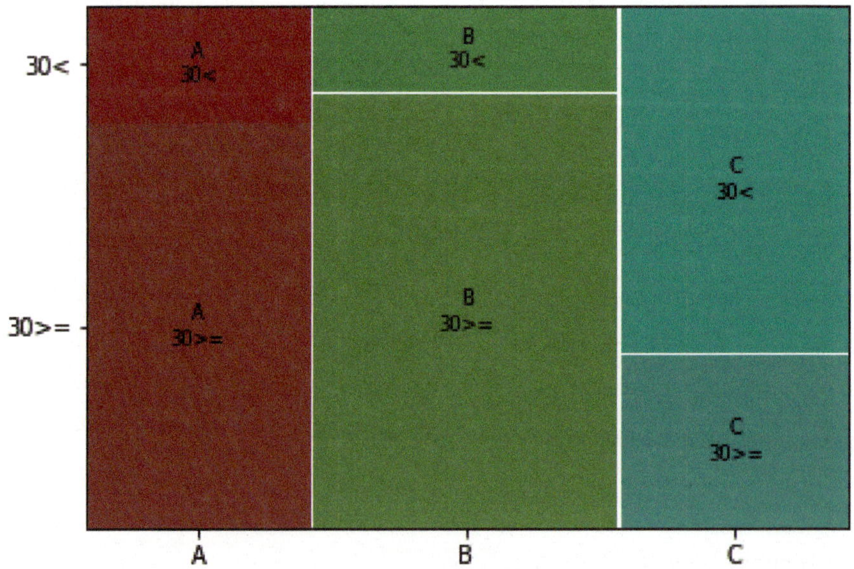

⟨그림 8.1⟩ Prefer 데이터에 대한 모자이크 도표

```
pd.crosstab(index=Prefer["Agegroup"],columns=Prefer["Product"],
            normalize='index')   # 행 백분율 출력
#------------------------------------------------------------------------
#   Product    A     B     C
# Agegroup
# 30<       0.20   0.2   0.60
# 30>=      0.35   0.5   0.15
#------------------------------------------------------------------------
from scipy.stats import chi2_contingency
chi2_contingency(PreferTable)   # 통계량, p-값, 자유도, 기대빈도
#------------------------------------------------------------------------
# (65.0, 7.681204685202098e-15, 2, array([[30., 40., 30.],
#                                         [60., 80., 60.]]))
```

위의 출력결과를 살펴보면 피어슨의 카이제곱 값이 $\chi^2 = 65.0$이고 이에 대응되는 유의확률(p-value)이 <.001로서 매우 작음을 볼 수 있다.

⟨예 8.9⟩ 명목형 변수들의 연관성 측도

```
chi2 = chi2_contingency(PreferTable)[0]    # 예 8.3 참조
#------------------------------------------------------------------------
# 파이 계수
n = len(Prefer)
(chi2/n)**(1/2)
#------------------------------------------------------------------------
# 0.4654746681256314
#------------------------------------------------------------------------
# 분할 계수
(chi2/(chi2+n))**(1/2)
#------------------------------------------------------------------------
# 0.42199785755477703
#------------------------------------------------------------------------
# 크라머의 V
PhiCoef = (chi2/n)**(1/2)
r, c = PreferTable.shape
PhiCoef/min(r-1,c-1)**(1/2)
#------------------------------------------------------------------------
# 0.4654746681256314
```

또한 ⟨예 8.9⟩에서와 같이 카이제곱 통계량에 근거한 연관성의 측도들을 공식에 따라 계산해 보면 파이 계수=0.465, 분할 계수=0.422, 크라머의 V=0.465임을 볼 수 있다.

8.5.3 순서형 변수들의 연관성

〈표 8.3〉에 제시된 '교육수준과 소득수준' 데이터를 고려하자. 이 데이터에서 교육수준과 소득수준은 모두 순서를 가지는 것으로 간주할 수 있다. 즉, 각 변수의 1의 값은 상, 2의 값은 중, 3의 값은 하를 나타낸다. 이와 같이 행 변수와 열 변수가 모두 순서형인 경우에는 다음과 같은 연관성 측도들을 사용할 수 있다.

- 감마 (Gamma): 일치쌍과 비일치쌍의 개념을 이용하여 다음과 같이 정의된다.

$$\gamma = \frac{P-Q}{P+Q} \tag{8.11}$$

  여기에서 일치쌍(concordant pair)이란 행과 열 변수의 관측값이 크기 순서에서 같은 방향에 있는 관측개체의 쌍을 의미하며, 비일치쌍(non-concordant pair)이란 행과 열 변수의 관측값이 크기 순서에서 반대 방향에 있는 관측개체의 쌍을 의미한다. γ가 0에 가까우면 두 변수간의 연관성이 작은 경우이고, γ가 1(또는 -1)에 가까우면 양(또는 음)의 연관성이 큰 경우라고 할 수 있다($-1 \le \gamma \le 1$).

- 켄달의 타우-b (Kendall's Tau-b): 같은 순위를 가지는 쌍의 경우에 대하여 감마를 수정한 것이다($-1 \le \tau_b \le 1$).[3]

- 스튜어트의 타우-c (Stuart's Tau-c): 같은 순위를 가지는 쌍의 경우와 분할표의 크기를 이용하여 감마를 수정한 것이다($-1 \le \tau_c \le 1$).

- 소머즈의 D (Somers' D): $D(C|R)$과 $D(R|C)$는 켄달의 타우-b를 비대칭적 관계를 고려하여 수정한 것이다.

순서형 변수들 간의 연관성 측도로는 앞 장에서 설명한 피어슨의 상관계수와 스피어만의 순위상관계수도 사용될 수 있다.

한편 행 변수와 열 변수가 모두 순서형인 경우에는 선형적 연관성을 검정하기 위하여 다음과 같은 M-H(Mantel-Haenszel) 카이제곱 통계량이 사용될 수 있다.

$$\text{MH } \chi^2 = (n-1)\, r^2 \tag{8.12}$$

여기에서 n은 관측개체의 수이고, r은 행(x)과 열(y) 변수의 각 수준에 적절한 숫자값을 부여하고 계산된 상관계수이다(예를 들어, x={1, 2, 3}, y={1, 2, 3}). 이러한 M-H 카이제곱 통계량은 자유도가 1인 카이제곱분포를 따른다.

[3]같은 순위를 가지는 쌍이란 $i_1 = i_2$이거나 $j_1 = j_2$인 쌍 $[(i_1, i_2), (j_1, j_2)]$을 말한다.

〈표 8.8〉 Economic 데이터(첫 10개, $n = 1,000$)

ID	Education	Income	ID	Education	Income
1	2	1	6	1	1
2	3	3	7	2	3
3	3	2	8	2	3
4	1	1	9	3	1
5	2	1	10	1	1

〈표 8.8〉은 〈표 8.3〉에 제시된 '교육수준과 소득수준' 데이터에 대한 자료입력의 예이다. 다음 〈예 8.10〉은 이 데이터에 대하여 교차표(분할표)를 작성한 것이다.

〈예 8.10〉 Economic 데이터에 대한 분할표 작성

```
import pandas as pd
Economic = pd.read_csv('/content/Economic.csv')   # 2.1.3절 참조
pd.crosstab(index=Economic["Education"],columns=Economic["Income"],
            margins=True)
#-----------------------------------------------------------------------
# Income        1     2     3    All
# Education
# 1           255   105    81    441
# 2           110    92    66    268
# 3            90   113    88    291
# All         455   310   235   1000
#-----------------------------------------------------------------------
pd.crosstab(index=Economic["Education"],columns=Economic["Income"],
            margins=True,normalize='index').round(3)   # 행 백분율
#-----------------------------------------------------------------------
# Income        1     2     3
# Education
# 1          0.578 0.238 0.184
# 2          0.410 0.343 0.246
# 3          0.309 0.388 0.302
# All        0.455 0.310 0.235
```

위의 출력결과에서 행 백분율을 살펴보면 교육수준이 높을수록(1:상, 2:중, 3:하) 소득수준 "상(1)"의 비율이 높고 "하(3)"의 비율이 낮음을 볼 수 있다. 따라서 교육수준과 소득수준 사이에 어느 정도의 연관성이 있음을 알 수 있다.

⟨예 8.11⟩ Economic 데이터에 대한 상관계수

```
Economic.iloc[:,1:3].corr("pearson")    # 피어슨의 상관계수
#-----------------------------------------------------------------------
          Education   Income
Education   1.000000 0.206019
Income      0.206019 1.000000
#-----------------------------------------------------------------------
Economic.iloc[:,1:3].corr("spearman")    # 스피어만의 순위상관계수
#-----------------------------------------------------------------------
          Education   Income
Education   1.000000 0.215761
Income      0.215761 1.000000
#-----------------------------------------------------------------------
Economic.iloc[:,1:3].corr("kendall")    # 켄달의 타우
#-----------------------------------------------------------------------
          Education   Income
Education   1.00000 0.19351
Income      0.19351 1.00000
```

⟨예 8.11⟩은 교육수준과 소득수준에 대하여 피어슨의 상관계수, 스피어만의 순위상관계수, 켄달의 타우를 계산한 것이다. 예를 들어, 피어슨의 상관계수가 $r = 0.206$으로 계산되었음을 볼 수 있다.

⟨예 8.12⟩ M-H 카이제곱검정

```
MHchi2 = (1000-1)*0.206019**2
from scipy.stats import chi2
pval = 1 - chi2.cdf(MHchi2,1)
print("M-H chi2 =",MHchi2,"p-value =",pval)
#-----------------------------------------------------------------------
# M-H chi2 = 42.40138453263901 p-value = 7.433742510443153e-11
```

⟨예 8.12⟩는 $n = 1,000$과 $r = 0.206$에 대하여 M-H 카이제곱 통계량과 유의확률을 계산한 것이다. 이 예에서 M-H 카이제곱 값은 다음과 같고,

$$\text{MH } \chi^2 = (n-1)\, r^2 = (1000-1) \times (0.206)^2 = 42.4$$

이에 대응되는 유의확률(p-value)이 $< .001$로서 매우 작음을 볼 수 있다. 따라서 교육수준(행)과 소득수준(열) 변수 간에 선형적 추세(linear trend)가 있다고 할 수 있다. 다만, $r = 0.206$이므로 선형적 연관성이 크지는 않다고 할 수 있다.

〈예 8.13〉 켄달의 타우 계산

```
from scipy.stats import kendalltau
kendalltau(Economic.Education,Economic.Income)
#-----------------------------------------------------------------------
# KendalltauResult(correlation=0.193509747914, pvalue=8.4293096331e-12)
```

〈예 8.13〉은 scipy 패키지의 kendalltau 함수를 사용하여 켄달의 타우(tau) 계수를 계산한 것이다. 위의 출력결과를 살펴보면 유의확률(p-value)이 $< .001$로서 매우 작으나, $\tau = 0.194$로서 선형적 연관성이 크지 않음을 볼 수 있다.

한편 다음 〈예 8.14〉는 감마(gamma) 계수를 계산하기 위하여 사용자 정의 함수를 작성한 것이다. 이 예에서는 감마 계수가 $\gamma = 0.293$으로 계산되어 있다.

〈예 8.14〉 감마 계수 계산

```
import itertools
def Concordance(A,B):
   pairs = itertools.combinations(range(0,len(A)),2)
   P = 0     # 일치쌍
   T = 0     # tie
   Q = 0     # 비일치쌍
   for x, y in pairs:
       a = A[x] - A[y]
       b - B[x] - B[y]
       if (a * b > 0):     # 같은 부호, 일치쌍
         P += 1
       elif (a * b == 0): # tie
         T += 1
       else :              # 다른 부호, 비일치쌍
         Q += 1
   return P, T, Q
X = Economic["Education"]
Y = Economic["Income"]
p, t, q = Concordance(X,Y)
gamma = (p-q)/(p+q)
print("Gamma = ",gamma)
#-----------------------------------------------------------------------
# Gamma = 0.2925812074750239
```

8.6 이 장에서 사용된 주요 함수들

여기에서는 이 장에서 사용된 주요 함수들에 대하여 사용형식(usage)과 자주 사용되는 인수(argument)들을 설명한다. 보다 자세한 사항은 파이썬의 도움말을 참조하여라.

□ chisquare 함수 (scipy 패키지)

- chisquare(f_obs=,f_exp=None,ddof=0): 일차원 빈도표에 대한 카이제곱 적합도검정을 수행한다.

- f_obs=: 각 범주별 관측빈도를 지정한다.
- f_exp=: 각 범주별 기대빈도를 지정한다. 이 값이 지정되지 않으면 모든 범주의 비율이 동일한 것으로 가정한다.
- ddof=(delta degrees of freedom): p-값 계산 시 카이제곱분포의 자유도 보정에 사용되는 값이다. 기본값: ddof=0.

□ kendalltau 함수 (scipy 패키지)

- kendalltau(x=,y=,$\cdots$): 순서형 데이터에 대한 켄달의 타우계수와 이에 대한 유의확률을 출력한다.

- x, y: 두 순서형 데이터를 지정한다.

8.7 연습문제

1. 다음은 어떤 회사에서 고려하고 있는 3가지 유형의 연금계획에 대한 피고용자들의 4개 직급별 선호도를 600명의 종업원에게 조사한 것이다.

직급	연금계획		
	A	B	C
Clerical	140	40	20
Executive	70	20	10
Factory	160	30	10
Supervisor	80	10	10

(a) 이 분할표가 나타내는 내용을 포괄적으로 요약하여라.

(b) 연구목적에 대한 가설들(귀무가설 및 대립가설)을 구체적으로 세워라.

(c) (나)에 대한 검정결과를 정확히 서술하여라.

(d) 셀(Executive, A)가 두 변수 간의 연관관계에 공헌하는 정도는 어느 정도라고 생각되는가? 그 이유는 무엇인가?(관측빈도와 기대빈도를 비교하여 보아라.)

(e) 두 변수 간에 유의적인 연관관계가 있다면 그 정도에 관한 추론을 시도하여라.

2. 대기오염이 야채 종류에 따라 영향을 미치는 정도가 차이가 나는지 검정하고자 양상추 40, 시금치 40, 토마토 40개를 조사한 결과 다음과 같은 데이터를 얻었다. 귀무가설과 대립가설을 서술하고 유의수준 5% 하에서 검정하여라.

	심각	보통	합계
양상추	32	8	40
시금치	28	12	40
토마토	19	21	40

3. 어느 공항의 주차장에는 5개의 출입구가 있다. 일정시간 동안에 각 입구를 통해 주차장에 들어온 자동차의 수는 다음과 같다. 주차장에 들어온 자동차의 수는 주차장 출입구의 위치와는 관계 없이 동일한지를 유의수준 5% 하에서 검정하여라.

주차장 입구	입구 A	입구 B	입구 C	입구 D	입구 E
자동차 수	238	216	302	294	199

4. 학업성적과 학생의 성별이 어떤 관계가 있는지 알아보기 위하여 대학생 200명을 무작위 추출하여 조사한 결과 다음과 같은 데이터를 얻었다. 학업성적과 학생의 성별이 어떤 관계가 있는지 유의수준 5% 하에서 검정하여라.

	A	B	C	D	합계
여학생	19	44	13	3	79
남학생	19	58	31	13	121
합계	38	102	44	16	200

5. 다음은 13대 대통령선거에서 각 후보들이 5대 도시에서 얻은 득표수를 조사한 뒤 얻은 분할표이다. 지역과 후보자에 대한 지지 간에 관계가 있는지를 유의수준 5%로 검정하고 연관성 측도들을 구하여라.

	후보자			
지역	노태우	김영삼	김대중	김종필
서울	1683	1637	1833	461
부산	641	1117	182	52
대구	800	275	30	23
인천	326	249	177	76
광주	23	2	450	1

6. 한 가전제품회사에서 두 가지 형태의 새로운 냉장고를 개발하였다. 어느 형태의 냉장고를 소비자들이 더 선호하는가를 알아보기 위해 서울에서 90명, 충청도에서 92명, 전라도에서 118명, 경상도에서 135명을 임의로 추출한 뒤 설문조사를 통해 다음과 같은 결과를 얻었다. 지역에 따른 냉장고의 선호에 차이가 있는지를 유의수준 5%로 검정하여라.

	냉장고	
지역	A	B
서울	48	42
충청도	43	49
전라도	65	53
경상도	59	76

7. 다음은 지역에 따른 소득수준에 어떠한 차이가 존재하는지를 알아보기 위하여 도시와 농촌에서 800명의 표본을 무작위 추출하여 조사한 데이터이다. 적당한 가설을 설정하고 유의수준 5% 하에서 검정하여라.

	소득수준				
	상	중상	중하	하	합계
도시	76	53	59	48	236
농촌	124	147	141	152	564
합계	200	200	200	200	800

8. 어떤 자동차보험상품에 대한 보험 청구횟수는 평균(μ)이 2인 포아송분포를 따른다고 알려져 있다. 이를 확인하기 위해 보험가입자 200명을 랜덤추출하여 청구횟수를 조사해 보았더니 다음과 같았다. 자동차보험 청구횟수가 포아송분포를 따른다는 가정

하에 기대도수를 계산하여라. 또한 자동차보험청구회수가 포아송분포를 따른다고 할 수 있는지를 유의수준 5% 하에서 검정하여라.

청구회수	0	1	2	3	4	5 이상
관측도수	22	53	58	39	20	8
$f(x) = (e^{-\mu}\mu^x)/x!$	0.135	0.271	0.271	0.180	0.090	0.053

9. 가정용 세탁기의 색상에 대한 주부들의 선호도를 조사하기 위하여 어느 세탁기 회사에서 최근 260명의 구매자가 구입한 세탁기의 색상을 정리해 보니 다음과 같았다. 세탁기 색상에 대한 주부들의 선호도에 차이가 있는지를 유의수준 5% 하에서 검정하여라.

세탁기 색상	흰색	상아색	올리브색	회색	합계
관측도수	69	75	67	49	260

제 9 장
회귀분석

7장에서는 두 변수 사이의 선형적 연관성을 측정하는 상관계수에 대해서 설명하였는데, 이 장에서는 한 변수가 다른 변수들에 의해 어떻게 설명 또는 예측되는지를 분석하는 회귀분석에 대해서 다루어 보도록 하자.

9.1 단순 회귀분석

아래 ⟨그림 9.1⟩은 아버지의 키 그룹별로 대응되는 아들 그룹의 평균 키를 표시하고, 이러한 관계를 잘 나타낼 수 있는 직선을 그려 넣은 것이다. 이러한 생각은 영국의 유전학자 갈톤(F. Galton, 1889)에 의해서 이루어진 것으로, 그는 사람의 키에 관한 유전연구를 통해 회귀(回歸, regression)라는 생각을 발전시켰다.

⟨그림 9.1⟩을 살펴보면 아버지의 키가 60인치인 그룹에 속하는 아들들의 평균 키는 약 65인치로서 아버지들의 평균 키보다 약간 크고, 아버지의 키가 74인치인 그룹에 속하는 아들들의 평균 키는 약 71인치로서 아버지들의 평균 키보다 약간 작아진다는 것을 알 수 있다. 따라서 아들들의 키는 그들의 평균 키에 되돌아가려는 경향이 있음을 발견할 수 있게 되는데, 갈톤은 이와 같은 함수관계를 회귀(regression)라는 용어로 표현하였다. 한편 피어슨(K. Pearson, 1903)은 아버지의 키(x)와 아들의 키(y)에 관한 기록을 수집하여 $y = 33.73 + 0.516x$와 같은 일차함수 관계식을 얻었다.

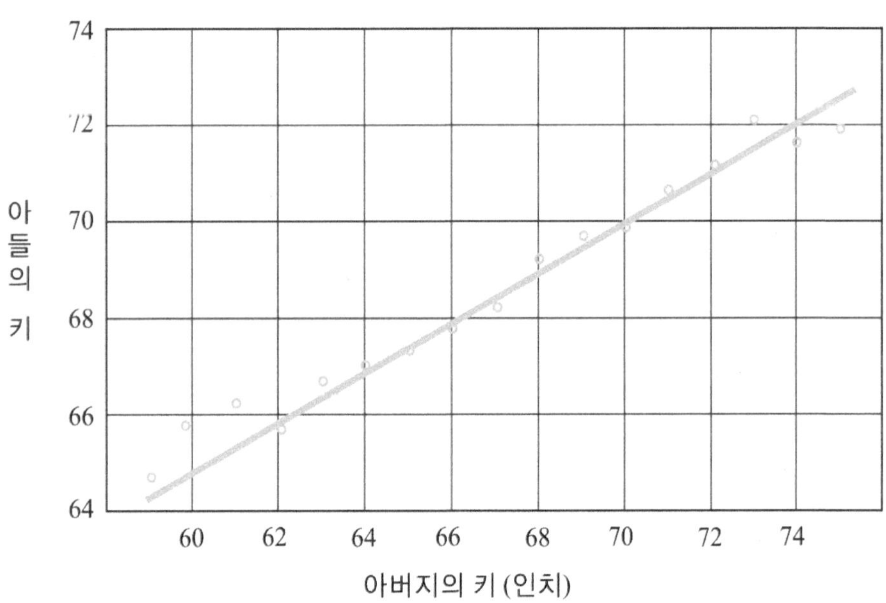

⟨그림 9.1⟩ 아버지와 아들의 키(F. Galton, 1889)

회귀분석이란 한 변수가 다른 변수들에 의해서 어떻게 설명(explanation) 또는 예측(prediction)되는 지를 알아보기 위한 통계적 방법이다. 이때 예측되는 변수를 **종속변수**(從屬變數, dependent variable) 또는 **반응변수**(反應變數, response variable)라고 하고, 종속변수를 예측하는 데 사용되는 변수들을 **독립변수**(獨立變數, dependent variable) 또는 **설명변수**(說明變數, explanatory variable)라고 한다.

회귀분석에서는 일반적으로 선형방정식에 의해서 종속변수와 독립변수들의 관계를 표현하는데, 이를 **선형회귀**(線形回歸, linear regression)분석이라고 한다. 또한 독립변수가 하나인 경우를 **단순회귀**(單純回歸, simple regression)분석이라고 하고, 이에 비해 독립변수가 여러 개인 경우를 **다중회귀**(多重回歸, multiple regression)분석이라고 한다. 이 절에서는 먼저 가장 간단한 단순 선형회귀분석에 대해서 알아보도록 하자.

9.1.1 단순 회귀분석 모형

단순 회귀분석 모형은 다음 식과 같이 종속변수 y를 독립변수 x의 일차함수식으로 설명하려는 것이다.

$$y = \alpha + \beta x + \epsilon \tag{9.1}$$

여기에서 α와 β는 데이터로부터 추정되어야 할 미지의 모수로서 **회귀계수**(regression coefficient)들이며, ϵ은 **오차항**(error term)으로서 독립변수 x로는 설명할 수 없는 종속변수 y의 변이 및 선형회귀모형의 함수적 형태에서 기인하는 오류 등을 포함한다. 일반적으로 오차항 ϵ은 기댓값 0과 분산 σ^2을 가지며 정규분포(normal distribution)를 따르는 것으로 가정된다.

단순 선형회귀모형의 회귀계수 α와 β를 추정하기 위해서 일반적으로 오차들의 제곱합이 최소가 되도록 회귀계수를 추정하는 **최소제곱법**(least square method)을 사용한다. 즉, n개의 관찰개체로부터 표본 (x_1, y_1), (x_2, y_2), $\cdots$, (x_n, y_n)을 얻었을 때 α와 β의 최소제곱추정치는 다음과 같은 **오차제곱합**

$$\sum_{i=1}^{n} \epsilon_i^2 = \sum_{i=1}^{n} (y_i - \alpha - \beta x_i)^2 \tag{9.2}$$

을 최소화하는 것이다.

이제 오차제곱합을 α와 β에 대해서 각각 편미분하여 얻은 식을 0으로 놓고 풀면 최소제곱추정량을 얻을 수 있는데, 결론적으로 회귀계수 α와 β의 최소제곱추정치 $\hat{\alpha}$와 $\hat{\beta}$는 다음과 같은 수식에 의해서 계산될 수 있다.

$$\hat{\beta} = \sum_{i=1}^{n} (x_i - \bar{x})(y_i - \bar{y}) / \sum_{i=1}^{n} (x_i - \bar{x})^2, \tag{9.3}$$

$$\hat{\alpha} = \bar{y} - \hat{\beta}\bar{x}. \tag{9.4}$$

단순 선형회귀모형에서는 특히 기울기 β에 큰 관심을 두게 되는데, 이는 독립변수 x가 1단위 증가할 때 종속변수 y가 변화하는 양을 나타낸다. 따라서 회귀계수가 양의 값으로 추정되었다는 것은 독립변수의 값이 증가하면 종속변수의 값이 증가한다는 의미이고, 반대로 회귀계수가 음인 경우에는 독립변수의 값이 증가하면 종속변수의 값이 오히려 감소한다는 의미를 가진다.

그러나 회귀계수 β에 관한 이러한 해석은 '독립변수 x가 종속변수 y에 유의한 영향을 주고 있다'라는 가설이 받아들여지지 않으면 아무런 의미가 없게 된다. 따라서 '$H_0 : \beta = 0$' 이라는 가설을 검정하는 문제는 결과의 해석에 앞서 종속변수에 대한 독립변수의 유의성을 검토하기 위해 필요한 단계이다. 기울기 β에 대한 이와 같은 가설을 검정하기 위한 검정통계량은 다음 식 (9.5)와 같고, 이는 귀무가설이 사실일 때 자유도 $n-2$인 $t-$분포를 따른다.

〈회귀직선의 기울기 β에 대한 검정〉

$$\text{검정통계량}: \ T = \frac{\hat{\beta} - \beta_0}{\sqrt{\hat{\sigma}^2 / \sum_{i=1}^{n}(x_i - \bar{x})^2}} \tag{9.5}$$

귀무가설과 대립가설	기각역
$(a)\ H_0 : \beta \leq \beta_0 \ \ vs \ \ H_1 : \beta > \beta_0$	$T \geq t_{\alpha}(n-2)$
$(b)\ H_0 : \beta \geq \beta_0 \ \ vs \ \ H_1 : \beta < \beta_0$	$T \leq -t_{\alpha}(n-2)$
$(c)\ H_0 : \beta = \beta_0 \ \ vs \ \ H_1 : \beta \neq \beta_0$	$\lvert T \rvert \geq t_{\alpha/2}(n-2)$

β에 대한 $100(1-\alpha)\%$ 신뢰구간:

$$\left(\hat{\beta} \pm t_{\alpha/2}(n-2) \frac{\hat{\sigma}}{\sqrt{\sum_{i=1}^{n}(x_i - \bar{x})^2}} \right) \tag{9.6}$$

위의 식 (9.5)에서 $\hat{\sigma}^2$은 오차분산 σ^2의 추정치로서 다음과 같이 계산된다.

$$\hat{\sigma}^2 = \frac{\sum_{i=1}^{n}(y_i - \hat{y}_i)^2}{n-2} \tag{9.7}$$

9.1.2 단순 회귀분석 사례

〈표 9.1〉의 데이터는 유사한 제품을 생산하는 12개 기업에 대해 1년 광고비(Adver)와 매출액(Sales)을 조사하여 얻은 것이다. 이 데이터에 대해 매출액을 반응변수로 하고 광고비를 설명변수로 하여 선형 회귀분석을 수행해 보도록 하자.

〈표 9.1〉 Sales 데이터

Company	Adver	Sales	Company	Adver	Sales	Company	Adver	Sales
1	11	23	5	56	93	9	38	65
2	19	32	6	62	99	10	39	70
3	23	36	7	29	49	11	46	71
4	26	46	8	30	50	12	49	89

〈예 9.1〉 단순 회귀분석

```
import pandas as pd
Sales = pd.read_csv('/content/Sales.csv')   # 2.1.3절 참조
import matplotlib.pyplot as plt
import seaborn as sns
sns.jointplot(x='Adver',y='Sales',data=Sales,kind="reg")
import statsmodels.formula.api as smf
SalesFit = smf.ols(formula='Sales~Adver',data=Sales).fit()
print(SalesFit.summary())
#--------------------------------------------------------------------------
# OLS Regression Results
# ========================================================================
# Dep. Variable:             Sales   R-squared:                     0.979
# Model:                       OLS   Adj. R-squared:                0.976
# Method:            Least Squares   F-statistic:                   455.5
# Date:           Thu, 14 Jan 2021   Prob (F-statistic):         1.14e-09
# Time:                   05:58:32   Log-Likelihood:              -32.059
# No. Observations:             12   AIC:                           68.12
# Df Residuals:                 10   BIC:                           69.09
# Df Model:                      1
# Covariance Type:       nonrobust
# ========================================================================
#               coef    std err        t      P>|t|     [0.025    0.975]
# -------------------------------------------------------------------------
# Intercept   3.2848      2.889    1.137      0.282     -3.153     9.723
# Adver       1.5972      0.075   21.343      0.000      1.430     1.764
# ========================================================================
# Omnibus:                   0.879   Durbin-Watson:                 2.470
# Prob(Omnibus):             0.644   Jarque-Bera (JB):              0.379
# Skew:                      0.419   Prob(JB):                      0.828
# Kurtosis:                  2.768   Cond. No.                       101.
# ========================================================================
```

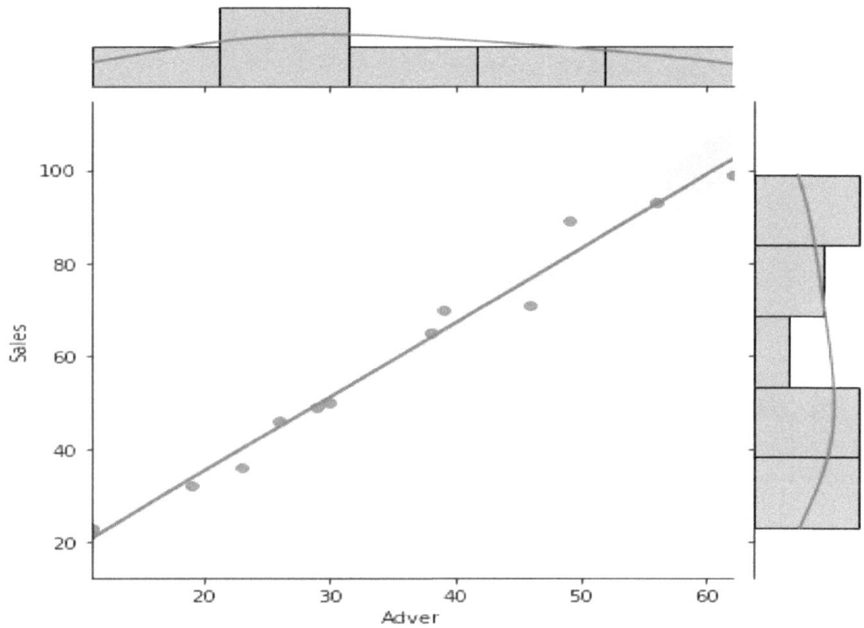

〈그림 9.2〉 산점도와 회귀직선

〈예 9.1〉은 statsmodels 패키지의 ols 함수를 사용하여 회귀분석을 수행한 것이다. 여기에서는 ols 함수의 결과를 객체 SalesFit에 저장한 후, summary 함수를 사용하여 주요 결과를 출력하였다. 또한 jointplot 함수를 사용하여 산점도와 회귀직선을 출력하였다(그림 9.2 참조).

〈예 9.1〉의 출력결과에는 모형적합에 대한 통계량 및 회귀계수 추정치(estimate) 등이 출력되어 있는데, 여기에서는 먼저 회귀계수 추정치를 중심으로 결과를 살펴보도록 하자. 모형적합 통계량에 대한 결과들은 9.3절에서 자세히 설명할 것이다.

먼저 모수 α와 β에 대한 추정치는 각각 $\hat{\alpha} = 3.285$와 $\hat{\beta} = 1.597$임을 알 수 있고, 따라서 추정된 회귀식을 다음과 같이 쓸 수 있다.

$$\hat{y} = 3.285 + 1.597x$$

여기에서 $\hat{\beta} = 1.597$은 '광고비(x)가 1단위 증가하면 매출액(y)이 1.597단위 정도 증가한다'는 것을 의미한다.

한편, 기울기 β에 대한 t-통계량의 값은 $T = 21.34$이고 유의확률($p-$값)은 유의수준 5%(또는 10%)보다 작기 때문에 통계적으로 유의함을 알 수 있다. 따라서 귀무가설 'H_0 : $\beta = 0$'을 기각하여 "광고비(x)가 매출액(y)에 유의한 영향을 준다"고 추론할 수 있다.

〈예 9.2〉 산점도와 회귀직선의 출력

```
sns.lmplot(x="Adver",y="Sales",data=Sales)
sns.regplot(x="Adver",y="Sales",data=Sales,lowess=True)
```

〈예 9.2〉는 산점도와 회귀직선을 출력하는 또 다른 예이다. 여기에서는 seaborn 패키지의 lmplot 함수와 regplot 함수를 사용하여 산점도를 작성하였다. 그 결과는 〈그림 9.2〉와 유사하다.

9.1.3 반응변수에 대한 예측

추정된 회귀직선을 이용한 관측치에 대한 예측은 두 가지 형태로 나눌 수 있다. 하나는 설명변수의 특정한 값이 주어졌을 때 반응변수 y의 평균값 $E(y)$를 예측하는 것이며, 또 다른 하나는 설명변수의 특정한 값에 대한 개별적인 y값을 예측하는 것이다.

(1) y의 평균값에 대한 예측 및 신뢰구간

독립변수 $x = x_0$의 특정한 값일 경우 y의 평균값(기댓값) $E(y|x_0) = \alpha + \beta x_0$는 $\hat{y} = \hat{\alpha} + \hat{\beta}x_0$로 추정되며, 이때 $E(y|x_0)$에 대한 $100(1-\alpha)\%$ **신뢰구간**(confidence interval)은 다음과 같이 구할 수 있다.

$$(\hat{\alpha} + \hat{\beta}x_0) \pm t_{\alpha/2}(n-2)\sqrt{\hat{\sigma}^2\left(\frac{1}{n} + \frac{(x_0-\bar{x})^2}{\sum_{i=1}^{n}(x_i-\bar{x})^2}\right)}. \tag{9.8}$$

이러한 신뢰구간을 구하는 식을 살펴보면, 신뢰구간의 폭은 $x_0 = \bar{x}$일 때에 가장 짧고 x_0가 $\bar{x}$에서 멀어질수록 길어짐을 알 수 있다.

(2) y의 개별 관측치에 대한 예측 및 예측구간

앞에서 구한 신뢰구간은 y의 평균값에 대한 문제이다. 예를 들어, 광고비가 $x_0 = 50$일 때 매출액 y를 예측하는 문제를 생각해 보자. 앞에서 설명한 y의 평균값에 대한 경우는 광고비가 $x_0 = 50$인 회사들의 평균 매출액의 신뢰구간을 구한 것이다.

그러나 어떤 회사의 광고비가 50일 때 그 회사의 개별 매출액을 예측하는 경우는 어떻게 해야 할까? 이와 같이 개별 관측치에 대한 신뢰구간을 **예측구간**(prediction interval)이라고 하며, 개별 관측치에 대한 $100(1-\alpha)\%$ 예측구간은 다음과 같다.

$$(\hat{\alpha} + \hat{\beta}x_0) \pm t_{\alpha/2}(n-2)\sqrt{\hat{\sigma}^2\left(1 + \frac{1}{n} + \frac{(x_0-\bar{x})^2}{\sum_{i=1}^{n}(x_i-\bar{x})^2}\right)}. \tag{9.9}$$

⟨예 9.3⟩ 예측값 및 신뢰구간

```
predictions = SalesFit.get_prediction()
predictions.summary_frame(alpha=0.05).round(3)
#---------------------------------------------------------------------
#    mean mean_se mean_ci_lower mean_ci_upper obs_ci_lower obs_ci_upper
# 0  20.854 2.152        16.058        25.649       11.057       30.650
# 1  33.631 1.667        29.916        37.346       24.316       42.946
# 2  40.019 1.457        36.773        43.266       30.881       49.158
# 3  44.811 1.322        41.865        47.757       35.775       53.847
# 4  92.725 1.881        88.533        96.918       83.210      102.241
# 5 102.308 2.260        97.273       107.344       92.392      112.224
# 6  49.602 1.214        46.897        52.307       40.642       58.562
# 7  51.199 1.185        48.559        53.840       42.258       60.140
# 8  63.977 1.120        61.480        66.473       55.077       72.876
# 9  65.574 1.134        63.046        68.102       56.666       74.482
# 10 76.754 1.350        73.746        79.762       67.698       85.810
# 11 81.545 1.490        78.225        84.865       72.381       90.710
#---------------------------------------------------------------------
SalesNew = pd.DataFrame({'Adver':[20, 30, 40]})
predictions = SalesFit.get_prediction(SalesNew)
predictions.summary_frame(alpha=0.05).round(3)
#---------------------------------------------------------------------
#    mean mean_se mean_ci_lower mean_ci_upper obs_ci_lower obs_ci_upper
# 0  35.228 1.612        31.636        38.820       25.961       44.495
# 1  51.199 1.185        48.559        53.840       42.258       60.140
# 2  67.171 1.153        64.601        69.741       58.251       76.091
```

⟨예 9.3⟩은 예측값, 신뢰구간, 예측구간을 출력한 것이다. 이 예에서는 먼저 get_predict 함수를 사용하여 SalesFit 객체로부터 예측과 관련된 정보들을 추출하였고, 이를 새로운 객체 predictions에 저장하였다. 그 다음 predictions 객체에 summary_frame 함수를 적용하여 예측값(mean), 신뢰구간(mean_ci_lower, mean_ci_upper), 예측구간(obs_ci_lower, obs_ci_upper)을 출력하였다. 예를 들어, 첫 번째 관측치에 대한 예측값(평균값)은 $\hat{y} = 3.285 + 1.597 \times 11 = 20.854$로 계산되며, 평균값에 대한 95% 신뢰구간은 (16.058, 25.649)이고, 개별 예측값에 대한 95% 예측구간은 (11.057, 30.650)이다.

새로운 관측치에 대하여 예측값을 구하고자 할 경우, 위의 예에서와 같이 설명변수의 값이 저장되어 있는 새로운 데이터를 생성한 후 get_predict 함수에 지정하면 된다. 예를 들어, 광고비(Adver)가 20일 때 매출액의 예측값은 $\hat{y} = 3.285 + 1.597 \times 20 = 35.228$이며, 95% 예측구간은 (25.961, 44.495)로 계산된다.

9.2 잔차분석

앞에서 설명한 선형 회귀모형에는 선형성, 등분산성, 독립성, 정규성 등 모형에 관한 여러 가정들이 포함되어 있다. 일반적으로 최소제곱법은 모형에 부여된 가정으로부터의 작은 이탈에는 꽤 둔감한 편이어서 이에 따른 결과를 사용하는 것이 나쁘지 않은 경우가 많다. 그러나 모형의 가정에 대한 총체적인 오류가 있다면 이는 결론을 심각하게 오도할 수가 있다. 따라서 회귀분석의 결과를 해석하기에 앞서 회귀모형의 여러 가정들에 대해 타당성을 전반적으로 검토하는 것이 바람직하다. 선형 회귀모형에는 일반적으로 오차항 ϵ에 대한 다음과 같은 가정들이 포함되어 있다.

- 특이값 없음 (No Outliers) : $E(\epsilon_i) = 0, \quad i = 1, \cdots, n$
- 등분산성 (Equal Variance) : $Var(\epsilon_i) = \sigma^2, \quad i = 1, \cdots, n$
- 독립성 (Independence) : $Cov(\epsilon_i, \epsilon_j) = 0, \quad i \neq j$
- 정규성 (Normality) : $\epsilon_i \ \sim \ N(0, \sigma^2)$

이 절에서는 오차항에 대한 이와 같은 가정을 중심으로 모형의 타당성을 검토하는 방법을 간략히 설명할 것이다.[1]

9.2.1 표준화잔차와 잔차도표

실제 관측치 y_i와 추정된 회귀직선에 의한 적합값 $\hat{y}_i$의 차이인 **잔차**(residual)

$$e_i = y_i - \hat{y}_i = y_i - (\hat{\alpha} + \hat{\beta} x_i) \tag{9.10}$$

는 추정된 회귀직선으로 설명될 수 없는 부분을 나타내며, 이러한 잔차는 오차의 실현치로 생각할 수 있으므로 이것을 이용하여 오차항 ϵ_i에 대한 가정의 충족여부를 검토할 수 있다.

이때 잔차 e_i는 평균이 0이고 분산이 $\sigma^2(1 - h_{ii})$인 정규분포에 따른다. 즉,

$$e_i \ \sim \ N(0, \sigma^2(1 - h_{ii})), \quad \left(\text{단, } h_{ii} = \frac{1}{n} + \frac{(x_i - \bar{x})^2}{\sum_{i=1}^{n}(x_i - \bar{x})^2} \right) \tag{9.11}$$

이와 같이 잔차 e_i는 오차 ϵ_i와는 달리 분산이 서로 다를 뿐만 아니라 서로 독립적이지도 않으며 특히 표본크기에 의존하는 성질을 가지고 있다.

이러한 단점을 부분적으로 보완한 것이 **표준화잔차**(studentized residual)

$$t_i = \frac{e_i}{\hat{\sigma}\sqrt{1 - h_{ii}}} \tag{9.12}$$

---

[1]잔차분석에 대하여 보다 자세한 설명을 원하는 독자는 "예제를 통한 회귀분석"(김기영·전명식·강현철·이성건, 2015)를 참조하기 바란다.

로서, 이는 잔차 e_i를 그의 추정된 분산 $\hat{\sigma}^2(1-h_{ii})$의 제곱근(즉, 표준오차)로 나눈 것이다. 표준화잔차는 표본의 크기가 충분히 클 때 근사적으로 서로 독립이며 정규분포를 따른다는 사실이 알려져 있다. 또한 표준화잔차를 그래프로 표현한 여러 가지 도표는 회귀모형에 대한 심각한 오류가 있는 경우 그 내용과 정도를 잘 보여주기 때문에 모형검토의 과정에서 중요한 도구로 사용될 수 있다.

〈예 9.4〉 표준화잔차의 탐색

```
Fitted = SalesFit.predict()
Residual = SalesFit.resid
RStandard = SalesFit.resid_pearson
pd.DataFrame({'Fitted':Fitted,'Residual':Residual,
              'RStandard':RStandard})
#---------------------------------------------------------------------
#        Fitted  Residual  Rtandard
# 0   20.853505  2.146495  0.559896
# 1   33.630747 -1.630747 -0.425367
# 2   40.019368 -4.019368 -1.048420
# 3   44.810833  1.189167  0.310185
# 4   92.725489  0.274511  0.071604
# 5  102.308420 -3.308420 -0.862975
# 6   49.602299 -0.602299 -0.157105
# 7   51.199454 -1.199454 -0.312868
# ...
# 11  81.545403  7.454597  1.944473
#---------------------------------------------------------------------
fig, ax = plt.subplots(figsize=(10,8))
sns.scatterplot(x=Fitted,y=RStandard)
ax.axhline(y=0)
```

잔차도표는 여러 가지 방식으로 작성할 수 있으나 세로축에 표준화잔차(또는 잔차)를 그리고 가로축에 적합값 $\hat{y}_i$ 또는 독립변수의 값 x_i를 그린 것이 주로 사용된다. 가정된 회귀모형에 큰 문제가 없는 경우 표준화잔차는 0을 중심으로 -2와 2(또는 -3과 3) 사이에서 특별한 규칙적 형태를 따르지 않고 랜덤하게 분포하는 모습을 나타나게 된다.

〈예 9.4〉에서는 회귀분석에서 제공하는 여러 함수를 이용하여 적합값(predict), 잔차(resid), 표준화잔차(resid_pearson)를 객체로 저장한 후, 데이터 프레임을 생성하고 출력하였다. 그리고 scatterplot 함수를 이용하여 '표준화잔차 대 적합값' 도표를 작성하였다. 〈그림 9.3〉을 살펴보면 절댓값이 큰(2 또는 3을 벗어나는) 표준화잔차가 눈에 띄지 않으며 특별한 패턴을 보이고 있지 않다는 것을 알 수 있다.

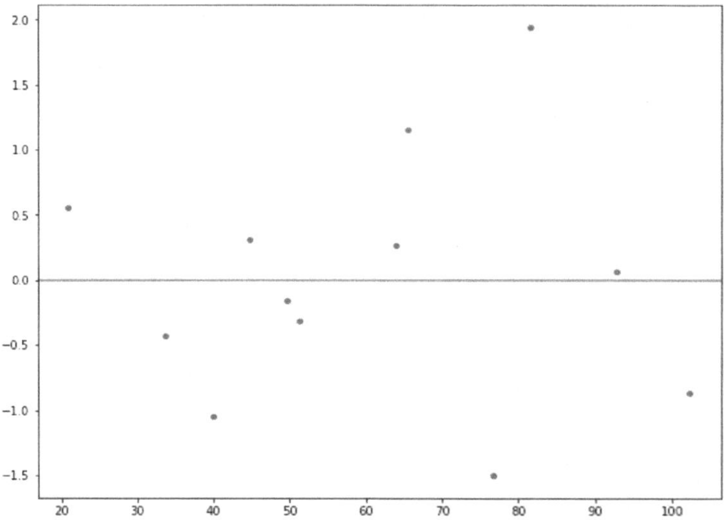

〈그림 9.3〉 표준화잔차 대 적합값 도표

9.2.2 정규성의 검토

잔차에 대한 정규성을 검토하는 방법 중 하나는 정규확률도표(normal probability plot, Q-Q plot)를 그려보는 것으로, 정규확률도표에서 관측치가 일직선을 이루고 있으면 정규성이 충족된다고 볼 수 있다. 그러나 정규확률도표는 정규성을 평가하는 하나의 방편으로 절대적인 기준은 아니다. 따라서 통상적으로는 잔차의 히스토그램이나 점도표를 그려보아 정규성 문제를 검토하기도 한다(정규성을 검정하기 위해 샤피로-윌크 또는 콜모그로프-스미르노프 통계량을 이용할 수도 있는데 이는 10.1절을 참조하여라). 만약 정규성 가정을 충족하지 못한다면 이를 해결하기 위한 방법으로 변수변환 등을 고려해 볼 수도 있다.

다음 〈예 9.5〉는 표준화잔차에 대하여 히스토그램과 정규확률도표를 작성한 예이다. 먼저 numpy 패키지의 distplot 함수를 사용하여 〈그림 9.4〉와 같은 히스토그램과 밀도함수 그래프를 작성하였다. 또한 scipy 패키지의 probplot 함수를 사용하여 〈그림 9.5〉와 같은 정규확률도표를 작성하였다.

〈예 9.5〉 표준화잔차의 히스토그램과 정규확률도표 작성

```
import numpy as np
sns.distplot(RStandard,bins=10)
#-----------------------------------------------------------------
from scipy.stats import probplot
probplot(RStandard,plot=plt)
```

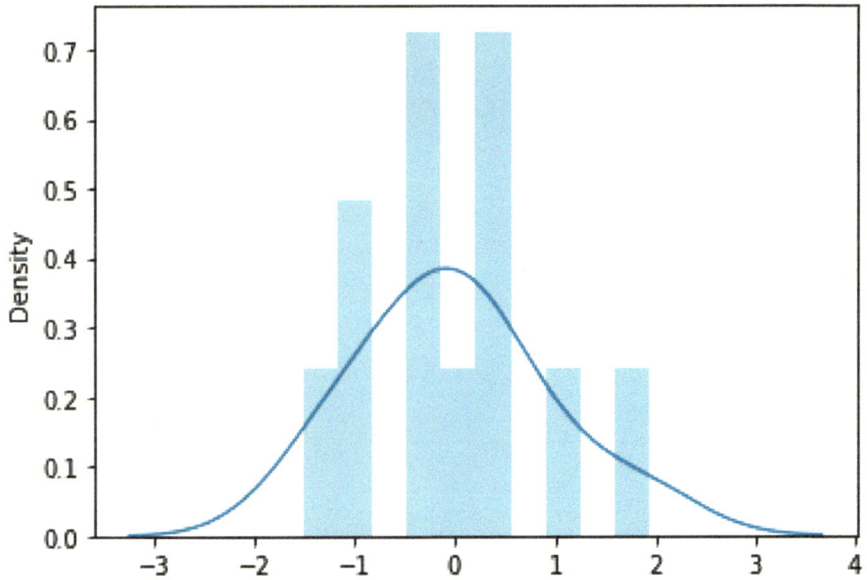

⟨그림 9.4⟩ 표준화잔차에 대한 히스토그램

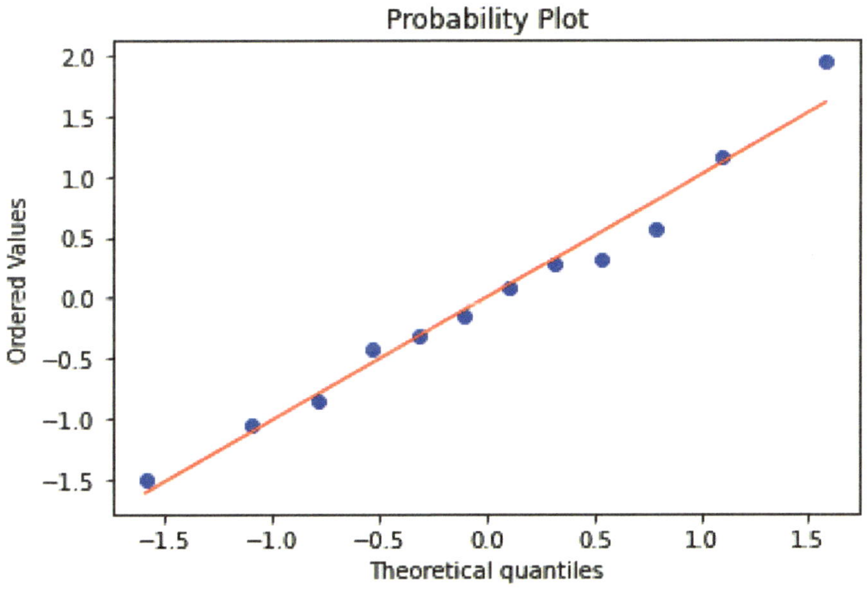

⟨그림 9.5⟩ 정규확률도표(Q-Q Plot)

⟨그림 9.4⟩의 히스토그램을 살펴보면 표준화잔차들이 0을 중심으로 좌우 대칭적인 모습을 보이고 있고, 정규분포와 유사한 형태를 가짐을 알 수 있다. 또한 ⟨그림 9.5⟩의 정규확률도표에서도 표준화잔차들이 대체적으로 일직선을 이루고 있어서 정규성 가정에 큰 문제가 없음을 알 수 있다.

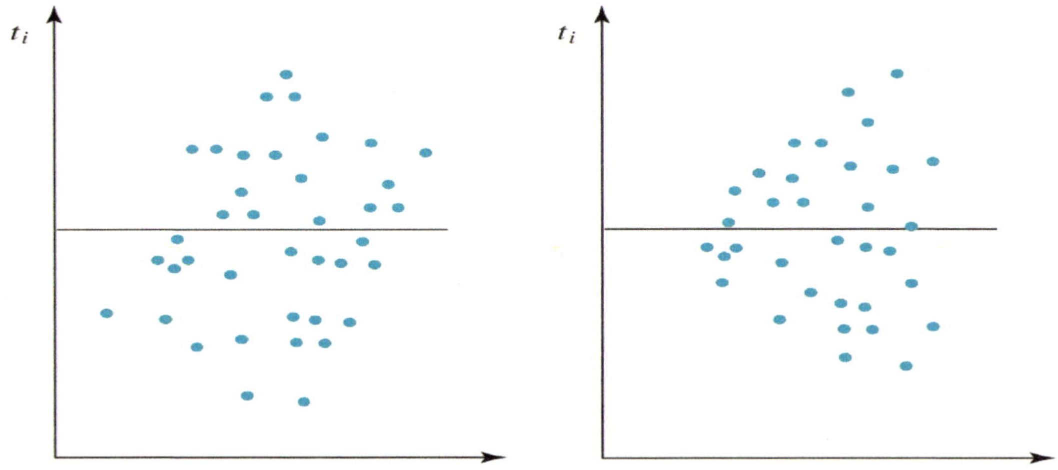

(a) 등분산의 경우 (b) 이분산의 경우

〈그림 9.6〉 잔차도표: 등분산성과 이분산성

9.2.3 등분산성의 검토

등분산성(equal variance, homogeneity)은 오차항 ϵ_i의 분산이 σ^2으로 동일하다는 가정으로, 〈그림 9.6〉의 왼쪽 그림의 경우와 같이 잔차가 랜덤하게 흩어져 있으면 등분산성의 가정을 만족한다고 볼 수 있다. 그러나 $\hat{y}_i$(또는 x_i)의 값에 따라 잔차의 흩어져 있는 정도가 달라진다면 등분산의 가정이 위배되었다고 할 수 있다. 예를 들어, 〈그림 9.6〉의 오른쪽 그림과 같이 잔차도표가 나팔 형태의 경향을 보인다면 등분산성의 가정이 만족스럽지 않다고 할 수 있다. 등분산성의 가정이 만족스럽지 않은 경우 일반적으로 변수변환이나 가중최소제곱법(weighted least squares method) 등을 이용하여 해결하기도 한다.

9.2.4 독립성의 검토

오차항의 독립성을 검토하기 위해 주로 사용하는 것으로 더빈-왓슨(Durbin-Watson) 통계량을 들 수 있는데, 이는 1차 자기상관(autocorrelation)을 검정하기 위한 통계량이다.

$$DW = \sum_{i=2}^{n}(e_i - e_{i-1})^2 / \sum_{i=1}^{n} e_i^2 \tag{9.13}$$

일반적으로 DW의 값이 2에 가까우면 인접한 오차항들은 독립성을 만족하고 0에 가까우면 양(+)의 자기상관이 있으며, 4에 가까우면 음(-)의 자기상관이 있음을 의미한다.

이러한 자기상관성은 흔히 시간에 따라 관측된 시계열데이터에서 많이 발생하는데, 자기상관성이 있는 것으로 판단되면 ARMA(자기회귀 이동평균)와 같은 시계열데이터분석 방법을 이용하는 것이 바람직하다.

〈예 9.6〉 더빈-왓슨(Durbin-Watson) 통계량의 출력

```
from statsmodels.stats.stattools import durbin_watson
durbin_watson(RStandard)
#-----------------------------------------------------------------
# 2.4703117457487647
```

〈예 9.6〉에서와 같이 statsmodels 패키지의 durbin_watson 함수를 사용하면 더빈-왓슨 통계량을 출력할 수 있다. 〈예 9.1〉의 ols 결과의 하단 부분에서도 그 값을 확인할 수 있다. 출력결과를 살펴보면 $DW = 2.470$으로 비교적 2에 가까워서 독립성 가정에 큰 문제가 없음을 알 수 있다.

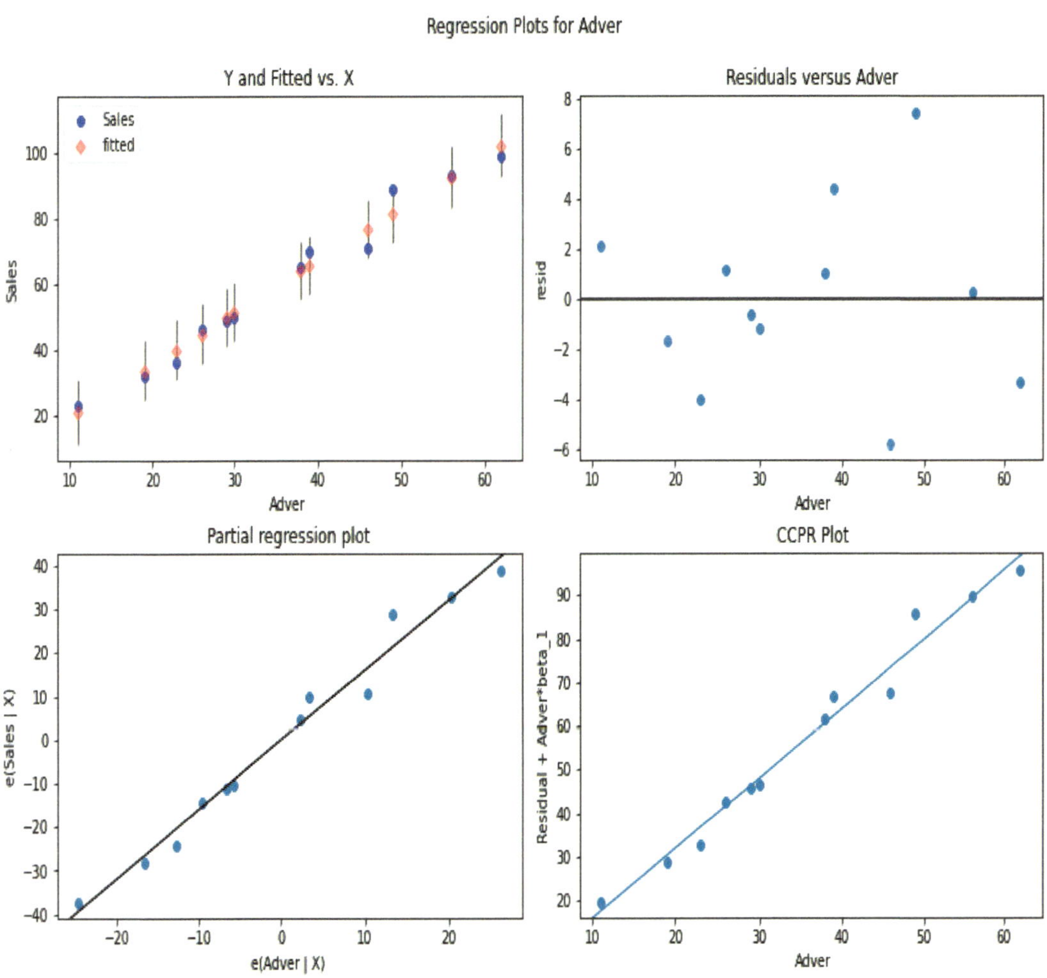

〈그림 9.7〉 plot_regress_exog 함수를 이용한 진단 플롯

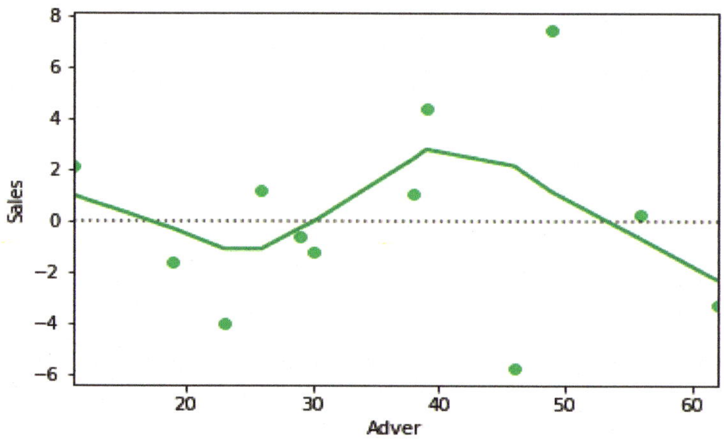

⟨그림 9.8⟩ residplot 함수를 이용한 잔차 도표

다음 ⟨예 9.7⟩에서와 같이 ols 함수를 통해 얻어진 객체 SalesFit에 plot_regress_exog 함수를 적용하면 회귀진단과 관련된 몇 가지 그래프들을 쉽게 얻을 수 있다(그림 9.7). 또한 seaborn 패키지의 residplot 함수를 사용하여 잔차 도표를 작성할 수도 있다(그림 9.8).

⟨예 9.7⟩ 회귀분석 객체에 plot 함수 적용하기

```
import statsmodels.api as sm
fig = plt.figure(figsize=(12,8))
fig = sm.graphics.plot_regress_exog(SalesFit,'Adver',fig=fig)
#------------------------------------------------------------------
import seaborn as sns
sns.residplot(x="Adver",y="Sales",data=Sales,lowess=True,color="g")
```

9.3 다중 회귀분석

사회적 또는 자연적 현상을 설명하는데 있어서 반응변수 y의 변화가 하나의 설명변수만으로 충분히 설명되는 경우는 거의 없다고 할 수 있다. 따라서 설명변수를 적절히 여러 개 선택하여 이들의 함수로서 반응변수를 설명한다면 보다 정확한 예측을 할 수 있을 것이다.

반응변수 y와 p개의 설명변수 $x_1,\ x_2, \cdots, x_p$가 있을 때, **다중 선형회귀모형**은 다음과 같이 표현된다.

$$y = \alpha + \beta_1 x_1 + \beta_2 x_2 + \cdots + \beta_p x_p + \epsilon. \tag{9.14}$$

여기에서 $\alpha,\ \beta_1,\ \beta_2, \cdots,\ \beta_p$는 추정되어야 할 $p+1$개의 회귀계수이며, ϵ은 기댓값 0, 분산 σ^2을 갖는 오차항이다.

다중 회귀모형에서도 회귀계수들의 추정치 $a,\ b_1,\ b_2, \cdots,\ b_p$는 오차제곱합을 최소로 하는 최소제곱법에 의해서 구할 수 있고, 또한 각 회귀계수들에 대한 검정도 단순 선형회귀모형에서와 유사하게 t 통계량을 이용하여 수행할 수 있다.

9.3.1 분산분석표와 F-검정

반응변수 y의 변이를 다음과 같이 분할할 수 있는데, 이를 제곱합의 분할이라고 한다.

$$\begin{array}{ccccc} \sum_{i=1}^{n}(y_i-\bar{y})^2 & = & \sum_{i=1}^{n}(\hat{y}_i-\bar{y})^2 & + & \sum_{i=1}^{n}(y_i-\hat{y})^2 \\ TSS & = & SSR & + & SSE \end{array} \tag{9.15}$$

여기에서 좌변을 **전체제곱합**(TSS, Total Sum of Squares), 우변의 첫째 항을 **회귀제곱합**(SSR, Sum of Squares due to Regression) 또는 **모형제곱합**(SSM, Sum of Squares due to Model), 우변의 둘째 항을 **잔차제곱합**(SSE, Sum of Squares due to Error)이라고 한다. 이때 각 제곱합의 **자유도**는 $n-1$(전체제곱합), p(회귀제곱합), $n-p-1$(잔차제곱합)이고, 각 제곱합을 자유도로 나눈 것을 **평균제곱합**(Mean of Squares)이라고 한다. 그리고 이와 같은 내용을 정리한 표를 **분산분석표**(ANOVA table)라고 한다.

다중 회귀분석에서는 p개의 설명변수 $x_1,\ x_2, \cdots, x_p$가 반응변수 y를 설명하는 데 있어서 통계적으로 유의하게 기여하는지의 여부를 검정할 필요가 있는데, 이는 귀무가설 $H_0 : \beta_1 = \beta_2 = \cdots = \beta_p = 0$를 검정하는 문제가 된다. 이 가설을 검정하기 위한 검정통계량은 다음 식 (9.16)과 같으며, 이는 귀무가설 하에서 자유도 $(p,\ n-p-1)$인 $F-$분포에 따른다.

〈다중 회귀분석에서 가설 $H_0 : \beta_1 = \beta_2 = \cdots = \beta_p = 0$ 에 대한 검정〉

$$\text{검정통계량: } F = \frac{MSR}{MSE} = \frac{SSR/p}{SSE/(n-p-1)} \tag{9.16}$$

$$\text{기각역: } F > F_\alpha(p,\ n-p-1)$$

〈표 9.2〉 분산분석표: 다중 회귀분석

요인	자유도	제곱합	평균제곱합	F-통계량
회귀	p	SSR	$MSR = SSR/p$	$F = MSR/MSE$
잔차	$n-p-1$	SSE	$MSE = SSE/(n-p-1)$	
전체	$n-1$	TSS		

〈표 9.3〉 Satisfaction 데이터(첫 10개, $n = 700$)

ID	Y	X1	X2	X3	X4	ID	Y	X1	X2	X3	X4
1	5	5	5	6	5	6	9	5	5	5	5
2	5	5	5	5	5	7	6	6	5	5	6
3	5	5	6	5	5	8	5	6	6	6	6
4	5	6	6	5	6	9	4	4	5	5	5
5	5	5	6	5	5	10	5	5	5	5	5

9.3.2 결정계수(R-Square)

회귀식의 적합도(goodness of fit)를 측정하는 한 가지 측도는 전체제곱합 중에서 회귀제곱합이 차지하는 비율, 즉 총 변이를 회귀식이 얼마나 설명하는가를 나타내는 **결정계수**(決定係數, coefficient of determination; R^2)이다. 결정계수는 다음과 같이 정의되며

$$R^2 = \frac{SSR}{TSS} = 1 - \frac{SSE}{TSS} \tag{9.17}$$

1에 가까울수록 추정된 회귀식이 데이터를 잘 설명하고 있다고 할 수 있다($0 \leq R^2 \leq 1$). 단순 회귀분석의 경우 결정계수는 설명변수 x와 반응변수 y의 상관계수의 제곱과 같다.

9.3.3 다중 회귀분석 사례

여기에서 이용할 데이터는 700명의 고객을 대상으로 어떤 제품에 대해 조사하여 얻은 것으로 X1(디자인 만족도), X2(사용 편리성 만족도), X3(성능 만족도), X4(고장 및 견고성 만족도), Y(구입 의향) 등의 변수들이 포함되어 있다(표 9.3 참조). 이 예에서는 변수 Y를 반응변수로 하고 X1, X2, X3, X4를 설명변수로 하여 다중 회귀분석을 수행하여 보자.

〈예 9.8〉 상관분석

```
import pandas as pd
Satisfaction = pd.read_csv('/content/Satisfaction.csv')   # 2.1.3절 참조
Satisfaction.iloc[:,1:6].corr()
#-----------------------------------------------------------------------
#            Y        X1        X2        X3        X4
#  Y 1.000000 0.294715 0.287543 0.318208 0.206878
# X1 0.294715 1.000000 0.397150 0.446020 0.312388
# X2 0.287543 0.397150 1.000000 0.581712 0.360950
# X3 0.318208 0.446020 0.581712 1.000000 0.429613
# X4 0.206878 0.312388 0.360950 0.429613 1.000000
#-----------------------------------------------------------------------
```

```
from scipy.stats import pearsonr
pearsonr(Satisfaction.Y,Satisfaction.X1)
#----------------------------------------------------------------------
# (0.2947151438241839, 1.7068528196129278e-15)   # 상관계수, p-값
#----------------------------------------------------------------------
pearsonr(Satisfaction.Y, Satisfaction.X2)
#----------------------------------------------------------------------
# (0.2875427084930162, 8.593520073534783e-15)   # 상관계수, p-값
#----------------------------------------------------------------------
>pearsonr(Satisfaction.Y,Satisfaction.X3)
#----------------------------------------------------------------------
# (0.3182080097142726, 6.176058771024710e-18)   # 상관계수, p-값
#----------------------------------------------------------------------
pearsonr(Satisfaction.Y,Satisfaction.X4)
#----------------------------------------------------------------------
# (0.20687830951579422, 3.3218737978822354e-08)   # 상관계수, p-값
```

〈예 9.8〉은 회귀분석에 앞서 반응변수 Y와 설명변수들 간의 상관계수를 출력한 것이다. 반응변수와 설명변수의 단순 상관계수는 대체로 0.2에서 0.3 정도이며, 유의확률(p-value)이 모두 0.001 이하로서 설명변수들은 모두 반응변수 Y와 유의한 상관계수를 가진다는 것을 볼 수 있다. 또한 설명변수들 사이에는 0.3 이상의 상관계수를 가진다는 것을 볼 수 있다.

이와 같이 반응변수와 설명변수 또는 설명변수들 간의 상관계수를 살펴보는 것은 이후의 결과를 해석하는 데 있어 유용하다.

〈예 9.9〉 다중 회귀분석 – Satisfaction 데이터

```
import statsmodels.formula.api as smf
SatisfactionFit = smf.ols(formula='Y~X1+X2+X3+X4',
                          data=Satisfaction).fit()
print(SatisfactionFit.summary())
#----------------------------------------------------------------------
# OLS Regression Results
# ======================================================================
# Dep. Variable:                   Y   R-squared:                 0.141
# Model:                         OLS   Adj. R-squared:            0.136
# Method:            Least Squares   F-statistic:               28.56
# Date:           Thu, 14 Jan 2021   Prob (F-statistic):     5.38e-22
# Time:                   07:44:41   Log-Likelihood:          -1174.4
# No. Observations:            700   AIC:                       2359.
# Df Residuals:                695   BIC:                       2382.
```

```
# Df Model:                           4
# ==============================================================================
#                  coef    std err          t      P>|t|      [0.025      0.975]
# ------------------------------------------------------------------------------
# Intercept      1.2918      0.347      3.719      0.000       0.610       1.974
# X1             0.2352      0.058      4.077      0.000       0.122       0.349
# X2             0.1666      0.066      2.543      0.011       0.038       0.295
# X3             0.2309      0.068      3.421      0.001       0.098       0.363
# X4             0.0585      0.050      1.168      0.243      -0.040       0.157
# ==============================================================================
# Omnibus:                      147.199   Durbin-Watson:                   1.804
# Prob(Omnibus):                  0.000   Jarque-Bera (JB):              482.307
# Skew:                           0.987   Prob(JB):                    1.86e-105
# Kurtosis:                       6.556   Cond. No.                         75.1
```

⟨예 9.9⟩는 Satisfaction 데이터에 대해 다중 회귀분석을 수행한 것이다. 출력결과에서 먼저 결정계수(R-squared)가 $R^2 = 0.141$임을 볼 수 있고, 따라서 4개의 설명변수로 반응변수의 변이 중 약 14% 정도를 설명할 수 있다는 것을 알 수 있다. 또한 $F-$값은 28.56이고 이에 대응되는 유의확률(p-value)은 <0.001로서 유의수준 5%보다 작으므로 귀무가설 $H_0 : \beta_1 = \beta_2 = \beta_3 = \beta_4 = 0$을 기각하여 "네 개의 설명변수 중 적어도 하나 이상의 변수는 반응변수를 설명하는 데 유의하게 기여한다"고 할 수 있다. 그리고 회귀계수 추정치(coef)를 이용하여 회귀추정식을 표현하면 다음과 같다.

$$\hat{Y} = 1.292 + 0.235X_1 + 0.167X_2 + 0.231X_3 + 0.059X_4$$

각 회귀계수에 대한 t-통계량 및 p-값을 살펴보면 변수 X1(디자인 만족도), X2(편리성 만족도), X3(성능 만족도)에 대한 p-값은 유의수준 5%보다 작으므로 반응변수를 설명하는 데 유의하게 기여한다고 할 수 있다. 그러나 변수 X4(견고성 만족도)에 대한 p-값은 0.243으로 유의수준 5%보다 크므로 귀무가설 $H_0 : \beta_4 = 0$를 기각할 수 없고, 따라서 이 변수는 반응변수를 설명하는 데 유의하게 기여하지 않는다는 것을 알 수 있다.

다중 선형회귀분석에서 회귀계수 β_k는 설명변수 x_k를 제외한 다른 모든 설명변수의 값이 동일할 때(즉, 다른 모든 설명변수의 값이 같도록 통제되어 있을 때) x_k가 1단위 증가하면 반응변수 y가 β_k 만큼 증가한다는 것을 의미한다. 즉, 다중 회귀분석에서는 어떤 설명변수들을 함께 고려하는냐에 따라서 결과가 달라질 수 있다. 이러한 의미에서 회귀계수를 편회귀계수(partial regression coefficient)라고 하기도 한다. 그러나 앞에서 다루었던 상관분석(또는 단순 회귀분석)에서는 변수 x_k와 y의 연관성(또는 인과성)을 측정할 때 다른 변수와의 관계를 고려하지 않는다.

⟨예 9.8⟩의 출력결과에서 설명변수 X4(견고성 만족도)와 반응변수 Y(구입 의향)는 상관계수가 0.207이고 p-값이 <0.001로 유의하다는 것을 볼 수 있다. 그러나 X4(견고성 만족도)와 다른 설명변수들 간에 밀접한 연관성이 존재하고(예를 들어, '성능 만족도'와 '견고성 만족도'의 상관계수가 0.430이므로 '성능 만족도'가 높아지면 '견고성 만족도'도 높아진다는 것을 알 수 있다), 이러한 연관성을 고려할 때 다른 설명변수들의 값이 모두 같도록 통제된다면 변수 X4(견고성 만족도)는 반응변수 Y(구입 의향)에 유의한 영향을 주지 않는다고 해석할 수 있다.

9.3.4 표준화 회귀계수

단순 회귀분석에서 다루었던 Sales 데이터의 예에서 광고비와 매출액의 단위가 모두 천만원이라고 해보자(이때 추정된 회귀식은 '$\hat{y} = 3.285 + 1.597x$'이었다). 그런데 만약 매출액의 단위는 그대로 둔 상태에서 광고비의 단위를 백만원으로 바꾸어 입력한 후 회귀분석을 수행하면 어떻게 될까? 이 경우에는 추정된 회귀식이 '$\hat{y} = 3.285 + 0.1597x$'가 된다.

이와 같이 설명변수의 단위를 바꾸면 해당 변수의 회귀계수의 크기도 변하게 되지만, 그 변수의 회귀계수 자체에 대한 해석에는 아무런 차이가 없다. 즉, "광고비가 1단위(천만원) 증가하면 매출액이 1.597단위(천오백만원 정도) 증가한다"는 해석은 "광고비가 백만원 증가하면 매출액이 백오십만원 정도 증가한다"는 해석과 의미상 다를 바가 없다.

그러나 이와 같이 회귀계수의 크기가 설명변수의 단위에 의존하기 때문에 그 크기를 절대비교할 수도 없고(즉, 회귀계수 자체만을 가지고 그 값이 얼마나 큰(작은) 것인지를 판단할 수 없고), 설명변수들의 단위가 서로 다른 경우에는 회귀계수들을 상대비교하는 것에도 문제가 된다.

이런 경우 유용하게 사용될 수 있는 **표준화 회귀계수**(standardized coefficient)는 반응변수 및 각 설명변수들을 다음과 같이 표준화하여

$$z_k = \frac{x_k - \bar{x}_k}{s_k} \tag{9.18}$$

설명변수들의 단위를 모두 없앤 후에, 표준화된 변수들 $z_1,\ z_2,\ \cdots,\ z_p$를 이용하여 얻은 회귀계수이다. 따라서 표준화 변수는 원래 변수의 측정단위나 변이의 영향을 제거하는 효과를 가지기 때문에 표준화 회귀계수는 설명변수들 간의 효과를 직접 비교하는 데 이용될 수 있다.

⟨예 9.10⟩ 표준화 회귀계수의 출력

```
from scipy import stats
# 표준화 데이터 생성
Satisfaction_z = Satisfaction.iloc[:,1:6].apply(stats.zscore)
# 표준화 데이터를 이용한 회귀분석
SatisfactionFit = smf.ols(formula='Y~X1+X2+X3+X4',
                          data=Satisfaction_z).fit()
SatisfactionFit.params.round(5)
#-----------------------------------------------------------------------
# Intercept    0.00000
# X1           0.16435
# X2           0.11285
# X3           0.15935
# X4           0.04635
```

⟨예 9.10⟩에서와 같이 scipy 패키지의 zscore 함수를 사용하면 데이터를 쉽게 표준화할 수 있다. 그리고 표준화된 데이터에 ols 함수를 적용하면 표준화 회귀계수를 구할 수 있다. 표준화 회귀계수들의 크기를 비교해보면 X4(견고성 만족도)가 가장 작음을 알 수 있다. 이 예의 경우 네 개의 설명변수들에 대한 측정단위가 모두 같고 표준편차도 큰 차이가 없으므로 원 회귀계수들을 비교해도 유사한 결과를 얻을 수 있지만, 만약 설명변수들의 측정단위가 서로 다르거나 표준편차에 큰 차이가 있는 경우에는 원 회귀계수의 크기에 의해 효과를 비교하는 것은 바람직하지 않을 수 있으므로 주의해야 한다.

9.4 변수선택

회귀분석이란 앞에서 설명한 바와 같이 반응변수가 다른 몇 개의 설명변수들에 의해 어떻게 설명 또는 예측되는지를 알아보는 통계적 방법인데, 일반적으로 반응변수에 영향을 미치거나 원인이 될만한 설명변수의 수는 매우 많을 수 있다.

가능한 모든 후보변수들을 설명변수로 사용하여 예측모형을 만드는 경우에는, 데이터를 계속 수집하고 관리하는 데 많은 노력과 비용이 필요하게 될 뿐만 아니라 소위 다중공선성(multicollinearity)과 같은 문제가 발생하게 되어 일부 회귀계수 추정치의 분산과 예측값의 분산이 매우 커지게 되므로 이를 신뢰할 수 없게 된다. 따라서 불필요한 변수들이 들어있는 완전모형(full model)보다는 필요한 변수들만 들어 있는 축소모형(reduced model)을 통해 모형을 보다 간명하게 하는 것이 바람직하다.

선형 회귀분석의 장점 중 하나는 모형화 과정 안에서 필요한 설명변수를 선택하는 절차를 포함시킬 수 있다는 것이다. 일반적으로 사용되는 변수선택 절차는 다음과 같다.

〈참조〉 변수선택 절차

- 모든 가능한 회귀: 모든 가능한 축소모형에 대해 회귀분석을 수행한 후, 특정한 기준에 따라 모형을 선택할 수 있는 방법이다. 이 방법은 복잡한 계산을 해야 하므로 독립변수의 개수(p)가 작은 경우에만 실용성을 가지나(모든 가능한 축소모형은 2^p개이다), 특정한 모형선택 기준을 비교하여 가장 좋은 축소모형을 찾을 수 있다는 장점이 있다.
- 전진 선택법(Forward Selection): 설명변수를 하나씩 추가하면서 탐색하는 방법이다. 이 방법은 계산시간이 빠르다는 장점이 있지만, 한 번 선택된 변수는 절대로 제거되지 않으며 중요한 변수가 모형에 진입하지 못할 수도 있다는 단점이 있다.
- 후진 제거법(Backward Selection): 모든 변수를 포함하는 완전모형으로부터 시작하여 불필요한 변수를 하나씩 제거해 나가는 방법이다. 이 방법은 중요한 변수가 모형에서 제외될 가능성이 적으므로 비교적 안전한 방법이라 할 수 있으나, 한 번 제외된 변수는 다시 선택되지 못한다는 단점이 있다.
- 단계적 방법(Stepwise Method): 전진 선택법과 후진 제거법을 절충한 것으로서, 매 단계마다 선택과 제거를 반복하면서 중요한 변수를 찾아내는 방법이다. 그러나 이 방법도 항상 가장 좋은 축소모형을 찾아주는 것은 아니다.

앞에서 설명한 결정계수(R^2)는 일종의 설명력(explained variance)을 의미하므로, 일반적으로 설명변수의 수가 많을수록 결정계수도 커지게 된다. 따라서 결정계수를 변수선택의 기준으로 사용하는 것은 모형의 간명성(간결성)이라는 관점에서 볼 때 바람직하지 않다. 이와 같은 단점을 보완한 변수선택(모형선택) 기준은 다음과 같은 것들이 있다.

- Adjusted R-Square(Adj-R^2, 수정결정계수) $= 1 - (n-1)(1-R^2)/(n-p-1)$
- MSE(Mean Squared Error) $= \text{SSE}/(n-p) = \sum_{i=1}^{n}(y_i - \hat{y}_i)^2/(n-p)$
- AIC(Akaike's Information Criterion) $= n\log(\text{SSE}/n) + 2(p+1)$
- SBC(Schwarz's Bayesian Criterion) $= n\log(\text{SSE}/n) + p\log(n)$
- Mallows $C_p = (\text{SSE}/\hat{\sigma}^2) + (2p-n)$

위의 기준들 중에서 Adj-R^2는 0과 1 사이의 값을 가지며 1에 가까울수록 좋은 모형임을 나타낸다. 또한 MSE, AIC, SBC, Mallows C_p는 일반적으로 값이 작을수록 좋은 모형임을 나타낸다. 이와 같은 기준들은 오차제곱합 SSE와 변수의 개수 p를 동시에 작게 하는 축소모형을 선택하고자 하는 것으로, 모형의 설명력과 간명성을 동시에 고려하는 것이라고 할 수 있다.

그러나 이와 같은 모형선택기준은 변수선택의 절대적인 판단기준이라기보다는 하나의 참고정보라고 할 수 있다. 따라서 연구자는 이들 기준들에 따라 적절한 것으로 판단되는 소수 몇 개의 모형을 선발한 다음 잔차 및 영향력 분석, 다중공선성, 데이터 해석 상의 실제적인 의미 등을 종합적으로 고려하여 최종적인 모형을 선택하는 것이 바람직하다.

이 장의 부록 9A에는 전진 선택법과 후진 제거법을 적용하기 위한 사용자 정의 함수를 작성하는 예를 제시하였으니 참조하기 바란다.

⟨예 9.11⟩ X4를 포함하지 않은 회귀모형

```
import statsmodels.formula.api as smf
SatisfactionFit1 = smf.ols(formula='Y~X1+X2+X3',
                           data=Satisfaction).fit()
print(SatisfactionFit1.summary())
#----------------------------------------------------------------------
# OLS Regression Results
# ====================================================================
# Dep. Variable:                  Y   R-squared:                 0.139
# Model:                        OLS   Adj. R-squared:            0.136
# Method:             Least Squares   F-statistic:               37.61
# Date:            Thu, 14 Jan 2021   Prob (F-statistic):     1.56e-22
# Time:                    08:49:51   Log-Likelihood:          -1175.1
# No. Observations:             700   AIC:                       2358.
# Df Residuals:                 696   BIC:                       2376.
# Df Model:                       3
# Covariance Type:        nonrobust
# ====================================================================
#               coef    std err        t      P>|t|    [0.025   0.975]
# --------------------------------------------------------------------
# Intercept   1.4020      0.334    4.193      0.000     0.746    2.059
# X1          0.2436      0.057    4.254      0.000     0.131    0.356
# X2          0.1763      0.065    2.712      0.007     0.049    0.304
# X3          0.2504      0.065    3.829      0.000     0.122    0.379
# ====================================================================
# Omnibus:                  140.914   Durbin-Watson:             1.803
# Prob(Omnibus):              0.000   Jarque-Bera (JB):        452.399
# Skew:                       0.951   Prob(JB):               5.79e-99
# Kurtosis:                   6.449   Cond. No.                   62.8
```

⟨예 9.9⟩의 출력결과에서 변수 X4가 유의수준 5 %하에서 통계적으로 유의하지 않음을 볼 수 있다. ⟨예 9.1⟩은 변수 X4를 제외하고 회귀분석을 수행한 것이다. 모든 회귀계수들이 유의하게 나타남을 확인할 수 있으며, 결정계수(R^2)에 큰 변화가 없음을 볼 수 있다.

〈표 9.4〉 Multico 데이터

ID	Y	X1	X2	X3	X4	ID	Y	X1	X2	X3	X4
1	4.0	4.0	4.0	4.0	4.0	11	3.0	4.0	4.0	3.0	3.5
2	4.0	4.0	4.0	3.0	3.5	12	4.0	3.0	3.0	3.0	3.0
3	4.0	4.0	3.0	4.5	4.0	13	4.0	4.0	4.0	4.0	4.0
4	4.0	4.0	4.0	3.0	3.5	14	4.0	4.0	4.0	3.0	3.5
5	5.0	5.0	5.0	4.0	4.5	15	4.0	4.0	4.0	3.0	3.5
6	4.0	4.0	5.0	3.0	3.5	16	4.0	4.0	3.0	2.5	3.0
7	4.0	4.0	4.0	3.0	3.5	17	4.0	4.0	3.0	3.0	3.5
8	5.0	5.0	4.0	4.0	4.5	18	4.0	4.0	5.0	5.0	4.5
9	4.0	4.0	4.0	3.5	4.0	19	5.0	4.0	4.0	5.0	4.5
10	4.0	4.0	5.0	3.0	3.5	20	5.0	5.0	4.0	4.0	4.5

9.5 다중공선성

다중공선성(multicollinearity)이란 설명변수들 간의 완전한 또는 거의 완전한 선형종속(linear dependency)의 관계를 의미한다. 예를 들어, 〈표 9.4〉와 같이 반응변수 Y와 4개의 설명변수 X_1, X_2, X_3, X_4가 주어져 있는 경우 다음과 같은 다중 선형회귀모형

$$Y = \alpha + \beta_1 X_1 + \beta_2 X_2 + \beta_3 X_3 + \beta_4 X_4 + \epsilon$$

을 고려해 보자.

만약 설명변수들 간에 완전한 다중공선성(선형종속)이 존재하는 경우, 즉

$$a_0 + a_1 X_1 + a_2 X_2 + a_3 X_3 + a_4 X_4 = 0 \tag{9.19}$$

을 만족하는 어떤 상수 a_0, a_1, a_2, a_3, a_4가 존재하는 경우(단, $a_0 = a_1 = \cdots = a_4 = 0$은 아님), 이는 4개의 설명변수들 중 다른 3개의 설명변수를 알게 되면 나머지 하나의 설명변수를 완벽히 알 수 있어 불필요한 정보가 중복되어 있다는 것을 의미하며 수치적으로도 통상적인 최소제곱추정치(least square estimator)를 구할 수 없게 된다.

또한 완전한 다중공선성이 존재하는 경우가 아니더라도 식 (7.19)의 좌변이 거의 0에 가까워서 설명변수들 간에 상당이 높은 선형종속의 관계가 존재하게 되면, 최소제곱추정치가 이론상으로는 존재하나 실제로 구하기가 어려울 뿐만 아니라 최소제곱추정치의 분산이 매우 커져서 구해진 추정치를 신뢰할 수 없게 된다.

9.5.1 다중공선성의 진단

다중공선성의 진단을 위해 가장 널리 사용되는 통계량은 분산확대인자(variance inflation factor)와 상태지수(condition index)이다. 여기에서는 이들 통계량과 관련된 내용을 예를 들어 설명한다.

〈예 9.12〉 다중 회귀분석 – Multico 데이터

```
import pandas as pd
Multico = pd.read_csv('/content/Multico.csv')   # 2.1.3절 참조
MulticoFit = smf.ols(formula='Y ~ X1+X2+X3+X4',data=Multico).fit()
print(MulticoFit.summary())
#----------------------------------------------------------------------
# OLS Regression Results
# =====================================================================
# Dep. Variable:                   Y   R-squared:                 0.540
# Model:                         OLS   Adj. R-squared:            0.417
# Method:              Least Squares   F-statistic:               4.404
# Date:             Thu, 14 Jan 2021   Prob (F-statistic):       0.0149
# Time:                     08:59:53   Log-Likelihood:          -5.8055
# No. Observations:               20   AIC:                       21.61
# Df Residuals:                   15   BIC:                       26.59
# Df Model:                        4
# Covariance Type:         nonrobust
# =====================================================================
#               coef   std err        t     P>|t|    [0.025    0.975]
# ---------------------------------------------------------------------
# Intercept   1.1511     0.858    1.341     0.200    -0.678     2.980
# X1          0.4306     0.504    0.854     0.407    -0.644     1.505
# X2         -0.1246     0.158   -0.786     0.444    -0.462     0.213
# X3          0.0118     0.491    0.024     0.981    -1.035     1.058
# X4          0.4448     0.966    0.460     0.652    -1.614     2.504
# =====================================================================
# Omnibus:                     8.376   Durbin-Watson:             2.843
# Prob(Omnibus):               0.015   Jarque-Bera (JB):          6.223
# Skew:                       -0.892   Prob(JB):                 0.0445
# Kurtosis:                    5.070   Cond. No.                   113.
```

〈예 9.12〉는 〈표 9.4〉의 Multico 데이터에 대하여 다중 회귀분석을 수행한 것이다. 위의 출력결과를 살펴보면 결정계수(R^2)가 0.540으로 비교적 높고(즉, 4개의 설명변수가 반응변수의 전체 변이 중 약 54%를 설명하고 있다), F 통계량에 대한 p−값이 0.015로써

귀무가설 '$H_0 \ : \ \beta_1 = \beta_2 = \beta_3 = \beta_4 = 0$'을 5% 유의수준 하에서 기각할 수 있다. 즉, 적어도 하나 이상의 설명변수가 반응변수 y를 설명하는 데 기여하고 있다고 결론지을 수 있다.

그러나 회귀계수에 대한 t-검정의 결과를 살펴보면 각 설명변수에 대한 p-값이 0.407, 0.444, 0.981, 0.652로써 어느 변수에 대해서도 통계적으로 유의하지 않다. 이와 같이 F-검정의 결과와 t-검정의 결과가 불일치하는 현상은 다중공선성이 매우 심각한 경우 회귀계수 추정치의 분산이 매우 커져서 나타나는 일반적인 현상 중 하나이다. 회귀분석을 수행할 때 다중공선성으로 인해 흔히 나타나는 현상으로 다음과 같은 것들을 들 수 있다.

- 중요하다고 생각되는 회귀계수에 대한 검정결과가 유의하지 않게 나타난다.
- 회귀계수 추정치의 부호가 경험적 또는 이론적 기대와 상반된다.
- 하나 이상의 설명변수를 추가(제거)하면 회귀계수 추정치에 큰 변화가 생긴다.
- 몇 개의 관측개체를 추가(제거)하면 회귀계수 추정치에 큰 변화가 생긴다.

이와 같은 다중공선성의 문제를 진단하기 위해 가장 많이 사용되는 것으로 공차한계와 분산확대인자를 들 수 있다. 먼저 **공차한계**(tolerance)는

$$\text{Tolerance} = 1 - R_k^2 \tag{9.20}$$

로서(여기에서 R_k^2은 X_k를 반응변수로 하고 나머지 변수들을 설명변수로 하여 회귀분석을 수행하였을 때의 결정계수), 이 값이 작다는 것은 변수 X_k의 변이가 다른 설명변수들에 의해 설명되는 비율이 높다는 것을 의미한다.

분산확대인자(VIF, variance inflation factor)는 공차한계의 역수, 즉

$$\text{VIF} = 1/(1 - R_k^2) \tag{9.21}$$

로서, 보통 분산확대인자가 10보다 크면(즉, 해당 변수의 변이가 다른 설명변수들에 의해서 90%이상 설명되면) 다중공선성이 심각한 것으로 간주하기도 한다.

〈예 9.13〉 분산확대인자(VIF)의 출력 [2]

```
import statsmodels.formula.api as smf
MulticoModel = smf.ols('Y~X1+X2+X3+X4',Multico)
from statsmodels.stats.outliers_influence import \
     variance_inflation_factor
```

[2]하나로 연결된 코드가 너무 길어서 여러 줄에 입력하고자 할 경우, 위의 예에서와 같이 줄넘김을 나타내는 '\' 기호를 사용하면 된다.

```
print(variance_inflation_factor(MulticoModel.exog,1))   # VIF of X1
#---------------------------------------------------------------------
# 6.927097111033764
#---------------------------------------------------------------------
pd.DataFrame({'X':column,
              'VIF':variance_inflation_factor(MulticoModel.exog,i)}
              for i,column in enumerate(MulticoModel.exog_names))
#---------------------------------------------------------------------
#   X         VIF
# 0 Intercept 105.596937
# 1 X1          6.927097
# 2 X2          1.440306
# 3 X3         17.688462
# 4 X4         31.442395
```

⟨예 9.13⟩은 statsmodels 패키지의 variance_inflation_factor 함수를 사용하여 분산확대인자를 출력한 것이다. 여기에서는 먼저 ols 함수를 사용하여 MulticoModel이라는 객체를 생성하였는데, 이때 MulticoModel.exog 객체에는 설명변수들에 대한 데이터 배열이 저장되고, MulticoModel.exog_names 객체에는 설명변수들의 이름이 저장된다. 그 다음 variance_inflation_factor 함수에 MulticoModel.exog 객체와 설명변수의 순서를 지정하여 i번째 변수에 대한 분산확대인자를 출력하였다.

여러 설명변수들에 대한 분산확대인자를 한 번에 출력하고자 할 경우에는 위의 예에서와 같이 DataFrame 함수에 variance_inflation_factor 함수를 적용하면 된다.

위의 출력결과에서 분산확대인자(VIF)를 살펴보면 변수 X_3과 X_4의 것이 10보다 큼을 볼 수 있는데, 이는 두 변수가 다른 변수들에 의하여 선형적인 관계로 묶여 있음을 말해준다.

다중공선성을 탐색하는 다른 측도로서 **상태지수**(condition index)

$$\mathrm{CI}_k = \lambda_1/\lambda_k \tag{9.22}$$

가 있다(여기에서 λ_k는 설명변수들의 공분산행렬에 대한 k 번째 고유값을 나타낸다). 보통 상태지수가 10보다 크면 다중공선성이 어느 정도 존재하는 것으로, 그리고 상태지수가 100보다 크면 매우 심각한 것으로 간주하기도 한다.

⟨예 9.14⟩ 상태지수의 출력

```
MulticoFit = smf.ols(formula='Y~X1+X2+X3+X4',data=Multico).fit()
MulticoFit.condition_number
```

```
#-----------------------------------------------------------------------
# 113.35081366105274
```

〈예 9.14〉는 ols 함수에 의해 생성된 객체에 condition_number 함수를 적용하여 가장 큰 상태지수를 출력한 것이다. 위의 출력결과를 살펴보면 상태지수가 113.35로서 다중공선성이 심각하다는 것을 알 수 있다. 상태지수는 〈예 9.12〉의 ols 출력결과에서도 확인할 수 있다('Cond. No. = 113'으로 출력되어 있음).

9.5.2 다중공선성에 대한 대책

다중공선성이 심각한 경우 이를 해결하는 방법으로 다음과 같은 방법들을 고려할 수 있다.

- 다중공선성에 관련되어 있는 일부 변수를 제거한다. 이 방법은 실제적으로 가장 많이 사용되는 방법으로 9.4절에서 설명한 전진 선택법, 후진 제거법, 단계적 방법 등 변수선택 방법이 사용되기도 한다.
- 더 넓은 범위의 독립변수들의 값에서 새로운 관측치를 얻어낸다. 이 경우 추가로 비용과 시간이 드는 것을 감수해야 한다.
- 능형회귀(ridge regression) 또는 주성분회귀(principal components regression) 등 편의 추정법을 사용한다. 이 방법을 이용하기 위해서는 상당한 수준의 전문지식이 요구되므로 사용 시 주의를 요한다.

〈예 9.15〉 설명변수 X_1과 X_3만을 사용한 경우

```
import statsmodels.formula.api as smf
MulticoFit1 = smf.ols(formula='Y~X1+X3',data=Multico).fit()
print(MulticoFit1.summary())
#-----------------------------------------------------------------------
# OLS Regression Results
# ======================================================================
# Dep. Variable:                  Y   R-squared:                  0.521
# Model:                        OLS   Adj. R-squared:             0.464
# Method:           Least Squares   F-statistic:                9.231
# Date:          Thu, 31 Dec 2020   Prob (F-statistic):       0.00193
# Time:                  05:57:25   Log-Likelihood:           -6.2205
# No. Observations:            20   AIC:                        18.44
# Df Residuals:                17   BIC:                        21.43
# Df Model:                     2
# Covariance Type:      nonrobust
```

```
# ==============================================================================
#                  coef    std err          t      P>|t|      [0.025      0.975]
# ------------------------------------------------------------------------------
# Intercept      0.9231      0.776      1.190      0.251      -0.714      2.560
# X1             0.5972      0.193      3.087      0.007       0.189      1.005
# X3             0.2208      0.118      1.873      0.078      -0.028      0.469
# ==============================================================================
# Omnibus:                      7.800   Durbin-Watson:                   2.794
# Prob(Omnibus):                0.020   Jarque-Bera (JB):                5.803
# Skew:                        -0.792   Prob(JB):                       0.0550
# Kurtosis:                     5.110   Cond. No.                         54.9
# ==============================================================================
#-------------------------------------------------------------------------------
MulticoModel1 = smf.ols(formula='Y~X1+X3',data=Multico)
from statsmodels.stats.outliers_influence import \
     variance_inflation_factor
pd.DataFrame({'X':column,
             'VIF':variance_inflation_factor(MulticoModel1.exog,i)}
             for i,column in enumerate(MulticoModel1.exog_names))
#-------------------------------------------------------------------------------
#   X         VIF
# 0 Intercept 93.846154
# 1 X1         1.108333
# 3 X3         1.108333
```

⟨예 9.15⟩는 변수 X_1과 X_3만을 사용하여 회귀분석을 수행한 결과이다. 출력결과를 살펴보면 결정계수는 0.521로 약간 작아졌으나(완전모형의 결정계수는 0.540이었다), 수정결정계수는 0.464로 오히려 좋아졌다는 것을 볼 수 있다(완전모형의 수정결정계수는 0.417이었다). 또한 두 변수에 대한 t-검정의 p-값이 각각 0.007, 0.078로서 유의수준 5 % 하에서 유의하다는 것을 알 수 있다. 또한 설명변수들에 대한 분산확대인자(VIF)도 매우 작아졌음을 볼 수 있다.

9.6 가변수 – 질적 설명변수의 처리

지금까지는 설명변수들이 양적인 경우만을 설명하였는데, 이 절에서는 질적 설명변수를 포함하는 경우를 다루어 보도록 하자. 예를 들어, ⟨표 9.5⟩의 Dummy 데이터는 한 제품에 대해 46명의 소비자로부터 선호도(Y)를 조사하여 얻은 것으로, 이 데이터에는 나이(Age)와 지역구분(Region; 1='대도시', 2='중소도시', 3='읍면')이 포함되어 있다.

〈표 9.5〉 Dummy 데이터(첫 10개, $n = 46$)

ID	Y	Age	Region	ID	Y	Age	Region
1	46	21	1	6	70	22	2
2	39	21	3	7	39	22	2
3	62	21	3	8	35	22	1
4	38	21	2	9	41	22	3
5	39	21	3	10	41	23	2

이 데이터에 대하여 다음과 같은 모형

$$Y = \alpha + \beta_1\, Age + \beta_2\, Region + \epsilon$$

을 고려하는 것은 타당하지 않은데, 그 이유는 변수 Region이 질적변수로서 크기를 가지고 있지 않으므로 β_2를 기울기로 해석할 수 없기 때문이다.

이제 다음과 같은 모형을 고려해 보도록 하자.

$$\begin{cases} Y = \alpha + \beta\, Age + \gamma_1 + \epsilon, & \text{if Region=1} \\ Y = \alpha + \beta\, Age + \gamma_2 + \epsilon, & \text{if Region=2} \\ Y = \alpha + \beta\, Age + \gamma_3 + \epsilon. & \text{if Region=3} \end{cases} \tag{9.23}$$

이때 $\gamma_3 = 0$으로 두면 식 (9.23)을 다음과 같이 하나의 모형식으로 표현할 수 있는데,

$$Y = \alpha + \beta\, Age + \gamma_1 D_1 + \gamma_2 D_2 + \epsilon \tag{9.24}$$

여기에서 D_1과 D_2는 소위 **가변수**(dummy variable)로서 다음과 같이 정의된다.

$$D_1 = \begin{cases} 1, & \text{if region=1} \\ 0, & \text{otherwise} \end{cases} \qquad D_2 = \begin{cases} 1, & \text{if region=2} \\ 0, & \text{otherwise} \end{cases}$$

식 (9.24)에서 γ_1은 나이가 동일한 경우 '광역시'와 '읍면' 간의 선호도 차이에 대한 기댓값을 나타내고, γ_2는 '중소도시'와 '읍면' 간의 선호도 차이에 대한 기댓값을 나타낸다.

이제 식 (9.24)와 같은 모형을 고려하여 Dummy 데이터에 대해 분석을 수행해 보도록 하자. 한 질적변수의 범주가 c개일 때 가변수는 일반적으로 $c-1$개가 필요하므로, 먼저 지역구분을 나타내는 질적변수 Region으로부터 처리하여 가변수 D_1과 D_2를 생성시켜야 한다. 다음 〈예 9.16〉에서 가변수를 생성하는 부분을 살펴보기 바란다. 그리고 반응변수를 Y(선호도)로 지정하고, 설명변수를 Age, D1, D2로 지정하면 된다.

⟨예 9.16⟩ 가변수를 이용한 회귀분석

```
import pandas as pd
Dummy = pd.read_csv('/content/Dummy.csv')   # 2.1.3절 참조
Dummy["D1"] = 0
Dummy.loc[Dummy["Region"]==1,"D1"]=1
Dummy["D2"] = 0
Dummy.loc[Dummy["Region"]==2,"D2"]=1
Dummy.head()
#------------------------------------------------------------------------
#     ID   Y Age Region D1 D2
# 0    1  46  21      1  1  0
# 1    2  39  21      3  0  0
# 2    3  62  21      3  0  0
# 3    4  38  21      2  0  1
# 4    5  39  21      3  0  0
#------------------------------------------------------------------------
import statsmodels.formula.api as smf
DummyFit = smf.ols(formula='Y~Age+D1+D2',data=Dummy).fit()
print(DummyFit.summary())
#------------------------------------------------------------------------
# OLS Regression Results
# ======================================================================
# Dep. Variable:                  Y   R-squared:                   0.450
# Model:                        OLS   Adj. R-squared:              0.411
# Method:             Least Squares   F-statistic:                 11.46
# Date:            Thu, 14 Jan 2021   Prob (F-statistic):       1.27e-05
# Time:                    10:20:08   Log-Likelihood:            -177.88
# No. Observations:              46   AIC:                         363.8
# Df Residuals:                  42   BIC:                         371.1
# Df Model:                       3
# Covariance Type:        nonrobust
# ======================================================================
#               coef   std err        t     P>|t|    [0.025     0.975]
# ----------------------------------------------------------------------
# Intercept   14.3338     9.775   1.466     0.150    -5.394     34.061
# Age          1.8303     0.359   5.091     0.000     1.105      2.556
# D1         -16.1295     4.755  -3.392     0.002   -25.725     -6.534
# D2          -5.3092     4.473  -1.187     0.242   -14.337      3.719
# ======================================================================
# Omnibus:                   20.497   Durbin-Watson:               2.150
# Prob(Omnibus):              0.000   Jarque-Bera (JB):            4.513
# Skew:                       0.358   Prob(JB):                    0.105
# Kurtosis:                    1.643   Cond. No.                     154.
```

〈예 9.16〉에서 출력된 계수 추정치를 기초로 회귀추정식을 표현하면 다음과 같다.

$$\begin{cases} \hat{Y} = 14.334 + 1.830\,Age - 16.130 = -1.796 + 1.830\,Age, & \text{if Region=1,} \\ \hat{Y} = 14.334 + 1.830\,Age - 5.309 = 9.025 + 1.830\,Age, & \text{if Region=2,} \\ \hat{Y} = 14.334 + 1.830\,Age, & \text{if Region=3.} \end{cases}$$

이 결과에서 양적변수 Age(나이)에 대한 계수 추정치가 1.830이므로 나이가 증가할수록 선호도가 증가한다고 할 수 있다. 즉, 앞에서 설명한 바와 같이 양적 설명변수의 계수는 기울기의 의미를 가진다.

변수 D1의 계수는 대도시(Region=1)와 읍면(Region=3) 지역의 선호도에 대한 평균 차이를 나타낸다. 즉, 대도시 지역이 읍면에 비하여 평균 선호도가 16.1점 정도 작은 것으로 추정된다(p-value=0.002).

변수 D2의 계수는 중소도시(Region=2)와 읍면(Region=3) 지역의 선호도에 대한 평균 차이를 나타낸다. 즉, 중소도시 지역이 읍면 지역에 비하여 평균 선호도가 5.3점 정도 작은 것으로 추정된다. 그러나 변수 D2에 대한 t-검정의 유의확률이 0.242이므로, 나이가 동일한 경우 중소도시와 읍면 지역의 선호도 차이는 유의하지 않다고 할 수 있다. 이 경우 가변수 D2를 모형에서 제외하고(즉, 중소도시와 읍면 지역을 병합하여) 다시 분석을 수행해 볼 수도 있을 것이다.

한편, ols 함수를 사용할 때 가변수를 생성하지 않고 보다 쉽게 처리할 수 있는 방법이 있다. 예를 들어, 다음 〈예 9.17〉에서와 같이 C() 연산자를 사용하여 변수 Region을 요인(범주형) 변수로 선언한 후, ols 함수에 Region을 설명변수로 지정하면 가변수를 이용하는 것과 동일한 결과를 얻을 수 있다. 다만, 이 경우에는 항상 첫 번째 범주를 기저범주(base category)로 가변수가 생성되어 사용된다. 단, 가변수를 데이터 프레임에 실제로 추가하지는 않는다.

〈예 9.17〉 요인(범주형) 변수 지정 연산자 C()를 이용한 회귀분석

```
import statsmodels.formula.api as smf
DummyFit1 = smf.ols(formula='Y~Age+C(Region)',data=Dummy).fit()
print(DummyFit1.summary())
#----------------------------------------------------------------------
# OLS Regression Results
# ====================================================================
# Dep. Variable:                  Y   R-squared:                0.450
# Model:                        OLS   Adj. R-squared:           0.411
# Method:             Least Squares   F-statistic:              11.46
# Date:            Thu, 14 Jan 2021   Prob (F-statistic):    1.27e-05
# Time:                    10:26:35   Log-Likelihood:         -177.88
```

```
# No. Observations:                  46   AIC:                         363.8
# Df Residuals:                      42   BIC:                         371.1
# Df Model:                           3
# Covariance Type:            nonrobust
# ==========================================================================
#                     coef    std err          t      P>|t|  [0.025 0.975]
# --------------------------------------------------------------------------
# Intercept        -1.7956     10.622     -0.169      0.867  -23.231  9.640
# C(Region)[T.2]  10.8202      4.264      2.538      0.015    2.216  9.425
# C(Region)[T.3]  16.1295      4.755      3.392      0.002    6.534 25.725
# Age              1.8303      0.359      5.091      0.000    1.105  2.556
# ==========================================================================
# Omnibus:                       20.497   Durbin-Watson:               2.150
# Prob(Omnibus):                  0.000   Jarque-Bera (JB):            4.513
# Skew:                           0.358   Prob(JB):                    0.105
# Kurtosis:                       1.643   Cond. No.                     171.
#---------------------------------------------------------------------------
import statsmodels.api as sm
sm.stats.anova_lm(DummyFit1,typ=3)
#---------------------------------------------------------------------------
#                 sum_sq    df          F    PR(>F)
# Intercept     4.185983   1.0   0.028578  0.866568
# C(Region) 1812.678163   2.0   6.187673  0.004414
# Age        3796.779426   1.0  25.921014  0.000008
# Residual   6151.948163  42.0        NaN       NaN
```

⟨예 9.17⟩의 결과를 ⟨예 9.16⟩의 결과와 비교하여 보면 해석 상에는 아무런 차이가 없음을 알 수 있다. 먼저 양적변수 Age의 계수 추정치는 1.830으로 동일하다. 또한 읍면 지역이 대도시 지역에 비해 평균 선호도가 16.1점 크고, 중소도시 지역이 대도시 지역에 비해 평균 선호도가 10.8점 크며, 읍면 지역이 중소도시 지역에 비해 평균 선호도가 5.3점 크다는 해석에는 차이가 없다. 추정된 회귀식 역시 앞에서와 동일하게 된다. 즉,

$$\begin{cases} \hat{Y} = -1.796 + 1.830\,Age, & \text{if Region=1,} \\ \hat{Y} = -1.796 + 1.830\,Age + 10.820 = 9.025 + 1.830\,Age, & \text{if Region=2,} \\ \hat{Y} = -1.796 + 1.830\,Age + 16.130 = 14.334 + 1.830\,Age, & \text{if Region=3.} \end{cases}$$

한편, 위의 예에서는 statsmodels 패키지의 anova_lm 함수를 사용하여 분산분석표(analysis of variance table)와 F-검정의 결과를 출력하였다. 예를 들어, 변수 Region에 대한 귀무가설 '$H_0 : \gamma_1 = \gamma_2 = 0$'에 대응되는 F-검정의 결과에서 유의확률(p-value)이 0.004이므로 귀무가설을 기각할 수 있다.

9.7 변수변환과 비선형 회귀분석

지금까지는 설병변수와 반응변수 사이에 선형적인 관계가 있다는 가정 하에 선형 회귀분석을 수행하였다. 그러나 때로는 설명변수와 반응변수 사이에 곡선적 또는 복잡한 비선형적인 관계를 가질 수도 있는데, 이러한 경우에는 적절한 함수의 형태를 고려하여 분석을 수행하는 것이 바람직하다. 이 절에서는 변수변환에 의한 곡선추정과 비선형 회귀분석에 대해서 간단히 다루어 보도록 하자.

9.7.1 변수변환에 의한 곡선 추정

다음 ⟨표 9.6⟩의 Mobile 데이터는 한 이동통신 회사의 1984년부터 1997년까지 연도별 가입자수(Yt)이다. 이 데이터에 대한 산점도(그림 9.9)를 살펴보면 가입자수가 급격히 증가하고 있다는 것을 알 수 있다.

따라서 연도별 가입자수에 대한 모형으로 선형 회귀모형보다는 다음과 같은 지수함수(exponential function) 형태의 모형이 더 적절할 것으로 생각할 수 있다.

$$Y_T = \alpha \exp(\beta_1 T) = \alpha\, e^{\beta_1 T}, \quad T = 1, 2, \cdots, 14 \tag{9.25}$$

한편, 식 (7.25)의 양변에 로그(log)를 취하면 다음과 같은 식을 얻을 수 있는데,

$$Y_T^* = \alpha^* + \beta_1 T, \quad (\text{단},\ Y_T^* = \log Y_T,\ \alpha^* = \log \alpha) \tag{9.26}$$

이와 같이 특별한 비선형함수들은 간단한 변환에 의해 선형함수로 바꿀 수 있으므로 미리 새로운 변수 $Y_T^* = \log(Y_T)$를 생성한 후 선형 회귀분석을 수행하여 α^*와 β_1을 추정하면 된다.

이제 Mobile 데이터에 대하여 변수 Log_Yt를 반응변수로 하고 T(시점)을 설명변수로 하여 지수모형에 대한 분석을 수행해 보도록 하자.

⟨표 9.6⟩ Mobile 데이터

Year	T	Yt	Year	T	Yt	Year	T	Yt
1984	1	27	1989	6	397	1994	11	9600
1985	2	47	1990	7	800	1995	12	16410
1986	3	71	1991	8	1662	1996	13	28900
1987	4	103	1992	9	2719	1997	14	45700
1988	5	204	1993	10	4718			

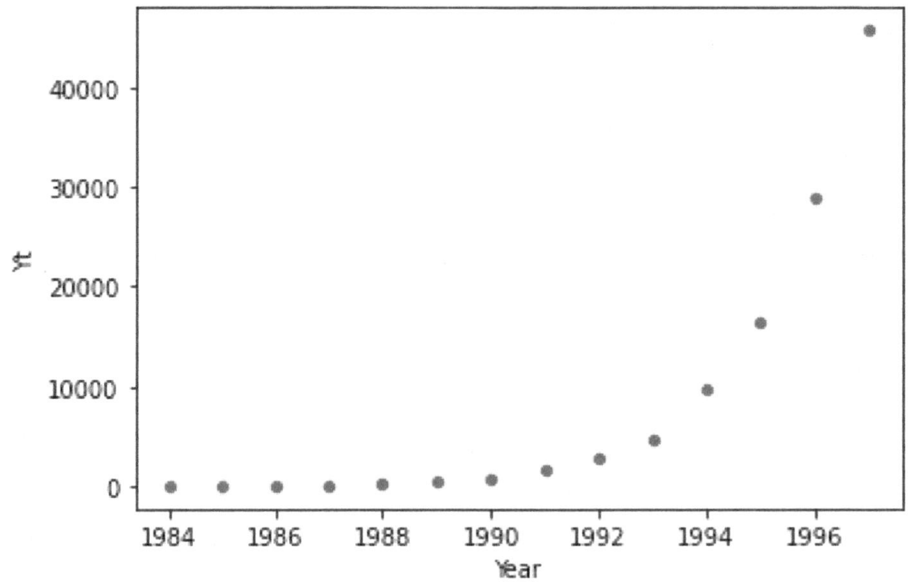

〈그림 9.9〉 연도별 가입자수

〈예 9.18〉 지수모형에 의한 회귀분석

```
import pandas as pd
Mobile = pd.read_csv('/content/Mobile.csv')   # 2.1.3절 참조
import matplotlib.pyplot as plt
import seaborn as sns
sns.scatterplot(x="Year",y="Yt",data=Mobile)   # 산점도 출력
import numpy as np
Mobile["LogYt"] = np.log(Mobile["Yt"])   # log 변환
import statsmodels.formula.api as smf
MobileFit = smf.ols(formula='LogYt~T',data=Mobile).fit()   # 회귀분석
print(MobileFit.summary())
#--------------------------------------------------------------------------
# OLS Regression Results
# ==========================================================================
# Dep. Variable:                 LogYt   R-squared:                   0.997
# Model:                           OLS   Adj. R-squared:              0.997
# Method:              Least Squares   F-statistic:                 4503.
# Date:             Thu, 14 Jan 2021   Prob (F-statistic):       7.96e-17
# Time:                     06:32:32   Log-Likelihood:             9.4069
# No. Observations:               14   AIC:                        -14.81
# Df Residuals:                   12   BIC:                        -13.54
# Df Model:                        1
# Covariance Type:         nonrobust
# ==========================================================================
```

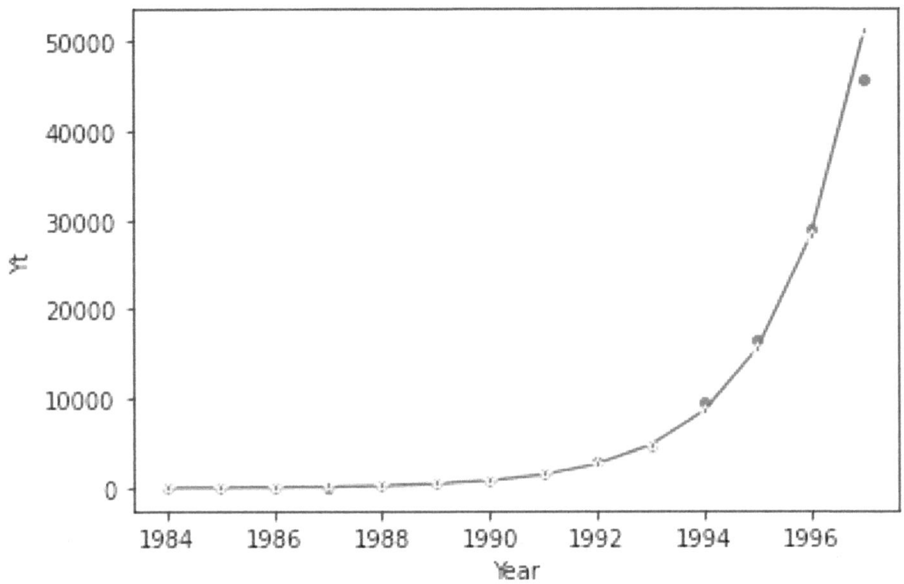

〈그림 9.10〉 연도별 가입자수와 지수모형의 예측값

```
#                    coef    std err          t      P>|t|      [0.025   0.975]
# ----------------------------------------------------------------------------
# Intercept      2.5237      0.075     33.492      0.000       2.360    2.688
# T              0.5939      0.009     67.107      0.000       0.575    0.613
# ============================================================================
# Omnibus:                      0.991   Durbin-Watson:                  0.820
# Prob(Omnibus):                0.609   Jarque-Bera (JB):               0.776
# Skew:                        -0.510   Prob(JB):                       0.678
# Kurtosis:                     2.461   Cond. No.                        18.2
```

〈예 9.18〉은 변수 Yt를 로그변환한 새로운 변수 Log_Yt를 반응변수로 하는 모형에 대하여 회귀분석을 수행한 것으로 출력결과를 보면 회귀계수들은 $\hat{\alpha^*} = 2.524$와 $\hat{\beta}_1 = 0.594$로 추정된 것을 알 수 있다. 그리고 $\hat{\alpha^*}$을 지수변환하면 $\hat{\alpha} = \exp(2.524) = 12.475$가 되므로, 추정된 지수모형은 다음과 같다.

$$\hat{Y}_T = 12.475\ \exp(0.594\,T) = 12.475\ e^{0.594\,T}$$

〈예 9.19〉 지수모형의 예측값에 대한 그래프 작성

```
Mobile["HatYt"] = 12.475*np.exp(0.594*Mobile["T"])
Mobile[["Yt","HatYt"]].corr()**2  # R-Square
#---------------------------------------------------------------------
```

```
#              Yt      HatYt
# Yt     1.000000   0.993882
# HatYt 0.993882   1.000000
#--------------------------------------------------------------------------
sns.scatterplot(x="Year",y="Yt",data=Mobile)
sns.lineplot(x="Year",y="HatYt",marker="*",color="red",data=Mobile)
plt.show()
```

⟨예 9.19⟩는 예측값 $\hat{Y}_T$을 계산하고, 'Y_T 대 Year의 산점도', '$\hat{Y}_T$ 대 Year의 산점도', '$\hat{Y}_T$ 대 Year의 연결선 그래프'를 겹쳐서 그래프를 작성한 예이다(그림 9.10 참조).

9.7.2 비선형 회귀분석

어떤 비선형(nonlinear) 함수들은 앞에서와 같이 선형변환이 가능하지 않은 경우도 있다. 예를 들어, 중장기 수요예측에서 자주 사용되는 다음과 같은 함수들은 상한값 m이 알려져 있는 않은 경우 선형변환이 가능하지 않다.[3]

- $Y_T = \dfrac{m\ \exp(\alpha+\beta T)}{1+\exp(\alpha+\beta T)}$: 로지스틱(Logistic) 곡선
- $Y_T = m\ \exp\left[-\exp(\alpha+\beta T)\right]$: 곰페르츠(Gomperts) 곡선
- $Y_T = m\ \Phi(\alpha+\beta T)$: 프로빗(Probit) 곡선

따라서 이와 같은 경우에는 변환에 의해 선형함수로 바꿀 수가 없기 때문에 비선형 회귀분석을 수행하여 모수를 추정해야 한다.

다음 ⟨예 9.20⟩은 scipy 패키지의 curve_fit 함수를 사용하여 로지스틱 곡선을 적합한 것이다. 비선형 회귀분석을 수행하기 위해서는 이와 같이 비선형 모형을 직접 입력해야 한다.

⟨예 9.20⟩ 비선형 회귀분석

```
import numpy as np
import scipy.optimize as opt
import matplotlib.pyplot as plt
def f(x,m,a,b):
   return (m*np.exp(a+b*x))/(1+np.exp(a+b*x))    # 로지스틱 곡선 정의
xdata = Mobile["T"]
ydata = Mobile["Yt"]
```

[3]이들 성장곡선 모형의 특성에 대해서는 "강현철·최종후 (2001). 확산모형과 성장곡선모형을 이용한 중장기 수요예측에 관한 연구, ⟨응용통계연구⟩, 제14권 제2호, 233-243"을 참조하기 바란다.

```
(m_,a_,b_), pcov = opt.curve_fit(f,xdata,ydata)   # 비선형 모수 추정
perr = np.sqrt(np.diag(pcov))   # 추정치의 표준오차
print('m = {0:10.3f} +- {1:10.3f}'.format(m_,perr[0]))
print('a = {0:10.3f} +- {1:10.3f}'.format(a_,perr[1]))
print('b = {0:10.3f} +- {1:10.3f}'.format(b_,perr[2]))
#-----------------------------------------------------------------------
# m = 128935.722 +-  10131.964
# a =     -9.728 +-      0.087
# b =      0.652 +-      0.014
#-----------------------------------------------------------------------
from scipy.stats import pearsonr
pearsonr(ydata,f(xdata,m_,a_,b_))[0]**2   # R-Sqaure
#-----------------------------------------------------------------------
# 0.9998365826044708
```

위의 결과를 살펴보면 각 모수에 대한 추정치가 $\hat{m} = 128936$, $\hat{\alpha} = -9.728$, $\hat{\beta} = 0.652$임을 알 수 있으며, 따라서 모형에 대한 추정식은 다음과 같다.

$$\hat{Y}_T = \frac{128936\ \exp(-9.728 + 0.652\,T)}{1 + \exp(-9.728 + 0.652\,T)}$$

또한 위의 예에서는 scipy 패키지의 pearsonr 함수를 사용하여 결정계수를 구하였는데 $R^2 = cor(Y_T, \hat{Y}_T)^2 = 99.9\%$임을 볼 수 있다.

〈예 9.21〉 로지스틱 곡선 모형의 예측값에 대한 그래프 작성

```
year = np.arange(1984, 2011)
T = year - 1983
PredYt = f(T,m_,a_,b_)   # 모수 추정값을 함수에 대입
fig, ax = plt.subplots(1,1,figsize=(6,4))
ax.plot(Mobile["Year"],ydata,'o')
ax.plot(year,PredYt,'-')
plt.xlim([1984,2010])
plt.ylim([0,140000])
plt.show()
```

〈예 9.21〉은 로지스틱 곡선 모형의 예측값 $\hat{Y}_t$을 계산하고, 'Y_T 대 Year의 산점도'와 '$\hat{Y}_T$ 대 Year의 연결선 그래프'를 겹쳐서 그래프를 작성한 예이다(그림 9.11 참조).

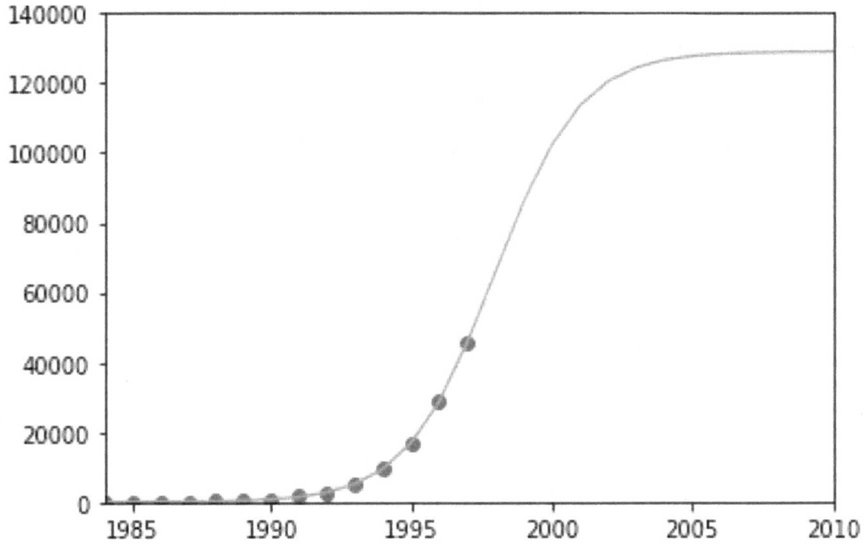

〈그림 9.11〉 연도별 가입자수와 로지스틱 곡선 모형의 예측값

9.8 이 장에서 사용된 주요 함수들

여기에서는 이 장에서 사용된 주요 함수들에 대하여 사용형식(usage)과 자주 사용되는 인수(argument)들을 설명한다. 보다 자세한 사항은 파이썬의 도움말을 참조하여라.

□ anova_lm 함수 (statsmodels 패키지)

- anova_lm(result,test="F",typ=1): 적합된 선형모형(회귀모형)에 대한 분산분석표를 출력한다.

- ○ result: 적합된 선형모형(회귀모형)의 결과 객체를 지정한다.
- ○ test=: 검정통계량을 지정한다. "F"(F-검정), "Chisq"(카이제곱검정), "Cp"(멜로우의 Cp)를 지정할 수 있다. 기본값: test="F".
- ○ typ=: 분산분석 제곱합의 형태를 지정한다. 1(Type I), 2(Type II), 3(Type III)을 지정할 수 있다. 기본값: typ=1.

□ curve_fit 함수 (scipy 패키지)

- curve_fit(f,xdata,ydata,p0=None,···): 비선형 회귀분석을 수행한다.

- f: 함수식을 지정한다. 일반적으로 함수식을 사용자 정의 형태로 만들어 두고 불러오는 방법을 이용한다.
- xdata: 설명변수를 지정한다.
- ydata: 반응변수를 지정한다.
- p0=: 모수들에 대한 초깃값을 지정한다. 지정하지 않으면 초깃값은 모두 1이 된다.

□ lmplot 함수 (seaborn 패키지)

- lmplot(x=None,y=None,data=None,hue=None,⋯): 회귀모형의 적합결과를 플롯한다. regplot 함수와 기능은 거의 같으며 약간의 차이라면 hue= 인수에 지정된 범주형 변수에 대해 회귀식과 색을 다르게 표현할 수 있다.

- x=" ": x-축 변수를 지정한다.
- y=" ": y-축 변수를 지정한다.
- data=: 데이터 프레임을 지정한다.
- hue=: 일반적으로 범주형 변수를 지정하며, 범주별로 서로 다른 회귀선을 출력한다. 예를 들어, hue="sex"로 지정하면 남자와 여자 각각의 회귀선이 다른 색으로 나타난다.
- ci=: 신뢰구간의 크기를 (0,100) 사이의 값으로 지정한다. 예를 들어, ci=90.
- x_jitter=: 설명변수의 값에 아주 작은 랜덤 오차를 더해준다. 이는 이산형 변수에 대한 플롯을 그릴때 유용하다. 예를 들어, x_jitter=.1.
- order=: 다항회귀의 차수를 지정한다. 예를 들어, order=2를 지정하면 2차 다항회귀를 플롯한다.
- robust=: 특이값이 민감하지 않은 로버스트 회귀모형의 적합여부(True, False)를 지정한다.
- lowess=: 비모수적인 회귀모형인 lowess(locally weighted linear regression) 모형의 적합여부(True, False)를 지정한다.

□ ols 함수 (statsmodels.formula.api 패키지)

- ols(formula=,data=,⋯): 선형 회귀분석을 수행한다. 특히, formula 부분에 R 프로그램 스타일로 회귀모형을 기술할 수 있는 장점이 있다.

- formula=: 'y~x1+x2+x3'와 같은 형식으로 ~ 기호 왼쪽에 반응변수를, 오른쪽에 설명변수들을 지정한다.

- data=: 데이터 프레임을 지정한다.
- subset=: 지정한 데이터의 일부를 선택하여 분석을 수행하는 경우 조건식을 정의한다.
- 회귀분석의 결과를 저장한 객체에 대하여 적용할 수 있는 주요 함수들은 다음과 같다. 적용하는 방법은 객체이름 뒤에 점(.)을 찍고 다음의 함수를 기술하면 된다. 예를 들어, res.summary()는 결과가 저장된 객체인 res의 주요 결과를 출력한다.
  - ⋆ summary(): 회귀분석의 주요 결과들을 출력한다.
  - ⋆ predict(): 반응변수의 적합값($\hat{y}_i$)을 출력한다.
  - ⋆ get_prediction(NewData): 새로운 NewData에 대하여 예측값을 계산한다. 이 결과를 개체로 저장한 후에 summary_frame 함수를 적용하여 예측값의 신뢰구간을 계산할 수 있다.
  - ⋆ params: 추정된 회귀계수를 출력한다.
  - ⋆ bse: 추정된 회귀계수에 대한 표준오차를 출력한다.
  - ⋆ rsquared: 추정된 회귀계수에 대한 결정계수를 출력한다.
  - ⋆ pvalues: 추정된 회귀계수에 대한 p-값을 출력한다.
  - ⋆ fittedvalues: 반응변수의 적합값($\hat{y}_i$)을 출력한다.
  - ⋆ eigenvals: 내림차순으로 고유값을 출력한다.
  - ⋆ f_pvalue: F 통계량에 대한 p-값을 출력한다.
  - ⋆ resid: 모형의 잔차를 출력한다.
  - ⋆ resid_pearson: 모형의 표준화 잔차를 출력한다.

□ plot_regress_exog 함수 (statsmodels 패키지)

- plot_regress_exog(results,exog_idx,fig=None): 회귀분석의 결과 플롯을 지정한 하나의 독립변수에 대하여 출력한다.

- results: 모형의 적합결과를 지정한다.
- exog_idx: 설명변수의 이름이나 인덱스를 지정한다.
- fig=: 출력할 그림을 지정할 수 있다. 지정하지 않으면 새로운 그림이 출력된다.

□ probplot 함수 (scipy 패키지)

- probplot(x,sparams=(),dist="norm",fit=True,···): Q-Q 플롯을 작성한다.

- x: 변수를 지정한다.

- sparams=: 형태모수(shape parameter)가 있는 경우 지정한다.
- dist=" ": 비교할 분포의 이름을 지정한다. 예를 들어, "binom"(이항분포), "poisson"(포아송분포) 등 scipy 패키지에서 사용하는 분포의 이름을 지정한다. 기본값: dist="norm"(정규분포).
- fit=: 플롯에 최소제곱회귀선을 출력할지의 여부를 지정한다. 기본값: fit=True.

□ regplot 함수 (seaborn 패키지)

- regplot(x=None,y=None,data=None,···): 회귀모형의 적합결과를 플롯한다.

- x=" ": x-축 변수를 지정한다.
- y=" ": y-축 변수를 지정한다.
- data=: 데이터 프레임을 지정한다.
- ci=: 신뢰구간의 크기를 (0,100) 사이의 값으로 지정한다. 예를 들어, ci=90.
- x_jitter=: 설명변수의 값에 아주 작은 랜덤 오차를 더해준다. 이는 이산형 변수에 대한 플롯을 그릴때 유용하다. 예를 들어, x_jitter=.1.
- order=: 다항회귀의 차수를 지정한다. 예를 들어, order=2를 지정하면 2차 다항회귀를 플롯한다.
- robust=: 특이값이 민감하지 않은 로버스트 회귀모형의 적합여부(True, False)를 지정한다.
- lowess=: 비모수적인 회귀모형인 lowess(locally weighted linear regression) 모형의 적합여부(True, False)를 지정한다.

9.A 부록: 변수선택을 위한 사용자 정의 함수 작성

여기에서는 변수선택을 위한 방법 중 전진 선택법과 후진 제거법을 적용하기 위한 사용자 정의 함수를 작성하는 예를 제시한다.

⟨예 9.22⟩ 전진 선택법 ⟵ 예 9.9에서 계속

```
import pandas as pd
import statsmodels.api as sm
def forward_regression(X,y,threshold_in,verbose=False):
   initial_list = []
   included = list(initial_list)
   while True:
       changed=False
```

```
        excluded = list(set(X.columns)-set(included))
        new_pval = pd.Series(index=excluded)
        for new_column in excluded:
            if (len(included) == 0):
                model = sm.OLS(y, sm.add_constant(pd.DataFrame(
                            X[included+[new_column]]))).fit()
            else:
                model = sm.OLS(y, pd.DataFrame(X[included +
                            [new_column]])).fit()
            new_pval[new_column] = model.pvalues[new_column]
        best_pval = new_pval.min()
        if best_pval < threshold_in:
            best_feature = new_pval.idxmin()
            included.append(best_feature)
            changed=True
            if verbose:
                print('Add  {:30} with p-value {:.6}'.
                           format(best_feature, best_pval))
        if not changed:
            break
    return included
#----------------------------------------------------------------------
X = Satisfaction.iloc[:,2:6]
y = Satisfaction.Y
forward_regression(X,y,0.01,verbose=True)
#----------------------------------------------------------------------
# Add  X3                             with p-value 6.17606e-18
# Add  X1                             with p-value 1.41997e-17
# Add  X2                             with p-value 1.2435e-05
```

⟨예 9.22⟩에서는 전진 선택법을 적용하기 위한 사용자 정의 함수를 작성하였다. 이때 변수선택의 기준으로 유의확률(p-value)이 0.01보다 작은 변수들이 순차적으로 포함되도록 지정하였다. 위의 출력결과를 살펴보면 첫 번째 단계에서는 변수 X3, 두 번째 단계에서는 X1, 세 번째 단계에서는 X2가 추가되었고, 네 번째 단계에서는 유의확률(p-value)이 0.01보다 작은 경우가 없으므로 변수선택 절차가 종료되었다.

⟨예 9.23⟩ 후진 제거법 ⟵ 예 9.9에서 계속

```
import pandas as pd
import statsmodels.api as sm
def backward_regression(X,y,threshold_out,verbose=False):
    included=list(X.columns)
```

```
    while True:
        changed=False
        if (len(included) == 1):
            model = sm.OLS(y, sm.add_constant(pd.DataFrame(
                              X[included]))).fit()
        else:
            model = sm.OLS(y, sm.add_constant(pd.DataFrame(
                             X[included]))).fit()
        # 모든 변수 사용
        pvalues = model.pvalues.iloc[1:]
        worst_pval = pvalues.max()
        if worst_pval > threshold_out:
            changed=True
            worst_feature = pvalues.idxmax()
            included.remove(worst_feature)
            if verbose:
                print('Drop {:30} with p-value {:.6}'.
                              format(worst_feature, worst_pval))
        if not changed:
            break
    return included
#------------------------------------------------------------------------
backward_regression(X,y,0.01,verbose=True)
#------------------------------------------------------------------------
# Drop X4                                   with p-value 0.243311
# ['X1', 'X2', 'X3']
```

⟨예 9.23⟩에서는 후진 제거법을 적용하기 위한 사용자 정의 함수를 작성하였다. 이때 변수제거 기준으로 유의확률(p-value)이 0.01보다 큰 변수들을 순차적으로 제거하도록 지정하였다. 위의 출력결과를 살펴보면 첫 번째 단계에서는 변수 X4의 유의확률(p-value)이 0.243으로 0.01보다 크므로 제거되었다. 두 번째 단계에서는 어떤 변수도 제거기준을 만족하지 않으므로 절차가 종료되었다.

이 사례에서는 전진 선택법과 후진 제거법에서의 변수선택 결과가 동일하게 나타났으나 항상 그런 것은 아님을 주의하기 바란다.

9.9 연습문제

1. 음주운전자의 혈액 중 알코올 농도를 측정하기 위해 교통경찰관이 사용하는 디지털 측정기의 신뢰성을 알아보려고 한다. 15명의 음주 운전자에 대해 혈액채취(y)와 디지

털 측정기(x)에 의해 각각 알코올 농도를 측정하여 다음과 같은 데이터를 얻었다. x에 의한 y의 회귀직선식을 구하고 잔차분석을 실시하여라.

x	y	x	y	x	y
0.150	0.154	0.090	0.082	0.110	0.078
0.100	0.085	0.090	0.072	0.120	0.097
0.900	0.079	0.090	0.080	0.100	0.088
0.140	0.144	0.095	0.090	0.060	0.053
0.080	0.078	0.040	0.050	0.080	0.072

2. 어떤 복합비료의 양 x가 농작물의 수확량 y와 어떠한 관계를 가지고 있는지를 보기 위하여 다음과 같은 데이터를 얻었다.

$n = 15,\ \bar{x} = 10.8,\ \bar{y} = 122.7,$

$\sum(x_i - \bar{x})^2 = 70.6,\ \sum(y_i - \bar{y})^2 = 98.5,\ \sum(x_i - \bar{x})(y_1 - \bar{y}) = 68.3.$

(a) 최소제곱법에 의한 회귀방정식을 구하여라.

(b) 오차제곱합을 구하고 σ^2을 추정하여라.

(c) x가 한 단위 증가할 때에 $E(Y)$의 증가분이 1.5단위 미만이라는 주장을 할 수 있는가를 유의수준 5% 하에서 검정하여라.

(d) $x = 12$에서 수확량의 기댓값에 대한 95% 신뢰구간을 구하여라.

3. 다음 데이터는 10명의 학생의 IQ와 1학년 평균평점표이다.

IQ	100	120	110	105	85	95	130	100	105	90
평균평점	3.0	3.8	3.1	2.9	2.6	2.9	3.6	2.8	3.1	2.4

(a) 이 데이터를 이용하여 회귀직선을 구하여라.

(b) 회귀직선의 기울기에 대하여 95% 신뢰구간을 구하여라.

(c) IQ가 125인 학생의 평균평점의 95% 예측구간을 구하여라.

(d) 상관계수 r을 구하고 이것의 의미를 설명하여라.

(e) 결정계수 R^2을 구하고 이것의 의미를 설명하여라.

4. 환경변화가 혈압에 미치는 장기적인 변화를 연구하기 위하여 안데스산맥의 고지대에서 도시로 이주해온 인디오들로부터 여러 특성들을 측정하였다. 다음의 데이터는 그

중 최고혈압(y)과 신체적 특성들인 나이(x1), 이주 후 경과기간(x2, 단위: 년), 몸무게(x3, 단위: kg), 복부 피부두께(x4, 단위: mm)등에 관한 결과이다. 다중 회귀분석을 수행하여라(필요한 경우 변수선택을 실시하여라).

X1	X2	X3	X4	Y	X1	X2	X3	X4	Y
21	1	71.0	12.7	170	38	18	59.5	7.7	114
22	6	56.5	8.0	120	38	11	61.0	4.0	136
24	5	56.0	4.3	125	38	11	57.0	3.0	126
24	1	61.0	4.3	148	39	21	57.5	5.0	124
25	1	65.0	20.7	140	39	24	74.0	15.7	128
27	19	62.0	5.7	106	39	14	72.0	13.3	134
28	5	53.0	8.0	120	41	25	62.5	8.0	112
28	25	53.0	0.0	108	41	32	68.0	11.3	128
31	6	65.0	10.0	124	41	5	63.4	13.7	134
32	13	57.0	6.0	134	42	12	68.0	10.7	128
33	13	66.5	8.3	116	43	25	69.0	6.0	140
33	10	59.1	10.3	114	43	26	73.0	5.7	138
34	15	64.0	7.0	130	43	10	64.0	7.0	118
35	18	69.5	7.0	118	44	19	65.0	7.7	110
35	2	64.0	6.7	138	44	18	71.0	4.3	142
36	12	56.5	11.7	134	45	10	60.2	3.3	134
36	15	57.0	6.0	120	47	1	55.0	4.0	116
37	16	55.0	7.0	120	50	43	70.0	11.7	132
37	17	57.0	11.7	114	54	40	87.0	11.3	152
38	10	58.0	13.0	124					

5. 다음의 데이터는 쌍둥이인 남자 어른 9쌍의 키(m)를 조사한 결과이다.

형(x)	1.89	1.77	1.71	1.74	1.92	1.83	1.77	1.77	1.77
아우(y)	1.83	1.77	1.67	1.80	1.86	1.77	1.74	1.80	1.74

(a) 산점도를 작성하여 선형관계가 있음을 확인하여라.

(b) 아우의 키를 종속변수로 하여 회귀직선을 구하여라.

(c) 분산의 추정치 s^2을 구하여라.

(d) 형의 키가 1.68m일 때 동생의 키에 대한 95%의 예측구간을 구하여라.

(e) 형의 키와 아우의 키에 관한 상관계수 r을 구하여라.

6. 다음 사례는 미국의 대입학력고사(SAT: scholastic aptitude test) 관련데이터에서 나온 것이다. 측정된 변수는 대입지망자의 어학능력점수(VER), 수리능력점수(MATH) 및 평균학점(GPA)의 3개이다. GPA를 반응변수로 하고 VER과 MATH를 설명변수로 하여 회귀분석을 실시하여라.

번호	1	2	3	4	5	6	7	8	9	10
	11	12	13	14	15	16	17	18	19	20
VER	623	593	584	669	578	520	578	695	613	726
	490	537	558	578	646	557	597	669	519	653
MATH	509	611	738	701	635	583	614	634	693	800
	701	681	602	665	573	674	602	653	529	668
GPA	2.6	2.8	3.0	2.9	2.9	2.8	3.0	3.3	2.3	3.9
	1.2	2.1	2.3	3.0	2.0	3.2	2.4	2.0	3.0	2.8

7. 어떤 학생이 최근 26년간의 국민총생산에 대한 데이터를 단순 선형회귀모형에 적합시켜 회귀직선 $\hat{y} = 264.3 + 18.77x$를 얻었다고 한다. 여기에서 x는 연도를 코드화한 값이다. 다음의 결과로부터 선형회귀모형의 가정 중에서 심각하게 위배되는 것을 지적하여 보아라.

연도	1	2	3	4	5	6	7	8	9	10
y	309.9	323.7	324.1	355.3	383.4	395.1	412.8	407.0	438.0	446.1
$\hat{y}$	283.1	301.9	320.6	339.4	358.2	376.9	395.7	414.5	433.2	452.0
잔차	26.8	21.8	3.5	15.9	2 5.2	18.2	17.1	-7.5	4.8	-5.9
연도	11	12	13	14	15	16	17	18	19	20
y	452.5	447.3	475.9	487.7	497.2	529.8	551.0	581.1	617.8	658.1
$\hat{y}$	470.8	489.5	508.3	527.1	545.8	564.6	583.4	602.1	620.9	639.7
잔차	-18.3	-42.2	-32.4	-39.4	-48.6	-34.8	-32.4	-21.0	-3.1	18.4
연도	21	22	23	24	25	26				
y	675.2	706.6	725.6	722.5	745.4	790.7				
$\hat{y}$	658.4	677.2	696.0	714.7	733.5	752.3				
잔차	16.8	29.4	29.6	7.8	11.9	38.4				

8. ⟨표 9.5⟩의 Dummy 데이터에 대해 다음 프로그램을 수행하여 출력결과를 살펴보아라.

```
DummyFit2 = smf.ols(formula='Y~Age+D1+D2+Age:D1+Age:D2',
                    data=Dummy).fit()
DummyFit2 = smf.ols(formula='Y~Age+C(Region)+Age:C(Region)',
                    data=Dummy).fit()
print(DummyFit2.summary())
sm.stats.anova_lm(DummyFit2,typ=3)
```

(a) 이 프로그램에서 Age:C(Region) 또는 Age:D1, Age:D2가 의미하는 바는 무엇인가?

(b) 기울기의 동일성을 가정할 수 있는지 검정하여 보아라.

9. ⟨표 9.6⟩의 Mobile 데이터에 대하여 변수변환 및 비선형 회귀분석을 이용하여 다음과 같은 모형들을 적합시켜라.

- $y_t = \beta_0 + \beta_1 t + \beta_2 t^2$: 2차모형(Quadratic model)
- $y_t = \beta_0 + \beta_1 \log(t)$: 대수모형(Logarithmic model)
- $y_t = \beta_0 + \beta_1 / t$: 역모형(Inverse model)
- $y_t = \beta_0 t^{\beta_1}$: 파워모형(Power model)
- $y_t = \exp(\beta_0 + \beta_1 t)$: 성장모형(Growth model)
- $y_t = m \exp\left[-\exp(\alpha + \beta t)\right]$: 곰페르츠(Gomperts) 모형
- $y_t = m\ \Phi(\alpha + \beta t)$: 프로빗(Probit) 모형

제 10 장
분산분석

제6장에서 두 독립적인 정규모집단의 모평균의 차이를 검정하기 위해 $t-$검정을 다룬 바 있는데, 이 장에서 설명할 분산분석(分散分析, ANOVA; analysis of variance)은 t-검정을 확장하여 두 개 이상의 정규모집단의 경우에 적용할 수 있는 분석방법이다. 여기에서는 일변량(univariate) 분산분석을 중심으로 여러 가지 형태의 분산분석 모형에 대해서 다루어 보도록 하자.[1]

10.1 실험연구의 제 개념

분산분석은 실험연구(experimental research)에서 주로 발생하게 되는데, 여기서는 실험연구에서 나타나는 여러가지 개념과 용어에 대해서 간단히 살펴보도록 하자.

〈실험연구에서 사용되는 용어〉

- 반응변수(反應變數, response variable): 처리에 의해 변화하면서 연구대상이 되는 변수로서 종속변수(從屬變數, dependent variable)라고도 한다.
- 요인(要因, factor): 반응변수에 영향을 주는 변수로서 설명변수(說明變數, exploratory variable) 또는 독립변수(獨立變數, independent variable)라고도 한다.
- 수준(水準, level): 실험에서 요인이 가질 수 있는 특정한 값을 의미한다.
- 처리(處理, treatment): 실험단위에 적용되는 특정한 실험조건을 의미한다.

예를 들어, 네 종류(F1, F2, F3, F4)의 비료에 따른 농작물의 평균 수확량에 치이기 있는지를 알아보기 위해, 동일한 면적을 가진 16개의 경작지로부터 〈표 10.1〉과 같은 데이터를 얻었다고 하자. 이때 '비료의 종류'를 실험통계 용어로 요인이라 하고, 선택된 비료의 종류 'F1, F2, F3, F4'를 비료의 종류라는 요인의 각 수준이라고 한다. 또한 '수확량'을 반응변수라고 한다.

다른 예로서, 금속공학에서 담금질이 알루미늄 합금의 강도(強度)에 어떤 영향을 미치는지를 알아보기 위한 실험을 생각하여 보자. 연구자는 담금질에 사용되는 세 가지 용액들(기름, 소금물, 기름과 소금물의 혼합용액) 간의 비교에 관심이 있다고 하자. 이때 '담금질 용액'은 반응변수 '알루미늄 합금의 강도'에 영향을 줄 것으로 생각되는 요인이고, '기름', '소금물', '기름과 소금물의 혼합용액'은 담금질 용액이라는 요인의 각 처리수준이 된다.

[1]보다 복잡한 형태의 분산분석 모형과 분석에 대해서는 "강현철·한상태·허명회(2004). ≪예제로 배우는 SAS 분산분석 입문≫, 자유아카데미" 또는 "한상태·강현철·허명회(2009). ≪SPSS 분산분석≫, 한나래출판사"를 참조하기 바란다.

〈표 10.1〉 Harvest 데이터

ID	Fertil	Yield	ID	Fertil	Yield	ID	Fertil	Yield	ID	Fertil	Yield
1	F1	148	5	F2	166	9	F3	214	13	F4	436
2	F1	76	6	F2	153	10	F3	327	14	F4	423
3	F1	134	7	F2	255	11	F3	304	15	F4	380
4	F1	98	8	F3	264	12	F4	335	16	F4	465

이와 같이 분산분석은 여러 처리(수준)들에 의한 반응변수의 평균 차이를 비교하는 문제로 생각할 수 있는데, 이때 반응변수의 평균 차이를 **효과**(效果, effect)라고 한다. 두 처리 간의 효과를 비교하는 문제는 제6장에서 소개한 t-검정을 이용하여 해결할 수 있으나 분산분석을 이용해도 동일한 결과를 얻게 된다.

실험연구에서 지켜야 할 세 가지 중요한 원칙으로 다음과 같이 확률화, 반복화, 블록화를 들 수 있다.

- **확률화**(randomization): 실험단위의 배치 및 실험 순서가 임의로(랜덤으로) 결정되어야 한다는 것으로, 이는 실험의 객관성을 보장하며 실험에서 고려되지 않고 있는 다른 요인들의 영향을 상쇄하는 역할을 한다. 예를 들어 광고에 대한 소비자의 호감도에는 광고의 종류뿐만 아니라 성, 연령, 소득과 같은 요인들도 영향을 미칠 수 있으므로, 이러한 모든 요인들을 고려하여 통제하는 것이 이상적이다. 그러나 실제로는 실험 상의 어려움, 경제성, 관련 지식의 부족 등의 이유로 몇 개의 가능한 요인만 통제되게 되는데, 이러한 경우 확률화는 실험 외적인 요인들의 영향을 상쇄하는 기능을 갖는다.

- **반복화**(replication): 같은 처리 내에서 여러 번의 실험을 수행하는 것으로, 이는 통계적 오차를 제어하고 추정 가능하게 하는 역할을 한다. 즉, 실험단위들은 서로 동일하지 않으므로 실험오차가 개입하게 되며 각 반응값은 확률변수로서 변이를 가지기 때문에 반복이 없는 단 한번의 측정은 통계적인 의미가 없게 된다.

- **블록화**(blocking): 실험단위들이 서로 이질적인 경우 교락되어 있는 요인들을 통제하여 실험의 정도(precision)를 향상시키고자 하는 원리이다.[2] 예를 들어, 성, 연령, 소득 등이 동일한(유사한) 소비자들을 하나의 블록으로 묶어 실험을 수행한 후 이를 고려하여 분석을 수행함으로서 실험 및 분석의 정도를 높일 수 있게 된다.

[2]어떤 두 변수에 대하여 반응변수에 미치는 효과를 구별될 수 없을 때 두 변수가 교락(confounding) 되어 있다고 한다.

한편, 실제로 실험을 수행하는 과정에 따라서 통계적 모형이나 적용되는 분석방법이 달라지게 된다. 예를 들어 300명의 소비자를 모은 후에 100명씩 3개의 그룹으로 나누고 각 그룹에게 하나의 광고만을 보여주는 경우, 이를 **독립표본**(independent sample)에 의한 실험이라고 한다. 6.1절에서 설명한 독립표본 t-검정의 상황은 간단한 독립표본 실험의 예이다.

반면에 6.2절에서 설명한 바와 같이 **대응표본**(paired sample)을 구성하여 실험을 수행할 수도 있는데, 예를 들어 100명의 소비자를 모은 후에 A, B, C 광고를 모두 보여주고 각 소비자들로부터 3번의 반응값을 얻는 경우를 생각할 수 있다(이 경우 소비자 각각이 일종의 블록이 된다). 특히 동일한 실험단위에 대해 시간의 흐름에 따라서 반복적으로 측정된 데이터를 반복측정(repeated measurement) 데이터라고도 한다.

제5장에서도 설명한 바와 같이 이러한 대응표본 실험은 독립표본 실험에 비해 필요한 실험단위의 수를 줄일 수 있고 실험 및 분석의 정도를 높일 수 있게 된다. 그러나 한 실험단위에 대해 여러 번의 실험이 수행되어야 하므로 시간이 많이 소요될 수 있고, 먼저 수행된 처리가 다음의 처리에 영향을 주는 소위 이월효과(carry-over effect)가 생길 수 있으므로 실험 수행 시 주의를 기울여야 한다. 대응표본에 의한 실험에서는 동일한 실험단위로부터 얻은 반응값들 간에 서로 상관이 생기게 되므로 이러한 상관성을 고려하여 분석이 수행되어야 하는데, 다변량(multivariate) 분산분석이나 복합대칭성(또는 구형성)을 고려한 일변량적 분석이 사용될 수 있다.[3]

10.2 일원분류 분산분석

일원배치(one-way layout)란 하나의 요인에 대해 여러 처리수준들 간의 실험결과를 비교·분석하고자 하는 것으로, 특히 실험을 하는 데 있어서 각 처리의 순서를 랜덤하게 이루어지도록 하므로 **완전임의화계획법**(CRD, completely randomized design)이라고도 한다.

10.2.1 일원분류 분산분석 모형과 F-검정

처리수준이 k개인 일원설계로부터 얻어진 데이터의 구조는 다음 ⟨표 10.2⟩와 같이 나타낼 수 있는데, 이러한 데이터를 분석하기 위한 **일원분류**(一元分類, one-way) 분산분석 모형은 식 (10.1)과 같이 표현할 수 있다.

[3]다변량 및 반복측정 분산분석에 대해서는 "박용규·송혜양(1998). ≪반복측정과 교차계획 자료의 분석법≫, 자유아카데미" 또는 "성내경(1997). ≪반복측정 실험과 분석≫, 자유아카데미"를 참조하기 바란다.

〈표 10.2〉 일원분류 분산분석의 데이터 구조

처리	1	$\cdots$	i	$\cdots$	k
반응값	y_{11} $\vdots$ y_{1j} $\vdots$ y_{1n_1}	$\cdots$	y_{i1} $\vdots$ y_{ij} $\vdots$ y_{in_i}	$\cdots$	y_{k1} $\vdots$ y_{kj} $\vdots$ y_{kn_k}
평균	$\bar{y}_{1.}=\sum_{j=1}^{n_1} y_{1j}/n_1$		$\bar{y}_{i.}=\sum_{j=1}^{n_i} y_{ij}/n_i$		$\bar{y}_{k.}=\sum_{j=1}^{n_k} y_{kj}/n_k$
제곱합	$\sum_{j=1}^{n_1}(y_{1j}-\bar{y}_{1.})^2$		$\sum_{j=1}^{n_i}(y_{ij}-\bar{y}_{i.})^2$		$\sum_{j=1}^{n_k}(y_{kj}-\bar{y}_{k.})^2$

〈일원분류 분산분석 모형〉

$$\begin{aligned} y_{ij} &= \mu_i + \epsilon_{ij} \\ &= \mu + \alpha_i + \epsilon_{ij}, \quad i=1,\cdots,k;\ j=1,\cdots,n_i. \end{aligned} \tag{10.1}$$

- y_{ij} : i번째 처리를 받은 n_i개의 개체 중 j번째 개체에 대한 반응변수의 값
- μ : 전체 모평균
- μ_i : i번째 처리의 모평균
- $\alpha_i(=\mu_i-\mu)$: i번째 처리의 효과
- ϵ_{ij} : 오차항으로서 서로 독립인 확률변수, $\epsilon_{ij}\sim N(0,\sigma^2)$

여기에서 ϵ_{ij}는 오차항(誤差項, error term)으로서 기댓값 0과 분산 σ^2을 가지며 서로 독립인 확률변수이다[즉, $\epsilon_{ij}\sim N(0,\sigma^2)$]. 오차항에 대해 이러한 분포가정을 하는 이유는 효과에 대한 통계적 추론을 하기 위해서이다.

일원분류 분산분석 모형에서의 주 관심은 모든 처리수준에서의 모평균이 모두 같다는 다음과 같은 가설

$$H_0:\mu_1=\mu_2=\cdots=\mu_k=\mu\ (\text{또는 } H_0:\alpha_1=\alpha_2=\cdots=\alpha_k=0) \tag{10.2}$$

을 검정하는 것이라고 할 수 있는데(예를 들면, 비료의 종류에 따라서 수확량의 모평균이

동일하다고 할 수 있는지를 검정하는 경우), 이러한 가설을 검정하는 F 통계량은 전체제곱합에 대한 다음과 같은 분할로부터 유도된다.

$$\begin{array}{ccccc} \sum_{i=1}^{k}\sum_{j=1}^{n_i}(y_{ij}-\bar{y}_{..})^2 & = & \sum_{i=1}^{k}n_i(\bar{y}_{i.}-\bar{y}_{..})^2 & + & \sum_{i=1}^{k}\sum_{j=1}^{n_i}(y_{ij}-\bar{y}_{i.})^2 \\ TSS & = & SST & + & SSE \end{array} \tag{10.3}$$

이 식에서 좌변의 항을 **전체제곱합**(TSS, total sum of squares)이라고 하며, 이는 반응값들의 총변동(total variation)을 나타낸다. 한편 우변의 첫 항은 **처리제곱합**(SST, sum of squares for treatment)으로서 처리간제곱합(between sum of squares)이라고도 하며, 우변의 두 번째 항은 **잔차제곱합**(SSE, sum of squares for residual)으로서 처리내제곱합(within sum of squares)이라고도 한다.

이와 같은 제곱합의 분할에서 처리제곱합은 반응값들의 전체 변동 중에서 처리에 의해서 생기는 변동을 나타내므로, 전체제곱합에 비해 처리제곱합이 크다면 처리수준들 간에 평균 차이가 존재할 것으로 추론할 수 있게 된다.

일반적으로 제곱합을 자유도로 나누면 어떤 미지의 분산의 추정량이 되는데 이를 **평균제곱**(mean squares)이라고 한다. 즉 처리평균제곱과 잔차평균제곱은 각각 다음과 같으며

$$\begin{aligned} MST &= SST/(k-1), \\ MSE &= SSE/(n-1). \end{aligned} \tag{10.4}$$

잔차평균제곱 MSE는 오차분산 σ^2의 불편추정량이 된다[즉, $E(MSE)=\sigma^2$. 단, $n=\sum_{i=1}^{k}n_i$].

이와 같은 내용을 표로 요약하여 나타낸 것을 분산분석표(分散分析表, ANOVA table)라고 하는데(표 10.3 참조), 여기에서 두 평균제곱의 비인 F 통계량은 모든 처리효과가 같다는 가설(즉, $H_0:\alpha_1=\alpha_2=\cdots=\alpha_k=0$)을 검정하는 검정통계량으로서 귀무가설 H_0 하에서 자유도가 $(k-1,\ n-k)$인 F-분포를 따른다. 따라서 계산된 F 값이 기각치 $F_{\alpha,k-1,n-k}$보다 크면 귀무가설 H_0를 기각하게 된다.

〈표 10.3〉 분산분석표 – 일원분류

요인	자유도	제곱합	평균제곱합	F 통계량
처리	$k-1$	SST	$MST=SST/(k-1)$	$F=\frac{MST}{MSE}$
오차	$n-k$	SSE	$MSE=SSE/(n-k)$	
전체	$n-1$	TSS		

〈일원분류 분산분석에서 가설 '$H_0 : \alpha_1 = \alpha_2 = \cdots = \alpha_k (= 0)$'에 대한 검정법〉

○ 검정통계량: $F = \dfrac{MST}{MSE} = \dfrac{SST/(k-1)}{SSE/(n-k)}$

○ 기각역: $F > F_{\alpha,k-1,n-k}$

10.2.2 일원분류 분산분석 사례

다음 〈예 10.1〉은 〈표 10.1〉의 Harvest 데이터에 대해 statmodels 패키지의 anova_lm 함수를 사용하여 일원분류 분산분석을 수행한 것이다.

〈예 10.1〉 일원분류 분산분석 – anova_lm 함수

```
import pandas as pd
Harvest = pd.read_csv('/content/Harvest.csv')    # 2.1.3절 참조
Harvest.groupby("Fertil").agg({"Yield":["mean","std","min","max"]})
#-----------------------------------------------------------------------
#         Yield
#         mean       std       min max
# Fertil
# F1      114.000000 32.944398  76 148
# F2      191.333333 55.518766 153 255
# F3      277.250000 49.553843 214 327
# F4      407.800000 50.918562 335 465
#-----------------------------------------------------------------------
import statsmodels.api as sm
import statsmodels.formula.api as smf
# 모형 적합
HarvestFit = smf.ols(formula='Yield~Fertil',data=Harvest).fit()
# 분산분석표 출력
sm.stats.anova_lm(HarvestFit,typ=3)
#-----------------------------------------------------------------------
#                   sum_sq    df          F    PR(>F)
# Intercept   51984.000000   1.0 22.969402 0.000439
# Fertil     209803.533333   3.0 30.900929 0.000006
# Residual    27158.216667  12.0       NaN       NaN
```

〈예 10.1〉에서는 먼저 pandas 패키지의 groupby 함수를 사용하여 요인 Fertil의 각 수준별로 몇 가지 통계량을 출력하였다. 출력결과에서 평균은 F4>F3>F2>F1 순서이며, 표준편차는 수준별로 큰 차이가 없음을 볼 수 있다.

⟨예 10.1⟩에서는 먼저 statmodels 패키지의 ols 함수를 사용하여 모형을 적합하였으며, 이때 ~ 기호의 왼쪽에 반응변수를 지정하고, 오른쪽에 요인변수를 지정하면 된다. 그리고 anova_lm 함수를 사용하여 분산분석표를 출력하였다.

분산분석표의 결과를 살펴보면 F 통계량의 값이 30.9이고 이에 대응되는 유의확률이 <0.001로서 매우 작다는 것을 알 수 있다. 따라서 귀무가설 $H_0 : \mu_1 = \mu_2 = \mu_3 = \mu_4$[또는 $H_0 : \alpha_1 = \alpha_2 = \alpha_3 = \alpha_4 (= 0)$]를 기각하여, 비료의 종류에 따라 수확량의 모평균에 차이가 있다고 할 수 있다.

⟨예 10.2⟩ 일원분류 분산분석 – anova_stat 함수 [4]

```
! pip install bioinfokit    # 패키지 설치
from bioinfokit.analys import stat
res = stat()    # 통계량 계산
res.anova_stat(df=Harvest,res_var='Yield',
               anova_model='Yield~Fertil',ss_typ=3)    # 분산분석표 출력
res.anova_summary
#--------------------------------------------------------------------------
#             df         sum_sq        mean_sq          F    R(>F)
# Intercept  1.0   51984.000000  51984.000000  22.969402 0.000439
# Fertil     3.0  209803.533333  69934.511111  30.900929 0.000006
# Residual  12.0   27158.216667   2263.184722        NaN      NaN
```

한편, ⟨예 10.2⟩는 bioinfoki 패키지의 anova_stat 함수를 사용하여 일원분류 분산분석을 수행한 것이다. 이 예에서는 먼저 stat 함수를 사용하여 필요한 통계량들을 계산하고 res 객체에 결과를 저장하였으며, anova_stat 함수를 사용하여 분산분석표를 출력하였다.

⟨예 10.3⟩ 상자그림 작성과 분산의 동일성에 대한 검정

```
# 상자그림
Harvest.boxplot("Yield",by="Fertil")
# Bartlett의 등분산 검정
res.bartlett(df=Harvest,res_var='Yield',xfac_var='Fertil')
res.bartlett_summary
#--------------------------------------------------------------------------
                 Parameter      Value
0      Test statistics (T)     0.6953
1  Degrees of freedom (Df)     3.0000
2                  p value     0.8743
```

[4] ss_typ= 인수는 제곱합의 유형을 지정한다. 분산분석에서 사용하는 제곱합은 네 가지 유형이 있는데, 일반적으로 사용되는 제곱합의 유형은 제3제곱합이다.

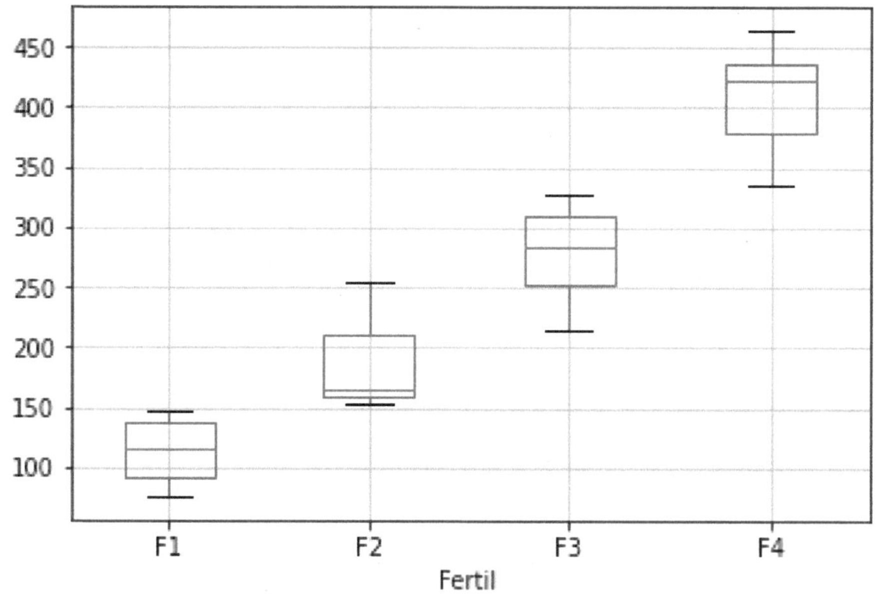

〈그림 10.1〉 상자그림

```
#-----------------------------------------------------------------
# Levene의 등분산 검정
res.levene(df=Harvest,res_var='Yield',xfac_var='Fertil')
res.levene_summary
#-----------------------------------------------------------------
#                  Parameter      Value
# 0     Test statistics (T)      0.1127
# 1 Degrees of freedom (Df)      3.0000
# 2                 p value      0.9510
```

〈예 10.3〉에서는 먼저 boxplot 함수를 사용하여 상자그림을 작성하였다. 〈그림 10.1〉에서 요인변수의 수준별 분산이 비교적 비슷함을 볼 수 있다.

이 예에서 bartlett 함수와 levene 함수는 각각 Bartlett의 방법과 Levene의 방법에 의해 분산의 동일성에 대한 검정을 수행한다. 예를 들어, bartlett 함수의 결과를 살펴보면 유의확률(p-값)이 0.874로서 분산의 동일성에 대한 가정을 받아들일 수 있다는 것을 알 수 있다. 한편, levene 함수의 결과에서는 유의확률(p-값)이 0.951로 나타났다.

앞에서 설명한 바와 같이 분석분석에서는 각 처리수준에서의 모분산들이 동일하다는 가정을 하고 있기 때문에, 만약 분산의 동일성(homogeneity of variances) 가정을 받아들일 수 없는 경우에는 제11장에서 설명할 비모수적 분석방법을 이용하는 것이 바람직하다.

10.2.3 사후분석 – 다중비교

⟨예 10.1⟩에서와 같이 F–검정에 의해 귀무가설 '$H_0 : \alpha_1 = \alpha_2 = \cdots = \alpha_k (= 0)$'이 기각되어 처리수준의 효과가 모두 같지는 않다고 판정되면, 어느 수준들 간의 차이가 유의한지를 알아보는 **다중비교**(multiple comparison)에 관심을 갖게 된다.

다중비교를 위해 주로 사용되는 방법은 Fisher의 최소유의차(least significant difference)를 이용하는 방법, Duncan의 다중범위검정(multiple range test), Tukey의 정직유의차(honestly significant difference), Scheffe의 방법(SHEFFE) 등이 있다. 이 중 Tukey의 HSD 방법은 Fisher의 LSD 방법이나 Duncan의 MRT 방법에 비해 조금 더 보수적인(즉, 귀무가설 '$H_0 : \mu_i = \mu_j$'를 덜 기각하는 경향이 있는) 방법으로 알려져 있다.[5]

⟨예 10.4⟩ 다중비교 – Tukey의 HSD 방법

```
res.tukey_hsd(df=Harvest,res_var='Yield',xfac_var='Fertil',
              anova_model='Yield~Fertil')
res.tukey_summary
#-----------------------------------------------------------------------
#   group1 group2        Diff       Lower      Upper   q-value  p-value
# 0     F1     F2   77.333333 -30.552690 185.219356  3.009978 0.199165
# 1     F1     F3  163.250000  63.366951 263.133049  6.863145 0.001940
# 2     F1     F4  293.800000 199.042620 388.557380 13.019687 0.001000
# 3     F2     F3   85.916667 -21.969356 193.802690  3.344060 0.137574
# 4     F2     F4  216.466667 113.307898 319.625436  8.811435 0.001000
# 5     F3     F4  130.550000  35.792620 225.307380  5.785296 0.007057
#-----------------------------------------------------------------------
import matplotlib.pyplot as plt
res.tukey_summary["Group"] = \
    res.tukey_summary["group1"]+res.tukey_summary["group2"]
plt.hlines("Group","Lower","Upper",data=res.tukey_summary)
```

⟨예 10.4⟩는 tukey_hsd 함수를 사용하여 다중비교를 수행한 예이다. 이 함수는 표본평균의 차이(Diff)와 모평균의 차이에 대한 신뢰구간(Lower, Upper)을 출력하며, 평균차이 검정에 대한 유의확률(p-value)이 출력된다.

또한 결과 객체에tukey_summary 함수와 hlines 함수를 적용하여 ⟨그림 10.2⟩와 같이 모평균의 차이에 대한 신뢰구간 도표를 출력하였다. 이러한 도표는 신뢰구간을 시각적으로 이해하는 데 도움을 준다.

[5] 다중비교 방법들에 대한 자세한 설명은 "강현철·한상태·허명회(2004). ≪예제로 배우는 SAS 분산분석 입문≫, 자유아카데미" 또는 "손중권·김영훈(1992). ≪분산분석을 통한 다중비교 방법론≫, 자유아카데미"를 참조하기 바란다.

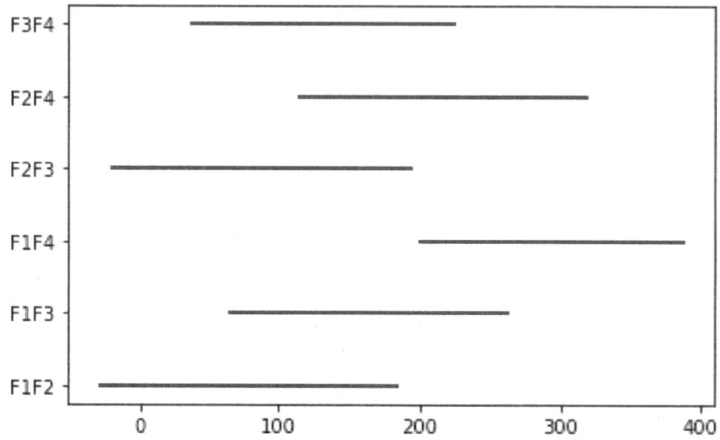

〈그림 10.2〉 모평균의 차이에 대한 신뢰구간 도표

예를 들어, 〈예 10.4〉의 출력결과에서 비료의 종류 F4와 F3은 표본평균의 차이가 130.55 이며, p-값이 0.007이고 모평균의 차이에 대한 95% 신뢰구간이 (35.80, 225.30)으로서 0을 포함하고 있지 않으므로 유의수준 5 %하에서 귀무가설 $H_0 : \mu_4 = \mu_3$를 기각할 수 있다. 즉, 비료의 종류 F4와 F3 사이에는 수확량의 모평균에 차이가 있다고 할 수 있다.

반면에 F3와 F2의 경우에는 표본평균의 차이가 85.92이며, p-값이 0.138이고 모평균의 차이에 대한 95% 신뢰구간이 (−21.96, 193.79)로서 0을 포함하고 있으므로 유의수준 5 %하에서 귀무가설 $H_0 : \mu_3 = \mu_2$를 기각할 수 없다. 즉 두 모평균에 차이가 있다고 할 수 없다.

〈예 10.5〉 다중비교 – MultiComparison, tukeyhsd, allpairtest 함수

```
import statsmodels.stats.multicomp as mc
comp = mc.MultiComparison(Harvest['Yield'],Harvest['Fertil'])
post_hoc_res = comp.tukeyhsd()
post_hoc_res.summary()
#--------------------------------------------------------------------------
# Multiple Comparison of Means - Tukey HSD, FWER=0.05
#
# group1 group2 meandiff p-adj    lower      upper    reject
# F1     F2     77.3333  0.1992   -30.5527   185.2194 False
# F1     F3     163.25   0.0019    63.367    263.133  True
# F1     F4     293.8    0.001    199.0426   388.5574 True
# F2     F3     85.9167  0.1376   -21.9694   193.8027 False
# F2     F4     216.4667 0.001    113.3079   319.6254 True
# F3     F4     130.55   0.0071    35.7926   225.3074 True
#--------------------------------------------------------------------------
```

```
from scipy import stats
tbl, a1, a2 = comp.allpairtest(stats.ttest_ind,method="bonf")
tbl   # 본페로니 검정의 결과
#----------------------------------------------------------------------
# Test Multiple Comparison ttest_ind FWER=0.05
#         method=bonf alphacSidak=0.01,
#                alphacBonf=0.008
#
# group1 group2 stat    pval   pval_corr reject
# F1     F2     -2.3327 0.067  0.4019    False
# F1     F3     -5.4869 0.0015 0.0092    True
# F1     F4     -9.9265 0.0    0.0001    True
# F2     F3     -2.1624 0.0829 0.4976    False
# F2     F4     -5.6462 0.0013 0.0079    True
# F3     F4     -3.8661 0.0062 0.037     True
```

한편 ⟨예 10.5⟩는 statsmodels 패키지의 MultiComparison 함수와 allpairtest 함수를 사용하여 Tukey의 HSD 방법과 본페로니(Bonferroni) 방법의 다중비교 결과를 출력한 예이다. 이들 함수의 결과는 ⟨예 10.4⟩의 것과 동일하나, reject 열에 해당 그룹의 차이가 유의한지를 True와 False로 나타내고 있다.

10.3 이원분류 분산분석 – 반복이 없는 경우

앞질에서 설명한 일원분류 분산분석은 하나의 요인에 대해 여러 처리수준에 따른 효과가 차이가 있는지를 검정하는 분석방법이다. 그러나 실험을 통해 얻어지는 데이터들은 한 가지 요인뿐만 아니라 여러 요인이 관계되는 경우가 많다.

⟨표 10.4⟩ 이원분류 분산분석의 데이터 구조 – 반복이 없는 경우

처리	B_1	$\cdots$	B_j	$\cdots$	B_b	평균
A_1	y_{11}	$\cdots$	y_{1j}	$\cdots$	y_{1b}	$\bar{y}_{1.}$
$\vdots$	$\vdots$	$\cdots$	$\vdots$	$\cdots$	$\vdots$	$\vdots$
A_i	y_{i1}	$\cdots$	y_{ij}	$\cdots$	y_{ib}	$\bar{y}_{i.}$
$\vdots$	$\vdots$	$\cdots$	$\vdots$	$\cdots$	$\vdots$	$\vdots$
A_a	y_{a1}	$\cdots$	y_{aj}	$\cdots$	y_{ab}	$\bar{y}_{a.}$
평균	$\bar{y}_{.1}$	$\cdots$	$\bar{y}_{.j}$	$\cdots$	$\bar{y}_{ab}$	$\bar{y}_{..}$ (총평균)

〈표 10.5〉 '주행거리' 데이터

	자동차			
휘발유	B1	B2	B3	B4
A1	9.9	8.0	8.4	7.6
A2	9.7	8.1	8.6	8.1
A3	9.1	7.9	7.6	9.0

이원분류 분산분석은 반응값에 영향을 주는 두 개의 요인에 대해 그 영향을 알아보고자 할 때 사용하는 기법으로, 각 수준의 조합에서 반복이 없는 경우와 있는 경우로 나눌 수 있다. 먼저 이 절에서는 반복이 없는 이원분류 분석분석에 대해서 다루어 보도록 하자.

10.3.1 반복이 없는 이원분류 분산분석 모형과 F-검정

두 개의 처리를 A와 B로 표현하고 요인 A의 수준이 a개, 요인 B의 수준이 b개라 할 때 이원분류 분산분석의 데이터 구조는 〈표 10.4〉와 같이 요약할 수 있다.

예를 들면, 〈표 10.5〉의 '주행거리' 데이터에서 요인 휘발유의 종류(A1, A2, A3)와 자동차의 종류(B1, B2, B3, B4)에 따라 주행거리가 어떻게 달라지는지를 알고자 하는 경우. 이러한 데이터 형태의 이원배치 설계에서는 요인 A의 효과와 요인 B의 효과가 반응값에 영향을 주게 되는데, 이때 분산분석 모형은 다음과 같이 표현할 수 있다.

〈이원분류 분산분석 모형 – 반복이 없는 경우〉

$$y_{ij} = \mu + \alpha_i + \beta_j + \epsilon_{ij}, \quad i = 1, \cdots, a; \ j = 1, \cdots, b. \tag{10.5}$$

- y_{ij} : 요인 A의 i번째 처리와 요인 B의 j번째 처리를 받은 반응변수의 값
- μ : 전체 모평균
- α_i : 요인 A의 i번째 처리의 효과
- β_j : 요인 B의 j번째 처리의 효과
- ϵ_{ij} : 오차항으로서 서로 독립인 확률변수, $\epsilon_{ij} \sim N(0, \sigma^2)$

이때 관심이 되는 가설은 "요인 A에 대해서 각 수준에서의 효과가 같다"(예를 들면, 휘발유의 종류에 따라 주행거리의 평균에 차이가 없다)는 가설

$$H_0 : \alpha_1 = \alpha_2 = \cdots = \alpha_a (= 0) \tag{10.6}$$

〈표 10.6〉 분산분석표 – 반복이 없는 이원분류

요인	자유도	제곱합	평균제곱합	F-통계량
A	$a-1$	SSA	$MSA = \dfrac{SSA}{a-1}$	$F_A = \dfrac{MSA}{MSE}$
B	$b-1$	SSB	$MSB = \dfrac{SSB}{b-1}$	$F_B = \dfrac{MSB}{MSE}$
잔차	$(a-1)(b-1)$	SSE	$MSE = \dfrac{SSE}{(a-1)(b-1)}$	
전체	$ab-1$	TSS		

과 "요인 B에 대해서 각 수준에서의 효과가 같다"(예를 들면, 자동차의 종류에 따라 주행거리의 평균에 차이가 없다)는 가설

$$H_0 : \beta_1 = \beta_2 = \cdots = \beta_b (= 0) \tag{10.7}$$

이라고 할 수 있다.

이와 같은 가설들에 대한 검정통계량은 일원분류 분산분석에서와 유사하게 전체제곱합 (TSS)에 대한 다음과 같은 분할로부터 유도된다.

$$\begin{aligned} \sum_{i=1}^{a}\sum_{j=1}^{b}(y_{ij} - \bar{y}_{..})^2 &= b\sum_{i=1}^{a}(\bar{y}_{i.} - \bar{y}_{..})^2 + a\sum_{j=1}^{b}(\bar{y}_{.j} - \bar{y}_{..})^2 \\ &+ \sum_{i=1}^{a}\sum_{j=1}^{b}(y_{ij} - \bar{y}_{i.} - \bar{y}_{.j} + \bar{y}_{..})^2. \end{aligned} \tag{10.8}$$

이 식에서 우변의 첫 번째 항을 요인 A의 제곱합(SSA), 두 번째 항을 요인 B의 제곱합(SSB), 그리고 세 번째 항을 잔차제곱합(SSE)이라고 하며, 이들로부터 〈표 10.6〉과 같은 분산분석표가 만들어진다.

〈표 10.6〉에서 두 개의 F–통계량 F_A와 F_B는 대응되는 귀무가설 (10.7)과 (10.8) 하에서 각각 자유도가 $[(a-1), (a-1)(b-1)]$, $[(b-1), (a-1)(b-1)]$인 F–분포를 따르므로, 이에 기초하여 두 가설에 대한 검정이 수행된다.

〈반복이 없는 이원분류 분산분석에서의 검정법〉

- 귀무가설 '$H_0 : \alpha_1 = \alpha_2 = \cdots = \alpha_a (= 0)$'의 경우
  – 검정통계량: $F_A = MSA/MSE$
  – 기각역: $F_A > F_\alpha(a-1, (a-1)(b-1))$

- 귀무가설 '$H_0 : \beta_1 = \beta_2 = \cdots = \beta_b (= 0)$'의 경우
  - 검정통계량: $F_B = MSB/MSE$
  - 기각역: $F_B > F_\alpha(b-1, (a-1)(b-1))$

10.3.2 임의화완전블록설계

반복이 없는 이원배치는 소위 임의화완전블록설계(RCBD: randomized complete block design)에서 흔히 발생하는데, 완전임의화블록설계에서는 동질적인 실험단위들을 블록으로 간주하여 블록의 효과를 제거한 다음 처리 효과의 유의성을 검정하기 때문에 통계분석이 더 정밀해진다.

예를 들어, ⟨표 10.5⟩의 '주행거리' 데이터에서 요인 '자동차의 종류'는 효과 비교의 주 관심 대상인 처리요인이고, '휘발유의 종류'는 처리 효과의 비교를 더 정밀하게 수행하기 위해 통제된 블록으로 간주할 수도 있을 것이다.

임의화완전블록설계의 다른 예를 하나 더 들어 보도록 하자. ⟨표 10.7⟩은 5명의 소비자에게 4개의 제품(A1, A2, A3, A4)을 모두 사용해 보도록 한 다음 선호도를 10점 만점으로 측정한 것이다. 각 반응값이 20명의 독립적인 소비자들로부터 얻어진 것이 아니라는 점에 주의하기 바란다.

여기에서 각 소비자를 블록으로 간주할 수 있는데, 일반적으로 블록은 효과 비교의 관심 대상이 아니며 처리 효과의 비교를 더 정밀하게 수행하기 위한 목적으로 사용된다. 즉, 소비자를 블록으로 사용하는 것은 블록(소비자)에 따른 차이가 처리(제품)들 간의 효과 차이를 불명확하게 만들 수 있기 때문에 블록의 효과를 제거하여 더 정밀한 분석을 수행하고자 하는 것이다.

⟨표 10.7⟩ Usage 데이터(첫 10개, $n = 20$)

Customer	Product	Prefer	Customer	Product	Prefer
1	A1	5	2	A2	3
1	A2	2	2	A3	7
1	A3	4	2	A4	4
1	A4	6	3	A1	9
2	A1	7	3	A2	4

10.3.3 반복이 없는 이원분류 분산분석 사례

다음 ⟨예 10.6⟩은 ⟨표 10.7⟩의 Usage 데이터에 대하여 반복이 없는 이원분류 분산분석을 수행한 예이다. 이 예에서 변수 Customer는 숫자형으로 입력되어 있으므로, C() 연산자를 사용하여 범주형 변수로 지정해야 한다는 것을 주의하기 바란다.

⟨예 10.6⟩ 반복이 없는 이원분류 분산분석

```
import pandas as pd
Usage = pd.read_csv('/content/Usage.csv')   # 2.1.3절 참조
from bioinfokit.analys import stat
res = stat()   # 통계량 계산
res.anova_stat(df=Usage, res_var='Prefer',
               anova_model='Prefer~C(Customer)+Product',ss_typ=3)
res.anova_summary
#----------------------------------------------------------------------
#              df  sum_sq    mean_sq         F   PR(>F)
# Intercept   1.0 126.025 126.025000 38.093199 0.000048
# C(Customer) 4.0    4.70   1.175000  0.355164 0.835601
# Product     3.0   78.55  26.183333  7.914358 0.003543
# Residual   12.0   39.70   3.308333       NaN      NaN
#----------------------------------------------------------------------
Usage.groupby("Product").agg({"Prefer":["mean","std","min","max"]})
#----------------------------------------------------------------------
#         Prefer
#         mean      std min max
# Product
# A1       7.8 1.923538   5  10
# A2       3.2 1.303840   2   5
# A3       5.8 1.303840   4   7
# A4       3.0 2.000000   1   6
#----------------------------------------------------------------------
res.tukey_hsd(df=Usage,res_var='Prefer',xfac_var='Product',
              anova_model='Prefer~C(Customer)+Product')
res.tukey_summary
#----------------------------------------------------------------------
#  group1 group2 Diff     Lower    Upper  q-value  p-value
# 0    A1     A2  4.6  1.184287 8.015713 5.655073 0.008283
# 1    A1     A3  2.0 -1.415713 5.415713 2.458727 0.347622
# 2    A1     A4  4.8  1.384287 8.215713 5.900946 0.006128
# 3    A2     A3  2.6 -0.815713 6.015713 3.196346 0.162532
# 4    A2     A4  0.2 -3.215713 3.615713 0.245873 0.900000
# 5    A3     A4  2.8 -0.615713 6.215713 3.442218 0.123169
```

⟨예 10.5⟩ 결과 중 먼저 anova_summary 함수에 의해 출력된 분산분석표를 살펴보면 변수 Product(제품)에 대한 F-값은 7.91이고 유의확률(p-값)은 0.004로서 유의수준 5 %(또는 10%)하에서 유의함을 알 수 있다. 즉, 제품의 종류에 따른 모평균의 차이는 통계적으로 유의하다. 반면에 변수 Customer(소비자)에 대한 유의확률(p-값)은 0.836으로서 유의하지 않게 나타났다. 또한 평균 테이블과 Tukey의 방법에 의한 다중비교 결과를 살펴보면 제품 'A1'과 'A3'의 경우가 'A2'와 'A4'에 비해서 선호도의 평균이 높다는 것을 알 수 있다.

10.4 이원분류 분산분석 – 반복이 있는 경우

일반적으로 각 수준의 조합에서 단 1회의 실험을 실시하는 것보다 여러 번의 실험을 반복하는 것이 실험결과의 신뢰도를 높일 수 있게 된다.

10.4.1 반복이 있는 이원분류 분산분석 모형과 F-검정

먼저 요인 A의 수준이 a개이고 요인 B의 수준이 b개이며, 각 수준의 조합에서의 반복 회수가 r인 이원분류 분산분석을 고려해 보자. 이때 이원분류 분산분석의 데이터 구조는 ⟨표 10.8⟩과 같이 요약할 수 있다.

⟨이원분류 분산분석 모형 – 반복이 있는 경우⟩

$$\begin{aligned} y_{ijk} &= \mu + \alpha_i + \beta_j + \gamma_{ij} + \epsilon_{ijk}, \\ & \quad i = 1, \cdots, a; \ j = 1, \cdots, b; \ k = 1, \cdots, r, \end{aligned} \tag{10.9}$$

- y_{ij} : 처리 A_i와 B_j의 조합에 대해 r번째 반복에서 얻은 반응변수의 값
- μ : 전체 모평균
- α_i : 요인 A의 i번째 처리의 효과
- β_j : 요인 B의 j번째 처리의 효과
- γ_{ij} : 처리 A_i와 B_j의 상호작용 효과
- ϵ_{ijk} : 오차항으로서 서로 독립인 확률변수, $\epsilon_{ijk} \sim N(0, \sigma^2)$

반복이 있는 이원분류 분산분석에서는 요인 A와 B의 효과에 대한 가설 이외에 상호작용(interaction, 교호작용)의 효과가 존재하는가 하는 다음과 같은 가설에 관심을 두게 되는데,

$$H_0 : \gamma_{ij} = 0, \quad i = 1, \cdots, a; \ j = 1, \cdots, b. \tag{10.10}$$

상호작용에 대해서는 다음 예에서 자세히 설명할 것이다.

〈표 10.8〉 이원분류 분산분석의 데이터 구조 – 반복이 있는 경우

처리	B_1	$\cdots$	B_j	$\cdots$	B_b	평균
	y_{111}		y_{1j1}		y_{1b1}	
	y_{112}		y_{1j2}		y_{1b2}	
A_1	$\vdots$	$\cdots$	$\vdots$	$\cdots$	$\vdots$	$\bar{y}_{1..}$
	y_{11r}		y_{1jr}		y_{1br}	
	$\bar{y}_{11.}$		$\bar{y}_{1j.}$		$\bar{y}_{1b.}$	
$\vdots$	$\vdots$	$\cdots$	$\vdots$	$\cdots$	$\vdots$	$\vdots$
	y_{i11}		y_{ij1}		y_{ib1}	
	y_{i12}		y_{ij2}		y_{ib2}	
A_i	$\vdots$	$\cdots$	$\vdots$	$\cdots$	$\vdots$	$\bar{y}_{i..}$
	y_{i1r}		y_{ijr}		y_{ibr}	
	$\bar{y}_{i1.}$		$\bar{y}_{ij.}$		$\bar{y}_{ib.}$	
$\vdots$	$\vdots$	$\cdots$	$\vdots$	$\cdots$	$\vdots$	$\vdots$
	y_{a11}		y_{aj1}		y_{ab1}	
	y_{a12}		y_{aj2}		y_{ab2}	
A_a	$\vdots$	$\cdots$	$\vdots$	$\cdots$	$\vdots$	$\bar{y}_{a..}$
	y_{a1r}		y_{ajr}		y_{abr}	
	$\bar{y}_{a1.}$		$\bar{y}_{aj.}$		$\bar{y}_{ab.}$	
평균	$y_{.1.}$	$\cdots$	$\bar{y}_{.j.}$	$\cdots$	$\bar{y}_{.b.}$	$\bar{y}_{...}$ (총평균)

〈표 10.9〉 분산분석표 – 반복이 있는 이원분류

요인	자유도	제곱합	평균제곱합	F-통계량
A	$a-1$	SSA	$\text{MSA}=\dfrac{\text{SSA}}{a-1}$	$F_A=\dfrac{\text{MSA}}{\text{MSE}}$
B	$b-1$	SSB	$\text{MSB}=\dfrac{\text{SSB}}{b-1}$	$F_B=\dfrac{\text{MSB}}{\text{MSE}}$
상호작용	$(a-1)(b-1)$	SSAB	$\text{MSAB}=\dfrac{\text{SSAB}}{(a-1)(b-1)}$	$F_{AB}=\dfrac{\text{MSAB}}{\text{MSE}}$
오차	$ab(r-1)$	SSE	$\text{MSE}=\dfrac{\text{SSE}}{ab(r-1)}$	
전체	$abr-1$	TSS		

반복이 있는 이원분류 분산분석에서도 앞에서와 유사하게 전체제곱합(TSS)을 다음과 같이 분할할 수 있는데,

$$\begin{aligned}\sum_{i=1}^{a}\sum_{j=1}^{b}\sum_{k=1}^{r}(y_{ijk}-\bar{y}_{...})^2 &= br\sum_{i=1}^{a}(\bar{y}_{i..}-\bar{y}_{...})^2 \\ &+ ar\sum_{j=1}^{b}(\bar{y}_{.j.}-\bar{y}_{...})^2 \\ &+ r\sum_{i=1}^{a}\sum_{j=1}^{b}(y_{ij.}-\bar{y}_{i..}-\bar{y}_{.j.}+\bar{y}_{...})^2 \\ &+ \sum_{i=1}^{a}\sum_{j=1}^{b}\sum_{k=1}^{r}(y_{ijk}-\bar{y}_{ij.})^2\end{aligned} \tag{10.11}$$

이 식에서 우변의 첫 번째 항을 요인 A의 제곱합(SSA), 두 번째 항을 요인 B의 제곱합(SSB), 세 번째 항을 상호작용의 제곱합(SSAB), 네 번째 항을 잔차제곱합(SSE)이라고 한다.

반복이 있는 이원분류 분산분석에 대한 분산분석표는 ⟨표 10.9⟩와 같고, 여기서 세 개의 F 통계량 F_A, F_B, F_{AB}는 대응되는 귀무가설 하에서 각각 자유도가 $[(a-1),(abr-1)]$, $[(b-1),(abr-1)]$, $[(a-1)(b-1),(abr-1)]$인 F-분포를 따르고, 가설 (10.6), (10.7), (10.10)에 대한 검정통계량으로 사용된다.

⟨반복이 있는 이원분류 분산분석에서의 검정법⟩

- 귀무가설 '$H_0: \alpha_1 = \alpha_2 = \cdots = \alpha_a (= 0)$'의 경우
  - 검정통계량 : $F_A = MSA/MSE$
  - 기각역 : $F_A > F_{\alpha,a-1,abr-1}$
- 귀무가설 '$H_0: \beta_1 = \beta_2 = \cdots = \beta_b (= 0)$'의 경우
  - 검정통계량 : $F_B = MSB/MSE$
  - 기각역 : $F_B > F_{\alpha,b-1,abr-1}$
- 귀무가설 '$H_0: \gamma_{ij} = 0, \quad i = 1,\cdots,a;\ j = 1,\cdots,b.$'의 경우
  - 검정통계량 : $F_{AB} = MSAB/MSE$
  - 기각역 : $F_{AB} > F_{\alpha,(a-1)(b-1),abr-1}$

〈표 10.10〉 Market 데이터(첫 12개, $n = 27$)

ID	City	Design	Sales	ID	City	Design	Sales	ID	City	Design	Sales
1	Large	A	23	5	Large	B	19	9	Large	C	21
2	Large	A	20	6	Large	B	20	10	Middle	A	22
3	Large	A	21	7	Large	C	19	11	Middle	A	20
4	Large	B	22	8	Large	C	18	12	Middle	A	19

10.4.2 반복이 있는 이원분류 분산분석 사례

한 회사에서는 새로운 제품에 대한 디자인을 설계함에 있어서 A, B, C 세 가지 중의 하나를 선택하려고 한다. 이를 위해 지역을 대, 중, 소도시로 구분하여 각각 9개씩(총 27개)의 매장을 선정하고, 새로운 제품을 시범적으로 판매하여 〈표 10.10〉과 같은 데이터를 얻었다. 여기서 도시구분(City)과 디자인(Design)은 두 개의 요인이고 각 수준의 조합에서의 반복횟수는 3이다.

다음 〈예 10.7〉에서는 먼저 pandas 패키지의 groupby 함수와 agg 함수를 사용하여 각 요인들의 수준별 평균과 표준편차를 출력하였다. 또한 boxplot 함수를 사용하여 상자그림들을 출력하였다.

〈예 10.7〉 반복이 있는 이원분류 분산분석

```
import pandas as pd
Market = pd.read_csv('/content/Market.csv')    # 2.1.3절 참조
Market.groupby("City").agg({"Sales":["mean","std"]})
#-----------------------------------------------------------------------
#         Sales
#         mean      std
# City
# Large   20.333333 1.581139
# Middle  21.444444 2.127858
# Small   20.222222 2.587362
#-----------------------------------------------------------------------
Market.groupby("Design").agg({"Sales":["mean","std"]})
#-----------------------------------------------------------------------
#         Sales
#         mean      std
# Design
# A       19.666667 2.179449
# B       21.777778 1.986063
# C       20.555556 1.878238
```

```
#-----------------------------------------------------------------------
Market.groupby(["City","Design"]).agg({"Sales":["mean","std"]})
#-----------------------------------------------------------------------
#                 Sales
#                 mean      std
# City  Design
# Large  A        21.333333 1.527525
#        B        20.333333 1.527525
#        C        19.333333 1.527525
# Middle A        20.333333 1.527525
#        B        23.666667 1.527525
#        C        20.333333 1.527525
# Small  A        17.333333 1.154701
#        B        21.333333 1.527525
#        C        22.000000 2.000000
#-----------------------------------------------------------------------
Market.boxplot("Sales",by="City")
Market.boxplot("Sales",by="Design")
Market.boxplot("Sales",by=["City","Design"])
```

〈예 10.8〉 평균-신뢰구간 도표의 작성

```
import matplotlib.pyplot as plt
import seaborn as sns
sns.pointplot(x="City",y="Sales",color='red',data=Market)
sns.pointplot(x="Design",y="Sales",color='green',data=Market)
```

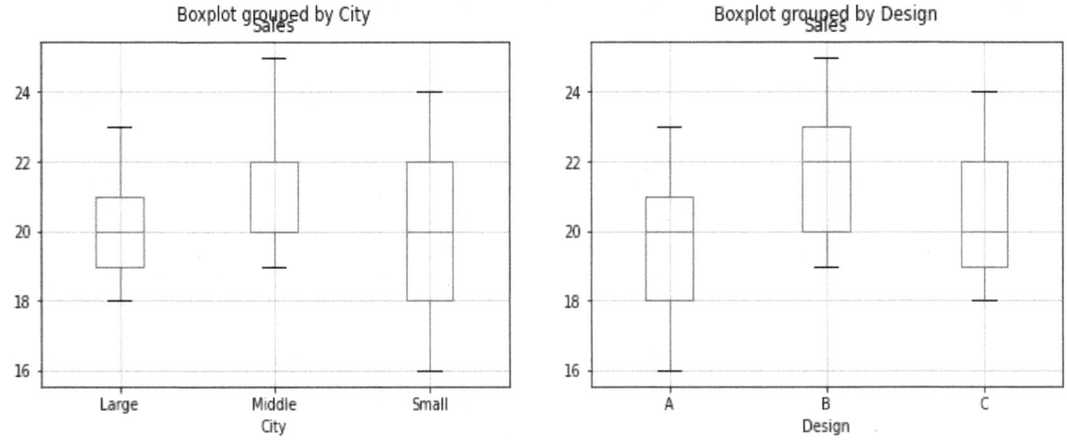

〈그림 10.3〉 변수 City와 Design의 수준별 상자그림

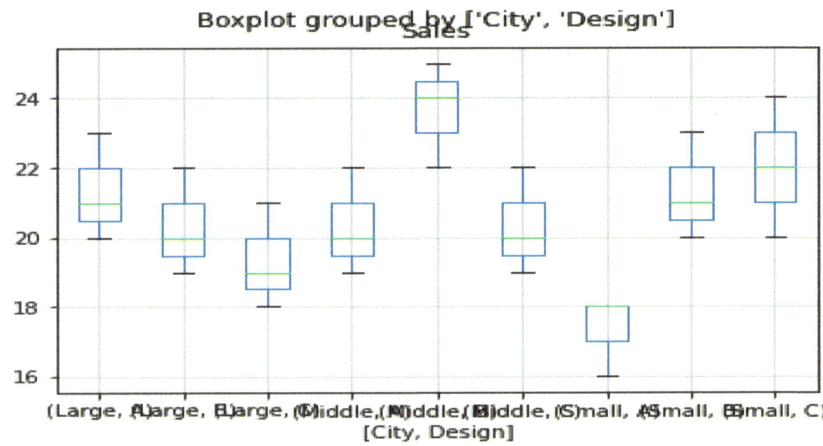

〈그림 10.4〉 Design*City의 수준 조합별 상자그림

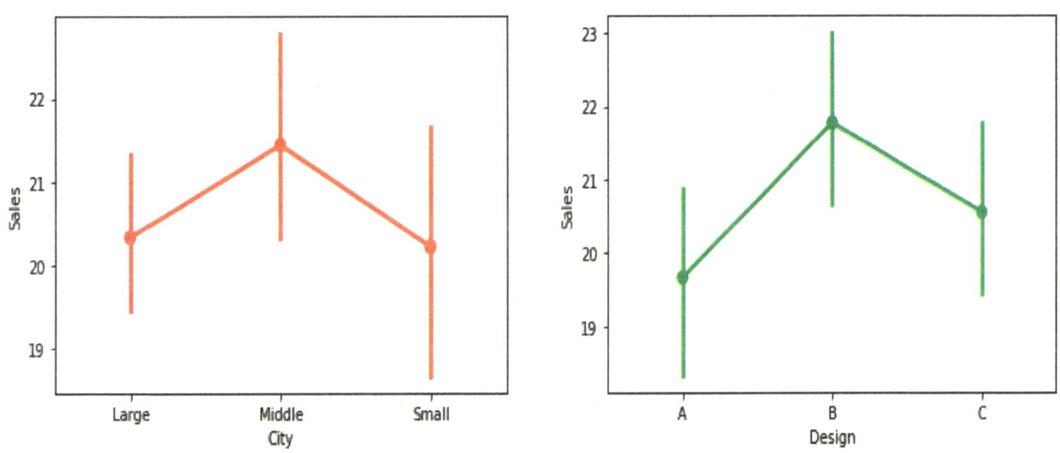

〈그림 10.5〉 변수 City와 Design의 수준별 평균-신뢰구간 도표

〈예 10.9〉 반복이 있는 이원분류 분산분석

```
from bioinfokit.analys import stat
res = stat()    # 통계량 계산
res.anova_stat(df=Market,res_var='Sales',
               anova_model='Sales~City+Design+City:Design',ss_typ=3)
res.anova_summary
#------------------------------------------------------------------------
#                df       sum_sq      mean_sq          F        PR(>F)
# Intercept     1.0  1365.333333  1365.333333  567.138462  4.639784e-15
# City          2.0     8.222222     4.111111    1.707692      0.209372
# Design        2.0    20.222222    10.111111    4.200000      0.031843
# City:Design   4.0    46.222222    11.555556    4.800000      0.008208
# Residual     18.0    43.333333     2.407407         NaN           NaN
```

다음 ⟨예 10.9⟩는 Market 데이터에 대해 이원분류 분산분석을 수행한 예이다. 여기에서는 'Sales~City+Design+City:Design'와 같이 두 요인변수의 주효과와 상호작용 효과를 모형에 포함하도록 지정하였다. 한편, 'Sales~City*Design'과 같이 별표(*) 기호를 사용하여 주효과 및 상호작용 효과를 모두 포함하도록 지정할 수도 있다.

⟨예 10.9⟩의 출력결과 중 분산분석표를 살펴보면, 상호작용 City:Design에 대응되는 유의확률(p-값)이 0.008로서 매우 작다는 것을 알 수 있는데, 따라서 이 경우 상호작용의 효과는 통계적으로 유의하다고 할 수 있다.

앞에서도 설명한 바와 같이 반복이 있는 이원분류 분산분석에서는 각 요인별 수준의 조합에서 생기는 상호작용의 효과를 분리하여 검정할 수 있는데, **상호작용**(interaction)의 효과가 있다는 것은 요인 A의 수준 변화에 따라서 요인 B의 효과가 변한다는 것을 의미한다.

상호작용의 의미를 보다 자세히 살펴보도록 하자. ⟨예 10.7⟩의 출력결과와 ⟨그림 10.4⟩에서 디자인과 도시구분의 각 수준별 조합에 따른 평균들을 살펴보면, 대도시에서는 디자인 A의 만족도가 가장 높은 반면에 중도시에서는 B가 그리고 소도시에서는 C의 판매량이 가장 많다는 것을 알 수 있다. 따라서 도시구분에 따라서 디자인의 효과가 변화하고 있으며, 이 경우 두 요인에 의한 상호작용 효과가 존재한다고 할 수 있다.

⟨예 10.10⟩ 상호작용 효과에 대한 평균 프로파일 도표 작성

```
sns.pointplot(x="City",y="Sales",hue="Design",ci=0,data=Market,
              markers=["o","*","s"],linestyles=["-", "--", ":"])
```

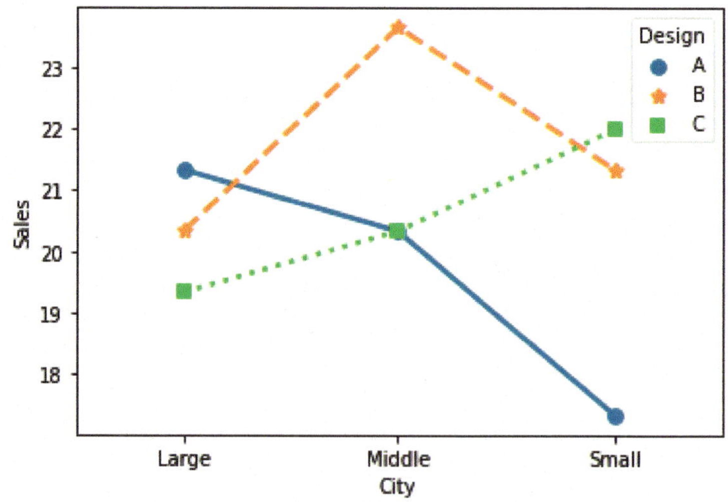

⟨그림 10.6⟩ 상호작용 효과에 대한 평균 프로파일 도표

이러한 상호작용의 효과는 평균 프로파일 도표를 이용하면 보다 쉽게 파악할 수 있다. 〈예 10.8〉은 pointplot 함수를 사용하여 상호작용 효과에 대한 평균 프로파일 도표를 작성한 예이다. 작성된 그래프는 〈그림 10.6〉에 제시되어 있는데, 이 그래프를 통해 도시구분에 따라 디자인의 효과가 달라진다는 것을 쉽게 살펴볼 수 있다. 만약 상호작용의 효과가 존재하지 않는다면 평균 프로파일 도표가 일정한 간격을 두고 평행선을 이루는 형태를 가지게 될 것이다.

반복이 있는 이원분류 분산분석에 있어서는 상호작용 유무에 따라 개별 요인의 효과에 대한 해석에 주의를 기울여야 한다. 예를 들어, 이 예에서의 경우 변수 City(도시구분)에 대한 F-검정의 결과 유의확률이 0.209라고 해서 City의 주효과가 유의하지 않다고 성급히 결론을 내려서는 안 된다. 즉, 변수 City의 수준에 따라 변수 Design의 효과가 달라지므로 City의 효과는 Design의 수준을 조건으로 하여 평가해야 한다. 또한 변수 Design에 대해서도 단순히 “디자인 B가 A보다 평균 판매량이 높다”와 같이 해석할 것이 아니라 각 도시구분별로 디자인의 효과를 비교해야 할 것이다.

10.5 공분산분석

다음 ‘심리점수’ 데이터는 20명의 사람을 10명씩 두 개의 집단으로 나눈 다음, 집단 A(비교집단)에는 기존의 방법으로 교육을 실시하고 집단 B(실험집단)에는 새로운 방법으로 교육을 실시한 후 특별한 심리검사를 통해 점수를 얻은 것이다.

이제 집단 A와 집단 B의 심리검사 점수를 각각 y_1과 y_2라고 할 때, 6.1절에서 다룬 바 있는 t-검정(또는 10.2절의 일원분류 분산분석)을 고려하면 다음과 같은 모형을 생각할 수 있다.

$$\begin{cases} y_{1j} = \mu_1 + \epsilon_{1j} = \mu + \alpha_1 + \epsilon_{1j}, & j = 1, \cdots, 10 \\ y_{2j} = \mu_2 + \epsilon_{2j} = \mu + \alpha_2 + \epsilon_{2j}, & j = 1, \cdots, 10 \end{cases} \tag{10.12}$$

이와 같은 모형 하에서는 두 집단의 모평균의 차이 $\mu_1 - \mu_2 = \alpha_1 - \alpha_2$에 대한 추정치로 표본평균의 차이 $\bar{y}_1 - \bar{y}_2$가 사용될 수 있다는 것을 6.1절에서 설명한 바 있다.

〈표 10.11〉 ‘심리점수’ 데이터

집단 A	나이	31	28	25	34	39	26	30	26	31	23
(비교집단)	심리점수	30	0	10	40	55	20	65	5	40	0
집단 B	나이	36	33	31	29	41	36	32	32	27	32
(실험집단)	심리점수	65	50	90	25	99	60	25	80	5	99

그런데 ⟨표 10.11⟩의 데이터를 자세히 살펴보면 나이가 증가함에 따라 심리검사 점수도 커지는 경향이 있다는 것을 알 수 있고, 또한 집단 B에 속한 사람들의 나이가 집단 A에 속한 사람들의 나이보다 다소 많다는 것을 알 수 있다. 즉, 나이가 심리검사 점수와 밀접한 관련이 있으며 두 집단에서 나이의 평균 차이가 존재하는 것으로 생각되므로 이러한 사실을 고려하여 분석을 수행해야 한다는 것을 알 수 있다.

10.5.1 공분산분석 모형

이제 변수 나이(x)의 효과를 고려하여 다음과 같은 모형을 생각하자.

$$\begin{cases} y_{1j} = \mu_1 + \beta\, x_{1j} + \epsilon_{1j} = \mu + \alpha_1 + \beta\, x_{1j} + \epsilon_{1j} \\ y_{2j} = \mu_2 + \beta\, x_{2j} + \epsilon_{2j} = \mu + \alpha_2 + \beta\, x_{2j} + \epsilon_{2j} \end{cases} \tag{10.13}$$

이와 같은 모형을 **공분산분석**(analysis of covariance) 모형이라고 하는데, 여기서 연속형 변수 x는 반응변수의 순수한 차이를 알아내기 위해서 고려하는 일종의 블록으로 **공변량**(covariate)이라고 한다.

공분산분석 모형 (10.13)은 다음과 같은 가정을 포함하고 있다. (1) 공변량 x와 반응변수 y는 선형적인(체계적인 증감의) 관계가 있다. 선형성은 산점도 등을 이용하여 검토할 수 있는데, 만약 x와 y의 관계가 선형적이 아니라면 공변량을 적절한 구간으로 나누어 (예를 들면, 연령대별로 구분하여) 블록으로 간주하거나 적절한 비선형 모형을 고려해서 분석해야 한다. (2) 공변량에 대한 기울기가 두 집단에서 동일하다. 만약 이를 가정할 수 없다면 서로 다른 기울기를 가지는 일반선형모형을 고려하여 분석해야 한다. 기울기의 동일성에 대한 검정 및 서로 다른 기울기를 가지는 일반선형모형에 대해서는 다음 10.5.3 절에서 다룰 것이다.

이와 같은 공분산분석 모형 하에서는 $\mu_1 - \mu_2 = \alpha_1 - \alpha_2$(공변량 x가 같도록 고정된 경우 두 집단의 모평균 차이)에 대한 추정치로 다음을 사용할 수 있는데,

$$(\bar{y}_1 - \hat{\beta}\, \bar{x}_1) - (\bar{y}_2 - \hat{\beta}\, \bar{x}_2) = (\bar{y}_1 - \bar{y}_2) - \hat{\beta}(\bar{x}_1 - \bar{x}_2) \tag{10.14}$$

따라서 만약 공변량을 고려하지 않으면 $\hat{\beta}(\bar{x}_1 - \bar{x}_2)$만큼 추정의 편의(bias)가 발생한다는 것을 알 수 있다.

10.5.2 공분산분석 사례

이제 ⟨표 10.12⟩의 Ancova(심리점수) 데이터에 대해 공분산분석을 수행하고 그 결과를 살펴보도록 하자.

〈표 10.12〉 Ancova 데이터(일부, $n = 20$)

ID	Group	Age	Score	ID	Group	Age	Score
1	1	31	30	11	2	36	65
2	1	28	0	12	2	33	50
3	1	25	10	13	2	31	90
...	...	...	...	...	...	...	...
10	1	23	0	20	2	32	99

〈예 10.11〉 공분산분석

```
import pandas as pd
Ancova = pd.read_csv('/content/Ancova.csv')   # 2.1.3절 참조
import statsmodels.api as sm
import statsmodels.formula.api as smf
AncovaFit = smf.ols(formula='Score~Age+C(Group)',data=Ancova).fit()
print(AncovaFit.summary())
#----------------------------------------------------------------------
# OLS Regression Results
# ====================================================================
# Dep. Variable:              Score   R-squared:                 0.582
# Model:                        OLS   Adj. R-squared:            0.533
# Method:           Least Squares   F-statistic:               11.83
# Date:            Mon, 18 Jan 2021   Prob (F-statistic):     0.000603
# Time:                    02:37:23   Log-Likelihood:          -88.903
# No. Observations:              20   AIC:                       183.8
# Df Residuals:                  17   BIC:                       186.8
# Df Model:                       2
# Covariance Type:        nonrobust
# ====================================================================
#                  coef    std err        t     P>|t|    [0.025 0.975]
# --------------------------------------------------------------------
# Intercept    -98.6237     35.980   -2.741     0.014 -174.535 -22.712
# C(Group)[T.2] 17.9264     10.900    1.645     0.118   -5.071  40.924
# Age            4.2704      1.204    3.547     0.002    1.730   6.811
# ====================================================================
# Omnibus:                    2.125   Durbin-Watson:             2.604
# Prob(Omnibus):              0.346   Jarque-Bera (JB):          1.611
# Skew:                       0.673   Prob(JB):                  0.447
# Kurtosis:                   2.651   Cond. No.                   227.
# ====================================================================
#----------------------------------------------------------------------
```

```
sm.stats.anova_lm(AncovaFit,typ=3)   # Type 3 SS
#------------------------------------------------------------------
#                 sum_sq    df          F    PR(>F)
# Intercept 3757.815275   1.0   7.513449 0.013926
# C(Group)  1352.710921   1.0   2.704636 0.118420
# Age       6291.631565   1.0  12.579610 0.002479
# Residual  8502.468435  17.0        NaN       NaN
```

⟨예 10.9⟩는 ols 함수를 사용하여 공분산분석을 수행한 예이다. 이 예에서 변수 Group은 숫자형으로 입력되어 있으므로, C() 연산자를 사용하여 범주형 변수로 변경 지정해야 한다는 것을 주의하기 바란다. 범주값의 1은 대조군, 2는 실험군을 나타낸다.

출력결과에서 먼저 분산분석표를 살펴보도록 하자.[6] 이 결과를 살펴보면 변수 Age(나이)의 F-값에 대한 유의확률은 0.002로서 유의수준 5 %(또는 10 %)하에서 유의하나, 변수 Group(집단)의 F-값에 대한 유의확률은 0.118로서 유의하지 않다는 것을 알 수 있다. 즉, 나이가 같도록 고정(통제)된다면 두 집단에 대한 심리검사 점수의 평균 차이는 유의하지 않다고 할 수 있다.

또한 ols 함수에 의하여 출력된 모수 추정치(parameter estimate)를 살펴보면 공변량 Age에 대한 기울기가 $\hat{\beta} = 4.270$으로 추정되었다는 것을 알 수 있으며, 두 집단에 대한 모형추정식은 다음과 같다.

$$\begin{aligned}
\hat{y}_1 &= \hat{\mu}_1 + \hat{\beta}\, x = \hat{\mu} + \hat{\alpha}_1 + \hat{\beta}\, x \\
&= (-98.624 + 0) + 4.270x = -98.624 + 4.270x \\
\hat{y}_2 &= \hat{\mu}_2 + \hat{\beta}\, x = \hat{\mu} + \hat{\alpha}_2 + \hat{\beta}\, x \\
&= (-98.624 + 17.926) + 4.270x = -80.698 + 4.270x
\end{aligned}$$

여기서 $\mu_2 - \mu_1$(나이가 같은 경우 집단에 따른 심리검사 점수의 모평균 차이)에 대한 추정값은 $\hat{\mu}_2 - \hat{\mu}_1 = \hat{\alpha}_2 - \hat{\alpha}_1 = 17.926$이다.

한편 다음 ⟨예 10.12⟩는 심리점수에 대해 변수 Group(집단)만을 고려하여 독립표본 $t-$검정을 수행한 것이데, 여기에서 $t-$값에 대한 유의확률이 0.009로서 유의수준 5% 하에서 유의하다는 것을 알 수 있다.

[6]분산분석에서는 4가지 유형의 제곱합(sum of squares)을 얻을 수 있는데 일반적으로 사용되는 것은 유형3 제곱합(Type 3 SS)이다. 이들 제곱합에 대해서는 "강현철·한상태·허명회(2004). ≪예제로 배우는 SAS 분산분석 입문≫, 자유아카데미" 또는 "한상태·강현철·허명회(2009). ≪SPSS 분산분석≫, 한나래출판사"를 참조하기 바란다.

〈예 10.12〉 독립표본 t-검정

```
Ancova.groupby("Group").agg({"Score":["mean","std","min","max"]})
#----------------------------------------------------------------------
#        Score
#        mean        std min max
# Group
#      1 26.5 23.219963   0  65
#      2 59.8 33.235857   5  99
#----------------------------------------------------------------------
Control = Ancova[Ancova.Group==1]
Treatment = Ancova[Ancova.Group==2]
from statsmodels.stats.weightstats import ttest_ind
ttest_ind(Control.Score,Treatment.Score,alternative='smaller',
          usevar='pooled')
#----------------------------------------------------------------------
# (-2.5972946039234, 0.009101297078662, 18.0)   # 통계량, p-값, 자유도
```

따라서 이 사례에서는 공변량인 나이를 고려하지 않고 단순히 t-검정을 수행한다면 잘못된 결론을 유도할 수 있음을 알 수 있다. 또한 모평균의 차이에 대한 추정값이 $59.8-26.5 = 33.4$로서 공분산분석에서의 추정값 17.962보다 훨씬 크게 추정된다는 것을 알 수 있다.

10.5.3 기울기의 동일성에 대한 검정

앞에서 식 (10.13)과 같은 공분산분석 모형이 성립하기 위해서는 기울기에 대한 동일성을 가징할 수 있어야 한다고 하였는데, 만약 이러한 가징이 성립되지 않으면 어떻게 될까?

위의 〈그림 10.7〉은 두 집단에서 공변량 x에 대한 기울기가 같은 경우와 다른 경우의 몇 가지 예를 든 것이다. 만약 (a)에서와 같이 기울기가 동일하다면 공변량 x의 값에 관계없이 반응값 y의 차이가 일정하므로, 이 차이를 해석하는 것이 의미가 있을 것이다. 그러나 그림 (b)에서와 같이 기울기가 동일하지 않다면 다음과 같은 모형을 고려해야 하는데,

$$\begin{cases} y_{1j} = \mu_1 + \beta_1\ x_{1j} + \epsilon_{1j} = \mu + \alpha_1 + \beta_1\ x_{1j} + \epsilon_{1j} \\ y_{2j} = \mu_2 + \beta_2\ x_{2j} + \epsilon_{2j} = \mu + \alpha_2 + \beta_2\ x_{2j} + \epsilon_{2j} \end{cases} \tag{10.15}$$

이 경우 공변량 x의 값에 따라 반응값 y의 차이가 변하게 되므로 기울기가 동일할 때와 같은 방식으로 해석을 할 수 없다. 기울기의 동일성(즉, $H_0 : \beta_1 = \beta_2$)에 대한 검정은 공변량과 요인(처리)의 상호작용 효과를 이용하여 검정할 수 있는데, 여기서는 앞의 예에 대해서 이를 검정해 보도록 하자.

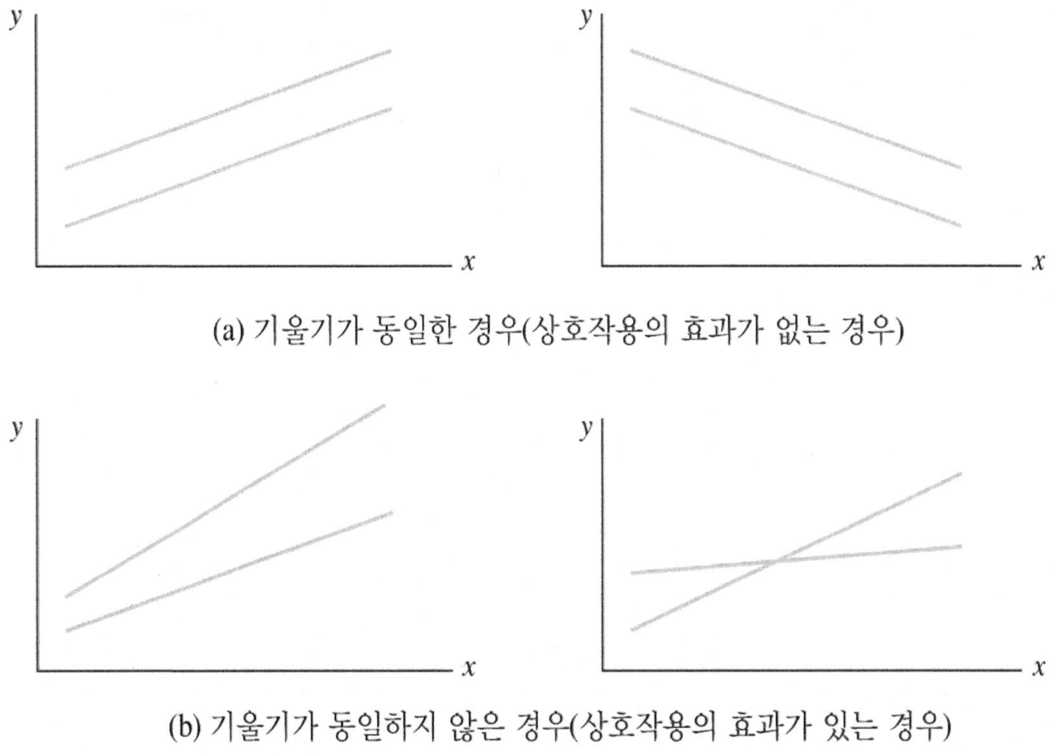

〈그림 10.7〉 기울기가 동일한 경우와 그렇지 않은 경우

〈예 10.13〉 기울기의 동일성에 대한 검정

```
import statsmodels.formula.api as smf
AncovaFit1 = smf.ols(formula='Score~Age+C(Group)+Age:C(Group)',
                 data=Ancova).fit()
print(AncovaFit1.summary())
#-----------------------------------------------------------------------
# OLS Regression Results
# ======================================================================
# Dep. Variable:              Score   R-squared:                  0.589
# Model:                        OLS   Adj. R-squared:             0.512
# Method:             Least Squares   F-statistic:                7.651
# Date:            Mon, 18 Jan 2021   Prob (F-statistic):       0.00215
# Time:                    13:12:39   Log-Likelihood:           -88.727
# No. Observations:              20   AIC:                        185.5
# Df Residuals:                  16   BIC:                        189.4
# Df Model:                       3
# Covariance Type:        nonrobust
# ======================================================================
```

```
#                          coef    std err          t  P>|t|    [0.025   0.975]
# ---------------------------------------------------------------------------
# Intercept            -82.6752     47.418     -1.744  0.100  -183.197   17.847
# C(Group)[T.2]        -23.9629     79.448     -0.302  0.767  -192.384  144.459
# Age                    3.7261      1.599      2.330  0.033     0.335    7.117
# Age:C(Group)[T.2]      1.3328      2.503      0.533  0.602    -3.973    6.639
# ===========================================================================
# Omnibus:                      3.333   Durbin-Watson:                  2.478
# Prob(Omnibus):                0.189   Jarque-Bera (JB):               2.425
# Skew:                         0.848   Prob(JB):                       0.297
# Kurtosis:                     2.809   Cond. No.                        617.
#----------------------------------------------------------------------------
sm.stats.anova_lm(AncovaFit1,typ=3)  # Type 3 SS
#----------------------------------------------------------------------------
#                    sum_sq    df         F    PR(>F)
# Intercept     1587.280279   1.0  3.039893  0.100421
# C(Group)        47.501959   1.0  0.090974  0.766828
# Age           2833.710191   1.0  5.427004  0.033250
# Age:C(Group)   148.067554   1.0  0.283573  0.601687
# Residual      8354.400881  16.0       NaN       NaN
```

기울기의 동일성에 대한 검정을 수행하기 위해서는 콜론(:) 기호를 이용하여 formula 인수에 상호작용 효과를 나타내는 Age:C(Group)을 추가해 주면 된다.

앞의 ⟨예 10.13⟩의 출력결과에서 먼저 살펴보아야 할 부분은 분산분석표 중 상호작용 효과 Age:C(Group)에 대한 F-검정의 결과이다. 이 예에서는 유의확률이 0.602로서 상호작용 효과가 유의하지 않으므로(즉, $H_0 : \beta_1 = \beta_2$를 기각할 수 없으므로), 기울기의 동일성을 가정할 수 있다. 따라서 이제 상호작용의 효과를 모형에서 제거하여 식 (10.13)과 같은 공분산분석 모형을 통해 이 데이터를 분석할 수 있다.

이 예에서는 기울기의 동일성을 가정할 수 있으므로 모수 추정치(parameter estimate)에 대한 해석이 큰 의미는 없지만, ⟨예 10.13⟩의 결과를 이용하여 모형 (10.15)에 대한 추정식을 표현하면 다음과 같다.

$$\begin{aligned}
\hat{y}_1 &= \hat{\mu}_1 + \hat{\beta}_1\, x = \hat{\mu} + \hat{\alpha}_1 + \hat{\beta}_1\, x \\
&= (-82.675 + 0) + (3.726 + 0)x = -82.675 + 3.726x \\
\hat{y}_2 &= \hat{\mu}_2 + \hat{\beta}_2\, x = \hat{\mu} + \hat{\alpha}_2 + \hat{\beta}_2\, x \\
&= (-82.675 - 23.963) + (3.726 + 1.333)x = -106.638 + 5.059x
\end{aligned}$$

이 추정식에서 $\hat{\alpha}_1 - \hat{\alpha}_2 = 23.963$은 공변량 x가 0으로 고정되었을 때 반응값 y의 차이에 대한 추정값을 나타내므로 이에 대한 해석은 큰 의미가 없다.

⟨공변량이 있는 일반선형모형 – 집단이 k개인 경우⟩

$$y_{ij} = \mu_i + \beta_i\ x_{ij} + \epsilon_{ij} = \mu + \alpha_i + \beta_i\ x_{ij} + \epsilon_{ij}, \quad i = 1, \cdots, k;\ j = 1, \cdots, n_i$$

$$\Downarrow\ \beta_1 = \beta_2 = \cdots = \beta_k (= \beta)$$

공분산분석

$$y_{ij} = \mu_i + \beta\ x_{ij} + \epsilon_{ij} = \mu + \alpha_i + \beta\ x_{ij} + \epsilon_{ij}, \quad i = 1, \cdots, k;\ j = 1, \cdots, n_i$$

$$\Downarrow\ \beta = 0$$

일원분류 분산분석

$$y_{ij} = \mu_i + \epsilon_{ij} = \mu + \alpha_i + \epsilon_{ij}, \quad i = 1, \cdots, k;\ j = 1, \cdots, n_i$$

즉, 모든 집단에 대해서 공변량에 대한 기울기가 동일하다면 (10.13)과 같은 모형을 통해 공분산분석을 수행할 수 있지만, 기울기의 동일성을 가정할 수 없다면 (10.15)와 같은 일반선형모형을 통해 각 집단에서의 기울기를 추정하고 기울기의 대한 차이 및 전반적 현상을 해석하는 것이 바람직하다(또는 공변량을 적절한 구간으로 나눈 다음 블록으로 간주하여 분석을 수행할 수도 있을 것이다). 또한 이 절에서는 집단이 두 개인 경우의 예를 들어 설명하였는데, 집단이 k개인 경우에도 분석을 수행하는 과정은 동일하다.

10.6 이 장에서 사용된 주요 함수들

여기에서는 이 장에서 사용된 주요 함수들에 대하여 사용형식(usage)과 자주 사용되는 인수(argument)들을 설명한다. 보다 자세한 사항은 파이썬의 도움말을 참조하여라.

□ anova_lm 함수 (statsmodels 패키지)

- anova_lm(result,test="F",typ=1): 적합된 선형모형(회귀모형)에 대한 분산분석표를 출력한다.

- ∘ result: 적합된 선형모형(회귀모형)의 결과 객체를 지정한다.
- ∘ test=: 검정통계량을 지정한다. "F"(F-검정), "Chisq"(카이제곱검정), "Cp"(멜로우의 Cp)를 지정할 수 있다. 기본값: test="F".
- ∘ typ=: 분산분석 제곱합의 형태를 지정한다. 1(Type I), 2(Type II), 3(Type III)을 지정할 수 있다. 기본값: typ=1.

□ anova_stat 함수 (bioinfokit 패키지)

- anova_stat(df=,anova_model=None,ss_typ=2,res_var=None,⋯): 분산분석을 수행한다.

- ○ df=: 데이터 프레임을 지정한다.
- ○ anova_model=' ': 'y ~ x1+x2'와 같은 형식으로 ~ 기호 왼쪽에 반응변수를, 오른쪽에 설명변수들을 지정한다. 콜론(:) 또는 별표(*) 기호를 이용하여 상호작용 효과를 지정할 수 있다.
- ○ ss_typ=: 제곱합의 유형을 지정할 수 있다. 기본값: ss_typ=2
- ○ res_var=' ': 반응변수를 지정한다.

□ bartlett 함수 (bioinfokit 패키지)

- bartlett(df=None,xfac_var=None,res_var=None): 분산의 동일성에 대한 Bartlett 검정을 수행한다. 통계량, 자유도, p-값을 출력한다.

- ○ df=: 데이터 프레임을 지정한다.
- ○ res_var=' ': 반응변수를 지정한다.
- ○ xfac_var=' ': 요인변수를 지정한다.

□ levene 함수 (bioinfokit 패키지)

- levene(df=None,xfac_var=None,res_var=None): 분산의 동일성에 대한 Levene 검정을 수행한다. 통계량, 자유도, p-값을 출력한다.

- ○ df=: 데이터 프레임을 지정한다.
- ○ res_var=' ': 반응변수를 지정한다.
- ○ xfac_var=' ': 요인변수를 지정한다.

□ MultiComparison 함수 (statsmodels 패키지)

- MultiComparison(data,groups,group_order=None): 다중비교에 대한 검정을 수행한다.

- ○ data: 반응변수 데이터를 지정한다.
- ○ groups: 그룹변수(요인변수)를 지정한다.

- group_order: 출력결과에 나타날 그룹 평균에 대한 순서를 지정한다.
- 이 함수의 결과 객체에 적용할 수 있는 함수는 다음과 같다.
  - ⋆ 'allpairtest': 모든 가능한 쌍에 대한 다중비교 보정을 수행한다.
  - ⋆ 'kruskal': Kruskal-Wallis 검정을 위한 쌍별 검정을 수행한다.
  - ⋆ 'tukeyhsd': 모든 쌍 그룹의 다중 비교를 위한 Tukey의 HSD 검정을 수행한다.

□ **tukey_hsd 함수 (bioinfokit 패키지)**

- tukey_hsd(df=,res_var=None,xfac_var=None,anova_model=None,phalpha=0.05,⋯): 다중비교를 위한 Tukey의 HSD 방법을 수행한다.

- df=: 데이터 프레임을 지정한다.
- res_var=' ': 반응변수를 지정한다.
- xfac_var=' ': 요인변수를 지정한다.
- anova_model=' ': 'y~x1+x2'와 같은 형식으로 ~ 기호 왼쪽에 반응변수를, 오른쪽에 설명변수들을 지정한다. 콜론(:) 또는 별표(*) 기호를 이용하여 상호작용 효과를 지정할 수 있다.
- phalpha=: 신뢰구간 계산을 위한 유의수준을 지정한다. 기본값: phalpha=0.05.

10.7 연습문제

1. 합성섬유의 장력강도가 면(cotton)의 함유량에 따라 어떻게 다른 지를 알아보기 위해 실험을 한 결과 다음과 같은 데이터를 얻었다. 면의 함유량에 따라 평균 장력강도에 차이가 있다고 할 수 있는가? 필요한 분석을 수행하여라.

15%	20%	25%	30%	35%
7	12	14	19	7
7	17	18	25	10
15	12	18	22	11
11	18	19	19	15
9	18	19	23	11

2. 어떤 회사에서는 5종류의 기계 A, B, C, D, E 중 한 개를 구입하기로 하였다. 이를 위해 단위시간동안 각 기계에 의한 생산량을 조사하여 다음과 같은 데이터를 얻었다. 분산분석법을 이용하여 이들의 평균생산량이 동일한지를 검정하여라.

기계 종류	생산량
A	67 72 75 42 53
B	72 52 63 55 48
C	60 82 65 77 75
D	48 61 57 64 50
E	64 65 70 68 53

3. 어떤 직물의 인장강도는 가공시의 처리액의 농도에 따라 차이가 있다고 한다. 이를 알아보기 위해 4종류의 처리액의 농도 3.0%, 3.5%, 4.0%, 4.5%에 대하여 각각 5회씩 반복하여 인장강도를 측정한 결과 다음 값을 얻었다. 분산분석표를 작성하고 농도에 따른 인장강도에 차이가 있는지를 검정하여라.

A_1	A_2	A_3	A_4
46.8	51.2	50.2	21.4
58.0	62.4	38.2	22.1
51.4	30.6	46.8	28.2
61.0	46.0	26.7	42.7
45.8	48.8	22.7	25.2

4. 어느 생물학자는 에탄올이 수면에 미치는 영향을 알고자 비슷한 체중의 20마리의 쥐를 가지고 실험을 하였다. 20마리의 쥐를 무작위로 5마리씩 4그룹으로 나누고, 각 그룹의 쥐에 에탄올을 각각 1㎎, 2㎎, 3㎎, 0㎎(에탄올 포함하지 않음)을 주사하고, 24시간 동안 눈까풀의 깜빡거림을 특수장치를 이용하여 측정하였다. 이때 눈까풀의 깜빡거림 횟수가 작을수록 졸리움을 뜻한다고 한다. 에탄올의 양이 수면에 영향을 미친다고 할 수 있는지를 검정하여라.

0㎎	86 79 73 72 89
1㎎	57 70 57 55 54
2㎎	50 43 47 49 42
3㎎	30 38 27 38 38

5. 어느 농장에서 서식하고 있는 딱정투구벌레에 대한 연구를 하던 도중 벌레들이 선호하는 색상이 있는지를 알아보기 위해 다음과 같은 실험을 실시하였다. 네 가지 색상의 판자를 각각 여섯 개씩 준비하여, 그 위에 끈끈이를 바르고 여섯 지점에 각 네 가지 판자를 일 주일 동안 설치하여 잡힌 벌레의 수를 관측하였다. 딱정투구벌레가 색상을 선호하는 정도가 다르다고 말할 수 있는지를 검정하여라.

레몬색	45 59 48 46 38 47
흰색	21 12 14 17 13 17
녹색	37 32 15 25 39 41
파란색	16 11 20 21 14 7

6. 일원배치법에 의한 불완전한 분산분석표가 다음과 같이 주어져 있다.

요인	자유도	제곱합	평균제곱합	F-값
처리	4	24.7		
오차				
전체	34	62.4		

(a) 위의 분산분석표를 완성하여라.

(b) 실험에 사용된 개체의 수는 얼마인가?

(c) 모평균에 차이가 있는지를 유의수준 5% 하에서 검정하여라.

7. 정규분포 $N(\mu_1, \sigma^2)$로부터 크기 8의 표본을 취하여 관측치(처리 I)를 얻었고, 또 다른 정규분포 $N(\mu_2, \sigma^2)$로부터 크기 8인 표본을 취하여 관측치(처리 II)를 얻었다. 두 정규분포의 모분산은 동일하며 또한 두 개의 표본은 서로 독립이라고 가정할 때 이들 표본에 의한 일원배치표는 다음과 같다.

처리	관측치	합	평균
처리 I	31 20 18 17 9 8 10 7	120	15
처리 II	18 17 14 11 10 7 5 6	88	11

위의 일원배치표를 이용하여 귀무가설 '$H_0 : \mu_1 = \mu_2$'와 이에 대응하는 대립가설 '$H_1 : \mu_1 \neq \mu_1$'에 대하여 t-검정을 수행한 결과와 분산분석을 수행한 결과를 비교하여라.

8. 어느 제조회사는 복잡한 생산품을 조립하는 4가지 방법 중에서 가장 시간이 적게 소요되는 방법이 있는지를 알고 싶어한다. 16명의 종업원을 무작위로 4명씩 4개의 집단으로 나누어서 5번의 실험을 하였다. 다음 데이터는 각 실험마다 4명의 소요시간의 합이다. 이 데이터에 의하여 각 방법에 차이가 있는지를 검정하여라. 단, 종업원들의 생산능력은 동일한 방법으로는 같다고 가정한다.

방법	소요시간(단위 : 분)				
A	55	49	42	21	22
B	61	113	30	89	63
C	42	97	81	95	92
D	168	137	169	85	154

9. 다음의 데이터는 다이어트 음식 3종류의 콜레스테롤 함량을 4개의 다른 실험실에서 측정한 결과이다. 분산분석표를 작성하고 다이어트 음식과 실험실에 따라 콜레스테롤 함량에 차이가 있는지를 검정하여라.

	음식 I	음식 II	음식 III
A 실험실	3.4	2.6	2.8
B 실험실	3.0	2.7	3.1
C 실험실	3.3	3.0	3.4
D 실험실	3.5	3.1	3.7

10. 세 종류의 기계와 세 사람의 기능공이 제품의 품질에 미치는 영향을 조사하기 위하여 다음과 같은 데이터를 얻었다. 분산분석표를 작성하고 기계와 기능공에 따라 제품의 품질에 차이가 있는지를 검정하여라.

	기능공 I	기능공 II	기능공 III
기계 A	11	15	20
기계 B	14	23	16
기계 C	11	14	15

11. 여섯 종류의 사료를 쥐에게 먹였을 때 쥐의 체중증가에 어떤 영향을 주는지를 알아보기 위해 단백질의 요소에 대한 세 수준(A: 쇠고기, 곡류, 돼지고기)과 단백질의 수준에 대한 두 수준(B: 높음, 낮음)을 고려한 후 실험을 하였다. 다음의 데이터는 실험을 통해서 얻어진 쥐의 체중증가량을 기록한 결과이다. 요인 A, B 및 상호작용의 효과가 있는지를 분석하여라.

단백질의 요소(A)	단백질의 수준(B) B1(높음)	B2(낮음)
A1(쇠고기)	73, 102, 118, 104, 81	90, 76, 90, 64, 86
	107, 100, 87, 117, 111	51, 72, 90, 95, 78
A2(곡류)	98, 74, 56, 111, 95	107, 95, 97, 80, 98
	88, 82, 77, 86, 92	74, 74, 67, 89, 58
A3(돼지고기)	94, 79, 96, 98, 102	49, 82, 73, 86, 81
	102, 108, 91, 120, 105	97, 106, 70, 61, 82

12. 다음은 세 가지 치료법(A, B, C)에 대해 처리 전(X)과 후(Y)의 어떤 수치를 제시한 것이다.

치료법 A		치료법 B		치료법 C	
X	Y	X	Y	X	Y
11	6	6	0	16	13
8	0	6	2	13	10
5	2	7	3	11	18
14	8	8	1	9	5
19	11	18	18	21	23
6	4	8	4	16	12
10	13	19	14	12	5
6	1	8	9	12	16
11	8	5	1	7	1
3	0	15	9	12	20

(a) 치료법을 요인(설명변수)으로 하고 처리 후의 수치(Y)를 반응변수로 하여 일원분류 분산분석을 수행하여라.

(a) 처리 전의 수치(X)를 공변량으로 추가하여 공분산분석을 수행하고 (a)의 결과와 비교하여 보아라(이때 기울기의 동일성에 대한 검정을 먼저 실시한 후 분석을 수행하여라).

제 11 장
비모수적 검정

대부분의 통계적 추론에서는 모집단의 분포에 대한 정규성(normality)을 가정한 경우가 많다. 예를 들어, 제6장에서 설명한 $t-$검정이나 제10장의 분산분석에서는 데이터값들이 정규분포에 따르는 모집단으로부터 얻어졌다는 가정 하에서 검정통계량과 그의 분포를 도출하였다. 그러나 이와 같은 정규성 가정이 불합리한 경우가 많이 있으며, 경우에 따라서는 특정한 확률분포를 가정하기 어려울 때도 있다. 이러한 경우에 데이터의 분포에 대한 강한 가정없이 이용할 수 있는 방법으로서 모수를 매개로 하지 않는 **비모수적 방법**(non-parametric method), 또는 모집단의 분포로부터 자유로운 분포무관 방법(distribution free method)을 고려할 수 있다.

비모수적 방법은 모수적 방법과 비교하여 다음과 같은 몇 가지 특성을 가지고 있다; (1) 일반적으로 모수적 방법에 비해 분포에 대한 가정이 완화되거나 또는 가정이 거의 없으며, 표본의 크기가 작은 경우에도 안정적이다. (2) 대부분의 비모수적 방법들은 부호 또는 상대크기의 순위 등 직관적이고 이해하기 쉬운 정보를 사용한다. (3) 많은 경우에 모수적 방법과 비교하여 표본이 정규분포에 따를 때에도 효율이 크게 떨어지지 않으며, 표본의 분포가 정규분포로부터 멀리 이탈한 경우에는 비모수적 방법의 효율이 훨씬 좋다.

이 장에서는 정규성에 대한 검정과 모집단의 위치모수(location parsmeter)와 척도모수(scale parameter) 등에 관한 여러 가지 비모수적 검정에 대해서 예를 통해 설명할 것이다.[1]

11.1 정규성에 대한 검토

통계적 추론에서는 일반적으로 모집단에 대해 특정한 분포를 가정한 후 이에 기초하여 통계량의 분포를 유도한다. 따라서 통계적 추론에 앞서 데이터의 분포를 살펴보는 것은 매우 중요하다고 할 수 있는데, 이 절에서는 데이터의 분포를 검토하는 몇 가지 방법들을 간단히 소개한다.

11.1.1 정규성 검정

대부분의 통계적 추론에서는 모집단의 분포에 대해 정규성을 가정하고 있다. 표본크기가 큰 경우에는 중심극한정리와 같은 이론에 의해서 분포 가정이 크게 문제가 되지 않는 경우가 많지만, 표본크기가 작을 때는 잘못된 분포 가정이 결과를 크게 왜곡시키는 경우가 종종 있다. 따라서 특정 분석을 수행하기에 앞서 주어진 데이터가 정규분포를 따른다고 할 수 있는지를 검토해야 할 필요가 종종 있다.

[1]비모수적 경정방법에 대한 보다 자세한 설명은 "송문섭·박창순 (1993). ≪비모수 통계학 개론≫, 자유아카데미" 또는 "이재창·송일성 (1990). ≪SAS 비모수 통계분석≫, 자유아카데미"를 참조하기 바란다.

〈표 11.1〉 Supplement 데이터

ID	Pre	Post	Diff	ID	Pre	Post	Diff
1	63.1	41.4	-21.7	7	48.3	50.1	1.8
2	46.5	55.3	8.8	8	40.5	43.8	3.3
3	40.1	49.7	9.6	9	36.9	37.6	0.7
4	48.5	51.6	3.1	10	40.5	50.8	10.3
5	33.2	37.3	4.1	11	42.2	43.6	1.4
6	38.8	39.6	0.8	12	34.9	37.4	2.5

〈표 11.1〉의 데이터는 어떤 건강보조음료의 효능을 알아보기 위하여 12명의 사람으로부터 실험 전(Pre)과 후(Post)의 신체특성의 차이를 계산한 것이다(즉, Diff=Post−Pre).

〈예 11.1〉 정규성 검정과 분포의 탐색

```
import pandas as pd
Supplement = pd.read_csv('/content/Supplement.csv')    # 2.1.3절 참조
Supplement["Diff"].describe()
#--------------------------------------------------------------------
# count     12.000000
# mean       2.058333
# std        8.233132
# min      -21.700000
# 25%        1.250000
# 50%        2.800000
# 75%        5.275000
# max       10.300000
# Name: Diff, dtype: float64
#--------------------------------------------------------------------
from scipy.stats import shapiro
shapiro(Supplement["Diff"])
#--------------------------------------------------------------------
# (0.7057660818099976, 0.0009581108461134136)    # 통계량, p-값
#--------------------------------------------------------------------
import matplotlib.pyplot as plt
import seaborn as sns
sns.boxplot(Supplement["Diff"])
sns.distplot(Supplement["Diff"],bins=10)
```

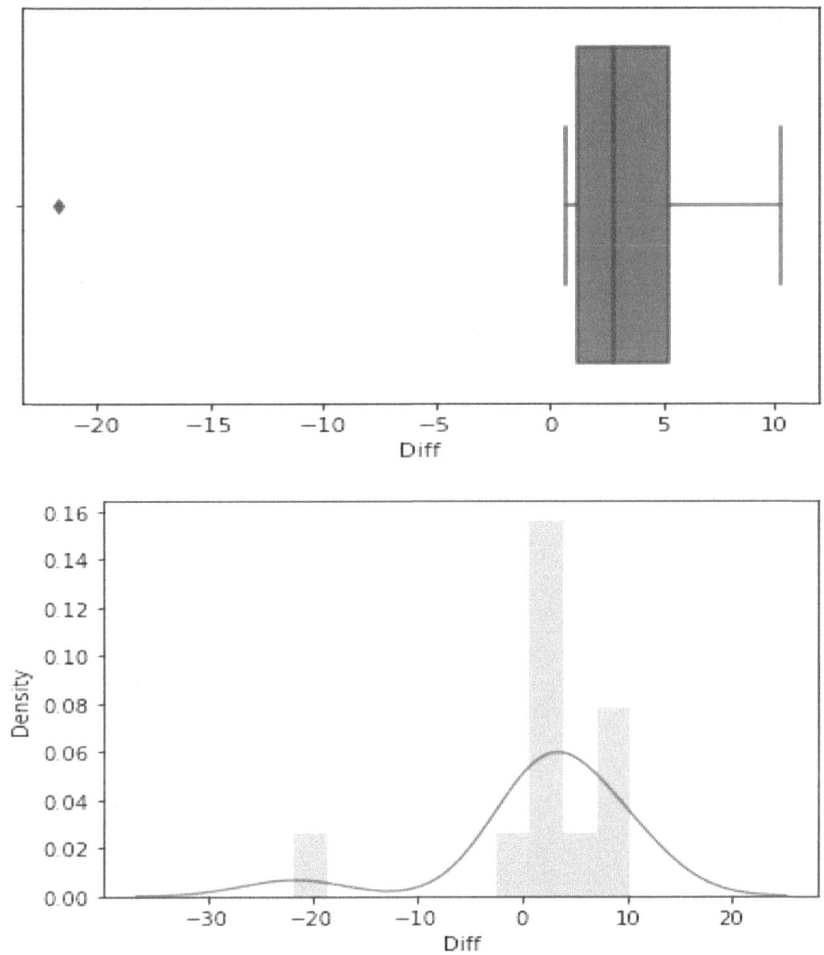

〈그림 11.1〉 변수 Diff에 대한 상자그림과 히스토그램

〈예 11.1〉에서는 pandas 패키지의 describe 함수를 사용하여 기술통계량을 출력하고, scipy 패키지의 shapiro 함수를 사용하여 샤피로-윌크(Shapiro-Wilk) 통계량에 의해 정규성에 대한 검정을 수행하였다. 정규성 검정(test of normality)에서 귀무가설은 "H_0: 모집단의 분포가 정규분포이다"[즉, $H_0 : x_1, x_2, \cdots, x_n \sim N(\mu, \sigma^2)$]가 된다. 따라서 샤피로-윌크 통계량에 의한 유의확률(p-값)이 유의수준(α)보다 작으면 모집단의 분포가 정규분포라는 가설을 받아들일 수 없게 된다. 〈예 11.1〉에서 shapiro 함수의 출력결과를 살펴보면 유의확률(p-값)이 매우 작아서 이 데이터가 정규분포를 따른다는 가설을 받아들이기가 어렵다는 것을 알 수 있다.

또한 상자그림과 히스토그램을 살펴보면 데이터의 분포가 오른쪽으로 치우쳐져 있고 왼쪽에 매우 작은 극단값(-21.7)이 존재한다는 것을 알 수 있다.

〈참조〉 정규성 검정을 위한 방법들

정규성 가설에 대한 모수적 검정은 오랫동안 많은 연구자들에 의해 개발되어 왔고, 근래에는 분포가정 하에서의 이론적 분포함수 $F_0(x_i)$와 주어진 데이터로부터 구한 경험적 분포함수 $\hat{F}(x_i)$의 차이를 고려한 적합도검정(goodness-of-fit test)도 활발한 연구가 이루어지고 있다. 고전적인 일표본 콜모고로프-스미르노프 검정을 포함한 정규분포에 대한 적합도검정으로는 크래머-미제스(Cramér-von Mises), 왓슨(Watson), 앤더슨-달링(Anderson-Darling) 검정 등이 있고 이들 방법의 수행절차는 다음과 같다.

먼저 표본 $x_1, x_2, \cdots, x_n$을 사용하여 μ와 σ^2의 추정치로 표본평균 $\bar{x}$와 표본분산 s^2을 계산한다. 그런 다음 표본의 순서통계량 $x_{(1)} \le x_{(2)} \le \cdots, \le x_{(n)}$에 대해서 $z_{(i)} = \Phi(t_i)$, $i = 1, \cdots, n$을 얻는다. 여기서 $\Phi(\cdot)$는 표준정규분포의 누적분포함수이고 $t_i = (x_{(i)} - \bar{x})/s$이다. 이와 같은 $z_{(i)}$에 기초한 크래머-미제스 통계량(T_{CM}), 왓슨 통계량(T_W), 앤더슨-달링 통계량(T_{AD})은

$$T_{CM} = \sum_{i=1}^{n} \left\{ \frac{z_{(i)} - (2i-1)}{2n} \right\}^2 + \frac{1}{12}, \tag{11.1}$$

$$T_W = T_{CM} - n\left(\bar{z} - \frac{1}{2}\right)^2, \tag{11.2}$$

$$T_{AD} = -n - \frac{1}{n}\sum_{i=1}^{n}(2i-1)\log\left(z_{(i)}\right) + (2n-2i+1)\log\left(1 - z_{(i)}\right) \tag{11.3}$$

가 된다. 여기에서 $\bar{z}$는 $z_{(i)}$들의 평균이다.

한편, $D^+ = \max_i \left\{i/n - z_{(i)}\right\}$, $D^- = \max_i \left\{z_{(i)} - (i-1)/n\right\}$라고 할 때 콜모고로프-스미르노프 통계량($T_{KS}$)은

$$T_{KS} = \sqrt{n}D = \max(D^+, D^-) \tag{11.4}$$

가 된다. 귀무가설 하에서 이 통계량들의 정확한 분포는 알 수 없지만 대표본에서의 점근분포(asymptotic distribution)는 제시되어 있으므로 이 분포를 이용하여 통계량에 대한 유의확률을 구하게 되고, 따라서 이 값이 유의수준 α보다 크게 되면 귀무가설을 채택하게 된다.

정규성에 대한 모수적인 검정 중에서 보편적으로 가장 널리 사용되는 검정법은 샤피로-윌크(Shapiro-Wilk) 검정이다. 이 방법은 표준정규분포를 따르는 순서통계량을 독립변수로 하고 관측된 표본의 순서통계량을 종속변수로 하는 회귀모형 $x_{(i)} = \mu + \sigma E(z_{(i)}) + \epsilon_i$, $i = 1, \cdots, n$을 고려한 다음 σ^2의 가중최소제곱 추정치 $\hat{\sigma}_w^2$와 표본분산 s^2의 비를 사용한

$$W = \frac{\left(\sum_{i=1}^{n} a_i x_{(i)}\right)^2}{\sum_{i=1}^{n}(x_i - \bar{x})} \tag{11.5}$$

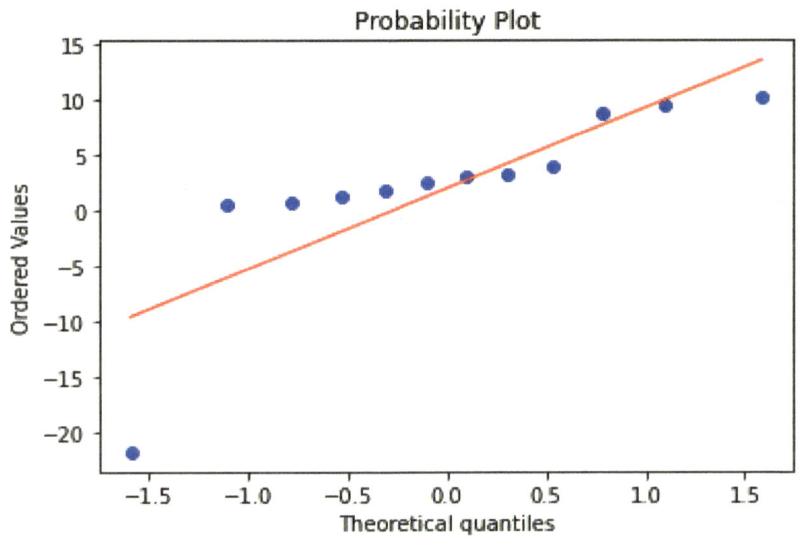

〈그림 11.2〉 변수 Diff에 대한 정규확률도

를 검정통계량으로 사용한다. 여기에서 a_i는 $\hat{\sigma}_w^2$을 얻기 위한 최적의 가중치를 나타내며 $\bar{x}$는 표본평균이다. 샤피로-윌크 통계량 W는 0과 1 사이의 값을 가지게 되고 W가 1에 가까우면 귀무가설을 채택하게 된다.

11.1.2 정규확률도

데이터의 정규성 여부를 알아보기 위해 주로 많이 사용하는 방법 중의 하나는 확률도(probability plot)를 그려보는 것이다. 다음 〈예 11.2〉는 정규확률도를 작성한 예이며, scipy 패키지의 probplot 함수를 사용하면 정규분포 정규확률도(Q-Q 플롯)를 쉽게 출력할 수 있다.

〈예 11.2〉 정규확률도의 작성

```
from scipy.stats import probplot
probplot(Supplement["Diff"],plot=plt)
```

확률도(probability plot)는 가정된 분포와 표본의 정보에 기초한 분포가 얼마나 일치하는 지를 나타내 주는 그림으로, 데이터 값을 나타내는 점들이 확률도 상에서 직선형태로부터 크게 이탈되어 있으면 데이터의 분포가 가정된 분포와 다르다는 것을 의미한다.

〈그림 11.2〉에 제시된 정규확률도를 통해서도 Supplement 데이터에 하나의 이상값이 존재한다는 것을 알 수 있다.

11.2 단일 모집단에 대한 검정

모집단으로부터 추출된 n개의 표본에 대한 정규성 가정이 충족된다면 모평균에 대한 검정은 4.3절에서 소개한 단일표본 t-검정을 이용하면 된다. 만약 정규성 가정이 위배되더라도 표본의 크기가 충분히 크다면 중심극한정리에 의해 표본평균은 정규분포를 따르게 되므로 t-검정을 사용하는 데에는 큰 문제가 없다.

그러나 표본의 크기가 작고 표본이 정규분포를 따른다는 확신이 서지 않는다면 어떻게 해야 할 까? 이런 경우, 모수적 방법보다는 비모수적 방법의 적용을 고려하는 것이 오히려 설득력을 가지게 된다. 이제 단일 모집단에 대해 부호 및 순위를 이용하는 비모수적 검정방벙을 다루어 보도록 한다.

11.2.1 부호검정

위치모수 θ를 가지는 임의의 확률분포를 따르는 모집단으로부터 n개의 표본 $x_1, x_2, \cdots, x_n$을 얻었다고 하자. 사전에 알려져 있는 위치모수값 θ_0에 대해 귀무가설 '$H_0 : \theta = \theta_0$'와 대립가설 '$H_1 : \theta \neq \theta_0$'를 검정하는 문제를 고려해 보자.

부호검정(sign test)은 가장 오래된 비모수적 검정법으로 위의 귀무가설 H_0를 검정하기 위해 각 표본에 대해 $d_i = x_i - \theta_0$의 부호만을 이용하는 것이다. 변수 d_i가 양(+)의 값을 가지는 것들의 개수를 n^+, 그리고 음(−)의 값을 가지는 것들의 개수를 n^-라고 할 때, 검정통계량으로

$$M = \min(n^+,\ n^-) \tag{11.6}$$

를 사용한다. 귀무가설이 사실이라면 M은 이항분포 $B(n, 0.5)$를 따르고, m을 표본으로부터 구한 통계량값이라 하면 단측검정에 대한 유의확률은

$$P(M \leq m) = \sum_{k=0}^{m} \binom{n}{k} 0.5^k (1-0.5)^{n-k} = \sum_{k=0}^{m} \binom{n}{k} 0.5^n \tag{11.7}$$

로 계산된다. 또한 양측검정에 대한 유의확률은 위의 단측검정에 대한 확률을 2배로 하면 된다.

그런데 n이 클 경우에는 유의확률을 계산하는 것은 쉽지가 않다(왜냐하면 이항계수를 구할 때 계승(factorial)의 처리가 어렵기 때문이다). 이 경우 이항분포의 정규근사

$$Z = \frac{M + 0.5 - 0.5n}{0.5\sqrt{n}} \tag{11.8}$$

를 이용하여 유의확률을 표준정규분포로부터 구할 수 있다.

⟨예 11.3⟩ 부호검정과 단일표본 t-검정

```
# 부호검정
import statsmodels.stats.descriptivestats as smsd
stat, pval = smsd.sign_test(Supplement["Diff"])
pval/2   # 단측검정 p-값 = 양측검정 p-값 / 2
#-----------------------------------------------------------------
# 0.0031738281250000004
#-----------------------------------------------------------------
# 단일표본 t-검정
from scipy.stats import ttest_1samp
stat, pval = ttest_1samp(Supplement["Diff"],popmean=0)
pval/2   # 단측검정 p-값 = 양측검정 p-값 / 2
#-----------------------------------------------------------------
# 0.20247921447302547
```

⟨표 11.1⟩의 Supplement 데이터에 대하여 실험 후의 수치가 실험 전의 수치보다 커졌는지를 검정해 보자. 즉, 귀무가설 '$H_0 : \theta = 0$'와 대립가설 '$H_1 : \theta > 0$'를 고려하자. ⟨예 11.3⟩에서는 먼저 statsmodels 패키지의 sign_test 함수를 사용하여 부호검정을 수행하였다. 부호검정의 출력결과를 살펴보면 단측검정 유의확률(p-값)이 0.003이므로 귀무가설 '$H_0 : \theta = 0$'를 유의수준 5 %하에서 기각할 수 있다.

한편, 이 데이터에 대한 t-검정의 결과를 살펴보면 단측검정 유의확률이 0.202임을 볼 수 있는데, 따라서 t-검정에 의하면 귀무가설을 기각할 수 없게 된다.

사실, 이 데이터를 살펴보면 12개의 표본 중 첫 번째 표본의 경우만 실험 후의 수치가 실험 전보다 작으며(-21.7), 수치의 차이가 다른 표본들에 비해서 매우 크다는 것을 알 수 있다. 즉 첫 번째 표본은 일종의 이상값(outlier)으로 간주할 수 있는데, 이 경우 t-검정의 결과는 첫 번째 표본에 큰 영향을 받는다는 것을 알 수 있다. 반면에 부호검정에서는 부호만을 이용하기 때문에 이러한 이상값에 큰 영향을 받지 않는다.

11.2.2 부호순위검정

부호검정(sign test)은 부호만을 고려하여 검정통계량을 계산하지만, 윌콕슨(Wilcoxon)의 부호순위검정(signed rank test)은 부호와 함께 순위(rank)를 고려하여 데이터가 가지고 있는 정보를 더 많이 사용한다.

이와 같은 부호순위검정은 정규성을 가정하는 t-검정에 비해 데이터의 분포형태가 단지 대칭이라는 완화된 가정하에서 사용될 수 있는 비모수적 검정방법이다. 윌콕슨 부호순위 통계량을 구하는 절차는 다음과 같다(표 11.2 참조).

〈표 11.2〉 변수 Diff에 대한 부호, 절대순위, 부호순위

Obs	diff(d_i)	sign	rank(R_i)	signed rank	
1	-21.7	−	12	-12	
2	8.8	+	9	9	
3	9.6	+	10	10	
4	3.1	+	6	6	
5	4.1	+	8	8	
6	0.8	+	2	2	$W^+ = 66$
7	1.8	+	4	4	$S = 66 - 39 = 27$
8	3.3	+	7	7	
9	0.7	+	1	1	
10	10.3	+	11	11	
11	1.4	+	3	3	
12	2.5	+	5	5	

(1) 각 표본에 대해 $d_i = x_i - \theta_0$를 계산한다.

(2) d_i의 절댓값 $|d_i|$를 오름차순으로 나열하여 작은 것부터 순위 R_i^+를 부여한 다음 각 표본의 순위에 d_i의 부호를 붙인다. 이때 $d_i = 0$인 표본은 제외한다.

(3) 양의 부호를 가지는 순위의 합 W^+를 검정통계량으로 사용하고 W^+의 분포표에서 유의확률을 구한다.

표본크기(n)가 충분히 큰 경우에는 정규근사 방법을 이용하여 유의확률을 계산할 수도 있는데, 귀무가설 $H_0 : \theta = \theta_0$ 하에서 검정통계량 W^+의 평균과 분산은 각각

$$E(W^+) = \frac{n(n+1)}{4}, \quad Var(W^+) = \frac{n(n+1)(2n+1)}{24} \tag{11.9}$$

이 되므로 W^+를 표준화시킨 통계량

$$Z = \frac{W^+ - n(n+1)/4}{\sqrt{n(n+1)(2n+1)/24}} \tag{11.10}$$

을 사용하면 되고 유의확률은 표준정규분포에서 구하면 된다. 한편, 부호순위검정의 통계량으로 다음과 같은 S가 사용되기도 한다.

$$S = W^+ - \frac{n(n+1)}{4} \tag{11.11}$$

〈예 11.4〉 부호순위검정(Signed Rank Test)

```
from scipy.stats import wilcoxon
wilcoxon(Supplement["Diff"],alternative='greater')
#--------------------------------------------------------------------
# WilcoxonResult(statistic=66.0, pvalue=0.017085236346114703)
```

〈예 11.4〉는 scipy 패키지의 wilcoxon 함수를 사용하여 부호순위검정을 수행한 예이다. 출력결과를 살펴보면 통계량 W^+의 값이 66으로 출력되어 있고, 단측검정 유의확률(p-값)이 0.017이므로 귀무가설 '$H_0 : \theta = 0$'를 유의수준 5 %하에서 기각할 수 있다.

11.3 두 모집단에 대한 검정

독립적인 두 모집단으로부터 표본이 추출된 경우 제5장에서 설명한 독립표본 $t-$검정은 두 모집단의 분포가 모두 정규분포에 따른다는 가정 하에 유도된 방법이다. 따라서 특히 표본크기가 작을 때 정규성이나 등분산성 등의 가정이 만족스럽지 않은 경우에는 이러한 방법을 수행하는 것이 바람직하지 않을 수 있다. 이 절에서는 두 모집단으로부터 표본을 얻었을 때 모수적 방법에서 요구되는 정규성 등의 가정에 의존하지 않는 비모수적 검정을 다루어 보도록 하자.

11.3.1 독립표본의 경우 – 순위합검정

위치모수가 θ_1, θ_2인 두 개의 독립적인 모집단으로부터 추출된 표본을 각각 $x_1, x_2, \cdots, x_{n_1}$과 $y_1,\ y_2,\ \cdots\ ,\ y_{n_2}$라고 할 때, 윌콕슨의 **순위합검정**(rank sum test)은 순위를 기초로 두 모집단의 위치모수에 대한 가설검정을 수행하는 것으로서, 정규성과 같은 분포가정을 필요로 하지 않는다. 윌콕슨의 순위합 검정통계량 W를 계산하는 방법은 다음과 같다.

(1) 두 표본의 관측치를 혼합하여 크기 순으로 배열하고 차례로 순위를 매긴다.
(2) x들의 순위합 W_X와 y들의 순위합을 W_Y를 계산한다.
(3) W_X와 W_Y 중 더 작은 값을 순위합 통계량 W로 하고, W의 분포표에서 유의확률을 구한다.

표본크기(n)가 충분히 큰 경우에는 정규근사 방법을 이용하여 유의확률을 계산할 수도 있는데, W의 평균과 분산은 귀무가설 하에서 각각

$$E(W) = \frac{n_2(n_1+n_2+1)}{2}, \quad Var(W) = \frac{n_1 n_2(n_1+n_2+1)}{12}. \tag{11.12}$$

〈표 11.3〉 Mice 데이터

ID	Drug	Days	ID	Drug	Days	ID	Drug	Days
1	A	1	5	A	4	9	B	10
2	A	1	6	B	3	10	B	10
3	A	3	7	B	4	11	B	26
4	A	3	8	B	4			

가 되므로 다음과 같이 표준화된 통계량

$$Z = \frac{W - n_2(n_1 + n_2 + 1)/2}{\sqrt{n_1 n_2 (n_1 + n_2 + 1)/12}} \tag{11.13}$$

를 이용하면 된다.

한편, 맨-휘트니(Mann-Whitney)의 U 통계량은 다음과 같으며($W = W_x$인 경우)

$$U = W - \frac{n_1(n_1 + 1)}{2} \tag{11.14}$$

맨-휘트니의 U 통계량을 사용해도 윌콕슨의 W 통계량을 이용하는 것과 동일한 결과를 얻게 된다.

〈표 11.3〉의 데이터는 두 개의 약품(drug: A, B)을 각각 5마리와 6마리의 쥐에게 투여한 후 생존시간(days)을 측정한 것이다. 다음 〈예 11.5〉는 ranksums 함수를 사용하여 순위합검정을 수행한 예이다.

〈예 11.5〉 순위합검정과 독립표본 t-검정

```
import pandas as pd
Mice = pd.read_csv('/content/Mice.csv')   # 2.1.3절 참조
Mice_A = Mice[Mice.Drug=="A"]
Mice_B = Mice[Mice.Drug=="B"]
# 순위합검정
from scipy.stats import ranksums
ranksums(Mice_A.Days,Mice_B.Days)
#-----------------------------------------------------------------------
# RanksumsResult(statistic=-2.190890230020, pvalue=0.02845973691631)
#-----------------------------------------------------------------------
# 독립표본 t-검정
from statsmodels.stats.weightstats import ttest_ind
stat, pval, df = ttest_ind(Mice_A.Days,Mice_B.Days,
                           alternative='two-sided',usevar='pooled')
```

```
pval
#------------------------------------------------------------------------
# 0.1057074769720004
```

⟨예 11.5⟩에서 순위합검정의 출력결과를 살펴보면 W의 분포로부터 구한 양측검정 유의확률(p-값)은 0.028로서 유의수준 5%에서 귀무가설을 기각하여 "두 약품에 대한 평균 생존시간이 동일하지 않다"고 결론지을 수 있다.

한편, 이 데이터에 대해 독립표본 t-검정을 수행하면 유의확률 0.106를 얻을 수 있는데, 따라서 t-검정에 의하면 유의수준 5 %하에서 귀무가설을 기각할 수 없게 된다.

11.3.2 대응표본의 경우 – 부호순위검정

정규모집단으로부터 n개의 대응표본 (x_1, y_1), $(x_2, y_2), \cdots$, (x_n, y_n)을 얻었을 때, 두 반응값의 평균에 대한 가설 '$H_0 : \mu_x = \mu_y$'의 검정은 $H_0 : \mu_d = 0$(여기서 $\mu_d = \mu_x - \mu_y$)을 검정하는 것과 같기 때문에, 두 반응값의 차이 $d_i = x_i - y_i (i = 1, \cdots, n)$를 이용하여 일표본에 대한 모평균의 검정(일표본 $t-$검정)을 수행하면 된다는 것을 6.2절에서 설명한 바 있다. 마찬가지로 대응표본에 의한 비모수적 검정은 d_i의 부호 및 순위를 고려하면 일표본에서 위치모수를 검정하는 문제와 동일하므로 11.2절의 검정방법을 그대로 이용하면 된다.

⟨예 11.6⟩ 부호순위검정(Signed Rank Test)

```
wilcoxon(Supplement["Pre"],Supplement["Post"],alternative='less')
#------------------------------------------------------------------------
# WilcoxonResult(statistic=12.0, pvalue=0.017085236346114703)
```

⟨예 11.6⟩은 ⟨표 11.1⟩의 Supplement 데이터에 대하여 부호순위검정을 수행한 예이다. 출력결과를 살펴보면 단측검정 유의확률(p-값)이 0.017이므로 귀무가설 '$H_0 : \theta = 0$'를 유의수준 5 %하에서 기각할 수 있다.

11.3.3 척도모수의 동일성 검정

분산의 동일성에 대한 가설 $H_0 : \sigma_1^2 = \sigma_2^2$와 $H_1 : \sigma_1^2 \neq \sigma_2^2$를 검정하기 위해서는 6.5절에서 설명한 바와 같이 모수적 방법인 F-검정을 사용하면 되지만, 이러한 F-검정의 기본 가정에도 역시 정규성이 포함되어 있다. 여기에서는 비모수적인 방법에 의해 두 척도모수의 동일성을 검정하는 문제를 생각해 보도록 하자.

가설 $H_0 : \sigma_1^2 = \sigma_2^2$를 검정하는 것은 $H_0 : \eta(= \sigma_1^2/\sigma_2^2) = 1$을 검정하는 것과 같으며, 두 모집단의 위치모수의 차 $\theta_1 - \theta_2$가 알려져 있는 경우에 이 가설을 검정하기 위해 사용할 수 있는 대표적인 검정방법으로는 앤사리-브래들리(Ansari-Bradley) 검정을 들 수 있다. 앤사리-브래들리 검정을 수행하는 절차를 알아보면 다음과 같다.

두 모집단으로부터 얻은 표본들의 관측치를 혼합하여 작은 값부터 크기순으로 나열한 뒤 제일 작은 값과 큰 값에는 순위 1을, 두 번째 작은 값과 큰 값에는 순위 2를 부여한다. 이런 방식으로 모든 관측치에 순위를 매긴다. 그런 다음 R_i를 i번째 관측치 x_i에 부여된 순위라 하고 이들 순위를 다 합한 $T_{AB} = \sum_{i=1}^{n_1} R_i$를 검정통계량으로 사용한다.

유의수준 $\alpha\%$ 하에서의 검정규칙은 다음과 같다. 단측검정의 경우 $H_1 : \eta > 1$에 대해서 $T_{AB} \geq t_{AB,n_1,n_2}(\alpha/2)$이면 귀무가설을 기각하고, $H_1 : \eta < 1$에 대해서 $T_{AB} < t_{AB,n_1,n_2}(1-\alpha/2)$이면 귀무가설을 기각한다. 양측검정의 경우에는 귀무가설을 $T_{AB} \geq t_{AB,n_1,n_2}(\alpha/2)$ 또는 $T_{AB} < t_{AB,n_1,n_2}(1-\alpha/2)$이면 기각하게 된다. 여기서 $t_{AB,n_1,n_2}(\alpha/2)$는 표본의 크기가 n_1,n_2일 때 귀무가설 하에서 검정통계량의 분포에서 상위 100α 백분위수를 나타내고 이 값은 T_{AB}의 분포표에서 찾으면 된다.

표본크기(n)가 충분히 큰 경우에는 정규근사 방법을 이용하여 유의확률을 계산할 수도 있는데, n이 짝수인 경우에는 다음 통계량을

$$T_{AB}^* = \frac{T_{AB} - n_1(n+2)/4}{\sqrt{n_1 n_2 (n+2)(n-2)/48(n-1)}}, \tag{11.15}$$

그리고 n이 홀수인 경우에는 다음 통계량을

$$T_{AB}^* = \frac{T_{AB} - n_1(n+1)^2/4n}{\sqrt{n_1 n_2 (n+2)(n^2+3)/48n^2}} \tag{11.16}$$

사용하여 검정하면 된다.

⟨예 11.7⟩ 앤사리-브래들리 검정

```
import pandas as pd
Perfume = pd.read_csv('/content/Perfume.csv')   # 2.1.3절 참조
Perfume_A = Perfume[Perfume.Company=="A"]
Perfume_B = Perfume[Perfume.Company=="B"]
from scipy.stats import ansari
ansari(Perfume_A.Weight,Perfume_B.Weight)
#-----------------------------------------------------------------------
# AnsariResult(statistic=35.0, pvalue=0.9173271173271174)
```

〈표 11.4〉 Perfume 데이터 (첫 10개, $n = 16$)

ID	Company	Weight	ID	Company	Weight
1	A	117.10	6	A	124.50
2	A	121.30	7	A	119.50
3	A	127.80	8	A	115.10
4	A	121.90	9	B	123.50
5	A	117.40	10	B	125.30

두 회사(company; A, B)에서 제조한 계피향료의 무게를 조사한 데이터(표 11.4)에 대하여 무게(weight)의 분산이 같은지를 알아보고자 한다. 〈예 11.7〉은 scipy 패키지의 ansari 함수를 사용하여 앤사리-브래들리 검정을 수행한 것이다. 출력결과를 살펴보면 검정통계량은 35로 계산이 되었고 양측검정 유의확률(p-값)이 0.917이므로 유의수준 5 %하에서 귀무가설을 채택하게 된다. 따라서 두 회사에서 제조한 향료 무게의 분산은 다르지 않다고 할 수 있다.

앤사리-브래들리 검정 이외에도 무드(Mood) 검정, 시켈-튜키(Siegel-Turkey) 검정, 정규점수(normal scores) 검정 등의 검정법이 제안되어 있고, 두 위치모수의 차이가 알려져 있지 않은 경우에 적용할 수 있는 검정으로는 모제스 검정(Moses test)이 있다.

11.4 독립 k-표본에 대한 검정

두 독립표본에 의한 윌콕슨의 순위합검정을 $k(\geq 2)$개의 독립표본에 의한 위치모수의 차이를 검정하는 문제로 확장한 것이 **크러스칼-왈리스**(Kruskal-Wallis) 검정이다. 즉 크러스칼-왈리스 검정은 앞 장에서 설명한 일원분류 분산분석에 대응되는 비모수적 검정 방법이라고 할 수 있으며, 등분산성 또는 정규성과 같은 가정을 필요로 하지 않는다.

n_j개의 표본 $x_{i1}, x_{i2}, \cdots, x_{in_j}$가 위치모수 θ_j를 가지는 k개의 모집단에서 각각 추출되었다고 하자($j = 1, 2, \cdots, k$). 이 경우 관심이 되는 가설 중 하나는 $H_0 : \theta_1 = \theta_2 = \cdots \theta_k$이고, 이를 검정하기 위한 크러스칼-왈리스 통계량은 다음의 절차에 따라 계산된다. 먼저, 모든 표본들의 관측치를 혼합하여 제일 작은 것부터 제일 큰 것까지 크기순으로 나열한 뒤 순위를 매긴다. R_{ij}를 x_{ij}의 순위라 하면 각 집단별 순위 합 $R_{\cdot j} = \sum_{i=1}^{n_j} x_{ij}$을 구한 다음

$$T_{KW} = \frac{12}{n(n+1)} \sum_{j=1}^{k} \frac{R_{\cdot j}^2}{n_j} - 3(n+1) \tag{11.17}$$

을 검정통계량으로 사용한다.

〈표 11.5〉 Fly 데이터

ID	Type	Effect	ID	Type	Effect	ID	Type	Effect
1	A	72	7	B	55	13	C	64
2	A	65	8	B	59	14	C	74
3	A	67	9	B	68	15	C	61
4	A	75	10	B	70	16	C	58
5	A	62	11	B	53	17	C	51
6	A	73	12	B	50	18	C	69

유의수준 α% 하에서 $T_{KW} \geq c(\alpha)$이면 귀무가설을 기각하게 되는데, $c(\alpha)$는 귀무가설 하의 T_{KW}분포에서 100α가 되는 백분위수로 크러스칼-왈리스 분포표에서 구할 수 있다. 그러나 분포표에 제시되어 있는 값들은 극히 제한적이어서 대개의 경우에는 $\min(n_1, \cdots, n_k)$가 충분히 클 때 귀무가설 H_0 하에서 크러스칼-왈리스 통계량 T_{KW}가 자유도 $k-1$인 카이제곱분포를 따른다는 사실을 이용하여 검정하게 된다.

〈표 11.5〉는 세 종류의 파리약(Type; A, B, C)의 살충효과(Effect, %)를 조사한 데이터이다. 즉, 파리약의 각 종류별로 6번씩의 독립적인 실험을 통해 자료를 수집하였다. 다음 〈예 11.8〉은 이 데이터에 대하여 파리약의 종류에 따른 살충효과의 차이가 있는지를 알아보고자 크러스칼-왈리스 검정을 수행한 것이다.

〈예 11.8〉 크러스칼-왈리스 검정

```
import pandas as pd
Fly = pd.read_csv('/content/Fly.csv')    # 2.1.3절 참조
Fly_A = Fly[Fly.Type=="A"]
Fly_B = Fly[Fly.Type=="B"]
Fly_C = Fly[Fly.Type=="C"]
from scipy.stats import kruskal
kruskal(Fly_A.Effect,Fly_B.Effect,Fly_C.Effect)
#----------------------------------------------------------------------
# KruskalResult(statistic=4.3625730994152, pvalue=0.112896190605894)
```

위의 출력결과를 살펴보면 크러스칼-왈리스 검정통계량의 값은 4.363이고 유의확률(p-값)이 0.113이므로 유의수준 5 %하에서 귀무가설 $H_0 : \theta_1 = \theta_2 = \cdots \theta_k$을 기각할 수가 없다는 것을 알 수 있다. 따라서 파리약의 종류에 따른 살충효과의 위치모수들에는 유의한 차이가 없다고 할 수 있다.

11.5 이 장에서 사용된 주요 함수들

여기에서는 이 장에서 사용된 주요 함수들에 대하여 사용형식(usage)과 자주 사용되는 인수(argument)들을 설명한다. 보다 자세한 사항은 파이썬의 도움말을 참조하여라.

☐ **ansari 함수 (scipy 패키지)**

- ansari(X,Y): 두 척도모수의 동일성에 대한 비모수검정을 수행한다.

◦ X, Y: 비교할 두 데이터(array)를 각각 지정한다.
◦ 이 함수는 앤사리-브래들리 검정통계량과 유의확률을 출력한다.

☐ **kruskal 함수 (scipy 패키지)**

- kruskal(X,Y,Z,$\cdots$): 크러스칼-왈리스 검정을 수행한다.

◦ X, $\cdots$: 비교할 데이터(array)를 나열하여 지정한다.
◦ 동점이 있을 경우를 보정한 통계량과 카이제곱분포를 이용한 유의확률을 출력한다.

☐ **ranksums 함수 (scipy 패키지)**

- ranksums(x,y): 두 독립표본에 대한 Wilcoxon 순위합검정을 수행한다. 이 함수는 검정통계량과 p-값을 출력하며, 검정통계량은 대표본하에서 근사적으로 정규분포에 따른다.

◦ x, y: 검정을 수행할 두 표본을 지정한다.

☐ **wilcoxon 함수 (scipy 패키지)**

- wilcoxon(x,y,$\cdots$): 대응표본에 대한 부호순위검정을 수행한다.

◦ x, y: 변수 x와 y를 지정한다.
◦ alternative=: "two-sided"(양측검정), "less"(왼쪽 단측검정), "greater"(오른쪽 단측검정)을 지정한다. 기본값: alternative="two-sided".
◦ 이 함수는 검정통계량과 유의확률을 출력한다.

11.6 연습문제

1. 17명의 정상인에 대해 피부생체조직의 아연집중도를 조사하여 다음의 데이터를 얻었다(단위: μ/g). 아연집중도는 정규분포를 따른다고 할 수 있는지를 알아보기 위해 적합도 검정을 실시하여라.

아연집중도	437 358 72 43 107 223 60 72 54 35 70 20 34 24 24 51 23

2. 한 페인트 제조업자는 새로운 첨가제를 넣어서 만든 자사 페인트가 기존의 다른 페인트보다 더 빨리 마른다고 주장한다. 이를 확인해 보기 위해 12개씩의 페인트를 임의로 추출하여 마르는 시간을 조사해 보았더니 다음과 같은 데이터를 얻었다. t-검정과 윌콕슨의 순위합검정을 이용하여 이 데이터를 분석하여라.

기존의 페인트	6.6 5.8 7.8 5.7 6.0 8.4 8.8 8.4 7.3 5.8 5.8 6.5
새로운 페인트	6.4 5.8 7.4 5.5 6.3 7.8 8.6 8.2 7.0 4.9 5.9 6.5

3. 문제 2의 데이터에 대하여 앤사리-브래들리 검정을 이용하여 두 페인트의 건조시간의 분산에 차이가 있는지를 검정하여라.

4. 다음은 세 그룹의 학생들에게 시험을 치른 다음 얻은 성적에 관한 데이터이다. 일원분류 분산분석과 크러스칼-왈리스 검정을 이용하여 이 데이터를 분석하여라.

A 그룹	772 764 600 564
B 그룹	792 612 592
C 그룹	752 680 624 580 572

제 12 장
통계분석을 넘어 – 데이터사이언스

지금까지 통계적 방법론을 이용한 데이터 분석에 대하여 설명하였다. 통계학은 모든 학문분야에서 데이터를 이용한 과학적 의사결정에 사용되어 왔다. 또한 최근 4차 산업혁명과 함께 데이터의 중요성이 부각되고 있으며, 빅데이터(big data)를 비롯하여 기계학습(machine learning), 데이터사이언스(data science), 딥러닝(deep learning), AI (artificial intelligence) 등이 데이터에 기반한 미래형 선도기술로 관심을 받고 있다. 이와 같은 상황에서 우리가 주목해야 할 점은 통계학을 모르고서는 이러한 기술들을 이해하기 어렵다는 것이다. 그리고 통계학을 공부한 사람들이라면 이들 데이터-기반 기술에 관심을 가져야할 필요가 있다.

전통적인 통계적 방법과 최근 등장하고 하고 있는 기계학습과 같은 방법론들은 그 접근 방법에서 차이가 있다. 예를 들어, 컴퓨터의 계산 능력을 이용한 기계학습 방법들은 분포에 대한 가정과 p-값 등의 통계적 이론보다는 알고리즘(algorithm)에 집중한 방법론이라고 할 수 있다(그렇다고 수리적 바탕이 없는 것은 아니다).

이 장에서는 데이터 분석의 시각에서 데이터사이언스와 기계학습의 개념에 대해서 간단히 소개하고자 한다. 또한 실제 데이터를 이용하여 데이터사이언스의 과정을 개략적으로 살펴볼 것이다.

12.1 데이터사이언스

데이터사이언스(data science)는 최근 등장한 용어로서 그 정의와 개념이 분야에 따라 다양하다. 데이터를 통해 실제 현상을 이해하고 분석하는 통계학 및 기계학습 등의 데이터 분석과 연관된 방법론의 통합으로 정의되기도 하고, 정형(전통적 숫자 데이터) 및 비정형(사진, 텍스트 등) 형태의 다양한 데이터를 측정하는 기술, 데이터베이스에 데이터를 저장하는 기술, 데이터 분석을 통해 정보를 추출하는 기술 등을 포괄하는 일련의 프로세스로 이해되기도 한다. 여기에서는 데이터 분석을 이용한 과학적 의사결정의 관점에서 데이터사이언스를 접근하고자 한다.

데이터사이언스라는 용어는 데이터마이닝(data mining) 또는 빅데이터(big data)의 개념을 보다 확장한 것으로 볼 수 있다. 여기에는 비정형 데이터에 대한 처리와 분석 등이 포함되는데, 비정형 데이터는 숫자로 이루어진 정형 데이터와는 달리 문서, 사진, 영상 등과 같이 형태와 구조가 복잡해서 정형화되지 않은 데이터를 의미한다. 한편, 단순히 데이터를 분석하여 정보를 추출하는 데 머무르지 않고, 데이터에 기반하여 적극적으로 현장의 문제를 해결하고 대안을 제시하는 사람을 데이터과학자(data scientist, 데이터사이언티스트)라고 한다.

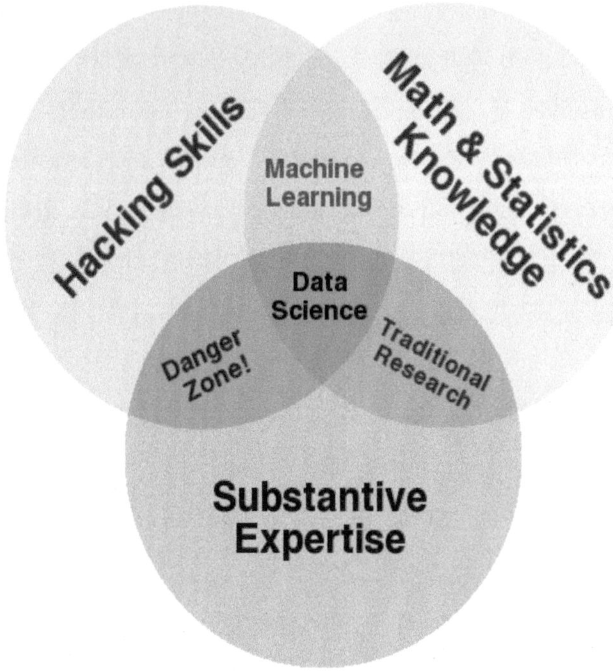

〈그림 12.1〉 데이터사이언스 다이어그램

진정한 데이터사이언티스트가 되기 위해서는 문제를 정의하고, 이를 해결하기에 적절한 데이터의 수집 및 분석을 수행하며, 그 결과를 현장의 지식과 결합하여 대안을 제시할 수 있어야 한다.

〈그림 12.1〉은 이러한 데이터사이언스의 특성을 잘 표현해주는 다이어그램이다.[1] 즉, 컴퓨터를 다루는 능력(hacking skill), 수리 통계학적 지식(math & statistical knowledge), 현장의 전문지식(substantive expertise)이 함께 만나는 영역에 데이터사이언스가 존재한다. 데이터사이언스는 이렇게 여러 분야에 대한 전문 지식을 필요로 하는 것이다.

위의 다이어그램에서 한 가지 유념해서 보아야 할 부분은 왼쪽 중간의 위험지역(danger zone!)으로 나타난, '컴퓨터 능력'과 '현장의 지식'이 만나는 부분이다. 즉, 통계학적 지식 없이 컴퓨터를 다루는 기술만으로 현장의 문제를 풀려고 했을 때 나타날 수 있는 오류의 위험을 지적한 것이다. 이는 앞에서 다루어 왔던 통계적 데이터 분석에 대한 학습의 중요성을 알 수 있는 부분이다. 또한 기계학습(machine learning)은 '컴퓨터 능력'과 '통계적 지식'이 만나는 부분에 있으며, 이를 위해서는 컴퓨터를 다루는 능력과 통계학적 지식이 함께 요구된다고 할 수 있다.

[1]출처: http://drewconway.com/zia/2013/3/26/the-data-science-venn-diagram

12.2 기계학습

기계학습(machine learning)은 그 이름에서 알 수 있듯이 "기계(컴퓨터)가 사람처럼 학습을 하여 스스로 법칙을 만들어내고 행동할 수 있지 않을까?"하는 시도에서 비롯된 것이다. 어린 아이가 시행착오(trial and error)를 통해 걸음마를 배워 미래에 달리기 선수가 되듯이, 컴퓨터가 현실에서 측정된 데이터를 이용하여 학습함으로써 사람과 유사한 결과, 나아가 더 뛰어난 결과를 만들어 낼 수 있도록 하는 데 그 목적이 있다.

여기에서 중요한 것은 바로 데이터이다. 학습을 시키기 위한 데이터가 올바르지 않으면 좋은 결과를 만들어 낼 수 없다. 구글과 페이스북을 비롯한 많은 기업들이 양질의 데이터의 수집에 집중하는 이유다. 이러한 상황은 데이터를 과학적으로 수집하고 분석하는 통계학과 공통적인 부분이다. 통계학은 양질의 데이터 생성 및 수집과 관련된 많은 이론 및 방법론을 발전시켜왔다. 또한 최근에는 통계모형(statistical model)을 만드는 과정을 기계학습과 유사하게 통계적 학습(statistical learning)이라고도 한다. 기계학습과 통계적 학습의 경계가 허물어지고 있는 것이다.

여러분은 알파고(AlphaGo)를 들어본 적이 있는가? 몇 년 전 인공지능 알파고가 이세돌 9단에 승리하며 한국인에게(나아가 인간에게) 큰 충격을 안겨주었다. 컴퓨터가 인간의 기보(棋譜), 즉 바둑을 둔 기록을 대량으로 학습함으로써 인간의 흉내를 넘어 인간에 승리함으로써 기계학습의 가능성을 확인한 순간이었다. 알파고에 적용되어 주목 받고 있는 딥러닝(deep learnig)은 기계학습의 방법론 중 하나인 인공신경망(neural network)을 고도화한 것으로 이해할 수 있다. 즉, 기계학습은 딥러닝 방법론과 AI(artificial intelligence, 인공지능)를 포괄하는 더 큰 개념으로 이해될 수 있다.

실제 문제에 적용되는 기계학습 방법들은 매우 다양하다. 흔히 사용되는 방법으로는 로지스틱회귀분석, 의사결정나무(결정트리), 랜덤포레스트, 서포트벡터머신, 인공신경망, k-근접이웃 등이 있다. 이러한 방법들에 대한 설명은 관련 문헌들을 참조하기 바란다.[2]

12.3 데이터사이언스 사례

이 절에서는 실제 데이터를 이용하여 데이터사이언스 방법론을 간단히 소개할 것이다. 여기에서 제시하는 사례를 통해 앞에서 학습한 데이터분석 방법들뿐만 아니라 다양한 통계모형과 기계학습모형을 연습해 볼 수 있을 것이다.

[2]예를 들어, "강현철 등(2014). 〈빅데이터 분석을 위한 데이터마이닝 방법론 – SAS Enterprise Miner 활용사례를 중심으로〉, 자유아카데미"를 참고하여라.

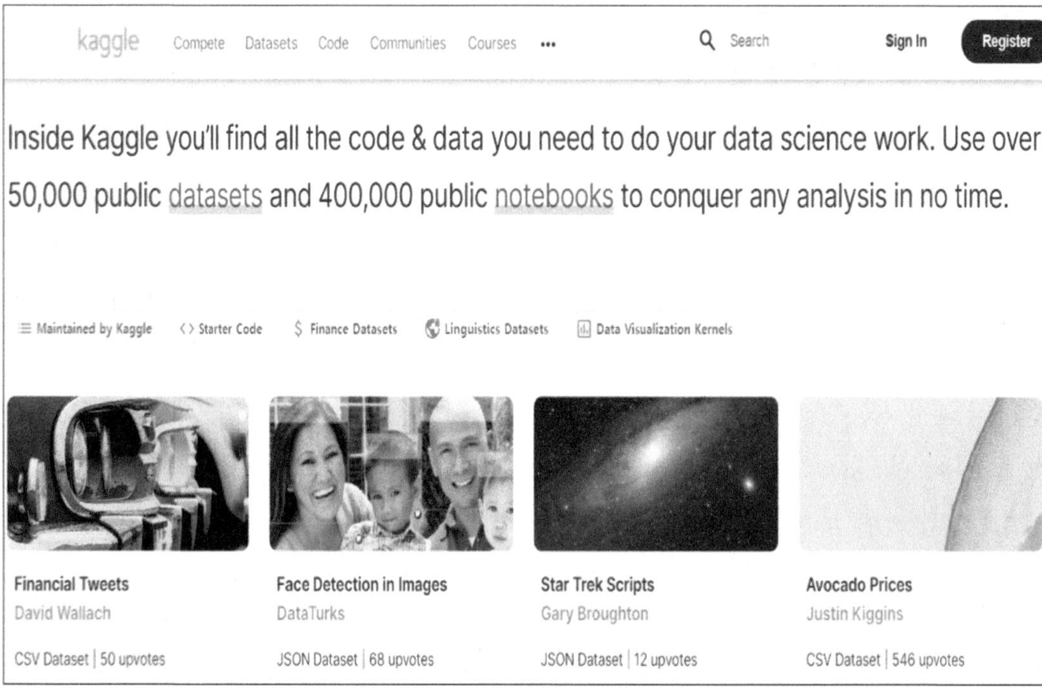

〈그림 12.2〉 Kaggle 홈페이지(www.kaggle.com)

여기에서 다룰 데이터는 캐글(Kaggle)에서 진행된 타이타닉(Titanic) 기계학습 대회에서 제공된 데이터이다. 참고로 캐글은 2010년 설립된 예측모델 및 분석 대회 플랫폼이다. 이 플랫폼에 기업 및 단체에서 데이터와 해결과제를 등록하면, 데이터사이언티스트들이 이 문제를 해결하는 모델을 개발하고 경쟁에 참여하게 된다. 일반적으로 타이타닉 기계학습 대회와 같은 공모전의 데이터 분석을 위해서는 다음의 7단계를 거치게 된다.

(1) 문제 정의
(2) 데이터 수집
(3) 데이터 정제 및 탐색
(4) 데이터 수정 및 파생변수 생성
(5) 예측모형 개발
(6) 최종 결과 및 보고서 작성
(7) 결과 제출

물론 위의 순서대로 반드시 분석이 진행되어야 하는 것은 아니다. 특정 단계는 빠질 수도 있고, 특정 단계는 여러번 반복될 수도 있으며, 순서 또한 달라질 수 있음에 주의하여라. 이제 본격적으로 타이타닉 데이터를 분석하여 예측모형을 만들어보자.

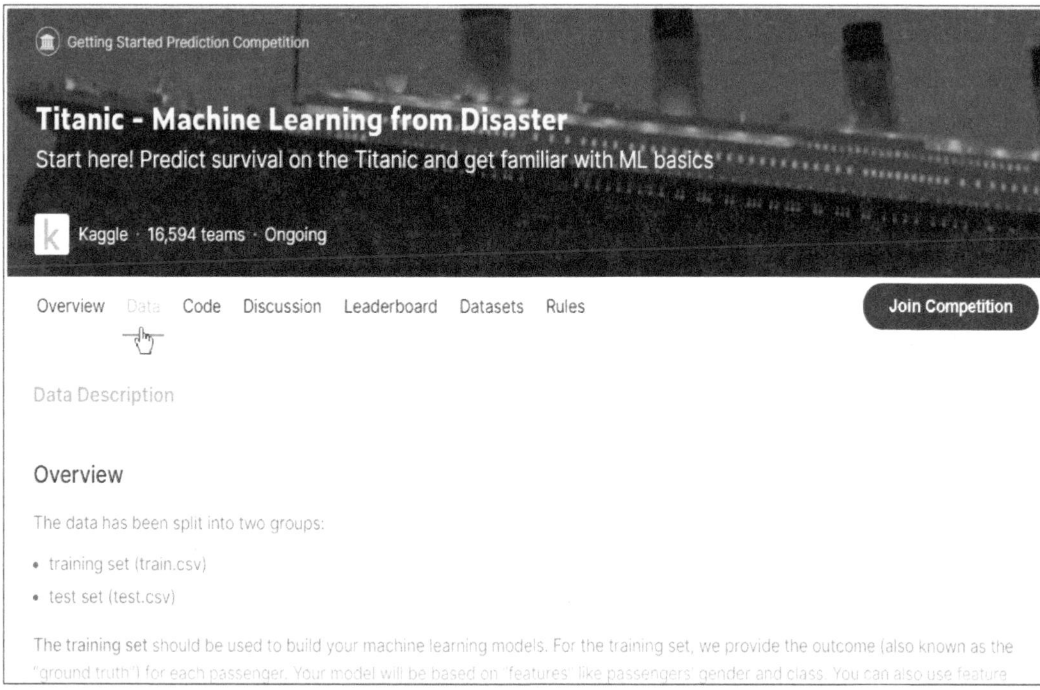

〈그림 12.3〉 Titanic 데이터(www.kaggle.com/c/titanic/overview)

12.3.1 문제 정의

타이타닉호의 침몰은 역사상 가장 악명 높은 난파 사건 중 하나이다. 1912년 4월 15일, 타이타닉호가 처녀 항해 중에 널리 알려진대로 빙산과 충돌한 후 침몰하였다. 안타깝게도 탑승한 보든 사람을 위한 구명정이 충분하지 않아 승객과 승무원 2,224명 중 1,502명이 사망하였다. 이는 32% 생존율에 해당한다. 사고에서의 생존 여부는 우연(행운)의 요소도 있었지만, 여성, 어린이, 상류층과 같은 일부 사람들은 다른 사람들보다 생존한 비율이 더 큰 것으로 알려져 있다.

이 대회의 목적은 승객 데이터(예: 이름, 나이, 성별, 사회 경제적 등급 등)을 사용하여 "어떤 사람들이 생존할 가능성이 더 높은가?"라는 질문에 답할 수 있는 예측모형을 구축하는 것이다.

12.3.2 데이터 수집

이 대회에서 제공하고 있는 분석 데이터는 이름, 나이, 성별, 사회 경제적 클래스 등과 같은 승객 정보를 포함하는 두 개의 유사한 데이터 세트이다. 하나의 데이터 세트는 'train.csv'이고 다른 하나는 'test.csv'이다.

〈표 12.1〉 Titanic 데이터의 변수 설명

변수 이름	설명	값
PassengerId	승객 번호	
Survived	생존 여부	0: 사망, 1: 생존
Pclass	티켓 등급	1: 1st, 2: 2nd, 3: 3rd
Name	승객 이름	
Sex	성별	male: 남자, female: 여자
Age	나이	
SibSp	승선한 형제 자매 및 배우자 수	
Parch	승선한 부모 및 자녀 수	
Ticket	티켓 번호	
Fare	티켓 요금	
Cabin	객실 번호	
Embarked	승선한 항구	C: Cherbourg, Q: Queenstown, S: Southampton

데이터셋 'train.csv'에는 일부 승객(891명)에 대한 세부 정보가 주어져 있으며, 승객들의 생존 여부가 포함되어 있다. 데이터셋 'test.csv' 데이터에는 유사한 정보가 포함되어 있지만, 각 승객의 생존 여부에 대한 정보는 포함되어 있지 않다. 이 데이터에 대하여 생존 여부를 예측하는 것이 대회의 참가자가 해야 할 일인 것이다. 즉, 'train.csv' 데이터에서 찾은 패턴을 사용하여 다른 418명의 승객(test.csv)이 생존했는지를 예측하는 것이다. 물론 가장 잘 예측한 참가자가 대회에서 우승을 하게 된다.

데이터는 캐글(Kaggle)에서 다운로드할 수 있으며, 여기에서는 데이터의 이름을 명확히 하기 위해 원래 데이터의 이름에 'titanic'을 붙여서 저장하였다(titanic_train.csv, titanic_test.csv). 각 데이터는 파이썬의 판다스 패키지를 이용하여 불러오면 된다.

12.3.3 데이터 탐색

본격적인 분석에 앞서 수집한 데이터에 대해 살펴보는 단계이다. 일반적으로 수집된 데이터가 완전무결한 경우는 없으므로 분석에 적합한 형태로 사전작업(pre-processing)을 수행하는 과정이 필요하다. 이를 위해 오류값, 결측값, 이상치 등을 중심으로 데이터를 탐색하고 필요한 경우 자룟값을 수정해야 한다.

〈예 12.1〉 데이터 불러오기 및 데이터 확인

```
import pandas as pd
train = pd.read_csv("/content/titanic_train.csv")   # 2.1.3절 참조
test = pd.read_csv("/content/titanic_test.csv")
train.info()
#----------------------------------------------------------------------
# RangeIndex: 891 entries, 0 to 890
# Data columns (total 12 columns):
#  #   Column       Non-Null Count  Dtype
# ---  ------       --------------  -----
#  0   PassengerId  891 non-null    int64
#  1   Survived     891 non-null    int64
#  2   Pclass       891 non-null    int64
#  3   Name         891 non-null    object
#  4   Sex          891 non-null    object
#  5   Age          714 non-null    float64
#  6   SibSp        891 non-null    int64
#  7   Parch        891 non-null    int64
#  8   Ticket       891 non-null    object
#  9   Fare         891 non-null    float64
#  10  Cabin        204 non-null    object
#  11  Embarked     889 non-null    object
# dtypes: float64(2), int64(5), object(5)
# memory usage: 83.7+ KB
#----------------------------------------------------------------------
train.head(n=7)
#----------------------------------------------------------------------
#   PassengerId Survived Pclass Name
# 0 1           0        3      Braund, Mr. Owen Harris
# 1 2           1        1      Cumings, Mrs. John Bradley (Florence .
# 2 3           1        3      Heikkinen, Miss. Laina
# 3 4           1        1      Futrelle, Mrs. Jacques Heath (Lily ...
# 4 5           0        3      Allen, Mr. William Henry
# 5 6           0        3      Moran, Mr. James
# 6 7           0        1      McCarthy, Mr. Timothy J
#
#      Sex  Age SibSp Parch             Ticket    Fare Cabin Embarked
# 0   male 22.0     1     0          A/5 21171  7.2500   NaN        S
# 1 female 38.0     1     0           PC 17599 71.2833   C85        C
# 2 female 26.0     0     0   STON/O2. 3101282  7.9250   NaN        S
# 3 female 35.0     1     0             113803 53.1000  C123        S
# 4   male 35.0     0     0             373450  8.0500   NaN        S
# 5   male  NaN     0     0             330877  8.4583   NaN        Q
# 6   male 54.0     0     0              17463 51.8625   E46        S
```

〈예 12.1〉은 타이타닉 데이터를 읽고 판다스의 info 함수를 사용하여 읽은 데이터의 기본정보를 출력한 것이다. 데이터 프레임 'train'(훈련 데이터)은 승객 891명에 대한 12개의 변수를 포함하고 있음을 알 수 있다.

또한 변수들의 형태를 살펴보면 숫자형과 문자형 변수들로 구성되어 있음을 알 수 있다. 즉, PassengerId, Survived, Pclass, SibSp, Parch는 정수형 숫자(int64), Age, Fare는 실수형 숫자(float64), 나머지는 문자형 변수(object)임을 알 수 있다. 특히 Non-Null Count 열은 각 변수에 대해 결측값이 아닌 값들의 빈도를 나타내는데, Cabin > Age > Embarked 순으로 결측값이 많이 포함되어 있다. 예를 들어, 변수 Cabin은 약 23 %(=204/891)의 개체만 값을 가지고 있어 77 %가 결측임을 볼 수 있다.

〈예 12.1〉와 같이 head 함수를 이용하여 데이터의 일부를 살펴봄으로써, 데이터에 포함되어 있는 값들을 살펴보고 분석에 주의해야 할 점을 개략적으로 파악할 수 있다. 예를 들어, 변수 Ticket과 Cabin에는 숫자값과 문자값이 혼합되어 있으며 결측값(NaN) 또한 포함되어 있음을 확인할 수 있다. 그리고 변수 Name에는 괄호와 콤마 등이 포함되어 있으며 Mr. 및 Mrs.와 같은 호칭 정보도 함께 포함되어 있다.

〈예 12.2〉 기초통계량 출력

```
train.describe().round(2)
#-----------------------------------------------------------------------
#     PassengerId Survived Pclass    Age  SibSp  Parch   Fare
# count  891.00     891.00 891.00 714.00 891.00 891.00 891.00
# mean   446.00       0.38   2.31  29.70   0.52   0.38  32.20
# std    257.35       0.49   0.84  14.53   1.10   0.81  49.69
# min      1.00       0.00   1.00   0.42   0.00   0.00   0.00
# 25%    223.50       0.00   2.00  20.12   0.00   0.00   7.91
# 50%    446.00       0.00   3.00  28.00   0.00   0.00  14.45
# 75%    668.50       1.00   3.00  38.00   1.00   0.00  31.00
# max    891.00       1.00   3.00  80.00   8.00   6.00 512.33
#-----------------------------------------------------------------------
train[["Age","Fare"]].describe(percentiles=[.1,.3,.5,.7,.9,.99])
train.describe(include=["object"])   # 범주형 변수
#-----------------------------------------------------------------------
#                         Name    Sex Ticket          Cabin Embarked
# count                    891    891    891            204      889
# unique                   891      2    681            147        3
# top     Sagesser, Mlle. Emma   male   1601    C23 C25 C27        S
# freq                       1    577      7              4      644
```

이제 데이터에 대한 기본적인 탐색을 진행하여 보자. ⟨예 12.2⟩는 데이터에 포함되어 있는 변수들에 대한 기초통계량을 출력한 것이다.

먼저, 표본크기는 891명으로 타이타닉에 탑승한 실제 승객수인 2,224명의 40 %이다. 생존 여부를 나타내는 Survived 변수는 0 또는 1 값을 가지는 이항형(binary)이며, 평균을 살펴보면 0.383으로 나타나 실제 생존율 32%와 가까운 약 38%의 승객이 생존하였다. 승선한 가족수를 나타내는 SibSp과 Parch 변수를 보면, 중위값이 0으로 대부분의 승객은 배우자, 부모, 자녀와 함께 여행하지 않은 것으로 나타났다. 티켓 요금인 Fare의 분포는 평균이 32달러, 3사분위수가 31달러, 최댓값이 512달러로 나타나 오른쪽으로 긴 꼬리를 가진다. 그리고 500달러 이상 지불한 승객은 거의 없다. Age(나이) 변수는 3사분위수가 38세, 최댓값이 80세로 노인 승객의 비율은 낮게 나타난다. ⟨예 12.2⟩에서 Age와 Fare의 백분위수(percentile)를 계산하는 코드를 실행하면 자세한 분포를 확인할 수 있다.

다음으로 범주형 변수의 분포를 살표보자. Name은 이름을 나타내므로 고유한 빈도와 전체 빈도가 일치한다(count=unique=891). Sex는 2개의 값을 가지며 남성(male)이 65 %(=577/891)이다. 객실 번호를 나타내는 Cabin의 값은 중복이 있으며 여러 승객이 객실을 공유한 것으로 보인다. Embarked는 세 가지의 가능한 값을 취하며 승객의 72 %(=644/891)는 Southhampton에서 승선하였다. 티켓 번호를 나타내는 Ticket 변수는 의외로 unique 값이 전체 데이터 수보다 작은 681이며, 중복 값의 비율이 24 %(=1- 681/891)로 다소 높게 나타난다.

⟨예 12.3⟩ 범주별 Survived의 비율 탐색

```
train[["Pclass","Survived"]].groupby(["Pclass"]).mean(). \
     sort_values(by="Survived",ascending=False)
#-----------------------------------------------------------------------
#           Survived
# Pclass
# 1         0.629630
# 2         0.472826
# 3         0.242363
#-----------------------------------------------------------------------
train[["Sex","Survived"]].groupby(["Sex"],as_index=False).mean(). \
     sort_values(by="Survived",ascending=False)
#-----------------------------------------------------------------------
#           Survived
# Sex
# female    0.742038
# male      0.188908
#-----------------------------------------------------------------------
```

```
train[["Embarked","Survived"]].groupby(['Embarked']).mean(). \
     sort_values(by='Survived',ascending=False)
#-------------------------------------------------------------------
#             Survived
# Embarked
# C           0.553571
# Q           0.389610
# S           0.336957
#-------------------------------------------------------------------
train[["SibSp","Survived"]].groupby(["SibSp"]).mean(). \
     sort_values(by="Survived",ascending=False)
#-------------------------------------------------------------------
#             Survived
# SibSp
# 1           0.535885
# 2           0.464286
# 0           0.345395
# 3           0.250000
# 4           0.166667
# 5           0.000000
# 8           0.000000
#-------------------------------------------------------------------
train[["Parch","Survived"]].groupby(["Parch"]).mean(). \
     sort_values(by="Survived",ascending=False)
#-------------------------------------------------------------------
#             Survived
# Parch
# 3           0.600000
# 1           0.550847
# 2           0.500000
# 0           0.343658
# 5           0.200000
# 4           0.000000
# 6           0.000000
```

⟨예 12.3⟩은 생존 여부와 관련이 있는 요인을 찾아보기 위하여 판다스의 groupby 함수를 이용하여 주요 변수에 대해서 생존율을 계산한 것이다. 티켓 등급(Pclass)에 대해 살펴보면, 1등급에서의 생존률은 70.0 %로 높고 3등급의 생존율은 24.2 %로 나타나 생존율이 3배 정도 차이가 있다. 즉, 티켓 등급이 생존 여부에 영향을 주는 것으로 보인다.

성별(Age)에 대해서는 여성의 생존율이 74 %로 남성의 생존율보다 높다는 것을 확인할 수 있다. 전체 승객의 비율에서는 남성이 여성보다 더 많았지만 생존율에서는 더 낮았다.

승선한 항구(Embarked)에 따라 생존율이 다르게 나타나며 C(Cherbourg)가 55.4 %로 가장 높다.

함께 승선한 가족의 정보를 나타내는 SibSp과 Parch 변수는 생존 여부와 직접적인 관련성은 낮은 것으로 보이지만, 이후의 분석에서 변수들의 결합을 통해 새로운 파생변수를 만들어 활용할 수도 있을 것이다.

〈예 12.4〉 그래프를 이용한 탐색

```
import seaborn as sns
import matplotlib.pyplot as plt
g = sns.FacetGrid(train,col="Survived")
g.map(plt.hist,"Age",bins=20)
#------------------------------------------------------------------------
grid = sns.FacetGrid(train,col="Pclass",hue="Survived")
grid.map(plt.hist,"Age",alpha=.5,bins=20)
grid.add_legend();
```

〈예 12.4〉는 seaborn 패키지의 FacetGrid, map 함수와 matplotlib 패키지의 hist, pointplot, barplot 함수를 사용하여 변수들 간의 관계를 분포로 그려본 것이다.

〈그림 12.4〉의 생존 여부별 나이(Age)에 대한 히스토그램을 보자. 오른쪽의 생존자에 대한 히스토그램을 살펴보면, 유아는 생존율이 높게 나타나고, 가장 나이 많은 80세 승객은 살아 남았으며, 다수의 15-25세는 상대적으로 생존율이 낮다.

〈그림 12.5〉는 티켓 등급별, 생존 여부별 나이의 분포이다. 3등급 승객은 가장 많았지만 일부만 생존하였다. 1등급 승객은 사망자보다 생존자가 더 많았다. 유아 승객은 대부분의

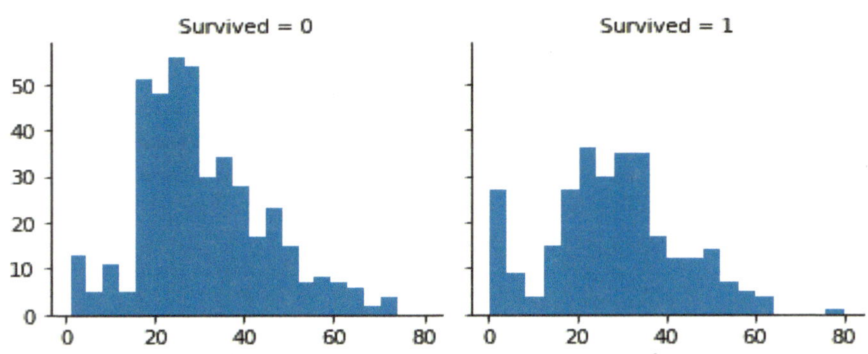

〈그림 12.4〉 생존 여부별 나이의 분포

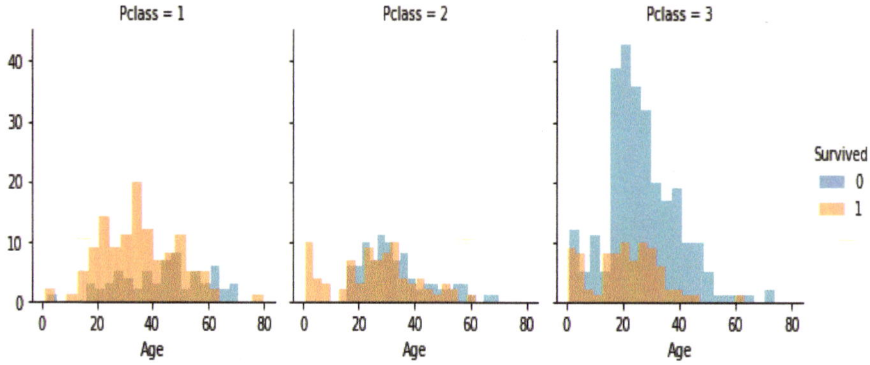

〈그림 12.5〉 티켓 등급별, 생존 여부별 나이의 분포

티켓 등급에서 생존한 것으로 나타났으며, 가장 나이 많은 80세의 승객은 1등급 객실에 있었고, 15-25세는 대부분 3등급 객실에서 사망하였다. 이는 나이(Age)와 티켓 등급(Pclass) 사이에 상호작용이 있음을 시사하며, 예측모형에서 이를 고려해야 할 것이다.

12.3.4 데이터 수정 및 파생변수 생성

데이터에 대한 탐색이 끝나면 얻어진 정보를 기반으로 데이터가 가지고 있는 정보를 효율적으로 사용할 수 있도록 변수변환, 그룹화, 가변수 생성 등의 방법을 통해 데이터를 변형하고 조정하거나 새로운 파생변수를 생성할 필요가 있다.

〈예 12.5〉 변수 삭제 및 변환

```
# 일부 변수 삭제
train = train.drop(["PassengerId","Name","Ticket","Cabin" ],axis=1)
train.shape
#---------------------------------------------------------------------
# (891, 8)
#---------------------------------------------------------------------
# 성별 데이터를 숫자로 변환
train["Sex"] = train["Sex"].map({"female":1,"male":0})
```

〈예 12.5〉는 이전까지의 분석 결과를 바탕으로 예측에 불필요한 변수인 승객번호(PassengerId), 승객이름(Name), 티켓번호(Ticket), 객실번호(Cabin)를 삭제하고, 문자형 변수인 성별(Age)을 0과 1을 갖는 숫자형 변수로 변환한 것이다. 파이썬에서 예측모형 구축을 위해 흔히 사용되는 sklearn 패키지는 입력변수를 숫자형으로 요구하는 것이 일반적이므로 사전에 변환하였다.

〈예 12.6〉 결측치 대체

```
import numpy as np
from sklearn.impute import SimpleImputer
imp = SimpleImputer(missing_values=np.NaN, \
                 strategy="mean")   # 숫자형 변수: 평균
impMode = SimpleImputer(missing_values=np.NaN, \
                 strategy="most_frequent")   # 문자형 변수: 최빈값
train["Age"] = imp.fit_transform(train["Age"]. \
                 values.reshape(-1,1))[:,0]   # reshape(-1,1): 열벡터화
train["Embarked"] = impMode.fit_transform(train["Embarked"]. \
                 values.reshape(-1,1))[:,0]
train.info()
#------------------------------------------------------------------------
# RangeIndex: 891 entries, 0 to 890
# Data columns (total 8 columns):
#  #   Column    Non-Null Count  Dtype
# ---  ------    --------------  -----
#  0   Survived  891 non-null    int64
#  1   Pclass    891 non-null    int64
#  2   Sex       891 non-null    int64
#  3   Age       891 non-null    float64
#  4   SibSp     891 non-null    int64
#  5   Parch     891 non-null    int64
#  6   Fare      891 non-null    float64
#  7   Embarked  891 non-null    object
# dtypes: float64(2), int64(5), object(1)
# memory usage: 55.8+ KB
```

〈예 12.6〉은 sklearn 패키지의 SimpleImputer와 fit_transform 함수를 사용하여 결측치를 대체한 것이다. 여기에서는 숫자형 변수의 경우에는 평균으로, 문자형 변수의 경우에는 최빈값으로 대체하였다.

결측치 대체의 결과를 확인하기 위하여 위의 결과를 〈예 12.1〉의 결과와 비교해 보면, Age의 경우 '714 non-null'에서 '891 non-null'로 바뀐 것을 확인할 수 있다. 결측치는 Age의 평균인 29.6으로 대체되었다. Embarked의 경우 최빈값인 'S'로 대체되었고, '889 non-null'에서 '891 non-null'로 결측값이 모두 대체되었음을 볼 수 있다.

〈예 12.7〉 파생변수 – 나이와 티켓 요금에 대한 구간변수 생성

```
train["AgeBand"] = pd.cut(train["Age"],5)
train[["AgeBand","Survived"]].groupby(["AgeBand"], \
     as_index=False).mean().sort_values(by="AgeBand",ascending=True)
```

```
#-------------------------------------------------------------------
#             AgeBand Survived
# 0   (0.34, 16.336] 0.550000
# 1 (16.336, 32.252] 0.344168
# 2 (32.252, 48.168] 0.404255
# 3 (48.168, 64.084] 0.434783
# 4   (64.084, 80.0] 0.090909
#-------------------------------------------------------------------
train.loc[ train["Age"]<=16,"AgeGroup"] = 0
train.loc[(train["Age"]>16) & (train["Age"]<=32),"AgeGroup"] = 1
train.loc[(train["Age"]>32) & (train["Age"]<=48),"AgeGroup"] = 2
train.loc[(train["Age"]>48) & (train["Age"]<=64),"AgeGroup"] = 3
train.loc[ train["Age"]>64,"AgeGroup"] = 4
#-------------------------------------------------------------------
train["FareBand"] = pd.qcut(train["Fare"],4)
train[["FareBand", "Survived"]].groupby(["FareBand"], \
     as_index=False).mean().sort_values(by="FareBand",ascending=True)
#-------------------------------------------------------------------
#           FareBand Survived
# 0  (-0.001, 7.91] 0.197309
# 1  (7.91, 14.454] 0.303571
# 2  (14.454, 31.0] 0.454955
# 3 (31.0, 512.329] 0.581081
```

⟨예 12.7⟩은 판다스의 cut 함수와 qcut 함수를 사용하여 숫자형 변수인 Age와 Fare에 대해서 구간화함으로써 새로운 변수를 생성한 것이다. 여기에서, cut 함수는 변수의 범위(range)를 동일한 길이로 구간화를 하는 반면, qcut 함수는 분위수(quantile)를 이용하여 동일한 비율로 데이터가 포함되도록 구간화한다.

Age 변수의 경우 나이 구간을 약 16의 길이로 동일하게 나눈 구간변수 AgeBand를 먼저 생성하였다. 구간별 생존율을 살펴보면 나이 구간에 따라 생존율이 다르게 나타남을 확인할 수 있다. 그리고 나이대를 나타내는 숫자변수인 AgeGroup을 생성하였다.

Fare 변수의 경우 qcut 함수를 사용하여 구간화를 수행하였다. 위의 결과에서 구간변수 FareBand에 대한 각 구간의 길이가 서로 다름을 확인하여라. 예를 들어, 특이값을 포함하는 4번째(마지막) 구간의 길이가 매우 길게 나타남을 알 수 있다.

⟨예 12.8⟩ 파생변수 – 가족수, 1인 탑승여부 생성

```
train["FamilySize"] = train["SibSp"] + train["Parch"] + 1
train["IsAlone"] = 0
train.loc[train["FamilySize"] == 1, "IsAlone"] = 1
```

```
train[["IsAlone","Survived"]].groupby(["IsAlone"], \
     as_index=False).mean()
#----------------------------------------------------------------------
#      IsAlone Survived
# 0          0 0.505650
# 1          1 0.303538
```

〈예 12.8〉에서는 SibSp 변수와 Parch 변수를 이용하여 본인을 포함한 승선가족의 수를 의미하는 FamilySize를 생성하였다. 또한 가족 없이 혼자 승선했는지에 대한 IsAlone 변수를 생성하고 생존율을 비교하였다. 혼자 승선한 승객의 생존율은 약 30.3 %로서 가족동반 승객의 50.6 %에 비해 낮게 나타났다.

〈예 12.9〉 파생변수 – 나이와 티켓 등급의 상호작용 변수 생성

```
train["Age*Class"] = train["AgeGroup"] * train["Pclass"]
train.loc[:,["Age*Class","AgeGroup","Pclass"]].head()
#----------------------------------------------------------------------
#     Age*Class AgeGroup Pclass
# 0         3.0      1.0      3
# 1         2.0      2.0      1
# 2         3.0      1.0      3
# 3         2.0      2.0      1
# 4         6.0      2.0      3
```

〈예 12.9〉에서는 나이와 티켓 등급의 상호작용 변수를 생성하였다. 〈예 12.4〉의 결과에서 상호작용 변수의 필요성을 언급한 바 있다.

〈예 12.10〉 파생변수 – 승선 항구에 대한 가변수 생성

```
pd.get_dummies(train["Embarked"])
#----------------------------------------------------------------------
#      C    Q    S
# 0    0    0    1
# 1    1    0    0
# 2    0    0    1
# ...  ...  ...  ...
# 888 0    0    1
# 889 1    0    0
# 890 0    1    0
# 891 rows × 3 columns
```

```
#-----------------------------------------------------------------------
# 데이터에 생성한 가변수를 결합
dummy = pd.get_dummies(train["Embarked"])
train = train.join(dummy)
#-----------------------------------------------------------------------
# 독립(입력)변수 데이터와 종속(출력)변수 데이터 생성
X_train = train[["Pclass","Sex","AgeGroup","Fare","Q","S", \
                 "IsAlone","Age*Class"]]
Y_train = train["Survived"]
```

⟨예 12.10⟩은 판다스의 get_dummies 함수를 사용하여 변수 Embarked에 대한 가변수(dummy variable)를 생성한 것이다. Embarked 변수는 'C', 'Q', 'S'를 데이터 값으로 갖는 문자형 변수이므로, 분석에 바로 사용하는 것보다는 연산이 가능한 가변수로 형태로 변환해 주는 것이 좋다.

출력결과를 살펴보면 데이터 값과 동일한 이름의 C, Q, S 변수가 생성되었으며, 해당 범주에 속하면 '1'로 입력되고 그렇지 않으면 '0'으로 입력되어 있다. 예를 들어, 첫 번째 승객의 Embarked 값은 'S'이므로, 새로 만들어진 S 변수에 '1'이 입력되고 나머지 변수는 '0'이 입력되어 있다.

여기에서 주의할 것은 새롭게 만들어진 가변수들 중에서 하나의 가변수는 제외하고 분석 데이터를 구성해야 한다는 것이다. 예를 들어, C 변수와 Q 변수의 값을 알고 있다면 S 변수의 값은 자동적으로 알게 되므로 분석변수로 사용할 필요가 없다. 분석 데이터에 모든 가변수를 포함시킬 경우 공선성의 문제 등으로 오류를 발생시킬 수 있다. 이 예에서는 Q와 S 변수를 원래 데이터에 결합하기 위하여 판다스의 join 함수를 사용하였다.

데이터에 대한 사전처리가 끝났으면, 분석에 필요한 변수만으로 분석 데이터를 다시 구성하면 된다. ⟨예 12.10⟩에서는 생존 여부를 예측하기 위하여 8개의 변수, 즉, 티켓 등급, 성별, 나이 그룹, 티켓 요금, 두 개의 가변수(Q, S), 1인 탑승 여부, 나이와 티켓 등급의 상호작용 변수를 포함하여 독립변수 데이터(X_train)를 구성하였다.

12.3.5 예측모형 개발

이제 본격적으로 예측모형을 만들어보자. 통계분석과 기계학습을 위한 많은 파이썬 패키지가 있으나, 여기에서는 sklearn(scikit-learn, 사이킷런) 패키지를 사용하고자 한다. 이 패키지는 Google Summer of Code 프로젝트로서 2010년에 개발이 시작되었다. 이름은 'SciKit'(SciPy Toolkit)이라는 개념에서 유래하였으며, 현재 가장 인기 있는 기계학습 라이브러리 중 하나이다.

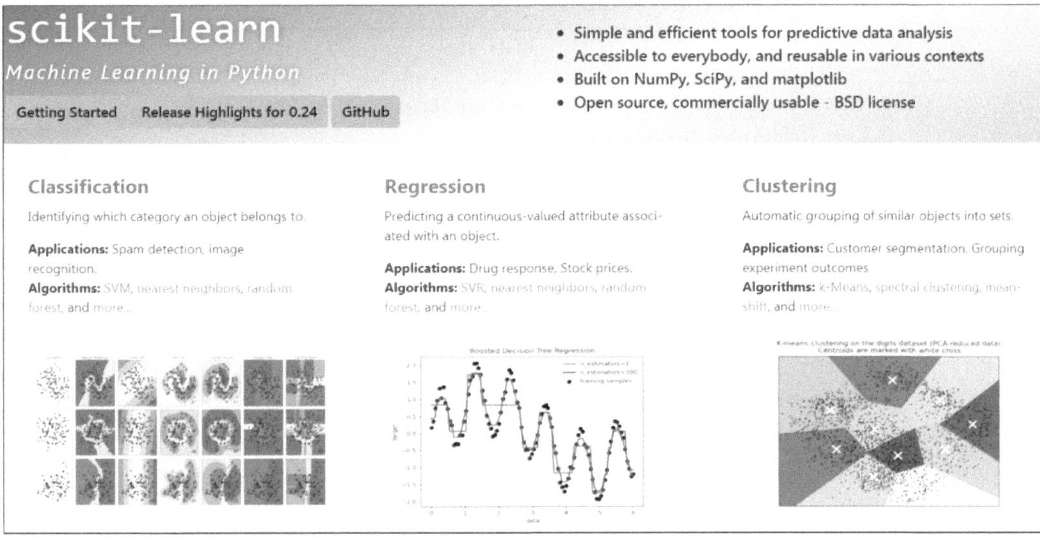

〈그림 12.6〉 사이킷런 홈페이지(scikit-learn.org/stable)

타이타닉 데이터에 대한 예측모형 구축을 위해 적용할 수 있는 방법론은 로지스틱 회귀모형(logistic regression model), 서포트벡터머신(support vector machine), k-근접이웃(k-nearest neighbors), 나이브베이즈(naive Bayes), 랜덤포레스트(random forest), 의사결정나무(decision tree), 뉴럴네트워크(neural network) 등이 있다. 자세한 방법론을 설명하는 것은 본 교재의 수준을 넘어가므로 생략하기로 한다.

여기에서는 각 모형의 함수를 train 데이터에 적용하여 정확도를 계산하고, 가장 정확하다고 판단된 모형을 최종모형으로 선택한 후, 이를 test 데이터에 적용하여 예측값을 산출하는 과정을 설명하고자 한다.

먼저 다음 〈예 12.11〉은 타이나닉 데이터에 적용할 sklearn 패키지의 기계학습 함수들을 불러온 것이다.

〈예 12.11〉 sklearn 패키지의 기계학습 함수 불러오기

```
from sklearn.linear_model import LogisticRegression
from sklearn.svm import SVC
from sklearn.neighbors import KNeighborsClassifier
from sklearn.naive_bayes import GaussianNB
from sklearn.tree import DecisionTreeClassifier
from sklearn.ensemble import RandomForestClassifier
from sklearn.neural_network import MLPClassifier
from sklearn.metrics import classification_report, confusion_matrix
```

〈예 12.12〉 로지스틱 회귀모형

```
logreg = LogisticRegression()   # 로지스틱 회귀함수 지정
logreg.fit(X_train,Y_train)   # 로지스틱 회귀모형 적합
#------------------------------------------------------------------------
logreg.intercept_.round(3)   # 로지스틱 회귀모형의 절편
#------------------------------------------------------------------------
# array([1.595])
#------------------------------------------------------------------------
logreg.coef_.round(3)   # 로지스틱 회귀모형의 계수
#------------------------------------------------------------------------
# array([[-0.93, 2.498, -0.219, 0., -0.051, -0.443, 0.01, -0.142]])
#------------------------------------------------------------------------
confusion_matrix(Y_train,logreg.predict(X_train))   # 혼동행렬
#------------------------------------------------------------------------
# array([[467,  82],
#        [101, 241]])
#------------------------------------------------------------------------
acc_log = round(logreg.score(X_train,Y_train)*100,2)
acc_log   # 정확도 출력
#------------------------------------------------------------------------
# 79.46
```

〈예 12.12〉는 LogisticRegression 함수와 fit 함수를 이용하여 로지스틱 회귀분석을 수행한 것이다. 로지스틱 회귀분석은 9장에서 다룬 회귀분석과 다르게 반응변수의 값이 연속형이 아닌 이항형(binary) 또는 다항형(multinomial)인 데이터에 사용된다.

위의 결과에서 intercept_와 coef_ 객체를 호출하여 추정된(학습된) 절편과 회귀계수값을 확인할 수 있으며, 이를 이용하여 생존 확률에 대한 예측식을 표현하면 다음과 같다.[3]

$$\hat{\mathrm{P}}(Y=1) = \frac{\exp\left(1.594 - 0.93 \times \mathrm{Pclass} + 2.498 \times \mathrm{Sex} + \cdots - 0.142 \times \mathrm{Age} * \mathrm{Pclass}\right)}{1 + \exp\left(1.594 - 0.93 \times \mathrm{Pclass} + 2.498 \times \mathrm{Sex} + \cdots - 0.142 \times \mathrm{Age} * \mathrm{Pclass}\right)}$$

이러한 예측식을 사용하여 훈련용 데이터의 각 승객에 대해 생존 확률을 추정할 수 있다. 그리고 생존 확률이 클 경우 생존($Y=1$), 생존 확률이 작을 경우 사망($Y=0$)으로 예측할 수 있다.

이와 같은 방식으로 예측한 예측값과 실제값의 관계를 2차원 빈도표로 요약하면 〈표 12.2〉와 같다. 〈예 12.12〉에서는 confusion_matrix 함수를 사용하여 이와 같은 혼동행렬 (cofusion matrix)을 출력하였다.

[3]범주형 변수로 간주할 수 있는 Pclass, AgeGroup, Age*Class도 가변수를 만들어 사용하는 것이 좋으나, 여기에서는 편의상 숫자형 변수로 취급하였다.

〈표 12.2〉 혼동행렬

실제값	예측값	
	0(사망)	1(생존)
0(사망)	467	82
1(생존)	101	241

〈표 12.2〉에서 실제 사망을 사망으로 예측한 경우가 468명, 실제 생존을 생존으로 예측한 경우가 241명이다. 즉, 전체 891명 중 708명이 정확히 예측되어 708/891=79.46의 정확도를 나타내고 있다. 〈예 12.12〉에서는 score 함수를 사용하여 정확도를 계산하였다.

다음 〈예 12.13〉은 여러 가지 기계학습 모형들을 적합한 것이다. 프로그램의 구조는 〈예 12.12〉과 거의 동일하며 사용하는 방법론에 따른 함수에만 차이가 있다. 결과에 대한 자세한 설명은 생략하기로 한다.[4]

〈예 12.13〉 여러 가지 기계학습 모형들의 적합

```
# 서포트벡터머신(Support Vector Machine)
svc = SVC()
svc.fit(X_train,Y_train)
acc_svc = round(svc.score(X_train,Y_train)*100,2)
acc_svc
#-----------------------------------------------------------------
# 67.45
#-----------------------------------------------------------------
# k-근접이웃(k-Nearest Neighbors)
knn = KNeighborsClassifier(n_neighbors = 3)
knn.fit(X_train,Y_train)
acc_knn = round(knn.score(X_train,Y_train)*100,2)
acc_knn
#-----------------------------------------------------------------
# 85.3
#-----------------------------------------------------------------
# 나이브 베이즈(Naive Bayes)
gaussian = GaussianNB()
gaussian.fit(X_train,Y_train)
acc_gaussian = round(gaussian.score(X_train,Y_train)*100,2)
acc_gaussian
#-----------------------------------------------------------------
```

[4]기계학습 모형들에 대하여는 “강현철 등(2014). 〈빅데이터 분석을 위한 데이터마이닝 방법론 – SAS Enterprise Miner 활용사례를 중심으로〉, 자유아카데미”를 참고하여라.

```
# 76.99
#-----------------------------------------------------------------------
# 의사결정나무(Decision Tree)
decision_tree = DecisionTreeClassifier()
decision_tree.fit(X_train,Y_train)
acc_decision_tree = round(decision_tree.score(X_train,Y_train)*100,2)
acc_decision_tree
#-----------------------------------------------------------------------
# 93.49
#-----------------------------------------------------------------------
# 랜덤포레스트(Random Forest)
random_forest = RandomForestClassifier(n_estimators=100)
random_forest.fit(X_train,Y_train)
random_forest.score(X_train,Y_train)
acc_random_forest = round(random_forest.score(X_train,Y_train)*100,2)
acc_random_forest
#-----------------------------------------------------------------------
# 93.49
#-----------------------------------------------------------------------
# 뉴럴네트워크(Neural Network)
mlp = MLPClassifier(hidden_layer_sizes=(10,10,2),random_state=1)
mlp.fit(X_train,Y_train)
mlp.score(X_train,Y_train)
acc_mlp = round(mlp.score(X_train,Y_train)*100,2)
acc_mlp
#-----------------------------------------------------------------------
# 80.25
```

⟨예 12.14⟩는 앞에서 수행한 모형들의 결과를 종합한 것이다. 정확도를 살펴보면 랜덤포레스트와 의사결정나무가 93.49%로 가장 높은 정확도를 보이고 있으며, 서포트벡터머신이 67.45%로 정확도가 가장 낮게 나타났다. 단, 여기에서 계산된 정확도는 모형을 만들기 위해 사용된 훈련 데이터에서 산출된 것이므로, 모형에 사용되지 않은 다른 데이터에 적용했을 때도 동일한 정확도를 가진다고 할 수는 없다. 그럼에도 불구하고 여기에서는 설명의 단순화를 위하여 훈련 데이터의 정확도를 사용하기로 한다.

⟨예 12.14⟩ 결과 종합

```
models = pd.DataFrame({
  'Model': ['Support Vector Machines', 'k-Nearest Neighbors',
            'Logistic Regression', 'Random Forest', 'Naive Bayes',
            'Neural Network', 'Decision Tree'],
```

```
  'Score': [acc_svc, acc_knn, acc_log, acc_random_forest,
           acc_gaussian, acc_mlp, acc_decision_tree]})
models.sort_values(by='Score',ascending=False)
#----------------------------------------------------------------------
#                       Model   Score
# 3             Random Forest   93.49
# 6             Decision Tree   93.49
# 1                       KNN   85.30
# 5                       MLP   80.25
# 2       Logistic Regression   79.46
# 4               Naive Bayes   76.99
# 0   Support Vector Machines   67.45
```

다음 ⟨예 12.15⟩는 ⟨예 12.1⟩에서 불러들인 test.csv 데이터를 최종 분석에 사용된 데이터의 형태로 만들어준 것이다. 즉, 모형구축에 사용된 X_train 데이터의 형태와 동일한 구조를 가지고 있어야 모형이 예측값을 계산할 수 있다.

⟨예 12.15⟩ 예측용 데이터 X_test 생성

```
test["Sex"] =  test["Sex"].map( {"female":1, "male":0})
test['Age'] = imp.fit_transform(test['Age'].values.reshape(-1,1))[:,0]
test['Fare'] = imp.fit_transform(test['Fare'].values.reshape(-1,1))[:,0]
test['Embarked'] = impMode.fit_transform(test['Embarked'].
                                         values.reshape(-1,1))[:,0]
#----------------------------------------------------------------------
test.loc[ test['Age']<=16,'AgeGroup'] = 0
test.loc[(test['Age']>16) & (test['Age']<=32),'AgeGroup'] = 1
test.loc[(test['Age']>32) & (test['Age']<=48),'AgeGroup'] = 2
test.loc[(test['Age']>48) & (test['Age']<=64),'AgeGroup'] = 3
test.loc[ test['Age']>64,'AgeGroup'] = 4
#----------------------------------------------------------------------
test['FamilySize'] = test['SibSp'] + test['Parch'] + 1
test['IsAlone'] = 0
test.loc[test['FamilySize']==1,'IsAlone'] = 1
#----------------------------------------------------------------------
test['Age*Class'] = test['AgeGroup'] * test['Pclass']
#----------------------------------------------------------------------
dummy = pd.get_dummies(test["Embarked"])
test=test.join(dummy)
#----------------------------------------------------------------------
X_test = test[["Pclass","Sex","AgeGroup","Fare","Q","S",
              "IsAlone","Age*Class"]]
```

이제 마지막으로 타이타닉 기계학습 대회에 제출할 여러분의 예측 결과를 만들어보자. 여기에서는 정확도가 가장 높게 나타난 랜덤포레스트 방법을 이용하여 생존자를 예측하여 보자. ⟨예 12.21⟩은 predict 함수와 to_csv 함수를 사용하여 승객들의 생존 여부에 대한 예측값을 산출하고 csv 파일로 저장한 것이다. 이 파일을 캐글 타이타닉 기계학습 공모전에 업로드하면 모든 과정이 끝난 것이다.

⟨예 12.16⟩ 예측 결과 제출

```
Y_pred = random_forest.predict(X_test)    # 생존 여부 예측
submit = pd.DataFrame({"PassengerId":test["PassengerId"],
                       "Survived":Y_pred})
submit   # 제출할 데이터 확인
#------------------------------------------------------------------------
#     PassengerId Survived
# 0          892         0
# 1          893         0
# 2          894         0
# 3          895         0
# 4          896         1
# ...        ...       ...
# 413       1305         0
# 414       1306         1
# 415       1307         0
# 416       1308         0
# 417       1309         0
# 418 rows × 2 columns
#------------------------------------------------------------------------
submit.to_csv('../content/submission.csv',index=False)   # csv 파일
```

이 장에서는 통계학을 넘어 최근 이슈가 되고 있는 데이터사이언스와 기계학습의 방법론에 대해서 간단히 소개하였다. 통계학을 모르고는 데이터사이언스를 이해할 수 없다. 이 장의 사례를 통해 통계학과 데이터사이언스의 기초적 개념과 데이터 분석에 대한 여러 가지 기법들을 학습할 수 있기를 바란다.

12.4 연습문제

1. 이 장에서는 다양한 기계학습 모형들을 타이타닉 데이터에 적용하였다. 앞의 사례에서는 각 함수들에 대하여 기본 설정으로 간단하게 모형을 구축하였으나, 함수들에 대한 도움말을 바탕으로 여러 가지 옵션을 적용하여 정확도를 향상시켜 보아라.

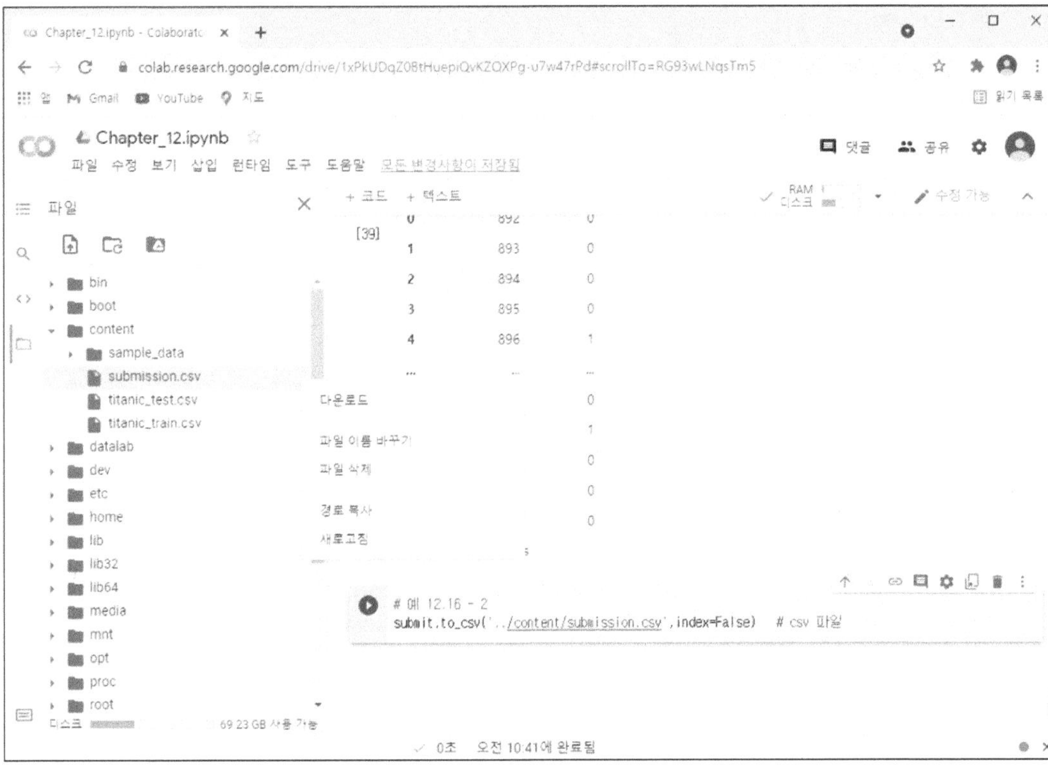

〈그림 12.7〉 COLAB 서버에서 데이터 다운로드

2. 12.3절의 데이터사이언스 절차를 적용하여, 캐글에 있는 다른 공모전에 참가하고 그 결과를 보고서의 형태로 정리하여 보아라.

부록
통계분포표

부표 1. 이항분포

$$P(X \le x) = \sum_{k=0}^{x} \binom{n}{k} p^k (1-p)^{n-k}$$

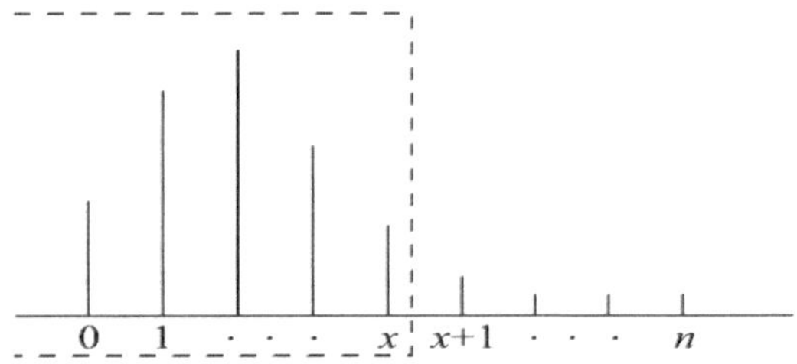

(a) $n = 5$

$x \setminus p$	0.01	0.05	0.10	0.20	0.30	0.40	0.50	0.60	0.70	0.80	0.90	0.95	0.99
0	.951	.774	.590	.328	.168	.078	.031	.010	.002	.000	.000	.000	.000
1	.999	.977	.919	.737	.528	.337	.188	.087	.031	.007	.000	.000	.000
2	1.00	.999	.991	.942	.837	.683	.500	.317	.163	.058	.009	.001	.000
3	1.00	1.00	1.00	.993	.969	.913	.813	.663	.472	.263	.081	.023	.001
4	1.00	1.00	1.00	1.00	.998	.990	.969	.922	.832	.672	.410	.226	.049

(b) $n = 10$

$x \setminus p$	0.01	0.05	0.10	0.20	0.30	0.40	0.50	0.60	0.70	0.80	0.90	0.95	0.99
0	.904	.599	.349	.107	.028	.006	.001	.000	.000	.000	.000	.000	.000
1	.996	.914	.736	.376	.149	.046	.011	.002	.000	.000	.000	.000	.000
2	1.00	.988	.930	.678	.383	.167	.055	.012	.002	.000	.000	.000	.000
3	1.00	.999	.987	.879	.650	.382	.172	.055	.011	.001	.000	.000	.000
4	1.00	1.00	.998	.967	.850	.633	.377	.166	.047	.006	.000	.000	.000
5	1.00	1.00	1.00	.994	.953	.834	.623	.367	.150	.033	.002	.000	.000
6	1.00	1.00	1.00	.999	.989	.945	.828	.618	.350	.121	.013	.001	.000
7	1.00	1.00	1.00	1.00	.998	.988	.945	.833	.617	.322	.070	.012	.000
8	1.00	1.00	1.00	1.00	1.00	.998	.989	.954	.851	.624	.264	.086	.004
9	1.00	1.00	1.00	1.00	1.00	1.00	.999	.994	.972	.893	.651	.401	.096

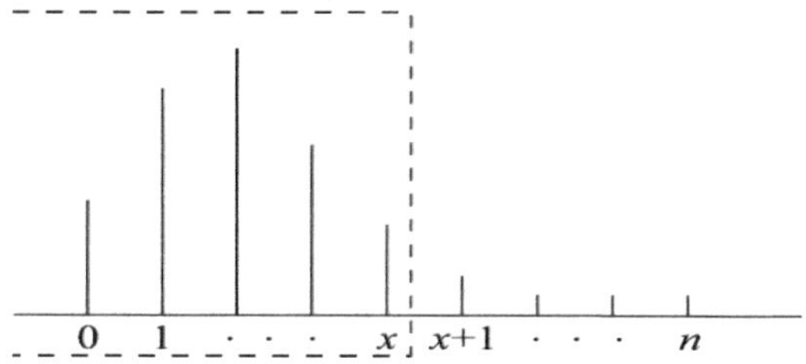

(c) $n = 15$

$x \setminus p$	0.01	0.05	0.10	0.20	0.30	0.40	0.50	0.60	0.70	0.80	0.90	0.95	0.99
0	.860	.463	.206	.035	.005	.000	.000	.000	.000	.000	.000	.000	.000
1	.990	.829	.549	.167	.035	.005	.000	.000	.000	.000	.000	.000	.000
2	1.00	.964	.816	.398	.127	.027	.004	.000	.000	.000	.000	.000	.000
3	1.00	.995	.944	.648	.297	.091	.018	.002	.000	.000	.000	.000	.000
4	1.00	.999	.987	.836	.515	.217	.059	.009	.001	.000	.000	.000	.000
5	1.00	1.00	.998	.939	.722	.403	.151	.034	.004	.000	.000	.000	.000
6	1.00	1.00	1.00	.982	.869	.610	.304	.095	.015	.001	.000	.000	.000
7	1.00	1.00	1.00	.996	.950	.787	.500	.213	.050	.004	.000	.000	.000
8	1.00	1.00	1.00	.999	.985	.905	.696	.390	.131	.018	.000	.000	.000
9	1.00	1.00	1.00	1.00	.996	.966	.849	.597	.278	.061	.002	.000	.000
10	1.00	1.00	1.00	1.00	.999	.991	.941	.783	.485	.164	.013	.001	.000
11	1.00	1.00	1.00	1.00	1.00	.998	.982	.909	.703	.352	.056	.005	.000
12	1.00	1.00	1.00	1.00	1.00	1.00	.996	.973	.873	.602	.184	.036	.000
13	1.00	1.00	1.00	1.00	1.00	1.00	1.00	.995	.965	.833	.451	.171	.010
14	1.00	1.00	1.00	1.00	1.00	1.00	1.00	1.00	.995	.965	.794	.537	.140

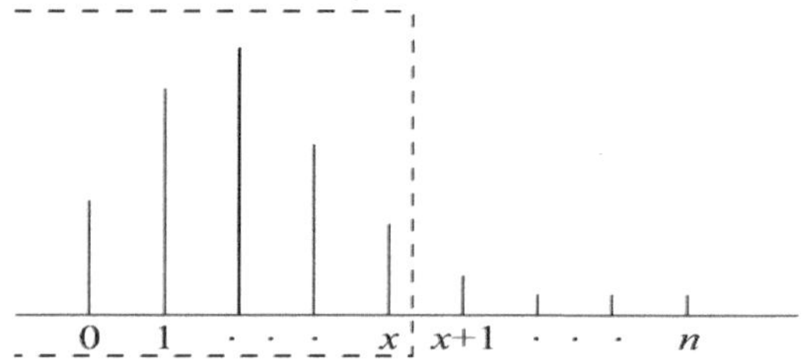

(d) $n = 20$

$x \setminus p$	0.01	0.05	0.10	0.20	0.30	0.40	0.50	0.60	0.70	0.80	0.90	0.95	0.99
0	.818	.358	.122	.012	.001	.000	.000	.000	.000	.000	.000	.000	.000
1	.983	.736	.392	.069	.008	.001	.000	.000	.000	.000	.000	.000	.000
2	.999	.925	.677	.206	.035	.004	.000	.000	.000	.000	.000	.000	.000
3	1.00	.984	.867	.411	.107	.016	.001	.000	.000	.000	.000	.000	.000
4	1.00	.997	.957	.630	.238	.051	.006	.000	.000	.000	.000	.000	.000
5	1.00	1.00	.989	.804	.416	.126	.021	.002	.000	.000	.000	.000	.000
6	1.00	1.00	.998	.913	.608	.250	.058	.006	.000	.000	.000	.000	.000
7	1.00	1.00	1.00	.968	.772	.416	.132	.021	.001	.000	.000	.000	.000
8	1.00	1.00	1.00	.990	.887	.596	.252	.057	.005	.000	.000	.000	.000
9	1.00	1.00	1.00	.997	.952	.755	.412	.128	.017	.001	.000	.000	.000
10	1.00	1.00	1.00	.999	.983	.872	.588	.245	.048	.003	.000	.000	.000
11	1.00	1.00	1.00	1.00	.995	.943	.748	.404	.113	.010	.000	.000	.000
12	1.00	1.00	1.00	1.00	.999	.979	.868	.584	.228	.032	.000	.000	.000
13	1.00	1.00	1.00	1.00	1.00	.994	.942	.750	.392	.087	.002	.000	.000
14	1.00	1.00	1.00	1.00	1.00	.998	.979	.874	.584	.196	.011	.000	.000
15	1.00	1.00	1.00	1.00	1.00	1.00	.994	.949	.762	.370	.043	.003	.000
16	1.00	1.00	1.00	1.00	1.00	1.00	.999	.984	.893	.589	.133	.016	.000
17	1.00	1.00	1.00	1.00	1.00	1.00	1.00	.996	.965	.794	.323	.075	.001
18	1.00	1.00	1.00	1.00	1.00	1.00	1.00	.999	.992	.931	.608	.264	.017
19	1.00	1.00	1.00	1.00	1.00	1.00	1.00	1.00	.999	.988	.878	.642	.182

부표 2. 포아송분포

$$P(X \leq x) = \sum_{k=0}^{x} \frac{e^{-\mu}\mu^k}{k!}$$

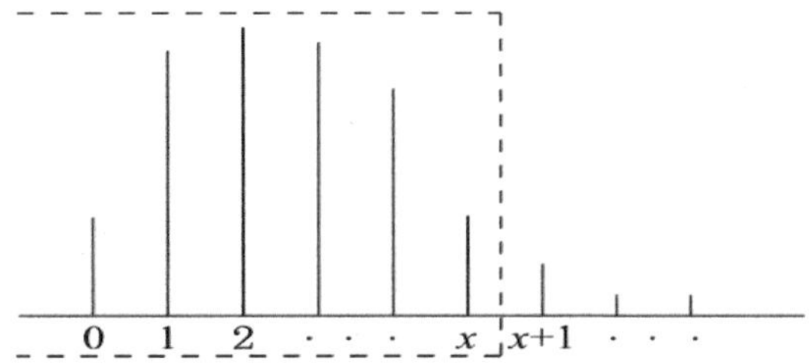

$x \setminus \mu$	0.1	0.2	0.3	0.4	0.5	0.6	0.7	0.8	0.9	1.0
0	0.905	0.819	0.741	0.670	0.607	0.549	0.497	0.449	0.407	0.368
1	0.995	0.982	0.963	0.938	0.910	0.878	0.844	0.809	0.772	0.736
2	1.000	0.999	0.996	0.992	0.986	0.977	0.966	0.953	0.937	0.920
3	1.000	1.000	1.000	0.999	0.998	0.997	0.994	0.991	0.987	0.981
4	1.000	1.000	1.000	1.000	1.000	1.000	0.999	0.999	0.998	0.996
5	1.000	1.000	1.000	1.000	1.000	1.000	1.000	1.000	1.000	0.999
6	1.000	1.000	1.000	1.000	1.000	1.000	1.000	1.000	1.000	1.000

$x \setminus \mu$	1.1	1.2	1.3	1.4	1.5	1.6	1.7	1.8	1.9	2.0
0	0.333	0.301	0.273	0.247	0.223	0.202	0.183	0.165	0.150	0.135
1	0.699	0.663	0.627	0.592	0.558	0.525	0.493	0.463	0.434	0.406
2	0.900	0.879	0.857	0.833	0.809	0.783	0.757	0.731	0.704	0.677
3	0.974	0.966	0.957	0.946	0.934	0.921	0.907	0.891	0.875	0.857
4	0.995	0.992	0.989	0.986	0.981	0.976	0.970	0.964	0.956	0.947
5	0.999	0.998	0.998	0.997	0.996	0.994	0.992	0.990	0.987	0.983
6	1.000	1.000	1.000	0.999	0.999	0.999	0.998	0.997	0.997	0.995
7	1.000	1.000	1.000	1.000	1.000	1.000	1.000	0.999	0.999	0.999
8	1.000	1.000	1.000	1.000	1.000	1.000	1.000	1.000	1.000	1.000

$x \setminus \mu$	2.2	2.4	2.6	2.8	3.0	3.2	3.4	3.6	3.8	4.0
0	0.111	0.091	0.074	0.061	0.050	0.041	0.033	0.027	0.022	0.018
1	0.355	0.308	0.267	0.231	0.199	0.171	0.147	0.126	0.107	0.092
2	0.623	0.570	0.518	0.469	0.423	0.380	0.340	0.303	0.269	0.238
3	0.819	0.779	0.736	0.692	0.647	0.603	0.558	0.515	0.473	0.433
4	0.928	0.904	0.877	0.848	0.815	0.781	0.744	0.706	0.668	0.629
5	0.975	0.964	0.951	0.935	0.916	0.895	0.871	0.844	0.816	0.785
6	0.993	0.988	0.983	0.976	0.966	0.955	0.942	0.927	0.909	0.889
7	0.998	0.997	0.995	0.992	0.988	0.983	0.977	0.969	0.960	0.949
8	1.000	0.999	0.999	0.998	0.996	0.994	0.992	0.988	0.984	0.979
9	1.000	1.000	1.000	0.999	0.999	0.998	0.997	0.996	0.994	0.992
10	1.000	1.000	1.000	1.000	1.000	1.000	0.999	0.999	0.998	0.997
11	1.000	1.000	1.000	1.000	1.000	1.000	1.000	1.000	0.999	0.999
12	1.000	1.000	1.000	1.000	1.000	1.000	1.000	1.000	1.000	1.000

$x \setminus \mu$	4.2	4.4	4.6	4.8	5.0	5.2	5.4	5.6	5.8	6.0
0	0.015	0.012	0.010	0.008	0.007	0.006	0.005	0.004	0.003	0.002
1	0.078	0.066	0.056	0.048	0.040	0.034	0.029	0.024	0.021	0.017
2	0.210	0.185	0.163	0.143	0.125	0.109	0.095	0.082	0.072	0.062
3	0.395	0.359	0.326	0.294	0.265	0.238	0.213	0.191	0.170	0.151
4	0.590	0.551	0.513	0.476	0.440	0.406	0.373	0.342	0.313	0.285
5	0.753	0.720	0.686	0.651	0.616	0.581	0.546	0.512	0.478	0.446
6	0.867	0.844	0.818	0.791	0.762	0.732	0.702	0.670	0.638	0.606
7	0.936	0.921	0.905	0.887	0.867	0.845	0.822	0.797	0.771	0.744
8	0.972	0.964	0.955	0.944	0.932	0.918	0.903	0.886	0.867	0.847
9	0.989	0.985	0.980	0.975	0.968	0.960	0.951	0.941	0.929	0.916
10	0.996	0.994	0.992	0.990	0.986	0.982	0.977	0.972	0.965	0.957
11	0.999	0.998	0.997	0.996	0.995	0.993	0.990	0.988	0.984	0.980
12	1.000	0.999	0.999	0.999	0.998	0.997	0.996	0.995	0.993	0.991
13	1.000	1.000	1.000	1.000	0.999	0.999	0.999	0.998	0.997	0.996
14	1.000	1.000	1.000	1.000	1.000	1.000	1.000	0.999	0.999	0.999
15	1.000	1.000	1.000	1.000	1.000	1.000	1.000	1.000	1.000	0.999
16	1.000	1.000	1.000	1.000	1.000	1.000	1.000	1.000	1.000	1.000

$x \setminus \mu$	6.5	7.0	7.5	8.0	8.5	9.0	9.5	10.0	10.5	11.0
0	0.002	0.001	0.001	0.000	0.000	0.000	0.000	0.000	0.000	0.000
1	0.011	0.007	0.005	0.003	0.002	0.001	0.001	0.000	0.000	0.000
2	0.043	0.030	0.020	0.014	0.009	0.006	0.004	0.003	0.002	0.001
3	0.112	0.082	0.059	0.042	0.030	0.021	0.015	0.010	0.007	0.005
4	0.224	0.173	0.132	0.100	0.074	0.055	0.040	0.029	0.021	0.015
5	0.369	0.301	0.241	0.191	0.150	0.116	0.089	0.067	0.050	0.038
6	0.527	0.450	0.378	0.313	0.256	0.207	0.165	0.130	0.102	0.079
7	0.673	0.599	0.525	0.453	0.386	0.324	0.269	0.220	0.179	0.143
8	0.792	0.729	0.662	0.593	0.523	0.456	0.392	0.333	0.279	0.232
9	0.877	0.830	0.776	0.717	0.653	0.587	0.522	0.458	0.397	0.341
10	0.933	0.901	0.862	0.816	0.763	0.706	0.645	0.583	0.521	0.460
11	0.966	0.947	0.921	0.888	0.849	0.803	0.752	0.697	0.639	0.579
12	0.984	0.973	0.957	0.936	0.909	0.876	0.836	0.792	0.742	0.689
13	0.993	0.987	0.978	0.966	0.949	0.926	0.898	0.864	0.825	0.781
14	0.997	0.994	0.990	0.983	0.973	0.959	0.940	0.917	0.888	0.854
15	0.999	0.998	0.995	0.992	0.986	0.978	0.967	0.951	0.932	0.907
16	1.000	0.999	0.998	0.996	0.993	0.989	0.982	0.973	0.960	0.944
17	1.000	1.000	0.999	0.998	0.997	0.995	0.991	0.986	0.978	0.968
18	1.000	1.000	1.000	0.999	0.999	0.998	0.996	0.993	0.988	0.982
19	1.000	1.000	1.000	1.000	0.999	0.999	0.998	0.997	0.994	0.991
20	1.000	1.000	1.000	1.000	1.000	1.000	0.999	0.998	0.997	0.995
21	1.000	1.000	1.000	1.000	1.000	1.000	1.000	0.999	0.999	0.998
22	1.000	1.000	1.000	1.000	1.000	1.000	1.000	1.000	0.999	0.999
23	1.000	1.000	1.000	1.000	1.000	1.000	1.000	1.000	1.000	1.000

부표 3. 표준정규분포

$$P(0 < Z < z) = \int_0^z \frac{1}{\sqrt{2\pi}} e^{-t^2/2} dt$$

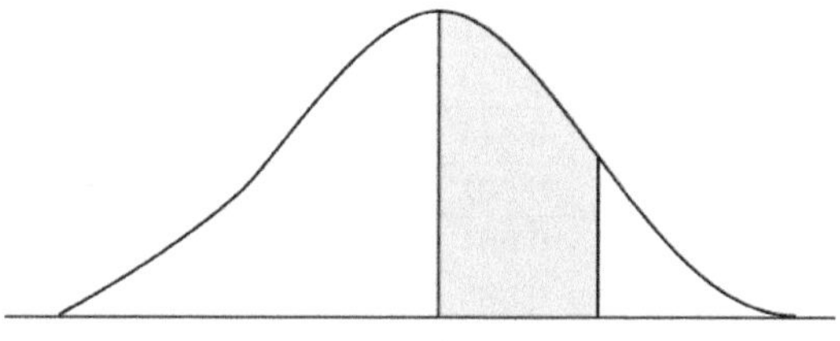

z	.00	.01	.02	.03	.04	.05	.06	.07	.08	.09
0.0	.0000	.0040	.0080	.0120	.0160	.0199	.0239	.0279	.0319	.0359
0.1	.0398	.0438	.0478	.0517	.0557	.0596	.0636	.0675	.0714	.0753
0.2	.0793	.0832	.0871	.0910	.0948	.0987	.1026	.1064	.1103	.1141
0.3	.1179	.1217	.1255	.1293	.1331	.1368	.1406	.1443	.1480	.1517
0.4	.1554	.1591	.1628	.1664	.1700	.1736	.1772	.1808	.1844	.1879
0.5	.1915	.1950	.1985	.2019	.2054	.2088	.2123	.2157	.2190	.2224
0.6	.2257	.2291	.2324	.2357	.2389	.2422	.2454	.2486	.2517	.2549
0.7	.2580	.2611	.2642	.2673	.2704	.2734	.2764	.2794	.2823	.2852
0.8	.2881	.2910	.2939	.2967	.2995	.3023	.3051	.3078	.3106	.3133
0.9	.3159	.3186	.3212	.3238	.3264	.3289	.3315	.3340	.3365	.3389
1.0	.3413	.3438	.3461	.3485	.3508	.3531	.3554	.3577	.3599	.3621
1.1	.3643	.3665	.3686	.3708	.3729	.3749	.3770	.3790	.3810	.3830
1.2	.3849	.3869	.3888	.3907	.3925	.3944	.3962	.3980	.3997	.4015
1.3	.4032	.4049	.4066	.4082	.4099	.4115	.4131	.4147	.4162	.4177
1.4	.4192	.4207	.4222	.4236	.4251	.4265	.4279	.4292	.4306	.4319
1.5	.4332	.4345	.4357	.4370	.4382	.4394	.4406	.4418	.4429	.4441
1.6	.4452	.4463	.4474	.4484	.4495	.4505	.4515	.4525	.4535	.4545
1.7	.4554	.4564	.4573	.4582	.4591	.4599	.4608	.4616	.4625	.4633
1.8	.4641	.4649	.4656	.4664	.4671	.4678	.4686	.4693	.4699	.4706
1.9	.4713	.4719	.4726	.4732	.4738	.4744	.4750	.4756	.4761	.4767
2.0	.4772	.4778	.4783	.4788	.4793	.4798	.4803	.4808	.4812	.4817
2.1	.4821	.4826	.4830	.4834	.4838	.4842	.4846	.4850	.4854	.4857
2.2	.4861	.4864	.4868	.4871	.4875	.4878	.4881	.4884	.4887	.4890
2.3	.4893	.4896	.4898	.4901	.4904	.4906	.4909	.4911	.4913	.4916
2.4	.4918	.4920	.4922	.4925	.4927	.4929	.4931	.4932	.4934	.4936
2.5	.4938	.4940	.4941	.4943	.4945	.4946	.4948	.4949	.4951	.4952
2.6	.4953	.4955	.4956	.4957	.4959	.4960	.4961	.4962	.4963	.4964
2.7	.4965	.4966	.4967	.4968	.4969	.4970	.4971	.4972	.4973	.4974
2.8	.4974	.4975	.4976	.4977	.4977	.4978	.4979	.4979	.4980	.4981
2.9	.4981	.4982	.4982	.4983	.4984	.4984	.4985	.4985	.4986	.4986
3.0	.4987	.4987	.4987	.4988	.4988	.4989	.4989	.4989	.4990	.4990

α	0.005	0.01	0.025	0.05	0.10
z_α	2.576	2.326	1.960	1.645	1.282

부표 4. t−분포

$P(t > t_\alpha) = \alpha$: t−분포의 우측 확률점

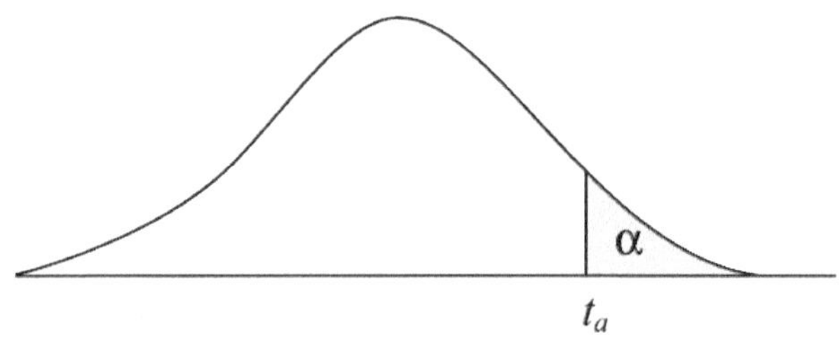

df(자유도)	$t_{0.100}$	$t_{0.050}$	$t_{0.025}$	$t_{0.010}$	$t_{0.005}$
1	3.078	6.314	12.71	31.82	63.66
2	1.886	2.920	4.303	6.965	9.925
3	1.638	2.353	3.182	4.541	5.841
4	1.533	2.132	2.776	3.747	4.604
5	1.476	2.015	2.571	3.365	4.032
6	1.440	1.943	2.447	3.143	3.707
7	1.415	1.895	2.365	2.998	3.499
8	1.397	1.860	2.306	2.896	3.355
9	1.383	1.833	2.262	2.821	3.250
10	1.372	1.812	2.228	2.764	3.169
11	1.363	1.796	2.201	2.718	3.106
12	1.356	1.782	2.179	2.681	3.055
13	1.350	1.771	2.160	2.650	3.012
14	1.345	1.761	2.145	2.624	2.977
15	1.341	1.753	2.131	2.602	2.947
16	1.337	1.746	2.120	2.583	2.921
17	1.333	1.740	2.110	2.567	2.898
18	1.330	1.734	2.101	2.552	2.878
19	1.328	1.729	2.093	2.539	2.861
20	1.325	1.725	2.086	2.528	2.845
21	1.323	1.721	2.080	2.518	2.831
22	1.321	1.717	2.074	2.508	2.819
23	1.319	1.714	2.069	2.500	2.807
24	1.318	1.711	2.064	2.492	2.797
25	1.316	1.708	2.060	2.485	2.787
26	1.315	1.706	2.056	2.479	2.779
27	1.314	1.703	2.052	2.473	2.771
28	1.313	1.701	2.048	2.467	2.763
29	1.311	1.699	2.045	2.462	2.756
∞	1.282	1.645	1.960	2.326	2.576

부표 5. 카이제곱분포

$P(\chi^2 > \chi^2_\alpha) = \alpha$: 카이제곱분포의 우측 확률점

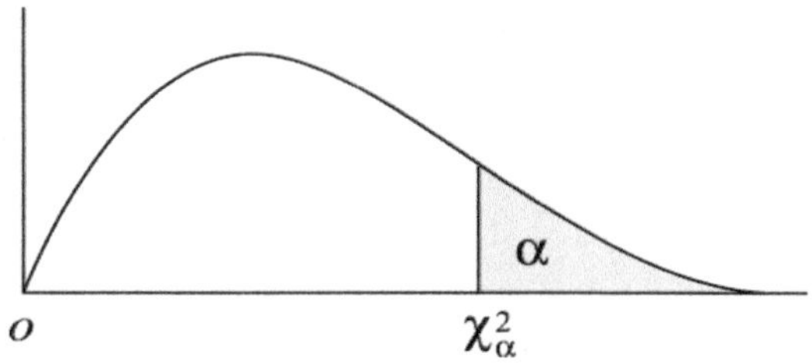

df(자유도)	$\chi^2_{0.995}$	$\chi^2_{0.990}$	$\chi^2_{0.975}$	$\chi^2_{0.950}$	$\chi^2_{0.900}$
1	0.0000	0.0002	0.0010	0.0039	0.0158
2	0.0100	0.0201	0.0506	0.1026	0.2107
3	0.0717	0.1148	0.2158	0.3518	0.5844
4	0.2070	0.2971	0.4844	0.7107	1.0636
5	0.4117	0.5543	0.8312	1.1455	1.6103
6	0.6757	0.8721	1.2373	1.6354	2.2041
7	0.9893	1.2390	1.6899	2.1673	2.8331
8	1.3444	1.6465	2.1797	2.7326	3.4895
9	1.7349	2.0879	2.7004	3.3251	4.1682
10	2.1559	2.5582	3.2470	3.9403	4.8652
11	2.6032	3.0535	3.8157	4.5748	5.5778
12	3.0738	3.5706	4.4038	5.2260	6.3038
13	3.5650	4.1069	5.0088	5.8919	7.0415
14	4.0747	4.6604	5.6287	6.5706	7.7895
15	4.6009	5.2293	6.2621	7.2609	8.5468
16	5.1422	5.8122	6.9077	7.9616	9.3122
17	5.6972	6.4078	7.5642	8.6718	10.0852
18	6.2648	7.0149	8.2307	9.3905	10.8649
19	6.8440	7.6327	8.9065	10.1170	11.6509
20	7.4338	8.2604	9.5908	10.8508	12.4426
21	8.0337	8.8972	10.2829	11.5913	13.2396
22	8.6427	9.5425	10.9823	12.3380	14.0415
23	9.2604	10.1957	11.6886	13.0905	14.8480
24	9.8862	10.8564	12.4012	13.8484	15.6587
25	10.5197	11.5240	13.1197	14.6114	16.4734
26	11.1602	12.1981	13.8439	15.3792	17.2919
27	11.8076	12.8785	14.5734	16.1514	18.1139
28	12.4613	13.5647	15.3079	16.9279	18.9392
29	13.1211	14.2565	16.0471	17.7084	19.7677
30	13.7867	14.9535	16.7908	18.4927	20.5992
40	20.7065	22.1643	24.4330	26.5093	29.0505
50	27.9907	29.7067	32.3574	34.7643	37.6886
60	35.5345	37.4849	40.4817	43.1880	46.4589
70	43.2752	45.4417	48.7576	51.7393	55.3289
80	51.1719	53.5401	57.1532	60.3915	64.2778
90	59.1963	61.7541	65.6466	69.1260	73.2911
100	67.3276	70.0648	74.2219	77.9295	82.3581

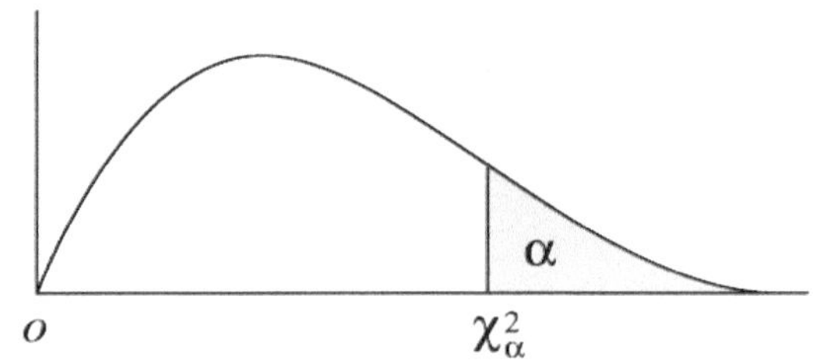

df(자유도)	$\chi^2_{0.100}$	$\chi^2_{0.050}$	$\chi^2_{0.025}$	$\chi^2_{0.010}$	$\chi^2_{0.005}$
1	2.7055	3.8415	5.0239	6.6349	7.8794
2	4.6052	5.9915	7.3778	9.2103	10.5966
3	6.2514	7.8147	9.3484	11.3449	12.8382
4	7.7794	9.4877	11.1433	13.2767	14.8603
5	9.2364	11.0705	12.8325	15.0863	16.7496
6	10.6446	12.5916	14.4494	16.8119	18.5476
7	12.0170	14.0671	16.0128	18.4753	20.2777
8	13.3616	15.5073	17.5345	20.0902	21.9550
9	14.6837	16.9190	19.0228	21.6660	23.5894
10	15.9872	18.3070	20.4832	23.2093	25.1882
11	17.2750	19.6751	21.9200	24.7250	26.7568
12	18.5493	21.0261	23.3367	26.2170	28.2995
13	19.8119	22.3620	24.7356	27.6882	29.8195
14	21.0641	23.6848	26.1189	29.1412	31.3193
15	22.3071	24.9958	27.4884	30.5779	32.8013
16	23.5418	26.2962	28.8454	31.9999	34.2672
17	24.7690	27.5871	30.1910	33.4087	35.7185
18	25.9894	28.8693	31.5264	34.8053	37.1565
19	27.2036	30.1435	32.8523	36.1909	38.5823
20	28.4120	31.4104	34.1696	37.5662	39.9968
21	29.6151	32.6706	35.4789	38.9322	41.4011
22	30.8133	33.9244	36.7807	40.2894	42.7957
23	32.0069	35.1725	38.0756	41.6384	44.1813
24	33.1962	36.4150	39.3641	42.9798	45.5585
25	34.3816	37.6525	40.6465	44.3141	46.9279
26	35.5632	38.8851	41.9232	45.6417	48.2899
27	36.7412	40.1133	43.1945	46.9629	49.6449
28	37.9159	41.3371	44.4608	48.2782	50.9934
29	39.0875	42.5570	45.7223	49.5879	52.3356
30	40.2560	43.7730	46.9792	50.8922	53.6720
40	51.8051	55.7585	59.3417	63.6907	66.7660
50	63.1671	67.5048	71.4202	76.1539	79.4900
60	74.3970	79.0819	83.2977	88.3794	91.9517
70	85.5270	90.5312	95.0232	100.425	104.215
80	96.5782	101.879	106.629	112.329	116.321
90	107.565	113.145	118.136	124.116	128.299
100	118.498	124.342	129.561	135.807	140.169

부표 6. F−분포

$P(F > F_\alpha) = \alpha$: F−분포의 우측 확률점

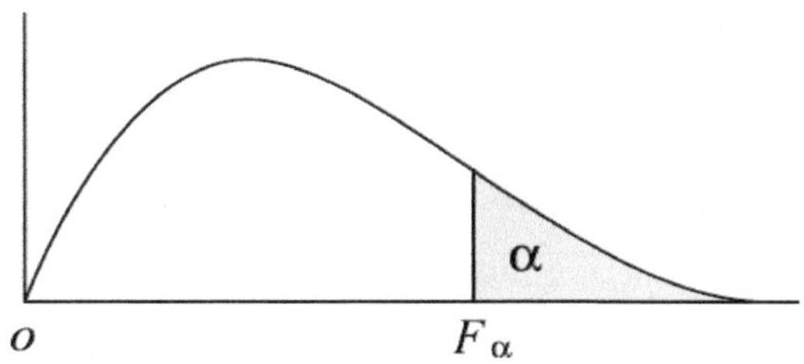

$(\alpha = 0.05)$

$v_2 \setminus v_1$	1	2	3	4	5	6	7	8	9
1	161.4	199.5	215.7	224.6	230.2	234.0	236.8	238.9	240.5
2	18.51	19.00	19.16	19.25	19.30	19.33	19.35	19.37	19.38
3	10.13	9.55	9.28	9.12	9.01	8.94	8.89	8.85	8.81
4	7.71	6.94	6.59	6.39	6.26	6.16	6.09	6.04	6.00
5	6.61	5.79	5.41	5.19	5.05	4.95	4.88	4.82	4.77
6	5.99	5.14	4.76	4.53	4.39	4.28	4.21	4.15	4.10
7	5.59	4.74	4.35	4.12	3.97	3.87	3.79	3.73	3.68
8	5.32	4.46	4.07	3.84	3.69	3.58	3.50	3.44	3.39
9	5.12	4.26	3.86	3.63	3.48	3.37	3.29	3.23	3.18
10	4.96	4.10	3.71	3.48	3.33	3.22	3.14	3.07	3.02
11	4.84	3.98	3.59	3.36	3.20	3.09	3.01	2.95	2.90
12	4.75	3.89	3.49	3.26	3.11	3.00	2.91	2.85	2.80
13	4.67	3.81	3.41	3.18	3.03	2.92	2.83	2.77	2.71
14	4.60	3.74	3.34	3.11	2.96	2.85	2.76	2.70	2.65
15	4.54	3.68	3.29	3.06	2.90	2.79	2.71	2.64	2.59
16	4.49	3.63	3.24	3.01	2.85	2.74	2.66	2.59	2.54
17	4.45	3.59	3.20	2.96	2.81	2.70	2.61	2.55	2.49
18	4.41	3.55	3.16	2.93	2.77	2.66	2.58	2.51	2.46
19	4.38	3.52	3.13	2.90	2.74	2.63	2.54	2.48	2.42
20	4.35	3.49	3.10	2.87	2.71	2.60	2.51	2.45	2.39
21	4.32	3.47	3.07	2.84	2.68	2.57	2.49	2.42	2.37
22	4.30	3.44	3.05	2.82	2.66	2.55	2.46	2.40	2.34
23	4.28	3.42	3.03	2.80	2.64	2.53	2.44	2.37	2.32
24	4.26	3.40	3.01	2.78	2.62	2.51	2.42	2.36	2.30
25	4.24	3.39	2.99	2.76	2.60	2.49	2.40	2.34	2.28
26	4.23	3.37	2.98	2.74	2.59	2.47	2.39	2.32	2.27
27	4.21	3.35	2.96	2.73	2.57	2.46	2.37	2.31	2.25
28	4.20	3.34	2.95	2.71	2.56	2.45	2.36	2.29	2.24
29	4.18	3.33	2.93	2.70	2.55	2.43	2.35	2.28	2.22
30	4.17	3.32	2.92	2.69	2.53	2.42	2.33	2.27	2.21
40	4.08	3.23	2.84	2.61	2.45	2.34	2.25	2.18	2.12
60	4.00	3.15	2.76	2.53	2.37	2.25	2.17	2.10	2.04
120	3.92	3.07	2.68	2.45	2.29	2.18	2.09	2.02	1.96
∞	3.84	3.00	2.60	2.37	2.21	2.10	2.01	1.94	1.88

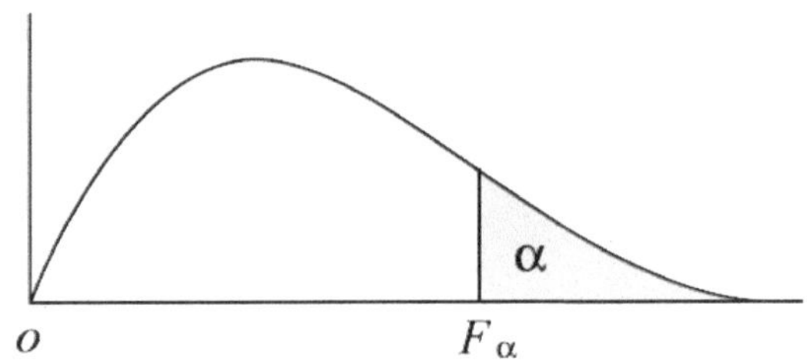

($\alpha = 0.05$)

$v_2 \setminus v_1$	10	12	15	20	24	30	40	60	120	∞
1	241.9	243.9	245.9	248.0	249.1	250.1	251.1	252.2	253.3	254.3
2	19.40	19.41	19.43	19.45	19.45	19.46	19.47	19.48	19.49	19.50
3	8.79	8.74	8.70	8.66	8.64	8.62	8.59	8.57	8.55	8.53
4	5.96	5.91	5.86	5.80	5.77	5.75	5.72	5.69	5.66	5.63
5	4.74	4.68	4.62	4.56	4.53	4.50	4.46	4.43	4.40	4.37
6	4.06	4.00	3.94	3.87	3.84	3.81	3.77	3.74	3.70	3.67
7	3.64	3.57	3.51	3.44	3.41	3.38	3.34	3.30	3.27	3.23
8	3.35	3.28	3.22	3.15	3.12	3.08	3.04	3.01	2.97	2.93
9	3.14	3.07	3.01	2.94	2.90	2.86	2.83	2.79	2.75	2.71
10	2.98	2.91	2.85	2.77	2.74	2.70	2.66	2.62	2.58	2.54
11	2.85	2.79	2.72	2.65	2.61	2.57	2.53	2.49	2.45	2.41
12	2.75	2.69	2.62	2.54	2.51	2.47	2.43	2.38	2.34	2.30
13	2.67	2.60	2.53	2.46	2.42	2.38	2.34	2.30	2.25	2.21
14	2.60	2.53	2.46	2.39	2.35	2.31	2.27	2.22	2.18	2.13
15	2.54	2.48	2.40	2.33	2.29	2.25	2.20	2.16	2.11	2.07
16	2.49	2.42	2.35	2.28	2.24	2.19	2.15	2.11	2.06	2.01
17	2.45	2.38	2.31	2.23	2.19	2.15	2.10	2.06	2.01	1.96
18	2.41	2.34	2.27	2.19	2.15	2.11	2.06	2.02	1.97	1.92
19	2.38	2.31	2.23	2.16	2.11	2.07	2.03	1.98	1.93	1.88
20	2.35	2.28	2.20	2.12	2.08	2.04	1.99	1.95	1.90	1.84
21	2.32	2.25	2.18	2.10	2.05	2.01	1.96	1.92	1.87	1.81
22	2.30	2.23	2.15	2.07	2.03	1.98	1.94	1.89	1.84	1.78
23	2.27	2.20	2.13	2.05	2.01	1.96	1.91	1.86	1.81	1.76
24	2.25	2.18	2.11	2.03	1.98	1.94	1.89	1.84	1.79	1.73
25	2.24	2.16	2.09	2.01	1.96	1.92	1.87	1.82	1.77	1.71
26	2.22	2.15	2.07	1.99	1.95	1.90	1.85	1.80	1.75	1.69
27	2.20	2.13	2.06	1.97	1.93	1.88	1.84	1.79	1.73	1.67
28	2.19	2.12	2.04	1.96	1.91	1.87	1.82	1.77	1.71	1.65
29	2.18	2.10	2.03	1.94	1.90	1.85	1.81	1.75	1.70	1.64
30	2.16	2.09	2.01	1.93	1.89	1.84	1.79	1.74	1.68	1.62
40	2.08	2.00	1.92	1.84	1.79	1.74	1.69	1.64	1.58	1.51
60	1.99	1.92	1.84	1.75	1.70	1.65	1.59	1.53	1.47	1.39
120	1.91	1.83	1.75	1.66	1.61	1.55	1.50	1.43	1.35	1.26
∞	1.83	1.75	1.67	1.57	1.52	1.46	1.40	1.32	1.22	1.03

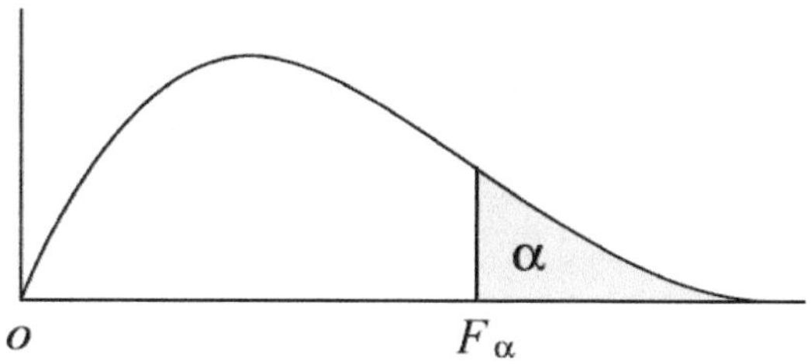

$(\alpha = 0.01)$

$v_2 \setminus v_1$	1	2	3	4	5	6	7	8	9
1	4052	5000	5403	5625	5764	5859	5928	5981	6022
2	98.50	99.00	99.17	99.25	99.30	99.33	99.36	99.37	99.39
3	34.12	30.82	29.46	28.71	28.24	27.91	27.67	27.49	27.35
4	21.20	18.00	16.69	15.98	15.52	15.21	14.98	14.80	14.66
5	16.26	13.27	12.06	11.39	10.97	10.67	10.46	10.29	10.16
6	13.75	10.92	9.78	9.15	8.75	8.47	8.26	8.10	7.98
7	12.25	9.55	8.45	7.85	7.46	7.19	6.99	6.84	6.72
8	11.26	8.65	7.59	7.01	6.63	6.37	6.18	6.03	5.91
9	10.56	8.02	6.99	6.42	6.06	5.80	5.61	5.47	5.35
10	10.04	7.56	6.55	5.99	5.64	5.39	5.20	5.06	4.94
11	9.65	7.21	6.22	5.67	5.32	5.07	4.89	4.74	4.63
12	9.33	6.93	5.95	5.41	5.06	4.82	4.64	4.50	4.39
13	9.07	6.70	5.74	5.21	4.86	4.62	4.44	4.30	4.19
14	8.86	6.51	5.56	5.04	4.69	4.46	4.28	4.14	4.03
15	8.68	6.36	5.42	4.89	4.56	4.32	4.14	4.00	3.89
16	8.53	6.23	5.29	4.77	4.44	4.20	4.03	3.89	3.78
17	8.40	6.11	5.18	4.67	4.34	4.10	3.93	3.79	3.68
18	8.29	6.01	5.09	4.58	4.25	4.01	3.84	3.71	3.60
19	8.18	5.93	5.01	4.50	4.17	3.94	3.77	3.63	3.52
20	8.10	5.85	4.94	4.43	4.10	3.87	3.70	3.56	3.46
21	8.02	5.78	4.87	4.37	4.04	3.81	3.64	3.51	3.40
22	7.95	5.72	4.82	4.31	3.99	3.76	3.59	3.45	3.35
23	7.88	5.66	4.76	4.26	3.94	3.71	3.54	3.41	3.30
24	7.82	5.61	4.72	4.22	3.90	3.67	3.50	3.36	3.26
25	7.77	5.57	4.68	4.18	3.85	3.63	3.46	3.32	3.22
26	7.72	5.53	4.64	4.14	3.82	3.59	3.42	3.29	3.18
27	7.68	5.49	4.60	4.11	3.78	3.56	3.39	3.26	3.15
28	7.64	5.45	4.57	4.07	3.75	3.53	3.36	3.23	3.12
29	7.60	5.42	4.54	4.04	3.73	3.50	3.33	3.20	3.09
30	7.56	5.39	4.51	4.02	3.70	3.47	3.30	3.17	3.07
40	7.31	5.18	4.31	3.83	3.51	3.29	3.12	2.99	2.89
60	7.08	4.98	4.13	3.65	3.34	3.12	2.95	2.82	2.72
120	6.85	4.79	3.95	3.48	3.17	2.96	2.79	2.66	2.56
∞	6.64	4.61	3.78	3.32	3.02	2.80	2.64	2.51	2.41

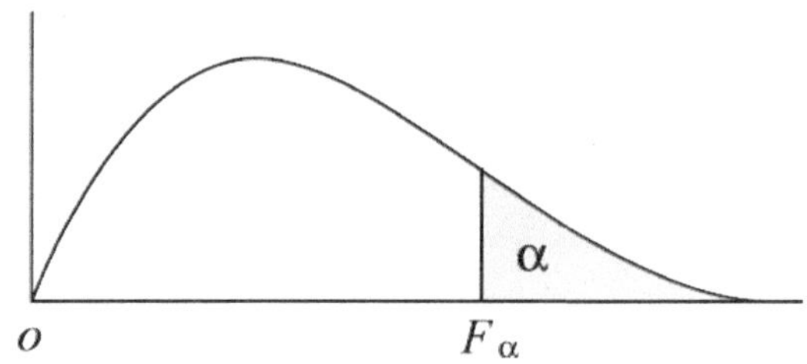

$(\alpha = 0.01)$

$v_2 \setminus v_1$	10	12	15	20	24	30	40	60	120	∞
1	6056	6106	6157	6209	6235	6261	6287	6313	6339	6366
2	99.40	99.42	99.43	99.45	99.46	99.47	99.47	99.48	99.49	99.50
3	27.23	27.05	26.87	26.69	26.60	26.50	26.41	26.32	26.22	26.13
4	14.55	14.37	14.20	14.02	13.93	13.84	13.75	13.65	13.56	13.46
5	10.05	9.89	9.72	9.55	9.47	9.38	9.29	9.20	9.11	9.02
6	7.87	7.72	7.56	7.40	7.31	7.23	7.14	7.06	6.97	6.88
7	6.62	6.47	6.31	6.16	6.07	5.99	5.91	5.82	5.74	5.65
8	5.81	5.67	5.52	5.36	5.28	5.20	5.12	5.03	4.95	4.86
9	5.26	5.11	4.96	4.81	4.73	4.65	4.57	4.48	4.40	4.31
10	4.85	4.71	4.56	4.41	4.33	4.25	4.17	4.08	4.00	3.91
11	4.54	4.40	4.25	4.10	4.02	3.94	3.86	3.78	3.69	3.60
12	4.30	4.16	4.01	3.86	3.78	3.70	3.62	3.54	3.45	3.36
13	4.10	3.96	3.82	3.66	3.59	3.51	3.43	3.34	3.25	3.17
14	3.94	3.80	3.66	3.51	3.43	3.35	3.27	3.18	3.09	3.01
15	3.80	3.67	3.52	3.37	3.29	3.21	3.13	3.05	2.96	2.87
16	3.69	3.55	3.41	3.26	3.18	3.10	3.02	2.93	2.84	2.75
17	3.59	3.46	3.31	3.16	3.08	3.00	2.92	2.83	2.75	2.65
18	3.51	3.37	3.23	3.08	3.00	2.92	2.84	2.75	2.66	2.57
19	3.43	3.30	3.15	3.00	2.92	2.84	2.76	2.67	2.58	2.49
20	3.37	3.23	3.09	2.94	2.86	2.78	2.69	2.61	2.52	2.42
21	3.31	3.17	3.03	2.88	2.80	2.72	2.64	2.55	2.46	2.36
22	3.26	3.12	2.98	2.83	2.75	2.67	2.58	2.50	2.40	2.31
23	3.21	3.07	2.93	2.78	2.70	2.62	2.54	2.45	2.35	2.26
24	3.17	3.03	2.89	2.74	2.66	2.58	2.49	2.40	2.31	2.21
25	3.13	2.99	2.85	2.70	2.62	2.54	2.45	2.36	2.27	2.17
26	3.09	2.96	2.81	2.66	2.58	2.50	2.42	2.33	2.23	2.13
27	3.06	2.93	2.78	2.63	2.55	2.47	2.38	2.29	2.20	2.10
28	3.03	2.90	2.75	2.60	2.52	2.44	2.35	2.26	2.17	2.07
29	3.00	2.87	2.73	2.57	2.49	2.41	2.33	2.23	2.14	2.04
30	2.98	2.84	2.70	2.55	2.47	2.39	2.30	2.21	2.11	2.01
40	2.80	2.66	2.52	2.37	2.29	2.20	2.11	2.02	1.92	1.81
60	2.63	2.50	2.35	2.20	2.12	2.03	1.94	1.84	1.73	1.60
120	2.47	2.34	2.19	2.03	1.95	1.86	1.76	1.66	1.53	1.38
∞	2.32	2.19	2.04	1.88	1.79	1.70	1.59	1.48	1.33	1.05

찾아보기

저자 소개

이성건
고려대학교 대학원 통계학과 박사
Chuo University 이공학부 박사
현: 성신여자대학교 수리통계데이터사이언스학부, 교수
e-mail: sklee@sungshin.ac.kr

강현철
고려대학교 정경대학 통계학과 학사
고려대학교 대학원 통계학과 박사
현: 호서대학교 AI융합대학 빅데이터AI학부, 교수
e-mail: hychkang@hoseo.edu

파이썬을 활용한
데이터 분석과 응용

저 자	이성건 · 강현철
발 행 인	김지영
발 행 처	자유아카데미
주 소	경기도 파주시 회동길 37-42 파주출판도시
전 화	031-955-1321
팩 스	031-955-1322
홈페이지	www.freeaca.com
전자우편	main@freeaca.com (대표) editor@freeaca.com (편집) crm@freeaca.com (영업)
등 록	제406-2003-017호, 1980. 7. 12
제1판1쇄	2021년 6월 10일 발행
제1판2쇄	2024년 7월 5일 발행
정 가	30,000원

ISBN 979-11-5808-308-3 93310